现象背后

汪明教育评论集

汪 明 著

教育科学出版社
·北京·

前　　言

由于长期从事教育政策研究，撰写学术论文和决策咨询报告成了我的主要工作内容。而近十多年，也撰写了不少教育评论文章，这既受研究工作的驱动，也是自身的兴趣使然，虽然有时很辛苦，但我乐此不疲。通过一篇篇短小的评论文章与读者交流，解读教育政策，剖析热点难点，回应百姓关切，让我增添了作为研究者的一份满足感。

结合自身研究所长，近些年我所撰写的教育评论主要集中在基础教育领域，包括办学体制改革、考试评价改革、义务教育均衡发展、高中改革发展、随迁子女和留守儿童教育等一系列教育热点难点问题，分别在《人民日报》《光明日报》《中国教育报》等报刊发表，一些评论文章赢得了较大的社会反响。其中，《教师编制城乡统一要落地"有声"》获评《中国教育报》2014 年度"十大教育好声音"，《免试入学不该有"特区"》《中考改革要与群众期待对上节拍》《对入学"租购同权"要有合理预期》《办好县中要从关键环节入手》分别入选《中国教育报》2015 年度、2016 年度、2017 年度、2021 年度"十大教育锐评"。2015 年我被聘为中国教育报刊社签约评论员。但就我内心而言，得到什么样的荣誉其实并不重要，而通过我的教育评论，能够为推动教育改革尽一点绵薄之力，这是让我最开心的事情。

在这些教育评论当中，有的是围绕教育热点问题而展开的，也直面批评了教育中一些违背规律、违背常理的做法。而恰恰是这些批评的声音，引发了强烈的社会共鸣。针对"超级中学"现象，我撰写了《"超级成绩单"折射教育生态失衡》《对不规范办学行为就该"叫板"》《办学"五独立"不能空有虚名》；针对学校布局规划中存在的问题，我撰写了《14 万人社区无公办校折射布局缺陷》《小区配套学校走向考量决策智慧》；针对随迁子女入学问题，我撰写了《入学条件设定应与法律法规相契合》《从"为子读书办假证"中反思什么?》。令人欣慰的是,几年前批评的这些现象,目前都已有了很大改观:"超级中学"现象得到了一定程度的治理,中小学布局不合理状况有所转变,随迁子女入学条件的设定也更加趋于科学。这都很好地反映了近年来教育改革发展的成效,也是我写好教育评论的最大动力。

在这些教育评论当中,有的是围绕教育难点问题而展开的,对于这些难点问题的探讨,目的在于推动认识的不断深化和实践的不断改进。围绕推进素质教育,我撰写了《办好高中教育必须坚持正确方向》《坚定发展素质教育不动摇》《停奖高考优胜者折射理念之变》;围绕深化考试评价改革,我撰写了《用科学的评价导向引领教育发展》《用好综合素质评价这把尺子》《用"绿色评价"为学校全面体检》;围绕减负问题,我撰写了《基础教育减负要常抓不懈》《减负路上要多一份执着与坚持》《深化考试招生改革 疏导校外培训需求》。但时至今日,发展素质教育依然面临很大困难,深化教育评价改革还有很多难题需要破解,基础教育减负也还有很长的路要走。对此我们既要有充分信心,也要在攻坚克难的道路上保持足够耐心,教育改革依然任重道远。

在这些教育评论当中,有的是10年前甚至20年前完成的,包括民办教育规范发展问题、解决随迁子女入学问题、关爱留守儿童问题、义务教育均衡发展问题等等,这些问题依然是今天的热点难点问题,只不过在新的时代背景下,其发展出现了一些新的态势,改革也面临一些新的挑战,解决这些问题需要提出新的思路。将自己近些年所写的教育评论集结成册,正是希望能够在一定程度上还原教育热点难点问题的发展脉络,并为今天的教育改革提供一些借鉴和启示,这是我出版评论集的初衷和本意。

从事教育政策研究工作几十年,公开发表了200余篇教育评论文章,但写出高质量、高水平的教育评论,对我而言仍然极具挑战性。《现象背后》一书的出版,是一种最好的自我激励。作为一名教育政策研究者,努力写出高质量的教育评论,更好服务于教育改革发展,仍将是我努力追寻的目标。

汪 明

2024 年 3 月

目　　录

一、推进基础教育高质量发展

二、深化考试评价改革

三、规范公办中小学招生与"学区房"治理

四、规范公办学校办学行为

五、规范民办教育发展

六、加强教师队伍建设

七、推动乡村教育发展与学校合理布局

八、提升高中阶段教育质量

九、积极发展素质教育

十、解决随迁子女入学与关爱留守儿童

一、推进基础教育高质量发展

坚持以人民为中心发展教育

党的二十大报告对"办好人民满意的教育"作出专门部署，提出"坚持以人民为中心发展教育，加快建设高质量教育体系，发展素质教育，促进教育公平"，确立了新时代教育改革发展的价值基础和行动指南。坚持以人民为中心发展教育，是我们党人民至上的根本立场和执政为民的基本理念在教育领域的生动体现，在"办好人民满意的教育"实践中发挥价值引领作用，对加快建设高质量教育体系、发展素质教育、促进教育公平提出了更高要求。

坚持以人民为中心发展教育

坚持以人民为中心发展教育，彰显了中国共产党全心全意为人民服务的根本宗旨，反映了中国特色社会主义教育的根本价值追求，彰显了教育发展为了人民、依靠人民，教育发展成果由人民共享的核心内涵。人民性是办好人民满意教育的逻辑起点和价值引领。

坚持以人民为中心发展教育，对加快建设高质量教育体系提出更高要求。我们党始终把人民利益摆在至高无上的位置，把教育为人民服务作为教育宗旨写进党的教育方针，建成了世界上最大规模的教育体系，不断推动教育事业实现从普及到提高的飞跃，不断满足人民对美好教育和生活的需求与向往。新时代新征程，应聚焦人民群众对更好教育的新要求、新期待，加快建设高质量教育体系，更好实现"幼有所育、学有所教"。

坚持以人民为中心发展教育，对发展素质教育提出更高要求。人的自由全面发展是唯物史观的核心命题，以促进学生全面发展为目的、以提高国民素质为宗旨的素质教育，体现了对人的成长规律和教育规律的遵循，是教育的核心。

尽管教育在百年党史的不同时期承载着不同的历史任务，但在教育方针上总体呈现出立德树人的时代性主题。新时代新征程，发展素质教育、培养担当民族复兴大任的时代新人，必须着力构建德智体美劳全面培养的、更高水平的人才培养体系。

坚持以人民为中心发展教育，对促进教育公平提出了更高要求。要抓住人民最关心、最直接、最现实的利益问题，把实现好、维护好、发展好最广大人民的根本利益作为教育工作的出发点和落脚点。教育公平是社会公平的重要基础。新时代新征程，推动共同富裕不断取得成效、畅通向上流动通道，必须发展更加公平、更高质量的教育，以教育公平促进社会公平正义。

加快建设高质量教育体系

教育体系是坚持以人民为中心发展教育的价值承载，是建设全民终身学习的学习型社会、学习型大国的载体与依托。加快建设高质量教育体系，必须着力构建与社会主义现代化强国建设相适应、服务全民终身学习的现代化教育体系，加速实现各级各类教育的普及与质量的提升，保障人民群众"幼有所育、学有所教"不断取得新进展。

加快构建现代化教育体系。构建终身学习体系和学习型社会是未来教育体系发展的方向。坚持以终身教育理念为指导，构建正规教育、非正规教育和非正式教育相互结合，基础教育、职业教育、高等教育和继续教育相互衔接的教育体系，为每个个体生命成长发展的各个阶段提供各种教育机会。加快建立国家资历框架，实现学历证书和职业技能等级证书等值、互认，实现各类学习成果认证、积累和转换。因应信息技术的发展，多维度推进教育数字化转型，构建网络化、数字化、个性化、终身化的教育体系，形成"人人皆学、处处能学、时时可学"的学习型社会。

加速实现教育普及与质量提升。随着教育普及化程度不断提高，各级各类教育要适应人民期盼和发展需求，巩固提升普及水平。要加快义务教育优质均衡发展和城乡一体化发展，强化学前教育、特殊教育普惠发展，坚持高中阶段学校多样化发展，统筹职业教育、高等教育、继续教育协同创新，推进职普融通、产教融合、科教融汇，健全学校家庭社会协同育人机制，真正让教育改革发展为民造福，不断提高广大人民群众的教育获得感和满意度。

发展素质教育

"素质教育"是我国首创的、具有中国特色的教育思想，最初主要是针对基础教育领域，要求更加全面而有效地贯彻党的教育方针。新时代提出"发展素质教育"与早期提出的"实施素质教育"，在根本任务和价值使命上是一致的，都是着眼于提高国民素质，特别是青少年素质。新时代赋予了素质教育新内涵。

构建全面培养的教育体系。新时代发展素质教育的出发点和立足点有了新的变化。一是从解决"应试教育"所产生的诸多问题转变为要培养担当民族复兴大任的时代新人。要坚持立德树人根本任务，德智体美劳"五育"并举，形成更高水平的人才培养体系。二是围绕培养"有理想、敢担当、能吃苦、肯奋斗"时代新人的要求，推动学科体系、教学体系、教材体系和管理体系改革创新与提质升级，并融入思想道德教育、文化知识教育、社会实践教育各环节，推进核心素养、学科素养在课堂教学和校内外教育中落地生根。

深化新时代教育评价改革。教育评价事关教育发展方向，新时代发展素质教育必须从根本上解决教育评价指挥棒问题，以深化教育评价制度改革为突破口和抓手，统筹推进育人方式、办学模式、管理体制、保障机制改革。新时代，构建以发展素质教育为导向的科学评价体系，需要各主体协同发力，加速破除"五唯"的顽瘴痼疾，引导全党全社会树立科学的教育发展观、人才成长观、选人用人观。近年来，教育领域已陆续出台幼儿园评价、义务教育评价、普通高中评价、特殊教育评价等配套文件，教育评价改革向纵深推进。考试招生制度改革是素质教育机制建设的重要组成部分和关键环节，要稳步推进中高考改革，构建引导学生德智体美劳全面发展的考试内容体系和考试方式，强化其对促进学生全面发展的重要导向作用。

促进教育公平

促进教育公平是国家的基本教育政策，要求着力解决发展中不平衡不充分的问题，健全以权利公平、机会公平、规则公平为主要内容的教育公平保障体系，建成中国特色的学生资助体系，充分彰显出以人民为中心发展教育的价值取向和政策导向。教育进入高质量发展阶段，从"有学上"到"上好学"，教育公平的内涵和实现机制亟待升级，以不断拓展教育公平的广度和深度。

发展高质量的教育公平。完整意义上的教育公平意味着公民享有公平的入学机会、教育过程中受到公平的对待、教育结束后能够得到全面而充分的发展。随着教育普及化发展，教育公平意味着教育要充分开发人的潜能，促进人的全面发展与个性发展，让人们过上美好生活。发展公平而有质量的教育，关键是要让所有学生在发展水平上都达到基本标准，科学合理配置公共教育资源，加快缩小区域、城乡、校际差距，完善督导评估制度，落实督导检查问责机制，确保所有的学校都达到基本质量标准。

实行有差异的教育质量公平。教育公平最终要实现不同学生得到最充分的发展，需要进行不同的资源分配即实施补偿性公平和差异性公平。一方面，根据每个弱势群体的特殊情况提供补偿性教育，如为贫困儿童、随迁子女、留守儿童提供特别帮助等，做到"补偿性公平"；另一方面，针对个体差异尤其是先天差异区别对待，如为身体残疾、智力低下、智力超常等儿童提供个性化教育，做到"差异性公平"。差异性公平的实质是贯彻因材施教原则，精准提供个性化教育和超常教育服务，从而为每个孩子提供适合的教育，让每个孩子都能成为有用之才。

本文发表于《中国教育报》2023 年 3 月 30 日第 7 版

推动教育高质量发展迈上新台阶

今年是"十四五"规划的开局之年。围绕建设高质量教育体系，国家和地方在科学谋划、精准施策、深化改革、治理规范等方面下功夫，推动教育高质量发展取得了积极进展和明显成效。

科学谋划促发展。推动各级各类教育高质量发展，是建设高质量教育体系的基石。今年以来，围绕基础教育、职业教育和高等教育的高质量发展，国家出台了相关政策加以推进。有的是从全局发展角度去谋划，比如，出台《"十四五"时期教育强国推进工程实施方案》，聚焦关键领域关键任务，基础教育补短板、职业教育树精品、高等教育创一流，以项目方式实施教育强国推进工程，促进各级各类教育协调发展。有的是从某一类型教育角度去谋划，比如，围绕推动职业教育高质量发展，印发《关于推动现代职业教育高质量发展的意见》，着力破除职业教育改革发展的深层次体制机制障碍，巩固职业教育类型定位，构建现代职业教育体系，服务技能型社会建设。还有的是从某一教育学段角度去谋划，比如启动实施县域普通高中发展提升行动，统筹谋划市域内县中和城区普通高中发展，积极改善县中办学条件，全面提高县中教育质量。

精准施策补短板。通过精准施策，补齐教育发展短板，是推动教育高质量发展的一项重要任务。从教育发展现实看，中西部地区教育发展、农村教育发展依然是我国教育发展的短板。今年以来，围绕促进中西部地区的高等教育发展，国家和地方通过建平台、推集群、优结构、强协作、促共享、惠民生等一系列举措，确保推动中西部高等教育发展的相关政策落实落细。为了加强中西部欠发达地区教师队伍建设，出台《中西部欠发达地区优秀教师定向培养计划》，依托部属师范大学与高水平地方师范院校，采取定向方式，为中西部欠发达地区培养本科层次师范生。

深化改革破难题。以深化教育评价改革为突破口，健全相关配套制度体系，助力教育高质量发展。教育部等六部门联合印发了《义务教育质量评价指南》，从县域、学校、学生三个层面提出了指标体系。各地普遍把落实"双减"工作的举措和成效纳入义务教育质量评价体系，切实发挥好评价"指挥棒"作用。为加快"双一流"建设，促进高等教育内涵式发展，积极推进"双一流"建设成效评价，充分体现"改进结果评价、强化过程评价、探索增值评价、健全综合评价"的改革导向。

治理规范转生态。今年以来，国家和地方以治理规范护航高质量发展，重点推进"五项管理"、治理规范校外培训机构和民办义务教育。比如：对中小学生作业、睡眠、手机、读物、体质管理作出规定，并作为"双减"工作的一项具体抓手，推动各地各校落实齐步走、全覆盖。

值得一提的是，今年以来校外培训机构治理力度明显加大，通过健全工作机制、完善政策体系、查处违规培训、加强风险防范等手段，校外培训治理工作取得了明显进展。随着新修订的《民办教育促进法实施条例》颁布，关于规范民办义务教育、规范义务教育"公参民"学校等相关政策陆续出台，严格控制民办义务教育数量规模、清理义务教育"公参民"学校等相关政策正在各地逐步推进。

"十四五"规划开局良好，围绕促进教育高质量发展的政策措施更加完善，成效逐步显现。但从促发展、补短板的角度看，树立全局意识、加强战略谋划的任务还很艰巨；从破难题、转生态的角度看，立足长远目标、推动标本兼治还面临不少现实挑战。今后几年，要把深化改革、规范发展、提升质量的工作持续深入下去，使规划目标和政策措施不断转化为实实在在的发展成效。同时，对于政策推进和改革实践中出现的新矛盾、新问题，要积极应对和科学化解，只有这样，高质量教育体系建设的根基才能更加稳固。

本文发表于《中国教育报》2021年12月29日第2版

提升育人质量要把握"三个着力点"

党的十九届五中全会提出，建设高质量教育体系。建设高质量教育体系，提升育人质量是关键。提升基础教育育人质量，是基础教育高质量发展的基石，也是"十四五"时期基础教育发展面临的重要任务，要着力在全面育人、实践育人和协同育人上下功夫。

提升育人质量，要着力在"五育并举、全面育人"上下功夫。努力构建德智体美劳全面培养的教育体系，形成更高水平的人才培养体系，是习近平总书记在全国教育大会重要讲话中提出的明确要求，也是提升基础教育育人质量的根本遵循。衡量基础教育育人质量的重要标准，就是基础教育学校是否全面贯彻党的教育方针，落实立德树人根本任务，促进学生德智体美劳全面发展，这是提升基础教育育人质量的核心目标和关键所在。

德智体美劳"五育"是一个整体，既内在统一，又各有侧重。因此，必须辩证处理"五育"之间的关系，促进五育之间的相互融合，实现五育的整体育人功能。当务之急是要补齐体育、美育和劳动教育这三块短板，为发挥"五育"的整体育人功能创造条件。义务教育要坚持"五育"并举，全面发展素质教育，突出德育实效、提升智育水平、强化体育锻炼、增强美育熏陶、加强劳动教育。普通高中教育要着力构建全面培养体系，突出德育时代性、强化综合素质培养、拓宽综合实践渠道、完善综合素质评价。同时，要加快建立以发展素质教育为导向的基础教育评价体系，科学制定区域教育质量、学校办学质量和学生发展质量评价标准，更好地发挥评价对提升育人质量的积极引导作用。

提升育人质量，要着力在"知行合一，实践育人"上下功夫。习近平总书记指出："要把立德树人融入思想道德教育、文化知识教育、社会实践教育各环节，贯穿基础教育、职业教育、高等教育各领域。"提升基础教育育人质量，亟须补上创新精神不够、实践能力不足这一短板，在"学以致用、知行合一"方面下更大功夫。实践教育不仅要培养青少年的实践技能，而且要促进青少年的体力发展和智力发展，着力培养其创新精神和实践能力。

实践育人既可以通过学科实践，也可依托研学实践、劳动实践等多种形式。以学科实践为例，目前正在修订义务教育课程标准，如何体现实践育人要求至关重要。各学科要进一步明确实践的主题、内容、时间、评价等方面要求，形成刚性约束。比如科学类课程要明确必做实验项目和评价方式，道德与法治课要明确社会实践内容及时间安排等。同样，研学实践、劳动实践也要在教学管理、资源开发、师资队伍建设、安全保障体系、经费保障等方面下更大功夫。更好地发挥实践育人的独特价值，是基础教育发展的一个时代命题。我们要从迈向教育高质量发展阶段，构建教育发展新格局的战略高度，认真审视实践育人的地位作用、核心内涵和实施路径。

提升育人质量，要着力在"多方配合、协同育人"上下功夫。习近平总书记指出："办好教育事业，家庭、学校和社会都有责任。"家庭、学校和社会应当成为一个教育共同体，共同承担起培养学生的责任，但从现实看，打造家庭、学校和社会的教育共同体仍面临不少挑战，毕竟从各自不同的立场出发，学校有坚守的办学理念，家长有自身的成才观念，社会也有不同的价值认同，加强沟通、形成共识固然是一条重要途径，但健全家庭、学校和社会协同育人机制则是根本所在。改进家长委员会制度，探索互联网时代新型家访制度，有效利用社会教育资源开展教育教学，都是积极有益的尝试。

以家校合作为例，推动家庭教育和学校教育的结合，对于学生的健康成长至关重要，但前提是家庭和学校都要树立科学的教育观。让家长更多地参与学校教育，不能只是盯着作业，或是让家长批改作业，或是干脆把"学生作业"变成"家长作业"，这样做显然偏离了家校合作的本意。在提升基础教育育人质量的进程中，亟须进一步厘清家庭、学校和社会各自的责任，不断健全协同育人机制，从而更好地形成教育合力。

本文发表于《中国教育报》2021年1月5日第2版

减负再难也要减

从现实看，推进减负需要做到校内校外同步治理、线下线上同步治理，政府、学校、家庭和社会形成合力。就教育内部自身而言，需从着力提升课堂教学质量与水平、改革考试评价制度和加大规范招生力度入手。

进一步提升课堂教学质量与水平。一是要确保课程负担适度。目前校内减负主要是减在校时间，即使课程教材难度不大，但如果课时量不足，教师加快教学进度，学生课内学习不充分，课外补习也就在所难免。要组织专家对课程实施进行评估，确保学生能在正常的学期和学年顺利完成全部课程。二是改进教学方法。要真正让学校教学变得更为有趣，变得更富于创新性和以学生为中心，积极构建有效课堂、高效课堂，以此减少学生对校外补习的需求。三是科学布置作业。要对中小学家庭作业总量作出控制，作业设计应符合学科课程标准规定的范围和深度，增强作业的开放性、探究性和实践性；关注学生的个体差异，增强作业的层次性、适应性和可选择性，合理设计学生作业的内容和时间，鼓励学校分层布置课后作业并实行动态调整，激发学生内在学习动力。

进一步改革考试评价制度。切实减轻学生过重课业负担，需要深入推进中考和高考改革，充分发挥考试招生的引领和导向作用。一是要加大考试内容和技术研究，推进重视能力、素养导向的评价评估。中考和高考改革要依据人才选拔要求和课程标准，科学设计命题内容，最大限度地使考试命题能正确地评估学生的关键能力和核心素养，而不是通过机械记忆、重复训练获得的知识，同时考试的评分系统应该公正、透明。二是推进招生录取标准和依据的多元化与综合性改革。完善和规范学业水平考试和学生综合素质评价制度，高中阶段学校实行基于初中学业水平考试成绩、结合综合素质评价的招生录取模式，高等学校实行基于统一高考和高中学业水平考试成绩、参考综合素质评价的多元录取机制。转变单纯以考试成绩或者竞赛成绩进行招生的状况，引导整个社会向重视能力和素养转变。三是减少考试、严禁考试排名。适当减少统考次数和平时测试，考试成绩以等级呈现，淡化分数概念，严禁初高中学校对学生进行中高考成绩排名、宣传中高考状元和升学率。

同时，要深化教育评价制度改革，根本扭转学校"唯分数"评价教师和学生、政府"唯升学率"评价学校的片面做法，探索以素质教育为导向的多种评价机制，着力推进改进学校的教育质量综合评价和增值评价、学生的综合素质评价和教师的绩效评价。

进一步加大规范招生的力度。目前在义务教育和高中招生中仍然存在很多不规范行为，加剧了学生的升学压力，必须高度重视。对于已经明确的招生规范要求，必须加强监督检查，确保相关规定真正落实到位。比如，严禁自行组织或与社会培训机构联合组织以选拔生源为目的的各类考试，或采用社会培训机构自行组织的各类考试结果；严禁义务教育阶段学校设立任何名义的重点班、快慢班等。

而对于一些模糊不清的办学和招生规定，要从法律和政策角度进一步加以明确，如民办中小学违规跨区域招生问题严重扰乱教育生态，亟须在《中华人民共和国民办教育促进法实施条例》修订中进一步加以规范。

本文发表于《中国教育报》2019 年 3 月 13 日第 2 版

积极拓展粤港澳大湾区教育合作

推动粤港澳大湾区教育合作发展，是推进粤港澳大湾区建设的重点领域，也是事关教育现代化全局的关键节点。日前，中共中央、国务院印发了《中国教育现代化 2035》，中办、国办印发了《加快推进教育现代化实施方案（2018—2022 年）》，为新时代开启教育现代化建设指明了方向。改革是推进教育现代化的根本动力，国家将积极支持区域教育改革试验，探索新时代区域教育改革发展的新模式。推动粤港澳大湾区教育合作发展，具有特殊意义。

积极拓展粤港澳大湾区高等教育合作。近年来，粤港澳三地高等教育合作交流机制不断完善，高校之间合作办学机构与项目不断增加，合作平台建设不断拓展，在广东高校就读的港澳学生数量不断增长，但三地高等教育交流合作的广度深度和层次水平仍需拓展提升，合作发展的体制机制和共建共享平台仍需创新完善。

在粤港澳大湾区建设中，需充分发挥高等教育的基础支撑和动力引领作用。粤港澳三地高等教育资源丰富，在总量约 150 所高校的布局中，香港有 5 所高校位居全球排名前 50，澳门的旅游教育等学科专业水平高居全球前列，广东高等教育体量庞大且拥有完整的学科布局和产业链。借助粤港澳全面合作的契机，可以充分发挥粤港澳三地高等教育各自优势，构建优势互补、联系紧密、沟通高效、协调有力的教育合作机制。支持粤港澳高校合作办学，鼓励联合共建优势学科、实验室和研究中心，为人才培养和科技创新搭建更加完善、更为开放的平台。吸引和对接全球创新资源，共建一批高精尖研究中心和产学研用一体化创新中心，构建高水平的协同创新平台。促进高等教育相关的人才、科技、信息等要素在粤港澳大湾区高效流动，鼓励三地高校探索开展相互承认特定课程学分、实施更灵活的交换生安排、科研成果分享转化等方面的合作交流。建设国际教育示范区，引进世界知名大学和特色学院，推进世界一流大学和一流学科建设。

积极拓展粤港澳大湾区职业教育合作。职业教育是粤港澳大湾区教育体系的重要组成部分，也是打造粤港澳大湾区产业升级和先进制造业人才高地的重要途径。相关数据显示，珠三角内高职院校数量占全省的81%，每年大湾区内职业教育毕业生达数十万人。粤港澳三地的职业教育各有特点，香港在管理机制和专业认证等方面具有国际视野，澳门在旅游教育培训方面独树一帜，广东在规模、结构、就业市场上则更胜一筹。积极拓展粤港澳大湾区职业教育合作，有利于实现三地职业教育资源共享、优势互补、协同创新、合作共赢，为粤港澳大湾区建设提供强有力的应用型人才支撑，为粤港澳大湾区建设注入活力。但从当前现实看，粤港澳三地职业教育协同发展机制尚未真正建立，三地职业教育合作还相对松散，合作模式有待进一步探索和创新。

《粤港澳大湾区发展规划纲要》（以下简称《规划纲要》）指出，推进粤港澳职业教育在招生就业、培养培训、师生交流、技能竞赛等方面的合作，创新内地与港澳合作办学方式，支持各类职业教育实训基地交流合作，共建一批特色职业教育园区。积极拓展粤港澳大湾区职业教育合作，离不开体制机制的创新。例如：积极探索内地专科层次教育与香港副学士学位教育的互认，为粤港澳大湾区学生到香港高校接受高等职业教育、获得专升本的机会提供条件；探索针对粤港澳大湾区特点的跨境校企人才培养新机制，推动产教融合、校企合作。

积极拓展粤港澳大湾区基础教育合作。粤港澳大湾区基础教育合作，主要包括粤港澳三地中小学校之间、教师之间和学生之间的交流互通。从学校的交流互通看，鼓励粤港澳三地中小学校结为"姊妹学校"，研究探索三地幼儿园缔结"姊妹园"。广东省是最早实施"姊妹学校"缔结计划的内地省份之一，2005年广东省和香港、澳门签署了缔结"姊妹学校"协议。2015年广东省教育厅与香港教育局再次签署了粤港"姊妹学校"相关合作协议，将粤港澳"姊妹学校"缔结计划作为粤港澳青少年交流合作的品牌项目重点推进。截至2018年底，粤港澳缔结"姊妹学校"共850对，涵盖了大湾区的9个内地城市。同时，在广东建设港澳子弟学校或设立港澳儿童班并提供寄宿服务，以解决港澳子弟在当地读书及升学问题。从教师的交流互通看，《规划纲要》指出，研究开放港澳中小学教师、幼儿教师到广东考取教师资格并任教。

打造宜居宜业宜游的优质生活圈，是粤港澳大湾区建设的战略定位；共享发展，改善民生，是粤港澳大湾区建设的重要原则。反映在教育方面，就要加强学校建设，扩大学位供给，进一步完善跨区域就业人员随迁子女就学政策，推动实现平等接受学前教育、义务教育和高中阶段教育，确保符合条件的随迁子女顺利在流入地参加高考。与此同时，《规划纲要》要求进一步研究赋予在珠三角9市工作生活并符合条件的港澳居民子女与内地居民同等接受义务教育和高中阶段教育的权利，这应该成为今后的研究重点与推进着力点。

本文发表于《光明日报》2019年3月11日第16版

落实《义务教育学校管理标准》要坚守初衷

历经 3 年多的实验探索和实践检验，《义务教育学校管理标准》（以下简称《管理标准》）近日正式发布。它标志着我国义务教育学校管理更加有章可循，进入了规范化、科学化、标准化时代，努力让每一个孩子享有公平而有质量的义务教育有了更加可靠的保证。

《管理标准》包括保障学生平等权益、促进学生全面发展、引领教师专业进步、提升教育教学水平、营造和谐美丽环境、建设现代学校制度等 6 大管理职责、22 项管理任务、88 条具体内容。这些管理职责、管理任务和具体内容涵盖了义务教育学校管理的各个方面，既有总体性的原则要求，又有可操作的具体规定，它是学校办学的保障，是办好学校的依据，也是学校依法办学、科学管理的重要遵循。落实好《管理标准》，对于深入推进教育治理体系和治理能力现代化，不断提高办学水平和提升教育质量，进一步规范办学行为、提高管理水平都具有十分重要的意义。

但应当看到，《管理标准》的发布，只是迈出了学校管理规范化、科学化、标准化的第一步，坚守初衷使之能够真正得到落实，这是对各级教育主管部门和每一所义务教育学校提出的新要求。

落实《管理标准》，要立足于建立现代学校制度、完善教育治理体系。建立现代学校制度、完善教育治理体系旨在通过制度创新，理顺学校内外部关系，促进学校的健康发展。因此，落实《管理标准》不仅仅是学校的事情，而是需要政府、社会和学校的共同参与。《管理标准》既是学校办学治校的基本依据和工作目标，又是政府简政放权、减少具体干预、为学校办学提供基本保障、督导评价学校工作的基本依据和衡量标准。同时,《管理标准》也为社会监督提供了重要依据和标准。

落实《管理标准》,要立足于提高办学水平、提升教育质量。努力让每个孩子都能享有公平而有质量的教育,是党的十九大对我国教育改革发展提出的新要求。不断提高义务教育办学水平,努力提升义务教育质量,是落实《管理标准》的一个重要立足点。《管理标准》为办好学校提供了基本依据,为教育质量的提升提供了重要抓手和实践载体,但让这一抓手和载体能够切实发挥作用,需要各级教育主管部门和义务教育学校对落实《管理标准》的重要性,对提高办学水平、提升教育质量的紧迫性有更加深刻的认识,从而能够转化为教育实践中的自觉行动。

落实《管理标准》,要立足于规范办学行为、提高管理水平。规范义务教育学校办学行为,是当前义务教育改革发展的一项重要任务。落实《管理标准》,可以更好地帮助学校解决"管什么""怎么管"的问题。《管理标准》既提出了"规定动作",包括必须落实的"正面清单"和不能触碰的"负面清单",还提出了倡导性内容。但围绕"管什么""怎么管",当前很多义务教育学校已经制定了学校章程,形成了一套完整的规章制度。将《管理标准》与学校的办学章程、各项已经运行有效的规章制度有机对接与融合,这是一项新的任务要求。学校要依据《管理标准》,健全完善各项管理制度,推进依法治校、依法治教、依法施教。各级教育主管部门也要根据《管理标准》调整学校评估机制,以《管理标准》评价学校办学情况。

此外,落实《管理标准》,要充分考虑到区域教育、学校发展的不平衡,避免"一刀切"。《管理标准》是对学校管理提出的基本要求,具有普遍适用性,所有义务教育学校都必须严格按照《管理标准》的基本要求办学,没有《管理标准》之外的特例,这是一种刚性要求。但我国义务教育在区域之间差异仍然较大,学校发展不平衡问题仍然突出,管理水平和教育质量参差不齐的状况仍然明显。如何在统一要求的基础上,注重分类指导、分层要求、分步实施,扎实稳步推进,真正促进学校实现科学治理,这是在落实《管理标准》时需认真加以关注的问题。

本文发表于教育部网站,2017 年 12 月 11 日

办好公平而有质量的基础教育

习近平总书记在党的十九大报告中指出：推动城乡义务教育一体化发展，高度重视农村义务教育，办好学前教育、特殊教育和网络教育，普及高中阶段教育，努力让每个孩子都能享有公平而有质量的教育。

努力让每个孩子都能享有公平而有质量的教育，是党的十九大对我国教育改革发展提出的新要求，而办好公平而有质量的基础教育是题中之义。全面贯彻党的教育方针，落实立德树人根本任务，发展素质教育，推进教育公平，培养德智体美全面发展的社会主义建设者和接班人，这是办好公平而有质量的基础教育的重要指针。就基础教育的各学段而言，不论是学前教育、义务教育还是高中教育，虽然有着各自的改革发展目标，但着力解决好发展不平衡不充分问题，积极促进公平而有质量的发展的目标是一致的，这也是实现教育现代化、建设教育强国的重要任务。

办好公平而有质量的学前教育。推动学前教育发展需从扩资源、调结构、建机制和提质量等方面入手，而促进学前教育公平的核心词是"普惠"。近年来，我国学前教育事业取得了突破性进展，但随着全面二孩政策的实施和城镇化进程的加速，学前教育的需求和供给矛盾仍非常突出。进一步增加学前教育资源供给，特别是普惠性学前教育资源的供给，到2020年普惠性幼儿园占比达到80%，是一项非常紧迫的任务。增强普惠性需进一步规范普惠性民办幼儿园认定标准，完善相应的资助与扶持政策，支持民办幼儿园提供面向大众、收费合理、质量合格的普惠性服务。同时，学前教育亟须提高质量。不能违背教育规律和幼儿身心发展特点，把小学教学内容简单下移到幼儿园，一味让幼儿园孩子学算术、学拼音、学英语，而要加强科学保教，坚持以游戏为基本活动。

办好公平而有质量的义务教育。促进义务教育均衡发展，是教育公平的重要体现。日前，教育部部长陈宝生在回答记者提问时说，改革攻坚，教育有三块硬骨头，第二块是义务教育控辍保学。目前义务教育失学辍学主要集中在农村、边远、贫困和民族地区。加强贫困地区控辍保学工作尤为重要，这是夯实教育脱贫根基、阻断贫困代际传递的一项重要任务。2016 年我国九年义务教育巩固率为 93.4%，2015 年为 93.0%，2014 年为 92.6%，每年增长 0.4 个百分点。按照国家确定的目标，2020 年我国九年义务教育巩固率要达到 95%，确保实现这一目标仍需付出积极努力。为此，国家要求做到"三避免、一落实"，要避免因贫失学辍学，避免因上学远、上学难辍学，避免因学习困难或厌学辍学；落实政府及社会各方控辍责任。

值得关注的是，促进义务教育均衡发展，必须处理好均衡与发展的关系、均衡与差异的关系、均衡与优质的关系，进而推动和实现有质量的均衡，这是提升新时代义务教育质量的现实诉求。只有切实提高义务教育质量，才能巩固普及九年义务教育成果，才能推动义务教育均衡发展，也才能更好地实现精准扶贫。义务教育在均衡基础上追求优质，就是要实现由外延发展向内涵发展的转型，由粗放型管理向精细化管理的变革，由局部高质量向全面高质量的跨越。

办好公平而有质量的高中教育。当前，我国普及高中阶段教育进入攻坚阶段。打好普及攻坚战需要紧紧瞄准困难地区和特殊群体，提高困难地区普及水平，扩大特殊人群接受高中阶段教育的机会，这是促进公平的必然要求。同时还要积极创新高中育人模式，不断深化课程和教育教学改革，努力推动高中教育多样化特色发展。例如：增强普通高中课程的选择性和适应性，满足学生多样化需求；推行选课走班，形成与选课走班相适应的教学管理机制；建立选课和生涯规划指导制度，鼓励教师全员参与指导学生学习成长。高考综合改革和教育质量综合评价改革的深入推进，为高中教育的多样化特色发展提供了一个良好的契机。

本文发表于《中国教育报》2017 年 11 月 8 日第 2 版

"校外增负" 难题须系统求解

校内减负不能只依靠学校，如果没有社会和家长的配合，减负效果会大打折扣。同样，校外减负也不能单纯依靠社会和家长，需要学校的协同配合。

据媒体报道，在国庆、中秋假期，一些家长忙着给孩子安排"充电"，把"黄金周"变成了"补课周"，一些校外教育培训机构还专门开设了"黄金周"短期课程班。生怕"落伍"，希望"抢跑"，是不少家长热衷于课外补习的一个重要原因。中小学生课外补习量大、课外负担过重问题已经引起政府的高度重视，中办、国办印发的《关于深化教育体制机制改革的意见》（以下简称《意见》）明确提出：切实减轻学生过重课外负担。

从减负工作的长期实践看，校内减负不能只依靠学校，如果没有社会和家长的配合，减负效果会大打折扣。同样，校外减负也不能单纯依靠社会和家长，需要学校的协同配合。《意见》就"切实减轻学生过重课外负担"提出的一系列改革举措，既指向校外也指向校内，体现了多管齐下、综合施策的政策意图。

减轻学生过重课外负担，要求进一步提高课堂教学质量。课外负担与课堂教学紧密相连，就当前减负而言，要着力解决"课内不讲、课外补习"问题。这种现象虽然只存在于少数学校、发生在个别教师身上，并不具有普遍性，但对于这种加重学生负担的做法，必须加以纠正。正如《意见》所指出的，严格按照课程标准开展教学，提高教学针对性。同时，要着力解决"作业量大、作业时间长"的问题。经过近年来的不懈努力，特别是通过提高课堂教学质量，严格控制作业量和作业时间，这种现象已经有了明显改观，但并不意味着这一问题已经完全解决。《意见》提出，合理设计学生作业内容与时间，提高作业的有效性。当前重申这一要求，其实仍然具有很强的现实针对性。

减轻学生过重课外负担，要求进一步建立健全课后服务制度。很多小学生放学之后的课外补习，实际上是满足一种托管需求。对于孩子放学早、没时间接孩子的"三点半难题"，探索实行弹性离校时间，无疑是一种积极的做法。《意见》提出，鼓励各地各校根据学生身心发展特点和家长需求，探索实行弹性离校时间，提供丰富多样的课后服务。课后这段时间究竟让学生做什么？如果采取集体教学或补课，成为课堂教学的延伸，势必有进一步加重学生负担的风险。因此，明确课后服务内容非常必要，如安排学生做作业、自主阅读、体育、艺术、科普活动以及娱乐游戏、拓展训练、开展社团及兴趣小组活动等。

减轻学生过重课外负担，要求进一步形成家校共同育人合力。只有让家长和学校共同担起责任，减负才能真正落到实处，"学校减负、家庭增负，校内减负、校外增负"现象也才能得以扭转。《意见》提出，改善家庭教育，加强家庭教育指导服务，帮助家长树立正确的教育观念，合理安排孩子的学习、锻炼和休息时间。但需要指出的是，解决"家庭增负""校外增负"问题，只是希望家长转变教育观念还远远不够，坚持素质教育导向，深入推进考试招生制度和教育质量评价制度改革，依然是一项重中之重的任务。

减轻学生过重课外负担，要求进一步规范校外教育培训机构。针对校外教育培训机构良莠不齐，一些涉及学科的课外辅导班在教学内容上盲目拔高，还有一些校外教育培训机构暗中为公办学校选拔生源等问题，需要下大力气进行整治。《意见》提出，规范校外教育培训机构，严格办学资质审查，规范培训范围和内容。当前，尤其要严查与学校挂钩招生、利益输送以及公办学校教师到校外教育培训机构任教行为。探索建立负面清单制度和联合监管机制。

减轻学生过重课外负担，要求进一步营造健康教育生态。何谓健康教育生态？一是要有科学的教育理念；二是要有科学的教育质量评价标准。《意见》提出，大力宣传普及适合的教育才是最好的教育、全面发展、人人皆可成才、终身学习等科学教育理念。要把促进人的全面发展、适应社会需要作为衡量教育质量的根本标准，克服简单以升学率和考试分数评价教育质量的现象和做法。

"学校减负、家庭增负，校内减负、校外增负"，是近年来推进减负工作中出现的一个突出问题。面对中小学生课外负担过重的现实，政府、学校、家长和社会需要共同努力，为切实减轻学生过重课外负担尽一份责任。

本文发表于《中国教育报》2017 年 10 月 10 日第 2 版

健全基础教育发展的体制机制

近日，中共中央办公厅、国务院办公厅印发了《关于深化教育体制机制改革的意见》（以下简称《意见》），部署了健全立德树人系统化落实机制、健全各级各类教育发展的体制机制、健全教育保障制度等方面的改革任务。

推动我国基础教育事业健康发展，迫切需要从健全体制机制入手，积极化解学前教育、义务教育和高中教育领域的一些热点难点问题。

近年来，随着"全面二孩"政策的实施、城镇化进程的加速，学前教育需求与供给的矛盾较为突出。进一步增加学前教育资源供给，解决入园难、入园贵问题，依然是学前教育改革发展面临的一项重要任务。《意见》提出：鼓励多种形式办园，有效推进解决入园难、入园贵问题。新建、改扩建一批普惠性幼儿园，按规定确保城市小区配套建设幼儿园。鼓励社会力量举办幼儿园。大力推进普惠性民办幼儿园认定工作，通过保证合理用地、以奖代补、政府购买服务、开展教师培训等方式，支持民办园提供面向大众、收费合理、质量合格的普惠性服务。

学前教育的快速发展呼唤科学的保育教育，科学保教与加快普及同等重要。针对当前学前教育存在的"小学化倾向"，《意见》提出：加强科学保教，坚决纠正"小学化"倾向；坚持以游戏为基本活动；坚持保教并重；强化保教工作专业指导；加强幼儿园质量监管。

义务教育在均衡基础上追求优质，就是要实现义务教育由外延发展向内涵发展转型，由义务教育局部高质量向全面高质量跨越。义务教育从均衡发展走向均衡优质发展，这是一个更高的目标追求，也是落实"十三五"时期"提高质量"这个战略主题的必然要求。围绕"完善义务教育均衡优质发展的体制机制"，《意见》提出了具体要求。

一是要建立以学生为本的新型教学关系。改进教学方式和学习方式，变革教学组织形式，创新教学手段，改革学生评价方式。二是要切实减轻学生过重课外负担。三是要着力解决义务教育城乡发展不协调问题。《意见》进一步强调了"三个统一"和"一个加快"，即统一城乡学校建设标准，统一城乡教师编制标准，统一城乡义务教育学校生均公用经费基准定额，加快建立义务教育学校国家基本装备标准。四是要多措并举化解择校难题。义务教育"择校"问题由来已久，解决这一问题需要标本兼治。《意见》提出：加快义务教育学校标准化建设，缩小校际差距。改革管理模式，试行学区化管理，探索集团化办学，采取委托管理、强校带弱校、学校联盟、九年一贯制等灵活多样的办学形式。完善入学制度，统筹设计小学入学、小升初、高中招生办法。

普及高中阶段教育是"十三五"时期我国高中教育发展的一项重要任务。但实现高质量普及，特别是为了适应和满足高考综合改革对高中教育提出的新要求，需积极推进普通高中育人方式改革。《意见》围绕"深化普通高中教育教学改革""稳妥推进高考改革"提出了明确要求。

"课程改革""选课走班""生涯规划指导"是深化普通高中教育教学改革的核心词。《意见》提出：要深化普通高中课程改革，优化课程结构，增加选修课比例，丰富课程资源，提高课程的选择性和适应性；鼓励有条件的学校单独或与职业院校联合开设职业技术技能选修课程；优化课程安排，推行选课走班，形成与选课走班相适应的教学管理机制；建立选课和生涯规划指导制度。

继浙江、上海进行高考综合改革试点后，其余大多数省（区、市）将在今明两年启动新一轮高考改革。深入总结高考综合改革试点经验，稳妥推进高考综合改革，逐步形成分类考试、综合评价、多元录取的考试招生模式，意义重大。《意见》提出：要完善学业水平考试制度，健全综合素质评价，深化考试内容改革，改进招生录取办法。

健全基础教育发展的体制机制，对于我国基础教育事业发展具有重要推动作用。改革的指导思想、基本原则和目标任务已经明确，目前亟须制定"施工图"，以确保改革有序推进、按期完成，取得成效。

本文发表于《中国教育报》2017年9月27日第2版

基础教育减负要常抓不懈

近年来减负的收效不大，这是一个不争的事实，但并不意味着我们可以就此放弃，反而需要进一步增强减负工作的紧迫性，协同努力，常抓不懈，务求取得实效。

减负问题是今年"两会"代表委员关注的热点。3月4日下午，习近平总书记看望出席全国政协十二届五次会议民进、农工党、九三学社政协委员并参加联组会，在回应政协委员建言时指出：基础教育减负要常抓不懈，直至把这个问题解决好。这充分体现了习近平总书记对教育工作的高度重视和对广大学生的深深关切，这是习近平总书记对我国基础教育工作提出的殷切希望，也是"把基础教育越办越好"的必然要求。

应该说，近年来减负工作取得了一定成效，各地中小学生普遍作业少了，书包轻了，课外活动丰富了。但也要看到，学生课业负担依然过重，这既是教育自身的问题，也是整个社会的问题，基础教育减负需要全社会的共同努力。正如习近平总书记在考察北京市八一学校时所强调的，基础教育是全社会的事业，需要学校、家庭、社会密切配合。

减负工作必须做。减负工作之所以步履艰难，原因有很多，但认识不到位是其中的一个重要原因。有人认为，学习本身就是一件有压力、有负担的事情，国外学生的课业负担相比中国学生一点也不轻，因此对课业负担过重问题不必过度解读。还有人认为课业负担的重与轻是个相对概念，学生的个体能力有差异，兴趣也有所不同，不同的学生学习不同的内容，对于负担的感受则完全不同，因此对课业负担过重问题不可泛泛而谈。这些观点虽然有一定道理，但综观当前我国中小学生课业负担的整体状况，特别是面对小学生课业负担明显过重的严峻现实，要想为孩子们营造一个健康的成长环境，真正让孩子们多玩一玩，基础教育减负绝非可有可无，而是一项必须要做的工作。

减负工作要持续做，直至做出成效。虽然人们对学生课业负担过重问题感同身受，减负的愿望和呼声也很高，但对待减负的信心似乎明显不足，以至于常常会听到这样的议论：减负的文件发了不少，应对的措施也是一个接着一个，但收效不大，真可谓理想很丰满，现实很骨感。减负不能短时期奏效，这并不意味着我们可以就此放弃，反而需要进一步增强减负工作的紧迫性，协同努力，常抓不懈，务求取得实效。

减负需要持续做好改革创新工作。学生课业负担过重，背后折射出的是制度的瓶颈和束缚。传递素质教育导向，深入推进考试和评价制度改革，依然是重中之重。一方面，要深入推进考试招生制度改革。要重申义务教育免试原则，深入推进义务教育免试就近入学工作；深化中高考的考试内容改革，减少对单纯记忆、重复训练内容的考查，更加注重和强化能力考查；深化中高考招生录取模式改革，将学生综合素质评价逐步引入招生录取环节，破除招生录取"唯分数论"。另一方面，要深入推进评价制度改革，将学生的学业负担状况作为衡量学校教育质量的重要内容，扭转"唯升学率"的教育质量观和政绩观。

减负需要持续做好规范管理工作。加强规范管理既是对地方政府和教育行政部门提出的要求，也是对中小学校提出的要求。就地方政府和教育行政部门而言，一要加强对学校办学行为的规范管理，如严禁义务教育学校举办重点校、重点班。二要加强对考试招生的规范管理，如严禁义务教育学校组织各类招生入学考试，严禁将各类竞赛、考试证书、荣誉证书或学习等级等作为招生入学依据或参考。三要加强对校外教育培训机构的规范管理，对于各种虚假宣传、误导家长的不规范行为应及时加以纠正，避免中小学生本已过重的课业负担"雪上加霜"。

就学校而言，要进一步加强日常教育教学的规范管理，严格按照课程方案和各科课程标准的要求开展教育教学工作，不断提升课堂教学水平和质量，防范在课程内容上一味加大难度，在课堂教学上一味抢跑争先，在学生作业上一味加重分量，切实让中小学的教育教学坚守常识，尊重规律。

本文发表于《中国教育报》2017 年 3 月 6 日第 2 版

减负路上要多一份执着与坚持

近年来，政府层面的减负政策持续出台，学校层面的改革举措不断跟进，但"校内减负校外补"的现象仍较为普遍。究其原因，有人认为责任在家长，有人认为责任在教育培训机构，有人认为责任在现行的考试招生制度，还有人认为减负本来就不是一个真命题。

有人质疑家长，孩子忙于上各种校外兴趣班、补习班，实际是家长内心焦虑的表现。此话虽不假，但焦虑背后的原因倒也不难理解。家长热衷于各类兴趣班、补习班，除了出于培养孩子兴趣爱好的考虑，更大程度上是希望孩子能在未来的升学竞争中抢得先机，能上一所好中学、好大学，将来有一份好工作。这种想法本身无可厚非，但的确会增加孩子的压力和负担，需要适当加以引导。

有人质疑教育培训机构，认为是它们在推波助澜，这样的看法其实也不全面。教育培训机构之所以受欢迎，原因很多。它们有的凭自身教学实力赢得家长青睐，当然也有的是通过一些不正当手段诱惑和吸引家长，比如通过与名校订立私下协议，为参加补习的孩子开辟特殊的升学通道。对于这类机构，确需加大治理力度。

有人质疑现行的义务教育招生制度，认为实行免试就近入学，非但没能减负，反而使校外补习更加兴盛。既然如此，不如重新恢复义务教育阶段的招生考试，这样还更能体现公平。这种观点看似有一定道理，但将其置于义务教育发展的大背景下审视，明显站不住脚。公办学校实行免试就近入学，是义务教育本质特征的要求，也是很多国家的通行做法。校外补习的兴盛恰恰警示我们，在推进义务教育免试就近入学上还需再加一把力。

那么，义务教育招生已实行免试就近入学，家长为何还如此热衷于让孩子上各类补习班、兴趣班？推进义务教育免试就近入学，是近年来国家和地方大力推进的一项政策，但是否真正能做到令行禁止，仍要打个问号。公办校除了免试就近入学外，是否还存在一些特殊招生通道？民办校招生是否还存在各种考试和变相考试，是否还与各类获奖证书挂钩？只要义务教育招生中有各种特例存在，家长的不安和焦虑就难以消除，每年民办校"小升初"招生前夕，各类校外补习班异常火爆也多少证明了这一点，这也是"减负难"的一个重要原因。

当然，义务教育招生禁止各种选拔，实行免试就近入学只是推动减负的一个方面，毕竟中考和高考的竞争实实在在摆在面前。虽然寄希望于通过中考和高考改革来实现减负有很大难度，但依据课程标准确定考试内容，减少单纯记忆、机械训练性质的内容，引入学生综合素质评价，逐步破除招生录取"唯分数论"，既是引导学生全面发展的需要，也有利于推进减负。同时，关注"学业负担状况"，积极推进中小学教育质量综合评价改革，也为减负提供了重要的制度保障。

家长内心的焦虑主要来自孩子升学的压力，因此科学推进考试招生制度改革至关重要。除此之外，相关方面还要做好自律工作。以学校为例，推进减负工作仍不可放松，"与其'校内减负校外补'，不如校内加点班、补点课"，这样的想法不可取。虽然学校在推进减负时还会面临来自社会和家长的种种压力，但学校应当保持定力，不屈服于"该醒醒了"这类声音。

还有人认为减负本来就不是一个真命题，对于中小学生而言，学习就是一个有压力、有负担的事情。诚然，即便是美国的中小学生，快乐背后的竞争也无处不在，美国教育轻松无压力也是误读。但有一点不容回避，通过对参加2009年、2012年国际学生评估项目（PISA）的65个国家和地区的对比研究发现，我国学生的学业负担明显过重。从当前现实看，中小学生睡眠时间严重不足，体质状况不容乐观，对此不能视而不见。如何为孩子营造一个良好的成长环境，是一个实实在在的真命题，从这个意义上讲，推进减负的工作再难也要做，而且要坚持不懈、持之以恒。

本文发表于《中国教育报》2016年11月29日第2版

办好基础教育要全社会努力

习近平总书记考察北京市八一学校时强调，基础教育在国民教育体系中处于基础性、先导性地位，必须把握好定位，全面贯彻落实党的教育方针，从多方面采取措施，努力把我国基础教育越办越好。基础教育是全社会的事业，把我国基础教育越办越好，需要政府、学校、家庭和社会承担起各自的职责与使命。

努力把我国基础教育越办越好，各级政府要强化责任意识。首先是认识要到位。各级政府对坚持把教育放在优先发展的战略位置的认识要到位，对基础教育所具有的基础性、先导性的认识要到位。作为国民教育体系的重要组成部分和提高民族素质的奠基工程，基础教育的重要性再怎么强调都不为过，如果没有这样的思想认识，办好基础教育就失去了基本前提和基础。其次是行动要到位。基础教育以地方为主负责实施，要真正将认识转化为行动。对于地方政府而言，基础教育事业发展要纳入规划，基础教育经费投入要优先保障，基础教育资源需求要努力满足，这是政府强化责任意识的最重要、最直接体现。办好学前教育，均衡发展九年义务教育，基本普及高中阶段教育，要进一步加强对基础教育支持力度，通过不断深化改革，切实促进公平，进而提升基础教育的整体发展水平。

努力把我国基础教育越办越好，学校要担负主体责任。"培养什么人，怎样培养人"，是教育的根本问题和永恒主题，也是学校需要认真思考和面对的一件大事。落实立德树人根本任务，是提高国民素质、建设人力资源强国的战略行动，是适应教育内涵发展、基本实现教育现代化的必然要求，对于全面提高育人水平，让每个学生都能成为有用之材具有重要意义。基础教育是立德树人的事业，作为基础教育工作者，要旗帜鲜明加强思想政治教育、品德教育，加强社会主义核心价值观教育，引导学生自尊自信自立自强。

努力把我国基础教育越办越好，要尊重教育规律和学生成长规律。尊重规律就是对教育常识的坚守，是对常识所蕴含的精神、规律和价值观的认同与守望。针对当前基础教育领域所存在的各种违背规律的教育现象和教育教学改革行为，大力提倡"让教育成为教育""让基础教育回归基础"显得尤为重要。每一位基础教育工作者都要扪心自问，在学生管理、教育教学上是否真正为学生着想，是否真正符合教育规律和学生成长的规律。基础教育是提高民族素质的奠基工程，要遵循青少年成长特点和规律，扎实做好基础的文章。

努力把我国基础教育越办越好，家庭、社会要与学校形成合力。办好基础教育是学校、家庭和社会的共同事业，培养好中小学生也是学校、家庭和社会的共同责任。家庭和社会各相关单位也要恪尽职守，承担起各自的责任，同时要与学校加强协作配合，形成教育合力。从现实看，如果学校与家庭、社会不能形成合力，一些基础教育改革举措的落实就会变得非常困难，学校倡导"减负"而家长忙于"增负"，学校鼓励学生参加社会实践而学生苦于找不到实践场所，这样的事例并不鲜见。当然，要真正形成教育合力，只是观念转变还不够，需要一系列制度变革和方法手段的创新。

努力把我国基础教育越办越好，是一幅美好的教育蓝图，各级政府、学校、家庭和社会都是这幅美好蓝图的描绘者，都要承担起各自的职责与使命，并为之付出不懈的努力。

本文发表于《中国教育报》2016年9月13日第1版

"统筹推进" 并非均衡用力

提高农村教育质量的最大制约因素是师资，只有不断增强教师的满足感、成就感和归属感，才能让优秀乡村教师"留得住"。

国务院日前印发《关于统筹推进县域内城乡义务教育一体化改革发展的若干意见》（以下简称《意见》），要求按照全面建成小康社会目标，加快缩小城乡教育差距，促进教育公平，统筹推进县域内城乡义务教育一体化改革发展。

实现全面建成小康社会的目标，农村是"短板"，发展全面建成小康社会目标下的义务教育，农村义务教育是"短板"。由于我国城乡经济发展水平的差异，城乡义务教育发展还有较大差距，而城乡办学的差别化政策，使得城乡义务教育差距还有进一步拉大趋势，这种状况亟须改变。《意见》的发布是一个重要契机，"一体化"是城乡义务教育发展大计。

推进县域内城乡义务教育一体化改革发展，要基于我国经济社会发展的大背景。当前我国已进入全面建成小康社会的决胜阶段，正处于新型城镇化深入发展的关键时期，户籍制度改革、计划生育政策调整和人口流动，对城乡义务教育改革发展提出了新要求。推进城乡义务教育一体化改革发展不能脱离这一经济社会发展大背景。

随着新型城镇化的深入发展，必然会带来城镇人口和乡村人口数量、结构的变化，城乡义务教育规模也势必面临调整，科学规划城乡义务教育规模至关重要。正如《意见》所指出的，一方面要同步建设城镇学校，要按照城镇化规划和常住人口规模编制城镇义务教育学校布局规划，确保城镇学校建设用地和足够的学位供给。同时，各地要统筹"十三五"期间义务教育学校建设项目，按照国家规定班额标准，新建和改扩建校园校舍，重点解决城镇大班额问题。另一方面要努力办好乡村教育，合理布局学校，采取多种措施补齐乡村教育短板。

解决好因人口流动而带来的"随迁子女"和"留守儿童"教育问题，是顺应我国经济社会发展的一个必然要求。虽然相关工作的落实需要分别从城市和农村入手，但它既不是孤立的城市教育问题，也不是单一的农村教育问题，况且"随迁子女"和"留守儿童"本身还处于不断变换之中。基于统筹推进的视角，《意见》就改革随迁子女就学机制、加强留守儿童关爱保护提出了明确要求，如适应户籍制度改革要求，建立以居住证为主要依据的随迁子女入学政策，推动"两免一补"资金和生均公用经费基准定额资金随学生流动可携带；建立家庭、政府、学校尽职尽责，社会力量积极参与的农村留守儿童关爱保护工作体系，促进农村留守儿童健康成长。

推进县域内城乡义务教育一体化改革发展，要实现城乡义务教育办学标准的统一。农村义务教育薄弱，与农村义务教育学校建设、教师编制、经费和装备配置等方面的低标准存在一定关联，而低标准、低质量也似乎成了农村教育的"代名词"。如果城乡办学的差别化政策不作调整，推进城乡义务教育一体化改革发展便无从谈起。为此，《意见》专门提出：要加快推进县域内城乡义务教育学校建设标准统一、教师编制标准统一、生均公用经费基准定额统一、基本装备配置标准统一和"两免一补"政策城乡全覆盖，到2020年，城乡二元结构壁垒基本消除，义务教育与城镇化发展基本协调。

推进县域内城乡义务教育一体化改革发展，要在"统筹"基础上给予农村更多倾斜。推进城乡义务教育一体化改革发展，并不意味着"均衡用力"，在统筹推进时要给予农村义务教育更多倾斜。《意见》提出，通过开展城乡对口帮扶和一体化办学、加强校长教师轮岗交流和乡村校长教师培训、利用信息技术共享优质资源、将优质高中招生分配指标向乡村初中倾斜等方式，补齐乡村教育短板。应当看到，提高农村教育质量的最大制约因素是师资，只有不断增强教师的满足感、成就感和归属感，才能让优秀乡村教师"留得住"。《意见》专门就改革乡村教师待遇保障机制提出，各地要实行乡村教师收入分配倾斜政策，落实并完善集中连片特困地区和边远艰苦地区乡村教师生活补助政策。要建立乡村教师荣誉制度，使广大乡村教师有更多的获得感。

统筹推进县域内城乡义务教育一体化改革发展，既是经济社会发展的客观要求，也是义务教育发展的必然选择，虽然推进过程不会一帆风顺，但改革发展方向不能动摇。

本文发表于《中国教育报》2016年7月14日第2版

给公办校松绑要解几根"绳子"

激发公办学校的办学活力，离不开体制机制创新，但这种创新，并不意味着政府责任，尤其是政府经费投入责任的弱化。

公办学校办学活力不足，始终是困扰基础教育发展的一大难题。建立现代学校制度，激发学校办学活力，离不开体制机制的创新。据媒体报道，成都市武侯区在四川大学附属中学西区学校率先实施"两自一包"改革，将"人权""财权""事权"下放给学校，鼓励学校进行改革发展。这样的改革探索值得期待。

公办学校办学活力不足表现在诸多方面，尤其在教师聘用、学校管理和经费使用等方面缺乏自主权，对学校发展形成束缚。在笔者看来，成都市武侯区给公办校"松绑"的改革，其亮点在于改革的"整体性"，改革贯穿师资、管理和经费等各个方面。事实上，学校自主招聘教师的改革、学校自主管理的改革、学校经费包干的改革等单项改革措施的推进在各地并不鲜见。但从建立现代学校制度、完善学校内部治理结构的视角看，需要整体推进体制机制的创新。成都市武侯区的改革是一个难得的实践样本。在公办学校推行"教师自聘、管理自主、经费包干"的改革，离不开"责权明晰"和"经费保障"两大基本要素。责权明晰就是要在政府与学校之间进行明确的责权界定，通过政府职能的调整，赋予学校相应的自主管理权，促进学校的自主发展。武侯区教育局通过制订教育行政部门权力清单和服务清单，确保权力规范化运行；试点学校则从干部人事管理、经费运转和自主管理三方面建立学校管理的自主权清单，明晰学校的办学方向。政府与学校的责权明晰，为政校关系调整提供了重要保障，让学校能够在一定范围内决定教育资源的配置与使用，特别是在教师聘用、学校管理和经费使用等方面拥有自主权，这是改革的重要目标。

此外，经费保障对于改革的顺利推进至关重要。无论是"教师自聘"还是"经费包干"，都离不开经费保障作为前提。虽然自聘的教师没有编制，但这种无编制教师的引进是一种制度性安排，而非临时性举措，因而与以往的"民办教师""代课教师"有着本质区别。也就是说，这些教师虽然没有编制，但给予他们的原来附着于编制之上的福利待遇应得到相应保障，而要做到这一点，经费保障必不可少。"经费包干"是一种经费管理方式的变革，由原来政府将切好的蛋糕交给学校，转而由学校自行切蛋糕，这是落实和扩大学校自主权的重要体现。但蛋糕不论由谁来切，做大蛋糕本身是一个前提。

目前，成都市武侯区的改革试点正由新建学校向现有学校拓展。需要注意的是，在新建学校推进改革与在现有学校推进改革，会有一定的差异性，也会面临一些新问题，需要予以关注。以"教师自聘"为例，毕竟现有公办学校在编教师占了绝大多数，通过自聘引进无编制教师，势必会形成在编教师和无编教师并存的局面。如何保障两种不同身份教师同工同酬、享受同等待遇至关重要，毕竟它会对教师的工作积极性带来直接影响，进而影响改革效果。

或许有人会说，这种改革模式其实并不新鲜。在过去的 10 多年中，一些地方推进公办学校办学体制改革，其中教师自聘、管理自主的模式也曾被广泛采用。但在笔者看来，成都市武侯区的改革与其有着本质的不同。以往推进的公办学校办学体制改革，更多采取的是"经费自筹"方式，是一种"纯粹"的民办运行机制，由此可能带来的政府责任弱化问题、高收费问题也曾受到社会质疑。而成都市武侯区推出的改革，虽然实施了"经费包干"，但经费投入的责任主体没有变，公办学校的办学经费来源依然是地方政府。应当看到，激发公办学校的办学活力，离不开体制机制创新，但这种创新，并不意味着政府责任，尤其是政府经费投入责任的弱化。

在现代化治理理念下合理地分权、放权和监督，落实和扩大公办学校的办学自主权，激发公办学校的办学活力，既要有整体的制度设计，又要有成都市武侯区这样的先行先试，提供好的实践样本。

本文发表于《中国教育报》2016 年 4 月 1 日第 2 版

教育免费年限不是一扯就长

不论是学前教育还是高中阶段教育，从国家层面推进免费进程都不可能一步到位，需要分步推进。

延长基础教育免费年限，是今年两会代表委员热议的话题。随着我国九年义务教育实现免费，逐步加快学前教育和高中阶段教育的免费进程，成为我国教育事业发展的一种必然要求。但不论是学前教育还是高中阶段教育，从国家层面推进免费都不可能一步到位，需要分步推进。

之所以需要分步推进，财政承受能力是一个重要的因素。如果单纯从免除学杂费的经费测算看，正如有专家所言，免除普通高中学杂费并不是一个多么难以承受的数目，各级财政投入相关经费也应当可行。但如果将其置于学前教育和高中阶段教育发展的大背景下去审视，特别是面对学前教育和高中阶段教育经费普遍短缺的现实，免费问题似乎又变得不那么简单。

从当前教育现实看，我国学前教育和高中阶段教育经费保障水平都比较低，"补短板"任务仍十分艰巨，需要经费投入的地方还很多。比如，公办幼儿园数量远远不能满足需求，缺口还很大，基本建设任务繁重；高中学校公用经费普遍不足，一些地方甚至出现难以维持学校正常运转的情况，学校债务负担沉重，高中教育发展依然面临较大困难。从教育发展全局看，一方面免费进程需要加快推进；另一方面学前教育和高中教育事业发展同样需要加快推进。对于国家和地方而言，"推进免费"和"促进发展"还需同时兼顾。也正因如此，分步推进学前教育和高中阶段教育的免费进程，是一种实事求是的做法。

那么，学前教育和高中阶段教育的免费进程该如何分步推进？不论是从我国推进九年义务教育免费的基本做法，还是从世界诸多国家推行免费教育的经验看，率先从贫困地区和困难人群做起，这是国家层面推进免费教育的基本策略。近年来在国家政策扶持下，我国西藏已经实现 15 年免费教育，新疆南疆地区也已实现高中教育全免费，这也充分体现了推进免费政策的基本思路；同时，"十三五"时期率先从建档立卡的家庭经济困难学生开始实施普通高中免除学杂费，免费政策优先覆盖困难人群，同样与推进免费教育的基本思路相吻合。

值得关注的是，当前一些经济欠发达地区，从推进"扶贫攻坚"、加快普及高中阶段教育的角度，积极主动地推进当地高中阶段教育免费工作，这无疑体现了当地政府对民生的关注和对教育的重视。但也要看到，与发达地区相比，中西部一些经济欠发达省份普通高中的经费保障水平还很低，生均公共财政预算教育事业费支出、生均公共财政预算公用经费支出明显低于东部地区，一些省份普及高中阶段教育任务还很繁重。在推进免费教育的同时，建立普通高中经费投入机制等方面的配套改革如何同步跟上，对于中西部经济欠发达地区无疑是一个新的考验。因此，建立中央和地方共同分担机制，进一步加大对中西部贫困地区的扶持力度尤为重要，也只有这样，才能保证推进免费教育工作取得好的效果。

延长基础教育免费年限是一项民生工程，也是实施教育扶贫、促进教育公平的现实需要；而建立健全经费投入机制，加快补齐学前教育和高中阶段教育的"短板"，是促进学前教育和高中阶段教育发展的必然要求。"推进免费"与"促进发展"同样重要，两者应当兼顾。

本文发表于《中国教育报》2016 年 3 月 15 日第 2 版

"最好时光是睡觉时"戳中减负痛点

"你觉得人生中最好的时光是什么时候？"这是今年"十一"期间央视街头采访的一个热门话题。一位小学六年级学生的回答耐人寻味："最好的时光是学习之余能睡会儿觉的时候"。这一被人们称为"爆笑吐槽"的背后，反映出的却是一个真问题，目前中小学生学业负担过重问题依然存在，"减负"工作还有很长的路要走。

看待中小学生学业负担状况，除了人们的主观感受，还有上课、作业、补课、睡眠等一系列客观衡量指标。以睡眠时间为例，《中小学学生近视眼防控工作方案》规定，应保证小学生每天睡眠 10 小时，初中生 9 小时，高中生 8 小时。今年某地的一项儿童发展需求调查显示：只有 17.2% 的小学生睡眠时间达到 10 小时以上，19.1% 的初中生睡眠时间达到 9 小时以上，17.9% 的高中生睡眠时间达到 8 小时以上。我们有理由相信，孩子在面对电视镜头时的一番陈述，确实是发自内心的真实想法。

造成中小学生学业负担过重，学校层面的原因不可否认。一直以来，作业量过大、重复训练过多、考试统测过频等问题，都在一定程度上加重了学生的学业负担。但值得注意的是，学生过重的学业负担并不仅仅来自学校，同样来自家长，这也就不难理解教育行政部门和学校一旦推出各种减负举措，常常会招致家长的反对。结果是学生在学校的负担减下来了，在家庭的负担反而增加了。

虽然减负不是仅仅依靠学校所能完全解决的，但学校仍可以有所作为。从近两年的情况看，随着减负令的出台，减负效果开始逐步显现。例如，学生完成作业的时间明显缩短；类似电视镜头前孩子吐槽的"错一个音节词，罚写 20 遍；拼错了，罚写 50 遍"的惩罚性作业、机械训练的内容有所减少；各类考试、统测也得到了明显控制。然而，推进学校层面减负，仅靠减负令显然远远不够，需要用制度作保障。将"学业负担状况"作为评价中小学教育质量的一项重要内容，是教育部推出的"绿色评价"的一个突出亮点，而实施好"绿色评价"还需付出巨大努力。

从义务教育招生改革看，推进免试就近入学与减负密切相关。小升初招生不得进行考试和各种变相考试，使得单纯服务于升学的课外辅导班、补习班有所降温。即便是民办学校招生也从最初的笔试转向面谈，而且在面谈中不接受各类获奖证书，使得单纯服务于升学的兴趣班、特长班也不再那么受宠。免试就近入学政策的持续推进，将会使学生的学习压力和负担有所减轻。

从中考改革思路看，减负也是一个重要的考量因素。近年来，各地中考改革呈现出降低考试难度的趋势。以北京市为例，从 2015 年起，将中考各学科 0.2 难度系数的试题全部取消，这也就意味着今后中考将不再设置只为高中选拔"尖子生"的难题、怪题和偏题。而以往为了在中考中取得好成绩，学生需要在难题、怪题和偏题上进行机械训练、反复练习，无形中加重了学生的学业负担。可以说，降低考试难度这一改革思路，势必会为减负助力。

从新一轮高考改革方案设计看，减负问题同样受到关注。高中学业水平考试成绩除了计入高校录取总成绩的科目外，其他学科成绩合格即可。同时，鼓励试点省市为学生同一科目参加两次考试提供机会，以减轻学生一次考试的心理焦虑。当然，对于新一轮高考改革究竟是增负还是减负，人们还有一些不同认识和看法，具体效果也还有待实践检验。但从高考改革方案设计的本意看，为学生减负也是一个实实在在的改革目标。

本文发表于《中国教育报》2015 年 10 月 8 日第 2 版

学制改革试点，步子再稳一些

近日，《四川日报》对成都七中嘉祥外国语学校"二四分段课程改革试点"进行了报道。从今年9月入学起，该校将有100名学生进入二四分段培养模式。据了解，这也是四川省第一个实施二四分段培养的中学。事实上，"二四学制"改革试点在一些地方已开展多年，即初中前两年完成原三年的教学任务，从第三学年开始进入高中阶段学习。

我国的初、高中课程设置相对分割，课程内容不衔接是客观事实。通过调整学校内部初、高中学制，深化课程改革，创新人才培养模式，为学生提供更多自主发展空间，是开展"二四学制"改革的重要出发点。课程是最重要的教育载体，尊重学生的个性和差异，必然要求学校构建符合学生个性发展需求的灵活多样的课程体系，探索更为个性化的人才培养模式。但应当看到，这样的改革试点需要系统规划，在条件支撑、机制保障和政策衔接等方面也都有着很高要求，试点难度不可低估。

从客观条件看，由于它还只是一项学校内部改革，试点学校必须是完全中学，这样才能保证改革的系统性和连贯性。从主观条件看，改革探索的重点是要对现行的初、高中课程进行整体设计与优化，无疑对学校的管理水平和教师的教育教学水平提出了更高要求，学校的科研实力、校长的课程领导力、教师的课程执行力等都很关键。目前大部分学校还不具备这样的条件和能力。而如果一味降低改革试点的标准和要求，将改革仅仅局限于初、高中课程的简单位移和增减，而不能对课程内容进行实质性整合，恐怕难有好的效果。

开展"二四学制"的改革试点，需要完善的机制作保障。其中包括科学的选拔认定办法、灵活的补充与退出机制等。目前开展"二四学制"改革试点的学校，主要是通过各种考试、测试，从新入校的初一学生中进行选拔，也有的是从初二开始分流选拔，并会在试点过程中根据学生的学习情况进行适当调整。随着课程融通的逐步实现，如何确保两种学制之间的相互融通，同样值得关注。"选拔认定"的标准是什么？"退出"后的衔接如何保障？需要重点关注。

开展"二四学制"的改革试点，需要与相关政策相衔接。"二四学制"的改革重点是课程，但客观上触及学制调整，而学制调整必然要求相关政策的同步调整。前些年，部分学校开展"二四学制"改革试点遭遇挫折，与相关政策不衔接是重要原因。比如它与初、高中分离政策如何匹配？它与现行的高中考试招生制度如何衔接？"二四学制"的教学与管理是一个相对封闭的自循环系统，参与改革试点的学生在初中升高中的过程中，大多是升入本校，在自循环系统内消化，一批优质生源被学校提前锁定。这客观上使得学校在生源竞争中占得先机。在相关政策未作调整的情况下，作为小范围的试点尚可，如在更大范围推行难免受到质疑。

事实上，除了"二四学制"外，立足于打通小学、初中和高中各学段的改革试点还包括"5+5"（小学5年、中学5年）、"5+3+3"（小学5年、初中3年、高中3年）等，也大多涉及学制调整。而学制调整是一项复杂工程，特别是初、高中的学制调整涉及义务教育和高中教育两个差异较大的学段，必须充分论证。义务教育的法定属性及年限问题，需要妥善回应和处理。正因如此，基于课程改革视角的"二四学制"试点目前只宜限定在较小范围内，尚不具备大范围推行的条件。

本文发表于《中国教育报》2014年8月26日第2版

看待我国基础教育不妨多一份理性

不久前，经济合作与发展组织（OECD）公布了2012年国际学生评估项目（PISA）测试结果，上海学生在数学、阅读和科学三个领域均取得最高成绩。这一消息成为人们热议的话题。其中既有兴奋与喜悦的表达，也有客观与理性的探讨，更有对我国基础教育的深度思考。

一方面，看待我国基础教育不可骄傲自大。PISA测试结果表明我国基础教育确有可圈可点之处，在一定程度上树立了我们的信心。但就PISA测试本身看，正如很多专家所言，测试样本有着明显的地域局限，且测试结果表明我国学生课业负担明显位居前列，教育教学中也存在诸多薄弱环节。而且，就我国创新人才培养方面而言，基础教育的奠基作用明显不足。毕竟创新人才培养是一项系统工程，不仅仅是本科教育和研究生教育的职责，基础教育同样肩负着自身的使命。更何况今天的基础教育依然是矛盾错综复杂、问题积重难返、改革异常艰难。因此，在看待我国基础教育时，保持一份清醒非常必要。

另一方面，看待我国基础教育也不可妄自菲薄。当人们对基础教育表达失望时，可以列举出种种事例和现象，其中"小留学生"人数大幅增长、在家上学人数持续增加会成为重要佐证。从表象上看，似乎很多家长已经不堪忍受基础教育对孩子的"摧残"，在万般无奈下或选择送孩子出国留学，或选择留孩子在家上学，而这样的观点是否过于偏颇呢？事实上，我国"小留学生"数量大幅增长，真实反映了当今中国社会的发展现实，它与经济发展水平、对外开放程度和家长特定需求密不可分，是多种因素综合作用的结果。同样，在家上学人数的持续增加，一定程度上反映了家长对个性化教育的诉求。学校教育在满足学生个性化成长方面的欠缺，是很多国家在基础教育发展中面临的共性问题，在家上学也绝非中国基础教育的特例。在现实环境下，在家上学是否真的有利于孩子成长，倒是需要好好思量一番。值得一提的是，在我们将目光瞄准世界的同时，很多国家同样也在潜心研究中国的基础教育，并试图从中获得一些借鉴，对此，我们也不必刻意回避。

面对当前基础教育发展中的诸多矛盾和问题，面对"小留学生"数量大幅增加、在家上学人数持续增加等现象，就此断言我国基础教育遭遇了信任危机，未免有点武断。正如同我们不能因为上海学生 PISA 测试结果在数学、阅读和科学三个领域取得最高成绩，就此断定我国基础教育领先世界一样。毕竟对一种教育现象的分析应当基于客观、理性的视角，任何简单化的结论都不足以让人信服。与发达国家相比，我国的基础教育并不那么完美，但也绝非毫无优势。

也许有人会说，多一点忧患意识没有坏处，但我想说的是，树立一份信心同样非常重要。在保持一份基本信心的基础上，正视基础教育领域存在的问题，加快基础教育改革的步伐，才是更为理性的态度。正如同我们在培养孩子时，不仅仅要让他看到自身成长中的问题，更要让他保留一份信心，也只有这样，成长的动力才能更好地被激发，我国基础教育的发展难道不该如此吗？

本文发表于《中国教育报》2013 年 12 月 13 日第 2 版

教育内涵发展"卡"在哪儿?

在我国义务教育全面普及、高中阶段教育基本普及的背景下,加快促进内涵发展、全面提升教育质量,成为基础教育发展面临的一个重大课题。然而由于众所周知的原因,当前中小学推进素质教育仍然步履艰难:应试倾向依然过强,课业负担依然过重,升学压力依然过大。尽管政府、社会、学校和家长无不发自内心地担忧,也无不真心实意地希望能有所改变,但每一项改革举措和规范政策的出台,又总会遭遇来自各个层面的阻力。最近教育部拟定的《小学生减负十条规定(征求意见稿)》所引发的争议,就是一个例证。其中,既有社会大环境的问题,也有人们思想观念的问题,更有现行教育制度自身的问题。

基础教育内涵发展的瓶颈在哪里?很显然,两项制度牢牢束缚了人们的手脚:一项是教育质量评价制度,一项是招生考试制度。如果这两项制度的改革不能深入推进,就不能有效转变政府的教育政绩观、学校的教育质量观和家长的成才观,基础教育的内涵发展便可能成为一句空话。当下的问题是,地方政府的教育政绩观为考试分数和升学率所左右。在现有的教育质量评价制度和招生考试制度下,由于缺乏其他可供监测的指标,考试分数和升学率无疑成为地方政府教育政绩的最重要、最直观的标志。在每年的考试招生季,地方政府最为关心的是本地的升学率情况,是政府下达的升学率指标是否如愿兑现。前些年,因为高考成绩大面积下滑而导致教育局局长和校长被撤职的消息时有出现,这样的教育政绩观怎么能真正推动教育的内涵发展呢?

改变这种教育政绩观,必须从中小学教育质量评价制度改革和招生考试制度改革入手。中小学教育质量评价指标应更加科学多元,招生考试制度应更加注重学生的综合素质。如能实现,地方政府就不会一味地给教育主管部门和学校下达升学率的硬性指标,或者一味地把高升学率作为政府政绩而大肆渲染了。

唯其如此,才能真正为地方基础教育的健康发展创造良好的环境。

当前的中小学校并不否认实施素质教育的必要性,也不否认除了学业成绩之外还应当综合考查学生的发展情况。然而在现实中,教育主管部门衡量学校质量的标准依然比较单一,学校也习惯于把考试分数和升学率当作展示办学水平的"利器",有的甚至不惜采取一些违背教育规律的做法,比如搞"题海战术""疲劳战术"等。

改变必须从中小学教育质量评价制度改革入手。要真正建立绿色评价体系,除了传统的学业发展水平指标之外,还应当包括学生的品德发展水平、身心发展水平、兴趣特长养成和学业负担状况等内容,而且每一项指标都应该具有可测量的、细化的具体指标。如果学校的高升学率是通过非正常手段、通过学生过重的学业负担换取的,那绝不是真正意义上的教育高质量,因而不值得提倡和鼓励。

家长的成才观为考试分数和升学所左右。在现行制度下,评价孩子的主要指标是考试成绩,招生录取的主要依据是分数。因此在大部分家长的心目中,孩子成才的标准就是能够考出高分,能够在升学的竞争中占据优势。评价和考试制度在很大程度上左右着多数家长对孩子教育的选择方向。毕竟,在如今的大部分独生子女家庭中,孩子的成功便是百分之百的成功。孩子能够考高分、能够升入一所好学校,似乎就意味着孩子向成功靠近了一步。家长的这种迫切心情完全可以理解。

改变家长的这种成才观,也必须从中小学评价制度改革和招生考试制度改革入手。改革需要给家长传递这样的信息:光是学业成绩好并不代表真正优秀,让孩子全面而有个性地发展才是每个家长所应期待和追求的目标。可以想见,在今后的义务教育学校招生中,各种考试和变相考试被严令禁止,家长还会为了给孩子升学增加筹码而忙于参加各种补习、参加各种艺术特长考级吗?同样,在未来的高中和高校的招生录取中,一旦综合素质评价成为招生录取的"硬指标",家长的目光可能就不会只盯在孩子的考试分数上,也不会仅仅为了获得一个高分而不断给孩子加压,不停地穿梭于各种课外补习班而忽视对孩子综合素质的培养。

中小学教育质量评价制度和招生考试制度,是当前基础教育内涵发展的主要瓶颈。要破除这一瓶颈,必须从深化改革入手。教育质量评价制度改革急需新思路,招生考试制度改革也亟待新突破。

本文发表于《中国教育报》2013 年 10 月 10 日第 6 版

我们该用什么样的数据说话？

近日，一份"生育成本排行榜"走红网络，北京生育成本 276 万元排名第一，一时成为人们议论的话题。"排行榜"之所以引人关注，一是它在用所谓的数据说话，二是养育孩子毕竟关乎千家万户。也正因为如此，在公众平台进行此类数据发布，更须科学严谨，以免误导大众。

用数据说话没有错，但切不可忘记在数据前面加上"科学"二字。如果不具备采集数据的技术基础，不具备分析数据的相关技能，由此产生的数据很难有说服力。"排行榜"中的数据是否"科学"？从目前所能见到的材料看，基本还都属于主观臆想和模糊推算，缺乏科学性和可信度。

在计算成本时需要设定项目，且每个项目下的内容应当具有普遍性，对必须消费与非必须消费加以甄别。从"排行榜"所列的九大项目看，很多内容并不是基础性育儿成本，而是非必须消费。如："学前教育成本"包括了早教、医疗、玩具、保姆等，"教育费用"包括了学校常规收费、学校额外收费、择校费。试问一下，北京等十大城市的家庭，真的是家家都在交着择校费、户户都在用着保姆吗？这样的概括显然是以偏概全。

在计算成本时需要抽取样本，且样本应具有一定代表性。其中，既要包括高收入家庭，也要包括中等收入家庭和低收入家庭，"排行榜"显然没有建立在科学抽样的基础上。如果只是以城区的少数家庭为样本，将很少的样本量简单地推而广之，得出的结论肯定难以让人信服。以"教育其他经费"一项为例，主要包括了"学习工具花费""补习家教费用""特长爱好花费"，根据"排行榜"的推算，北京市的学生从 7 岁到大学毕业的 16 年间，仅在这一项上的花费就达 48 万元。相对北京市的中低收入家庭而言，这一数据明显不符合实际。

此外，"排行榜"还把城市家庭工资和养育孩子成本进行对比，得出的结论是：十大城市家庭夫妻双方不吃不喝需工作 10 多年乃至 20 多年才能攒够生育成本。显然，"排行榜"是拿最高的育儿消费水平与普通家庭收入水平进行对比，夸大了育儿消费占家庭收入的比重。这样的数据，确确实实会在一定程度上误导大众，无形中给今天的年轻人带来心理压力，甚至引起不必要的"育儿恐慌"。

近年来，国家致力于建立健全基本公共服务体系，促进基本公共服务均等化。通过建立生育保险制度，降低了生育成本。通过发展普惠性学前教育、实施免费义务教育、实行中等职业教育免费制度，完善以政府为主导、多种方式并举的家庭经济困难学生资助政策，无疑为孩子的教育提供了基本保障。同时，各地都在进一步规范学校办学行为，治理教育"乱收费"、整顿各类校外培训机构。在此背景下，抛开个体的选择性需求和非必须消费，家庭的育儿成本并不具备大幅增加的前提和基础。

本文发表于《光明日报》2013 年 9 月 16 日第 16 版

从制度改革中寻找减负出路

减轻中小学生课业负担，是社会各界的共同呼声。长期以来推进减负的脚步始终没有停歇，但效果不尽如人意。其中的一个重要原因，就是一旦真的把负担减下来，地方政府、教育主管部门和学校不免担心升学率下滑，家长更会担心孩子学习成绩因此下降。消除这份担忧，真正把中小学生的课业负担减下来，应从评价制度和考试招生制度的改革中寻找出路。

一方面，要加快推进中小学教育质量综合评价改革。一直以来，用学生考试成绩、学校升学率评价中小学教育质量的做法，已是司空见惯。中小学生课业负担过重的原因错综复杂，但有一点可以肯定，相对单一的评价内容和指标、只重结果不重过程的评价方式，对加重学生学业负担起着推波助澜的作用。日前，教育部颁布的《关于推进中小学教育质量综合评价改革的意见》，提出要树立科学的教育质量观。其核心是把学生的品德发展水平、学业发展水平、身心发展水平、兴趣特长养成、学业负担状况等方面作为评价学校教育质量的主要内容。

将学业负担状况作为综合评价指标体系的重要内容，进一步强化了既关注学习结果又关注学习过程和效益的评价理念，是此次评价改革的一个突出亮点。在今后的综合评价改革中，通过对学习时间、课业质量、课业难度、学习压力等关键性指标进行评价，着眼于提高学习的有效性和学习乐趣，切实减轻学生过重的学业负担。对每一所中小学校而言，即便在今后的多项评价内容上获得了好评，但如果这种好评是以学生过重的学业负担为代价，学校教育质量的最终评价结果也将会大打折扣。

另一方面，要加大考试招生制度改革的力度。考试招生制度改革是教育领域综合改革的突破口，也是减轻中小学生课业负担的重要保障。义务教育要坚持免试就近入学，完善划片招生办法，确保片区内优质初中学校参与电脑派位。要严格禁止各种考试及其变相考试，取缔以选拔生源为目的的各类培训班，为义务教育阶段中小学生的减负创造良好的外部环境。

从中考和高考改革的总体方向看，要逐步形成"分类考试、综合评价、多元录取"的考试招生制度。从考试内容改革看，要全面体现基础教育课程改革要求，着重考查学生的综合素质和能力，最大限度地发挥中考、高考对中学课堂教学正面的引领和导向作用，真正把学生从机械训练、死记硬背的应试备战中解脱出来。从招生方式改革看，在加快建立初中、高中学业水平考试和综合素质评价制度的基础上，逐步实施以学业考试成绩为主要依据、参考综合素质评价情况的高中招生制度，以学生统一高考成绩和高中学业水平考试成绩为主要依据、参考综合素质评价情况的高校招生制度，改变用单一标准评价和选拔学生，真正把学生从"分分计较"中解脱出来。

减轻中小学生课业负担是一项复杂的系统工程，涉及方方面面的改革，推动评价制度改革和考试招生制度改革，无疑是其中的重要内容。尽管改革需要一段时间，减负工作的推进也将会是一个持续的过程，但我们应当对此抱有信心。

本文发表于《人民日报》2013 年 8 月 22 日第 18 版

促进均衡发展不可顾此失彼

促进区域内部义务教育的均衡发展，关键是要缩小校际差距，而校际差距包括办学条件差距、师资差距和生源差距。近年来，各地为缩小校际差距进行了很多有益探索，许多改革举措也取得了明显效果。但值得注意的是，简单化思维容易将好举措推向极端。

首先，义务教育学校标准化建设有利于促进学校之间的办学条件均衡，但执行办学规模要求不宜简单化。

长期以来，由于缺乏统一的办学条件要求，学校之间的办学条件差距不断扩大。为此，各地陆续制定了义务教育办学条件标准，对学校的办学规模作出一定要求，而这个规模要求也在一定程度上成为各地农村中小学布局调整的重要依据。由于达不到一定的办学规模要求，很多农村的村小、教学点成了布局调整中的撤并对象，简单化地撤并也引发了农村孩子上学远、家庭经济负担重等一系列问题。当前，基于我国县、乡、村的不同特点，基于学校服务半径、服务人群和上学单程时限等因素的综合考虑，不同形态、不同规模学校的合理并存不失为一种现实的选择。简单化地执行办学规模要求，不利于农村义务教育的健康发展。

其次，义务教育学校教师合理流动有利于促进学校之间的师资均衡，但教师流动的规模并非越大越好。

目前，许多地区实施教师流动，很大程度上是着眼于缩小学校之间的师资差距。然而，不能因为流动而影响稳定，更不能就此打破学校发展的内在规律。当前，实施教师流动较为稳妥的办法，是在保持稳定基础上的适度流动。教育主管部门对一所学校教师流动的比例，应当作出科学限定，既要有利于促进学校之间的师资均衡，又要切实保障学校的持续发展。事实上，促进学校之间的师资均衡可以有多种方式，创新教师引进机制，吸引更多优秀人才进入教师队伍就是一条很重要的途径。

再次，实施优质高中招生指标分配到初中学校，有利于促进初中学校之间的生源均衡，但鉴于高中招生方式的系统改革仍处于探索阶段，现阶段指标到校的比例并非越高越好。

对于优质高中招生指标分配到校，各地采取的具体做法不尽相同。尽管很多地方设立了最低分数控制线，但也有个别地方只分配指标，没有成绩要求，导致学生学业水平存在差距，给优质高中校的课堂教学造成了一定困难。事实上，实施优质高中招生指标分配到初中学校，涉及高中招生方式改革，单纯从促进义务教育均衡发展的视角出发还不够，必须兼顾高中教育的特点与属性，并与今后高中教育改革的整体思路相契合。为了更好地推动普通高中多样化发展，进一步增强普通高中招生自主性是一个重要的改革方向。即便实施指标到校，有关录取标准也应当充分听取高中学校的意见。

近年来，我国的义务教育均衡发展势头良好。但我们要注意，任何一项改革举措，既不能急于求成，也不能完全依靠行政命令，简单化、一刀切的做法难免造成顾此失彼的状况。

本文发表于《中国教育报》2012 年 5 月 21 日第 2 版

别让生源大战挡住均衡之路

　　每年七八月份高校招生时间，最吸引眼球的新闻就是媒体对高考"状元"的热炒以及高校之间异常激烈的生源争夺。事实上，生源争夺已经从高校蔓延到基础教育领域——无论是中学还是小学，家长和学生都承受着"升学择校"的压力，而学校则面临着"招生选优"的竞争。

　　在义务教育"免试、就近入学"政策的主导下，由于部分优质小学、初中缺乏合乎规范的选优途径，各种变通的选优手段应运而生，特长考查、智力测试和面试面谈在小学、初中的招生中屡见不鲜。同时，一些优质高中凭借自身的综合实力和多年累积的社会认可度，并通过加载于制度化、常态化考试之外的非常规手段，如"金钱允诺""私下签约""违规的跨区域招生"，在生源争夺中占得先机。

　　生源争夺是一个客观事实，而这种事实的存在有其多方面的原因。

　　从学校层面看，在学校评价体系尚不完备的情况下，升学率依然是今天衡量学校办学水平的重要指标。应当看到，今天的学校确实背负了太大的升学压力，在很多地方，上级教育行政部门的量化考核，校长、教师的绩效评定和奖励，凡此种种，都与学校的升学率直接挂钩。对于学校而言，优质的生源同样也是保持高升学率的必不可少的条件。因此，通过各种手段，最大限度地获取好的生源，似乎也就成了顺理成章的事情。

　　从社会层面看，人才招录过程中的唯学历化倾向，也夸大了对学历的需求，本来普通本科生可以完成的工作，招聘要求偏偏写明学历要求为重点大学硕士生。"博硕多多益善，本科等等再看，大专看都不看，中专靠一边站"的现象很普遍，这种学历虚高严重浪费了人才。在这样的劳动就业和分配制度框架下，社会对学校的评价至关重要。对于学校而言，社会认可度高，就意味着学校的外部支持环境更加优越，学校良性发展的态势也就得以保持。因此，获取好的生源、保持高的升学率、赢得更高的社会认可度成为众多学校的追求目标，也催生了从高校到中小学，甚至幼儿园的生源大战。

从家长和学生层面看，接受高质量教育的强烈需求，一定程度上为生源争夺提供了市场和舞台。事实上，生源争夺从表面看是学校的一种主动行为，然而其直接推动力是家长和学生的择校需求。

在今天的教育环境下，在一种公平的制度安排下，通过合乎规范的手段，优秀的学生与优质的学校走到了一起，这本身很正常。但是目前的生源争夺，已经蔓延到各级教育当中，甚至从幼升小、小升初，一直到中考、高考，而且确实出现了一些非常规的手段，必须引起我们的重视。

学校之间的生源争夺，对义务教育学校资源的均衡配置产生一定的负面影响。生源争夺的结果往往使得优质学校的生源越来越好，薄弱学校的生源越来越差，教育的生态环境遭到人为破坏。生源争夺一定程度上打破了"免试就近入学"下义务教育学校生源的相对平衡，从而对义务教育均衡发展目标产生一定冲击。

学校之间的生源争夺，对学生的健康成长也会产生负面影响。很多学生除了文化课学习之外，还要忙于各种艺术类考级、奥数类培训，使得他们身心俱疲、不堪重负，对他们的健康成长产生了负面影响。

要改变这种情况，从社会环境来说要逐步改变和取消公务员考试、人员录用和职称职务评聘当中的不合理的学历要求，建立注重能力和业绩的综合评价制度和就业分配制度。

从教育本身来说，可以从以下几个方面入手：一是缩小义务教育学校的办学差距，缓解择校压力。一旦学校之间的差距缩小了，家长和学生的择校需求降低了，优质学校生源争夺的余地和空间自然会被大大压缩。二是合理规划高中教育布局，适度控制优质高中办学规模，避免单纯从更多地吸引优质生源的角度一味扩大学校规模。三是推进中小学招生方式改革，为生源的合理配置提供政策与制度保障。可以将优质初中的招生指标，按比例分配给附近的小学，并完善选送程序，增加透明度，实行社会监督。同时，将优质高中的部分招生指标按一定比例分配给初中学校，并逐步减少择优比例，扩大定向分配生的比例，以淡化考试竞争和学校之间的生源竞争，建立公平合理的竞争机制。

值得注意的是，目前一些高校也正在尝试改革只重分数的招生方式。今年山东部分高校推出了高招试点，按照 1∶1.2 投档，除了考试分数之外，考生的综合素质成为招录的一个参考指标。相信高校招生方式的改革探索，在一定程度上也会对中小学的教育教学、招生方式改革起到一定的引领和推动作用。

本文发表于《中国教育报》2009 年 7 月 22 日第 3 版

强化政府责任 破解入园难题

最近一段时期以来，幼儿"入园难、入园贵"问题成为大众热议的话题。家长昼夜排队，为孩子争取入园名额的报道屡屡见诸媒体，一些大城市的幼儿园每年动辄数万元的收费，让家长望而却步。在我国基础教育事业取得长足发展的今天，入园难、入学贵问题似乎比以往任何一个时期都要突出，值得深思。

当前，入园难主要体现在入公办园难；入园贵既体现在民办园，也反映在公办园。事实上，入园难、入园贵的现象直接指向了同一个问题——目前可供百姓选择的公办园特别是优质公办园太少。在一个没有供给保证、缺少选择机会、缺乏充分竞争的幼儿教育体系内，"难"和"贵"的问题似乎就不足为怪了。而供给不足的根源在于近年来幼儿教育的财政投入不足，幼儿教育的发展过度依赖市场。

幼儿教育是以公办为主体还是以社会力量办学为主体，强调公共支出还是强调私人支出，是幼儿教育发展的基本价值取向。从国际范围看，幼儿教育既有以公共支出为主，也有以私人支出为主，还有公共支出与私人支出并重。不过，在当前我国经济社会发展的现实背景下，一味强调发展民办，将大批公办园转成民办园，这样的想法和做法不全面，也不科学。2008 年，我国民办园所占份额已经超过 60%，部分地区民办园所占比例更高，公办园严重萎缩。从国际经验来看，公共学前教育体系基本上占到学前教育规模的一半左右，大多数欧洲国家达到 60% 甚至 70% 以上。

因此，以政府为主导，努力形成公办和民办共同发展的多元办学格局，应当成为我国幼儿教育未来发展的一个基本导向。破解"入园难、入园贵"的问题，需要标本兼治。

一方面，在核定成本的基础上，制定合理的收费政策，按不同级别、不同类别确定收费标准，规范收费行为，是化解当前"入园难、入园贵"问题的治标之策。规范收费首先应当从公办园做起。幼儿园收费管理上始终存在两个突出问题：一是物价部门核定的收费标准偏低；二是一些幼儿园以举办特色班、兴趣班为名高收费。当务之急是按幼儿园不同级别、类别确定收费标准，并对标准收费之下必须提供的教育服务内容，包括幼儿园的常规课程予以明示。此外，民办园的收费同样需要规范，鉴于民办园之间办园条件差异较大，办园成本相差悬殊，分级分类对于民办园同样必不可少，硬性划定民办园收费标准，或者简单实施"一费制"，都难以取得好的效果。

另一方面，强化政府责任，通过加大政府的财政投入、政府购买教育服务、发展非营利的民办幼儿教育机构，增加幼儿教育基本供给，是化解当前入园难、入园贵的治本之策。近年来，以体制改革的名义将公办园转为民办园，在各地均不同程度地存在。由此导致的结果是，公办园数量急剧下降，收费持续上涨。政府的责任和投入，直接影响并决定着幼儿教育的改革和发展方向。当前，加大政府的财政投入，扩大公办园的覆盖面，无疑是强化政府责任的一个最重要、最直接的体现。除此之外，政府购买教育服务、发展非营利的民办幼儿教育机构并给予一定的财政补贴，也不失为强化政府责任、增加幼儿教育基本供给的重要手段。

在公办园的建设上，特别是对目前城市新建小区按照规划标准建设的配套幼儿园，政府应当切实负起相应的职责，而不是单一地采取招标出租、社会力量承办的办法。当前可供选择的办园模式包括：政府投资并直接管理；政府投资并实施委托管理，由社会力量承办，并严格按照幼儿园的不同级别、类别收费。

在农村民办幼儿园快速增长的现实背景下，进一步强化政府在农村和乡镇地区幼儿教育发展中的责任显得尤为重要。可利用农村中小学布局调整后形成的闲置校舍兴建新园，把中小学富余教师经过转岗培训，充实到幼儿教师岗位；也可通过政府向民办幼儿园购买教育服务，增加幼儿教育的基本供给；还可由政府提供资金和资源，扶持一批具有一定规模的低收费的农村民办园。

此外，鉴于我国农村的幼儿数量大，幼儿教育发展水平低，一味通过正规教育模式发展幼儿教育并不完全切合实际，可通过发展低成本的幼儿教育形式，例如举办假日班、单人流动教育点、巡回辅导站、周末游戏小组、家庭辅导站、母子活动指导中心等形式，为更多的农村幼儿提供受教育的机会。

特别需要指出的是，对家长的育儿观念应当给予正确引导。"不要让孩子输在起跑线上""高收费意味着高质量"，诸如此类的观念，已经成为众多家长竞相送孩子入高收费幼儿园、参加各种兴趣班的信念支撑。事实上，幼儿教育的重要性不言而喻，家长对孩子接受幼儿教育的关注与重视也体现了社会的文明与进步。但目前我们的幼儿教育理念是否科学？幼儿园的教学活动设计是否尊重孩子的成长规律？这一系列的问题有待教育工作者认真思考，也同样需要身处其中的每一位家长细细体味。

本文发表于《中国教育报》2009 年 7 月 6 日第 2 版

学校政府啥关系?

一直以来,在我国教育政策的调整过程中,对纵向的各层级政府办学责权强调较多,对学校的责权规定则不够全面具体。反映在管理实践中,政府与学校之间常常角色不清、责权不明。一方面,政府对学校的行政管理过于刚性,管了一些不该管的事,使学校的办学自主权难以落实,办学特色难以体现;另一方面,学校在某些方面过于自主,缺少必要的约束和制衡,做了一些不该做的事,给基础教育的声誉带来损害。问题的症结在于,政府与学校的管理责权不清晰、不明确。

在政府与学校之间,如何由单纯的隶属关系,向行政权与自主权相互协调、相互制约的关系转变;如何由传统的行政管理,向提供服务的方向转变,是构筑政府与学校责权关系的核心。当前,政府对学校的管理,应当立足于管理学校的理念、形式和手段的革新,改变传统的对学校实行全方位、全过程管理的方式,逐步从直接管理向宏观调控转变。实现责权转变的具体方式包括:一是政府向学校"下移"责权;二是政府向社会中介机构"外移"责权;三是学校向政府"上移"责权。

针对学校实施的管理,主要涉及发展规划、人事管理、经费管理、教学管理和质量评估等内容,政府和学校如何在这些方面进行责权细分,是厘清政府与学校责权、调整政府与学校关系的一条重要路径。具体而言,政府要将学校目标和政策制定权、财政预算权、人事安排权、课程设置权等下放给学校,转而通过拨款、政策引导、督导评估和信息服务等手段进行宏观调控,以保证政府目标的实现和学校公正、合理地运用所享有的权力;学校应当由原来单纯的执行机构变成决策机构,在明确政府与学校责权关系的基础上,依法自主办学,通过完善自身的组织制度、管理制度和评价制度,提高办学质量和效益。

　　值得关注的是，如果政府逐步从纷繁复杂的、具体的学校管理事务中解脱出来，原先的这些责权由谁来承担？从实践看，社会中介机构也是一支重要的力量。上海浦东新区实行的公共教育服务"管办评"联动改革，旨在通过委托社会中介机构的专业化服务来间接地落实政府职能，不失为一种有益的探索和尝试。

本文发表于《人民日报》2008 年 10 月 16 日第 13—14 版

建设人力资源强国须提升基教水平

胡锦涛总书记在党的十七大报告中进一步重申"优先发展教育，建设人力资源强国"。基础教育是建设人力资源强国的基础工程，整体提升基础教育发展水平，不断适应和满足建设人力资源强国的要求，是当前基础教育面临的一项重要任务。

提高质量是基础教育发展的核心内涵。基础教育的质量状况决定了一个国家未来的人才素质，也决定了一个国家人力资源的发展水平。不断提升基础教育质量，既是基础教育发展的核心内涵，也是建设人力资源强国的必然选择。

提高基础教育质量，必须全面推进教育教学改革，特别是要深化基础教育课程和考试评价制度改革。近年来，在基础教育领域推进的课程改革为学校教育带来了一些具有本质意义的变化，但客观上面临着转变大、要求高、速度快的挑战；考试制度改革和综合素质评价探索虽然取得了一定进展，但激烈的考试竞争和过重的学业负担问题并没有得到根本解决，全面推进教育教学改革的任务依然十分艰巨。

提高基础教育质量，必须整体提升教师队伍素质。没有高水平的中小学教师队伍，就没有高质量的基础教育。经过近年来的努力，中小学教师学历层次逐年提升，年龄结构趋于优化，职务结构大幅改善。但应当看到，中小学教师队伍整体素质仍有待进一步提高，教师队伍结构性矛盾依然突出。加强教师队伍建设，特别是加强农村教师队伍建设，整体提升教师队伍素质，是提高基础教育质量所面临的一项长期任务，当务之急是要采取各种措施，鼓励和吸引优秀人才进入教师队伍。

同时，要着眼于建设人力资源强国的需要，加快构建国家基础教育质量监测评价体系。通过质量监测评价，将有助于全面了解基础教育阶段所有在校学生的身心健康水平、学业成绩和综合素质，为全面提高基础教育质量提供实践和理论指导。

优化结构是基础教育发展的内在要求。我国义务教育由基本普及走向全面普及，高中阶段教育毛入学率不断提高，学前教育和特殊教育获得长足发展，中等职业教育规模迅速跃升。在新形势下，重新审视并不断优化基础教育结构，既是基础教育发展的内在要求，也是建设人力资源强国的客观需要。

优化教育结构，必须实施统筹规划。建设人力资源强国，迫切需要基础教育全面快速发展。在实现普及九年义务教育目标之后，普及高中阶段教育成为一种必然趋向。当前，我国普及高中阶段教育正在有序推进，但有限的办学条件与旺盛的社会需求之间的矛盾比较突出，欠发达地区普及高中阶段教育的任务比较艰巨。此外，我国学前教育普及率依然偏低，城乡差距较大，对早期儿童发展重要性的认识有待进一步提高。作为人力资源强国建设的基础环节，有必要加快制定早期儿童发展战略，积极推进学前教育事业的发展。

优化教育结构，必须坚持协调发展。从我国的教育结构体系来看，高中阶段教育分为普通高中教育和各类中等职业教育。只是在不同的发展时期，两者的发展规模与速度会发生一定变化，但两者缺一不可。为了更好地完善人力资源结构，最大限度地满足现阶段对短缺人才、新农村建设急需人才的需求，大力发展中等职业教育势在必行。在数量发展的同时，提升中等职业教育的内涵发展，逐步确立"以人为本"的核心理念和"能力为本"的价值取向，对于提高学生的整体素质，更好地促进人力资源强国建设有着深远意义。

促进公平是基础教育发展的现实目标。基础教育发展的一个重要目标，就是要使全体人民共享良好的教育资源，共享教育改革发展的成果。可以说，不断促进教育公平，既是基础教育发展的现实目标，也是建设人力资源强国的重要保障。具体来讲，促进教育公平必须为基础教育困难地区和薄弱学校提供更多的资金支持。只有不断加大教育投入、合理配置教育资源，才能确保基础教育发展目标的如期实现。在经费投入上，应当特别注重对基础教育困难地区和薄弱学校的扶持，通过设立专项资金，做到困难地区和薄弱学校的建设资金优先安排、重点保证，努力缩小地区之间、城乡之间和学校之间的差距，使提高人力资源水平的任务得以大面积、全方位覆盖。

促进教育公平，还必须为基础教育中的弱势群体提供更多的发展机会。在当前全国农村全面免除义务教育学杂费、城市即将全面免除义务教育学杂费的新形势下，特别需要加大对家庭经济困难学生的扶持力度，推动地方建立保障城市"低保"家庭子女接受义务教育的制度；要继续坚持"以流入地区政府管理为主、以全日制公办中小学为主"的原则，切实解决农民工子女就学问题，及时解决"留守儿童"在思想、学习和生活等方面存在的困难和问题；要更加重视特殊教育的发展，大力普及残疾儿童少年义务教育。

本文发表于《中国教育报》2007年11月26日第2版

解决"择校"问题出路在哪？

义务教育"择校"问题，是全社会持续关注的教育热点，也是教育多重矛盾和问题的集中反映。在贯彻落实新修订的《中华人民共和国义务教育法》、促进义务教育均衡发展的新形势下，从长计议、标本兼治，无疑是解决义务教育"择校"问题的重要政策取向。

"择校"与"义务教育选择权"

义务教育"择校"问题，如果上升到法理层面，实际涉及一个"义务教育选择权"问题。需要指出的是，"义务教育选择权"不具有绝对性，它的实现是受诸多条件制约的，也必须符合法律的规定。政府在实施义务教育的过程中，对义务教育阶段的选择行为进行必要的限制，如规定划片就近入学、免试入学，目的是面向全体儿童少年，方便就学，减轻负担。这是符合绝大多数家长和学生的利益与愿望的。应当承认，目前我国实行的就近划片、免试入学的办法还不够完善，需要随着经济和社会的发展不断加以改进。

"择校"问题背景与原因

义务教育"择校"问题，在很多地方都不同程度地存在，这是不容回避的事实，而"择校"问题之所以成为长期困扰义务教育的一个难题，其背后确实有着复杂的背景和深层次的原因。

第一，优质教育资源相对不足，学校之间差距依然过大。我国教育发展不均衡问题非常突出，义务教育学校之间办学条件差异过大，薄弱学校改造仍然面临巨大困难，这些矛盾和问题也正是义务教育"择校"问题的根源所在。很多地区学校之间的差距足以印证这一点，部分学校的教学条件极其优越，部分学校的教学条件则非常简陋。

第二，家长期望值不断增高，选择学校的需求日趋旺盛。随着物质生活水平的不断提高，独生和少生子女时代的到来，人民群众对其子女的教育期望值不断提高，对多样化、高质量教育的需求日趋旺盛，让子女有学上、有好学上成为家长最大的愿望。

第三，民办学校没有真正发挥其应有的"选择"功能与作用。"政府保证公平、市场提供选择"，这是符合义务教育特性的基本政策取向。但今天的民办学校由于自身发育不够完善，实际上并没有真正能够满足人民群众的"选择"需求。从世界范围看，很多国家都把义务教育阶段的民办学校当作义务教育学校的组成部分，在政策上给予肯定，在经费上给予扶持，民办学校为各自国家义务教育的实施发挥着较大作用，为有"择校"愿望的家长提供了一条重要途径。

解决"择校"问题的主要对策

贯彻实施新修订的《中华人民共和国义务教育法》，促进义务教育均衡发展，逐步消除人为扩大学校差距的做法，才能真正从源头上解决义务教育"择校"问题。

全面落实经费保障机制，不断加大薄弱学校改造力度。办好每一所学校，政府和教育行政部门义不容辞，也是解决"择校"问题的根本手段。当前，取消义务教育阶段重点学校与非重点学校之分，不失为一个明智之举，但毕竟重点学校的优势地位已经形成，教育差距客观存在，要想消除重点与非重点的差别绝非一日之功。当务之急是要在义务教育经费投入上，特别注重对薄弱学校的扶持，通过设立薄弱学校建设专项资金，做到薄弱学校建设资金优先安排、重点保证，努力缩小义务教育学校之间的差距。

加快建立教师交流制度，努力促进教师资源均衡配置。"择校"在很大程度上是"择师"，因此，加快推进教师交流制度的建立，均衡配置教师资源，是解决"择校"问题的关键环节。随着"地方负责、分级管理、以县为主"的义务教育管理体制的落实，特别是随着教师管理权限上收到县（市、区），为县

（市、区）级教育行政部门推进教师交流制度的建立创造了条件。

积极探索招生方式改革，有效发挥政策调节与导向功能。为体现义务教育公平、公正原则，缓解"择校"压力，在贯彻实施新修订的《中华人民共和国义务教育法》，坚持义务教育阶段"免试、就近入学"招生原则的基础上，改变单纯依靠"电脑派位"的做法，积极探索和完善优质初中的招生方式改革。鉴于高中招生方式对义务教育学校办学将会产生直接影响，有必要继续关注高中招生方式的改革试验，鼓励将优质高中的部分招生指标按一定比例分配给初中学校，淡化学校之间的生源竞争。

初中招生指标按比例分配。部分地区设计将办得较好的初中的全部招生指标或部分招生指标，根据小学在校生人数，按比例分配给附近的各个小学，完善选送程序，增加透明度，实行社会监督。

高中招生指标与初中办学水平挂钩。高中通过推行升学指标分配与初中办学水平综合评价结果挂钩的办法，逐步减少择优比例，扩大定向分配生的比例，以此改善薄弱学校的生源状况，淡化考试竞争，建立公平合理的竞争机制。

随着新修订的《中华人民共和国义务教育法》的颁布实施，促进义务教育均衡发展逐渐成为全社会的共识，在这样的法制环境和政策背景下，逐步化解义务教育的"择校"矛盾迎来了一个非常有利的时机，但促进义务教育均衡发展，根本解决"择校"问题，还有很长的路要走，任务依然非常艰巨。

本文发表于《光明日报》2007年7月4日第10版

义务教育均衡发展的政策选择

推进义务教育均衡发展是一个动态的过程，是一项系统工程，更是一项长期的任务。从长远发展看，需要在区域之间（省际、市际、县域之间和城乡之间）、区域内部的学校之间、不同群体之间，同步推进义务教育均衡发展。而从现实出发，当务之急是在区域内部，特别是在县域范围内，加快建立和完善推进义务教育均衡发展的政策保障机制，率先推进义务教育的均衡发展。

第一，加大教育投入，合理配置资源。从经费保障角度看，推进义务教育均衡发展，需要根据不同地区的人均 GDP 和人均可支配收入，制定义务教育学校的学生人均公用经费标准，以确保同一区域内部的学校之间获得大体相当的经费，实现义务教育经费的均衡配置。

通过制定义务教育学校教职工工资标准，保证同一区域内义务教育公办学校教职工享有大体相当的工资水平，是实现教师流动的重要保障。从现实看，公办中小学教职工工资主要包括财政工资和学校补贴，由于学校补贴部分通常因学校获得预算外收入的机会和能力不同而存在差异，区域内部教职工工资总体水平的差异主要源自这一部分。而缩小差距的重要办法，一是不断加大财政性投入，二是加强对学校预算外收入的监管，使财政工资部分在教职工工资收入总额中的比例不断上升，学校补贴部分的比例不断下降。

在义务教育经费投入上，应当特别注重对区域内部薄弱学校的扶持，通过设立薄弱学校建设专项资金，做到薄弱学校建设资金优先安排、重点保证，努力缩小义务教育学校之间的差距。

第二，搭建交互平台，实现资源共享。在义务教育阶段，积极探索在社区范围内依托一所或几所办学质量较高的学校，联合周围的若干学校建立学区。学区有统一领导，在学区内学校之间实现资源共享，尤其是学区内学校的教师合理分配、流动，最大限度地保证学区内的每一所学校教育资源的均衡和共同发展。

推进义务教育均衡发展，必须进行教育手段的创新。通过搭建教育信息资源平台，为教师的备课与教学、为学生的自主学习提供便利，以实现城市和乡村优质资源共享，使因需学习、因材施教变为现实。此外，还可以通过建立"城乡教育共同体"，使城区学校与农村学校建立起相互对应、相对固定的实体，促进城乡学校之间的联手合作。

第三，创立互换机制，鼓励教师流动。师资力量的均衡是义务教育均衡发展中最重要的环节。而实现教师队伍的均衡，必须推进教师交流制度的建立。随着"地方负责、分级管理、以县为主"的义务教育管理体制的落实，特别是随着教师管理权限上收到县（市、区），为县（市、区）教育行政部门推进教师交流制度的形成提供了可能。

结合全面实施教师资格制度，鼓励高等院校毕业生和其他优秀人才到贫困地区、农村地区和少数民族地区的中小学任教。高等院校毕业生分配优先照顾农村学校、城市薄弱学校；城区教师评职和晋级时，应当具有在农村学校、城市薄弱学校任教的经历。在此基础上，逐步完善校长和教师定期相互轮岗、交流制度，为推进义务教育均衡发展奠定重要的基础。

第四，强化政府行为，完善监督评估。推进义务教育均衡发展，学校与学校之间必须均衡，绝非某几所学校办学条件十分优越，而大多数学校条件平平。鉴于各地经济发展状况和教育发展水平的实际差异，应当根据当地经济社会发展状况和教育发展实际，制订中小学办学条件标准。同时，应当加强对中小学标准化建设的监督评估，有效规范中小学的办学行为，使义务教育学校的校舍、设备和师资等条件大体相当。

县（市、区）级教育行政部门要建立和完善义务教育均衡发展的监测制度，定期对辖区内义务教育学校间的差距进行监测和分析。逐步建立规范化、科学化和制度化的义务教育教学质量监测评估体系和教学指导体系，逐步开展学生综合素质的试点工作，不断提高中小学的教育质量。

县（市、区）级政府要对加强办学困难学校建设、促进义务教育均衡发展负起责任，并将这项工作与政府主管行政领导的政绩考核挂钩。不仅要把义务教育均衡发展列入政府主要责任考核内容，更重要的是通过建立完善政府问责制度，加大义务教育均衡发展的实施力度。

本文发表于《中国教育报》2005 年 11 月 7 日第 2 版

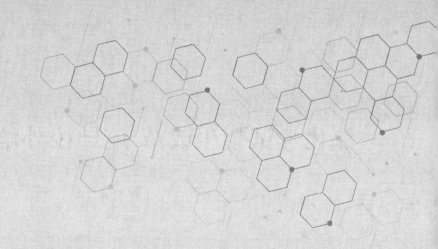

二、深化考试评价改革

深化考试招生改革 疏导校外培训需求

减轻义务教育阶段学生的校外培训负担，是一项系统工程，既要治理供给端，也要疏导需求端。下大气力规范校外培训机构，对供给端进行治理至关重要，有利于营造健康的教育生态。同时，抓住考试招生改革这一核心，对需求端加以疏导也必不可少，有利于更好地实现远近结合、内外兼顾、标本兼治的目标。

疏导校外培训需求，首先要清晰需求源自何处。在义务教育阶段学生群体中，少部分学生有校外培训需求并不难理解，主要包括学有余力和学习困难两端群体。一些学有余力的学生不满足于课堂所学内容，希望多学一些、学深一些；还有一些学习困难学生，仅靠课堂学习难以掌握所学内容，希望通过额外补习加以弥补。在减轻校外培训负担的政策实施过程中，对这两端群体的校外培训需求应当给予关注和重视，并从学校教育中找到适切的化解途径及办法。比如，学校为学有余力的学生提供拓展性学习空间和兴趣特长培养，利用课余时间为学习困难学生提供有针对性的辅导，这既是学生个性化发展的要求，也是因材施教的应有之义。

总体而言，疏导学有余力和学习困难两端群体的校外培训需求相对容易，而两端群体之外的一大批学生的校外培训需求也同样旺盛，这是疏导需求端的难点和关键所在。在当前的义务教育阶段学生群体中，不少学生有校外培训需求，都希望在学校教育体系之外寻找提升的学业机会，明显折射出家长和社会的教育焦虑。那么，这种大面积校外培训需求的背后动因是什么？实际已经不是一种简单的学习需求，而是一种竞争需求。大部分学生的校外培训都是瞄准升学，对于义务教育阶段的学生而言，首先面临的竞争就是中考，更长远一点的竞争则是高考。如果仅仅满足于学校同步的学习进程，往往不能在升学竞争中脱颖而出，这是家长最实际的想法。

疏导一大批学生的校外培训需求，转变家长教育观念，提升课堂教学质量和效率，根据学生特点探索分层分类教学等举措都很重要，但仅有这些举措还不够，亟须进一步深化考试招生改革。尽管疏导校外培训需求的主要对象是义务教育阶段学生，但仅仅关注中考改革还不够，毕竟高考竞争也近在眼前，压力前移不可避免。

除了少部分学习困难学生，在科学的考试评价体系之下，大部分学生通过课堂学习足以满足升学考试需求，而校外培训无助于升学竞争力的提升。只有认识到这一点，校外培训需求才可能真正得以降低，这势必对深化教育教学改革，尤其是考试招生改革提出更高要求。中高考改革是一项综合改革，涉及考试形式和内容、招生录取机制等多个方面。但就疏导校外培训需求而言，需要改变简单的"按分录取"，招生录取结合或参考综合素质评价，破除"分分计较"。虽然招生录取机制改革不可能一蹴而就，但它对于疏导校外培训需求的意义和作用不可低估，应当坚持不懈地加以推进。而深化考试招生改革的当务之急，就是要从中高考命题改革入手，让超标学习、重复练习、机械训练等方式在考试中难有作为，这是疏导校外培训需求的重要抓手。

当前，深化中高考命题改革要着力从三个方面入手：一是在对标课程标准上下功夫，严禁考试内容超越课程标准，这样学生也就没必要对课程标准之外的学习内容投入更多精力，正确的学习导向就会逐步确立。二是在灵活运用所学知识的考查上下功夫，提高试题情境设计水平，引导学生不断延展知识宽度，避免简单追求考试难度。三是在高阶思维能力的考查上下功夫，弱化考试技巧的作用。中高考命题改革要向家长和学生传递这样的信号，即通过校外培训得到的各种训练、获取的各种考试技巧，不足以应对高阶思维能力的考查，也难以在提升考试成绩中发挥作用。

如果说治理校外培训供给端是一项艰巨任务，那么疏导校外培训需求端无疑难度更大。树立科学的教育观念、营造良好的教育生态固然重要，但考试招生等相关改革仍需要不断深化。也只有这样，减轻学生校外培训负担的政策效应才能持续放大，减负成效才能不断得到巩固。

本文发表于《中国教育报》2021年9月2日第2版

科学看待体育与升学挂钩

在刚刚结束的全国"两会"上，体育再次成为热点话题之一。在诸多体育相关建议中，青少年体育教育、青少年身体素质问题被代表、委员们多次提及。对于基础教育阶段的学生而言，体育的重要性无论怎么强调都不为过，但涉及与升学挂钩问题，则需要科学看待。

体育与升学挂钩是人才培养的要求。培养德智体美劳全面发展的社会主义建设者和接班人，是新时代人才培养的重要指针。在改进学生评价和推进考试招生制度改革时，都要紧紧围绕这一目标，不断强化对学生综合素质的考查。事实上，体育与升学挂钩由来已久，不论是中考还是高考，都有针对体育特长生的加分项目。但随着近年来考试招生制度改革的不断深化，体育与升学挂钩的形态发生了变化，就是从过去只关注个别竞技类体育特长生转而关注所有学生，中高考的体育特长生加分项目逐步取消，将体育列入中考必考科目，部分高校探索将学生体育成绩作为招生录取的依据或参考，已经成为一种重要的改革方向。

体育与升学挂钩可以有多种实现方式。在中高考招生录取时，体育与升学挂钩的方式有所不同。目前大部分地方已将体育列入中考必考科目，体育科目成绩也被纳入中考总成绩，并作为招生录取的重要依据；但普通高校招生并未将体育列入必考科目，主要是在一些特定类招生中，如前些年实施自主招生的部分高校以及最新实施"强基计划"的部分高校，将学生体育成绩纳入综合素质档案，作为招生录取的依据或参考。

可以看到，中考将体育列入必考科目，部分高校实施综合评价录取，将学生体育成绩作为招生录取的依据或参考。在笔者看来，现阶段这两种方式都有可取之处，可以并行不悖，简单看齐未必是一种好的选择。

体育与升学挂钩要淡化筛选、注重导向。在中高考这种竞争性、选拔性考试中，倘若要赋予体育更多甄别和筛选功能，提高分值、拉开差距自然很有必要。但将体育与升学挂钩更为注重的是一种导向作用，而不是强调甄别和筛选，实际上学生的中考体育成绩差距并不大。可以说，设定体育分值的高低，背后涉及的是将体育与升学挂钩的功能定位和价值判断。相对于简单提高分值，充分考虑学生的个体差异，科学改进体育考试内容和方式，则显得更为重要。

从近年来的实践看，将体育列入中考必考科目，使得体育受重视程度有了明显提升。但为了更好地发挥考试招生的引领作用，还需在分值确定、成绩构成上做得更加科学，包括对学生出勤、课堂表现、健康知识、运动技能、体质健康、课外锻炼、参与活动情况等方面进行全面评价，成绩不是由一次考试所决定。

体育与升学挂钩要避免简单应试、强调兴趣培养。随着每年中考临近，很多家长会把注意力投向日益火爆的中考体育训练班，参加体育家教训练也确实会对提高孩子体育测试成绩有所帮助。但从促进学生身心健康、体魄强健的角度看，如果将体育与升学挂钩，最终把体育引向了简单应试，家长和学生对体育的重视也只是出于应试目的，这样的结果并不符合改革的初衷。

体育与升学挂钩实际是一种倒逼，就是要让学校、家长和学生真正对体育重视起来。相对于简单应试，真正培养起学生对体育的兴趣，使学生养成良好的锻炼习惯，为学生的终身发展与幸福人生奠基，才是体育与升学挂钩的深层寓意。

为了增强学生对体育的兴趣，近年来在体育教学方面有一些好的改革尝试。如：上海市教委于 2018 年发布《上海市小学体育兴趣化、初中体育多样化课程改革指导意见（试行）》，要求试点学校积极推进小班化教学，实施多形式协同教学、个别化教学等。同时在高中学校开展"体育专项化教学改革"，打破行政编班，让学生按自己兴趣选择项目"走班上课"；将每天一节体育课整合为每次两节连上的 80 分钟大课，以便学生有充裕的时间参加所选项目的系统学习。这些改革的重要目的，就是切实调动学生的主动性和积极性，让学生真正喜欢体育，这是推动学校体育改革的重要指向和应有之义。

本文发表于《中国教育报》2020 年 6 月 5 日第 2 版

用好综合素质评价这把尺子

一直以来，高校招生录取只有考试分数一把尺子，而高考综合改革力求打破这种局面，要求同时用好学生综合素质评价这把尺子，把它作为高校招生录取的参考。但学生综合素质评价能不能用、好不好用，人们始终有所担心。

据报道，今年高校"强基计划""综合评价录取"招生简章陆续发布，许多高校都非常重视学生综合素质档案。浙江大学"强基计划"简章明确说明，综合素质评价重点考查学生的社会实践（志愿服务）情况、在高中期间组织活动情况、高中学业水平考试成绩、研究性学习情况以及参与文艺、体育活动等情况。此外，"综合评价录取"对学生综合素质档案的考核尤为关键，南京大学、东南大学等高校报名都要求学生的综合素质突出。

统一高考录取依然是目前高校招生的最主要方式。虽然综合素质评价不过是"强基计划"和"综合评价录取"这两种招生方式重点考查的内容之一（以"综合评价录取"为例，主要包括统一高考成绩、学业水平考试成绩、学校面试成绩以及高中学校提供的学生综合素质评价），但"强基计划"和"综合评价录取"明确表明了对学生综合素质的重视，无疑是一种积极的引领和导向。

实际上，前些年的保送生、艺术体育类等特殊类别招生中，招生学校都将学生综合素质评价结果作为资格审核和招生录取的参考。特别是在自主招生过程中，也都要求考生在申请表中填写中学阶段的学业水平、学科特长、社会公益、文体活动等情况，并组织专家评审组对申请表进行详细分析。在高考综合改革试点期间，浙江的"三位一体"招生和上海的"综合评价录取"也包含了学生综合素质测评的内容，但综合素质评价实际使用还相对有限。虽然目前大范围推行仍然有一定难度，但在"强基计划"和"综合评价录取"等一些特定的招生方式中探索使用学生综合素质评价，并对它能不能用、好不好用进行检验，不失为一种务实的做法。

学生综合素质评价能不能用，关键取决于评价本身是否客观、科学。目前高中学校实施学生综合素质评价，突出强调了客观的写实记录。学校为每名学生建立综合素质档案，档案内容包括：主要的成长记录，包括思想品德、学业水平、身心健康、艺术素养、社会实践五个方面的突出表现；学生毕业时的简要陈述报告和教师在学生毕业时撰写的简要评语；典型事实材料及相关证明。同时，评价程序更为完善、更为阳光，先是学生如实记录，继而在班内、校内公示审核，最终形成档案。

按照"谁使用、谁评价"原则，高中学校主要负责记录，并将学生综合素质档案提供给高校招生参考。高校则要根据自身的办学特色和人才培养方向，制定科学规范的综合素质评价体系和办法，并提前向社会公布。同时，高校要培养组建一支专业评价团队，采取集体评议等方式对学生综合素质档案作出客观评价，确保评价工作规范公平。

学生综合素质评价好不好用，关键取决于评价使用是否便捷。从技术层面看，重点是要以中小学学籍信息管理系统为基础，建立学生综合素质评价信息化平台，档案基本格式全省统一，使高校在招生录取工作中使用综合素质档案时操作更加便捷。

此外，用好学生综合素质评价，还需对改进集中录取方式进行研究。目前的高校招生录取，往往要在短短几天内完成招录几千人的任务，工作量本身就很大，如果还要对每个学生的综合素质情况进行审核，难度可想而知。而相对于集中录取，高校"强基计划""综合评价录取"的学生基数比较小，这就为先行探索提供了有利条件。

用好学生综合素质评价还会面临很多挑战，过程也不会一帆风顺，但通过"强基计划""综合评价录取"等方式的先行探索，实现高校招生录取参考学生综合素质评价的目标值得期待。

本文发表于《中国教育报》2020年6月3日第2版

统筹推进高中课程和考试招生改革

推进育人方式改革，全面提升教育质量，是新时代普通高中教育的新任务、新使命。日前，国务院办公厅印发《关于新时代推进普通高中育人方式改革的指导意见》（以下简称《指导意见》），对高中育人方式改革进行了系统谋划，对统筹推进高中课程改革和考试招生制度改革提出了具体要求。

一是要深化课程改革，优化课程实施。为落实立德树人根本任务，解决课改面临的问题与挑战，同时为了更好地与高考综合改革相衔接，教育部组织专家对高中课程方案和课程标准进行了修订。修订后的普通高中课程方案和课程标准已经发布，但优化课程实施仍需进一步加大力度。《指导意见》强调，各省份要结合高考综合改革，制定普通高中新课程实施方案，2022年前全面实施新课程，使用新教材。

完善学校课程管理，是深化课程改革、优化课程实施的必然要求。《指导意见》提出，各地各校要依照普通高中课程方案，合理安排三年各学科课程，开齐开足体育与健康、艺术、综合实践活动和理化生实验等课程。同时，要加强学校特色课程建设，严格学分认定管理，加强课程实施监管。

二是要创新教学组织管理，加强学生发展指导。在深化课程改革和高考综合改革的背景下，对创新教学组织管理提出了新要求。一方面，要有序推进选课走班。8省市最新公布的高考改革方案全部选择了"3+1+2"模式。相对于"3+3"模式，选考组合明显减少，为选课走班的有序推进创造了条件。在推进选课走班过程中，除了要加强资源配备，还要加大对班级编排、学生管理、教师调配等方面的统筹力度。另一方面，要深化课堂教学改革，优化教学管理。《指导意见》提出，市、县级教育行政部门要加强对学校日常教学的监管。学校要统筹制定并严格执行教学计划，严禁超课标教学、抢赶教学进度和提前结束课程。这一要求具有很强的针对性，有利于防范学业水平考试对学校教育教学造成冲击。

高中阶段是学生个性形成、自主发展的关键时期，也是学生选择未来人生发展方向的关键时期，因此加强学生发展指导具有特殊意义。让高中学生学会生涯规划、自主选择，也是高考综合改革提出的新要求。《指导意见》强调，各地各校要加强对学生理想、心理、学习、生活、生涯规划等方面的指导，各地要制定学生发展指导意见，指导学校建立学生发展指导制度，加强指导教师培训。

三是要深化考试和招生制度改革。规范学业水平考试，是深化考试和招生制度改革的一项基础性工作。学业水平考试主要检验学生的学习程度，是学生毕业和升学的重要依据。考试范围覆盖国家规定的所有学习科目，引导学生认真学习每门课程，避免严重偏科。从高考综合改革特点看，学业水平选择性考试成绩纳入高考总成绩，成为高考统一录取的依据之一，因此加强规范工作至关重要。《指导意见》提出，除综合实践活动课程纳入综合素质评价外，国家课程方案规定的其他科目均实行合格性考试，考试内容为必修内容。高校招生录取所需的学业水平考试科目实行选择性考试，考试内容为必修和选择性必修内容。这一规范要求与高中课程改革中的各类课程功能定位一致，体现了统筹推进的改革思路。

从深化考试命题改革看，学业水平选择性考试与高等学校招生全国统一考试命题要以普通高中课程标准和高校人才选拔要求为依据，优化考试内容，创新试题形式，科学设置试题难度。《指导意见》特别强调，要加强命题能力建设，优化命题人员结构，加快题库建设，建立命题评估制度，提高命题质量。

从稳步推进高校招生改革看，探索基于统一高考和高中学业水平考试成绩、参考综合素质评价的多元录取机制，是高考综合改革的一项重要内容，但在具体实施中仍然面临很多难题。《指导意见》提出，充分考虑城乡差异和不同群体学生特点，研究制定高中学生综合素质评价使用办法，提前向社会公布。可积极借鉴浙江"三位一体"录取、上海综合评价录取等方式，加快推进高校招生录取方式改革。选择部分高水平大学开展综合评价招生改革试点，发挥示范引领作用，这是深化高考综合改革的重要方向，值得关注。

本文发表于《中国教育报》2019 年 6 月 20 日第 2 版

考试评价改革要抓住关键点

当前，基础教育质量监测工作稳步实施，基于核心素养的学业质量标准进入高中课程标准，教育质量综合评价改革积极推进，中高考改革不断深化，但唯分数倾向并未得到根本改变。只有基于考试成绩的公平才最公平，只有按照考试总分从高到低排序录取才最合理，这些观念仍然根深蒂固。

就改革本身而言，无论是基础教育评价改革，还是中高考改革，扭转唯分数的政策指向非常明确，教育质量综合评价改革确定了质量评价的五大方面，包括学生的品德发展水平、学业发展水平、身心发展水平、兴趣特长养成和学业负担状况，旨在打破评价学校教育质量只看学生学业的做法；中高考招生录取引入学生综合素质评价，招生录取不只看分数，还要结合或参考学生综合素质评价。尽管这些重要的改革举措在实践中落地仍面临很多困难和挑战，仍要花大气力付诸实施，但改革方向必须坚持。也只有这样，学校和家长的目光才不会只盯着考试分数，不会仅仅为了获得高分而不断给孩子加压。

全面实施综合评价多元录取，是深化中高考改革的关键。中高考改革是考试评价改革的重中之重，要加快构建新时代中国特色考试招生体系，形成全面发展的考试、综合考核的评价、更加公平的选拔。同时，还要避免中高考改革政策中的一些"硬要求"在实际操作中成为"软约束"，这是确保考试评价改革顺利推进的关键所在。

实施综合评价多元录取机制，是中高考破除"唯分数论"的关键环节。将综合素质评价纳入中高考评价体系，可以有效促使招生学校从简单"招分"调整到科学"招人"，引导基础教育从"单纯育分"转变到"全面育人"，但关键是要做到科学、客观和公正。一是解决综合素质评价客观真实问题，目前采取写实记录或成长记录的方式，尽可能记录下学生各方面的突出表现，如学生选修模块学分、学科特长和竞赛获奖记录等，这些信息无论是对综合评价招生还是统考招生都有重要参考价值；二是建立健全完备的社会诚信机制和监督问责机制，明确规定将综合素质评价纳入高考评价体系的使用办法以及违规行为的罚则；三是加强学生综合素质评价的专业研究和政策设计，包括综合素质的本质、特征、表征及相关责任主体，有效监督评价者的评价行为和评价过程，并适当约束评价者的自由裁量权，确保招生过程的公平公正。

此外，应当积极推进高考综合评价录取。通过融合统考成绩、学科特长、中学学业表现、综合素质评价和面试考查等多维度评价，更好地实现考生与高校、考生与专业的双向匹配，推动招生学校逐步从"选分"走向"选人"，从"单一录取"走向"综合录取"。

加快优化评价体系，是深化基础教育评价改革的当务之急。在当前基础教育评价领域，围绕着学生、学校和课程等不同评价客体，有各种各样的评价维度和评价指标。这些维度和指标既有区别也有重合，基层在实际操作中常常难以把握，有的甚至把学生综合素质评价与教育质量综合评价相混淆。深化基础教育评价改革，须做好系统谋划和顶层设计，不断优化评价体系。

优化基础教育评价体系，要以促进学生德智体美劳全面发展为指针，理顺不同教育评价之间的关系，使评价体系内部有效衔接。例如，适度整合国家义务教育质量监测、中小学教育质量综合评价改革、学生综合素质评价和学生发展核心素养等相关评价内容，构建高效、整合、职责明确的评价体系；建立指标、数据、结果应用的融通机制，切实增强评价的系统性和科学性；有效利用国家义务教育质量监测、督导评估等已有监测数据，让现有数据成为基础教育评价的重要支撑，提高数据资源利用效率，避免加重学校和学生的负担。

全面实施综合评价多元录取，不断优化基础教育评价体系，是深化考试评价改革的重要任务。同时，还要进一步增强"硬约束"，使中高考改革的相关要求真正落地，使基础教育评价真正走向系统、全面和科学。

本文发表于《中国教育报》2019年3月26日第2版

用科学的评价导向引领教育发展

教育评价是一种导向，这种导向科学与否，对于教育发展的影响举足轻重。习近平总书记在全国教育大会的讲话中强调："扭转不科学的教育评价导向，坚决克服唯分数、唯升学、唯文凭、唯论文、唯帽子的顽瘴痼疾，从根本上解决教育评价指挥棒问题。"习近平总书记的这一重要论述，为进一步树立科学的教育评价导向，破除制约教育发展的瓶颈指明了方向，意义十分重大。

长期以来，在地方政府的教育政绩观、学校的教育质量观和家长的成才观中，"唯分数""唯升学"的倾向始终比较强烈。有的地方政府最关心的是本地的升学情况，是政府下达的升学率指标能否实现。前些年，因为高考成绩下滑而导致教育局局长和校长被撤职的消息时有出现；有的教育行政部门衡量学校教育质量的标准比较单一，只是用考试分数和升学率来评价学校的好坏优劣；有的学校为了追求升学率，将学校的一切活动都围着考试分数和升学率转，甚至不惜违背学生身心发展特点和教育教学规律，把学生变成学习和考试的机器；有的家长简单认为，孩子成才的标准就是能够考出高分，能够升入一所好学校，否则就是家庭教育的失败。

客观地讲，家长、学生关注分数，地方政府、教育行政部门和中小学校关注升学率，本身合乎情理；学生有好的考试成绩、学校有高升学率，也是一件好事。但从促进学生全面发展、健康成长的要求去审视，仅仅满足于"分数"和"升学"，甚至把"分数"和"升学"当作教育的唯一目标追求，则明显存在偏颇。从近年来基础教育的改革发展实践看，应试倾向过强、课业负担过重、升学压力过大等问题依然存在，基础教育评价导向不科学是最直接、最重要的原因。如果不从根本上扭转"唯分数、唯升学"的评价导向，教育改革发展的良好环境将难以形成，发展素质教育也仍将步履艰难。

　　用科学的教育评价导向引领教育发展，就是要从"培养德智体美劳全面发展的社会主义建设者和接班人"这一教育的根本任务出发，尊重学生成长规律和教育教学规律，积极推动办好每一所学校，关注每一个学生成长，促进学生全面而有个性的发展。树立科学的教育评价导向，转变地方政府的教育政绩观、学校的教育质量观和家长的成才观，从根本上解决"唯分数""唯升学"问题，还必须在质量评价改革和考试招生改革上下更大功夫，教育质量评价指标应更加科学多元，考试招生应更加注重学生的综合素质。

　　从深化质量评价改革看，要把培养学生德智体美劳全面发展作为衡量教育质量的根本标准，从单一的学业质量评价走向教育质量综合评价。综合评价既要看学生的学业水平，也要看学生的品德修养和身心健康状况；既要看全面发展，也要看个性特长发展；既要看学习的结果，也要看学习的过程和效率。从构建科学的评价指标体系看，综合评价包括品德发展水平、学业发展水平、身心发展水平、兴趣特长养成和学业负担状况等方面，在每一个方面还要建立可测量的具体指标。如果学校的高升学率是通过非正常手段、通过学生过重的学业负担换取的，那不是真正意义上的高质量教育，也不值得提倡和鼓励。积极推进中小学教育质量综合评价改革，切实扭转单纯以考试分数成绩衡量学生发展、以升学率评价教育质量的倾向，才能更好地引领教育发展。

　　从深化考试招生改革看，要深入推进义务教育免试就近入学工作，严格禁止各种考试和变相考试；要不断深化中、高考的考试内容改革，减少对单纯记忆、重复训练内容的考查，更加注重和强化能力考查；要不断深化中高考招生录取模式改革，将学生综合素质评价逐步引入招生录取环节，破除招生录取"唯分数论"，这项改革虽然难度不小，但仍应试点先行积极推进。有了这样的改革取向，学校和家长的目光就不会只盯着考试分数而忽视对孩子综合素质的培养，也不会仅仅为了获得一个高分而不断给孩子加压。

　　坚决克服"唯分数""唯升学"等顽瘴痼疾，必须要下大决心，持续深入地推进教育评价改革，不断深化和完善考试招生制度改革，也只有这样，科学的教育评价导向作用才能得到充分显现。

本文发表于《中国教育报》2018年9月18日第2版

综合素质评价不是比拼孩子的长短

"完善学生综合素质评价"是中考改革的重要任务。从这个角度看，学生综合素质评价成为此次中考改革的一个热点，也在情理之中。人们对学生综合素质评价的实施与使用寄予很高期望，但基于以往实践也表达出了一些担忧。如何让学生综合素质评价的良好理念落实到实践中，保证学生综合素质评价实施与使用的科学、客观和公正，还有待深入探索。

初中学生综合素质评价需注重展示学生个性特点和兴趣特长。实施学生综合素质评价要承认并尊重学生的个体差异，在综合素质评价中要充分展示每一个学生的个性特点和兴趣特长。在学生的成长记录中，要让学生选择最能充分反映自己个性特点和兴趣特长的活动及成果进行记录，突出重点，不必面面俱到。正如专家所言，综合素质评价不是比拼孩子的长短，不是全面较量，而是用它来衡量判断一个学生的素质发展方向。因此，在学生综合素质评价实施过程中，一般性的活动可不作记录，一些学生没有参加或事迹不突出的活动项目也可以空缺。

初中学生综合素质评价需注重学生的行为考查。实施学生综合素质评价，需特别注重考查学生的行为表现，特别是通过学生在有关活动中的具体表现来反映其全面发展情况和个性特长。以鼓励学生参与党团活动、社团活动、公益劳动、志愿服务为例，考查内容不仅包括学生参加这些活动的具体内容，还应当包括参加的次数、持续时间等，毕竟对这些具体行为表现进行考查更具有可操作性，也可有效避免在评价学生思想品德时只是停留于一些主观评判，或者简单打个分数、给个等级。注重行为考查、强调客观呈现是学生综合素质评价改革的一个重要方向。

初中学生综合素质评价体系需简单适用。但凡涉及教育领域的评价项目，如果不能做到简单适用，评价效果难免会受影响，学生综合素质评价同样也不例外。但如果把这项评价工作搞得过于烦琐，给学校、教师和学生增加过重负担，引发一些消极抵触情绪也就不足为怪。要想让学校、教师和学生"乐意评""评得好"，建立一套简单适用的评价体系至关重要。将学生的活动和写实记录分散在三年完成，融入日常教育教学，就是为了不过多增加学校、教师和学生的负担。

初中学生综合素质评价需保证公平公正。初中学生综合素质评价与高中招生录取挂钩，有可能使学生综合素质评价走向功利化，从而导致评价"失真"，这样的担心并非全无道理。为此，教育部印发的《关于进一步推进高中阶段学校考试招生制度改革的指导意见》特别提出，初中学校要将用于招生的活动记录和事实材料进行公示、审核。实行这样一种公示、审核制度，就是为了确保活动记录和事实材料的真实可信，防止出现弄虚作假和暗箱操作，体现公平公正。

值得一提的是，学生综合素质评价的有效实施，是与招生录取挂钩的基本前提，但"评得好"未见得一定"用得好"。招生录取结合学生综合素质评价，还需要对招生录取工作方式进行适当改进和调整。按照"谁使用、谁评价"的要求，高中学校要根据学校办学特色制定具体的使用办法，要有比较充裕的招生录取时间对初中学校提供的学生综合素质评价材料进行分析评议，以确保评价过程严谨客观。同时要加强对高中招生录取过程的监督检查，保证学生综合素质评价使用的公开透明。

在推进中考改革过程中，把实施与使用学生综合素质评价放到一个突出位置，对于引领初中学校实施素质教育、促进学生全面发展具有积极作用。从深层次的意义上讲，实施初中学生综合素质评价，不能仅仅满足于为高中招生录取服务，更要借助评价的反馈和激励功能，不断促进学生的成长与进步，这是实施初中学生综合素质评价的核心要义。

本文发表于《光明日报》2016 年 10 月 25 日第 15 版

中考改革既要积极进取又要审慎稳妥

中考改革涉及千家万户，关系学生切身利益，改革既要积极进取，又要审慎稳妥，对一些关键环节的改革，坚持试点先行、逐步推开。教育部印发的《关于进一步推进高中阶段学校考试招生制度改革的指导意见》（以下简称《指导意见》），就体现了这样一种改革思路。

健全初中学业水平考试和综合素质评价，形成新的招生录取模式和考试招生管理机制，是推进中考改革的总体目标和主要任务。这主要涉及以下方面。

积极稳妥地推行初中学业水平考试。为了引导学生认真学习每门课程，克服一些科目"不考不教、不考不学"的倾向，改革积极推行初中学业水平考试，同时注重"系统设计"和"因地制宜"。一是妥善处理好初中学业水平考试"全科开考"与不加重学生负担的关系。为了防止增加学生负担，改革进行了综合设计。在考试内容上，强调减少单纯记忆、机械训练性质的内容；在成绩呈现方式上，鼓励有条件的地区实行"等级"呈现，克服分分计较，避免过度竞争；在试点地区"录取计分科目"的构成和数量上，要求除语文、数学、外语3科以及体育科目外，做到文理兼顾、负担适度，不是把所有的考试科目都纳入录取计分总成绩，没被纳入总成绩的科目合格即可。二是允许在现阶段"两考合一"与"两考分离"并存。实行毕业考试和升学考试"两考合一"，是推行初中学业水平考试的新要求。但考虑到一些地方的实际情况，《指导意见》要求，个别没有实行"两考合一"的地区要积极创造条件逐步过渡到初中学业水平考试。"逐步过渡"本身也体现了一种积极稳妥的改革思路。三是在确定学业水平考试方式和方法上给地方留有空间。《指导意见》提出，各地可针对不同学科的性质和特点，确定具体的考试方式和方法。

积极稳妥地推进招生录取办法改革。招生录取改革坚持"试点先行"，是积极稳妥推进中考改革的突出体现。"形成基于初中学业水平考试成绩、结合综合素质评价的高中阶段学校考试招生录取模式"是中考改革的核心所在，有利于改变单纯以考试科目分数简单相加作为招生录取依据的做法，引导学校实施素质教育，促进学生全面发展，应当积极推进。一是开展"录取计分科目"构成的改革试点，坚持"文理兼顾、负担适度"原则。二是开展学生自主选择"录取计分科目"的改革试点，在初中学业水平考试"全科开考"且各门科目合格的前提之下，同时做到文理兼顾。三是开展将综合素质评价作为招生录取依据或参考的改革试点，但究竟是"作为依据"还是"作为参考"，由试点地区根据本地实际自行确定。

积极稳妥地推进考试招生管理改革。近年来，中考招生行为不规范、加分项目不合理等问题比较突出，改革要求进一步加强考试招生管理，加强对招生行为和考试加分的规范，具有很强的现实针对性。一是对中考加分的清理规范，主要由省级教育行政部门负责实施，根据国家有关规定和地方实际需要保留的仍然继续保留。二是考虑到引导学生发展兴趣特长的需要，在取消体育、艺术等竞赛类加分项目的同时，要求将相关特长和表现等计入学生综合素质评价档案，在招生录取时作为参考。三是进一步完善自主招生政策，根据需要给予有条件的高中阶段学校一定数量的自主招生名额，招收具有学科特长、创新潜质的学生。

此外，从推进中考改革的具体责任分工看，国家层面注重宏观指导，省级加强统筹管理，以地市为主组织实施，充分体现了因地制宜的原则。同时，招生录取改革试点从 2017 年之后入学的初中一年级学生开始实施，其他地区继续按照现行的招生录取方式进行招生，也体现了积极稳妥的改革思路。

本文发表于《中国教育报》2016 年 9 月 23 日第 3 版

中考改革：直面问题与挑战

日前，教育部印发了《关于进一步推进高中阶段学校考试招生制度改革的指导意见》（以下简称《指导意见》）。基于中考的现实问题与挑战，立足于加强制度和机制建设，《指导意见》提出了中考改革的总体思路和方向。

当前中考面临的主要问题和挑战是什么？概括起来，主要包括三方面：一是招生录取唯分数，影响学生全面发展；二是考试内容偏重机械记忆、重复训练，加重了学生负担；三是招生违规现象时有发生，一些加分项目不合理，影响教育公平。如何针对这些问题，寻求好的解决思路和办法，是中考改革面临的一项重要任务。

中考改革要着力解决招生录取唯分数的问题。一直以来，中考的招生录取只看考试成绩不看其他，传统中考的这种导向，明显不利于素质教育的实施，也不利于学生的全面发展。

解决高中招生录取唯分数问题，势必要求在招生录取时除了重视初中学业水平考试成绩之外，还要引入其他评价内容，这既是改革的重点，也是难点。《指导意见》提出，到 2020 年左右初步形成基于初中学业水平考试成绩、结合综合素质评价的高中阶段学校考试招生录取模式。要形成这样一种新的招生录取模式，完善初中学生综合素质评价制度是一个重要前提。只有初中学生综合素质评价是科学、客观和公正的，新的招生录取机制才有可能是科学、客观和公正的。因而《指导意见》对如何完善初中学生综合素质评价制度提出一些具体要求，如：注重考查学生的日常行为规范养成和突出表现；整理遴选具有代表性的活动记录和典型事实材料，要进行公示审核；综合素质评价档案材料要突出重点，简洁明了，便于在招生中使用。

形成新的基于初中学业水平考试成绩、结合综合素质评价的考试招生录取模式是一个总体改革方向。考虑到改革具有一定复杂性，需要试点先行。《指导意见》提出，综合改革试点从 2017 年之后入学的初中一年级学生开始实施，试点之外的其他地区，可以继续按照现行招生录取方式进行。

中考改革要着力解决考试内容偏重机械记忆、重复训练的问题。中考的考试内容偏重机械记忆、重复训练的问题一直比较突出，由此导致学生备考时需要死记硬背的内容多、需要重复做的习题多，给学生造成较大的备考压力。

推进考试内容科学化，必须紧紧围绕义务教育课程标准的要求。《指导意见》提出，要依据义务教育课程标准确定学业水平考试内容，提高命题质量，减少单纯记忆、重复训练性质的内容，增强与学生生活、社会实际的联系；注重考查学生综合运用所学知识分析问题和解决问题的能力；要重视对有关学科教学实验操作的考查。

推进考试内容科学化，需要采取一系列保障措施，如加强学业水平考试题库建设，开展试卷评估和分析，提升考试命题质量和水平等。落实这些保障措施，加强中考的基础能力建设，需要经历一个实践和摸索的过程，需要各地为之付出积极努力。

中考改革要着力解决招生行为不规范问题。近年来中考招生违规现象时有发生，特别是违规跨区域招生，擅自提前招生等行为，对中考招生秩序造成很大破坏，损害了教育公平。《指导意见》提出，健全招生管理工作规定，规范学校招生行为，进一步明确招生范围、规模等基本要求，严禁违规跨区域和擅自提前招生，防止恶性竞争，维护正常的招生秩序。

此外，中考加分项目过多，一些加分项目明显不合理，也引发了来自公平方面的质疑。《指导意见》提出，大幅减少、严格控制加分项目，取消体育、艺术等学生加分项目，相关特长和表现等计入学生综合素质评价档案。取消不合理的加分项目。根据国家有关规定和地方实际保留的加分项目，要严格控制加分分值，健全考生加分资格审核公示制度。这些具体规定和要求，对于当前规范中考加分具有重要指导意义。

中考所存在的问题具有长期性和复杂性，因而通过改革化解矛盾和问题，不可能一蹴而就，中考改革既要积极进取，又要审慎稳妥。对于一些关键环节的改革，则需通过试点先行，逐步推开。

本文发表于《中国教育报》2016 年 9 月 21 日第 2 版

"试点先行" 让中考改革步伐更稳健

重大改革"试点先行"，是一种积极稳妥的做法。中考改革涉及千家万户，关系学生切身利益，一些关键环节改革同样需要"试点先行"，教育部印发的《关于进一步推进高中阶段学校考试招生制度改革的指导意见》（以下简称《指导意见》），充分体现了这样一种改革思路。

改变以考试科目分数简单相加作为招生录取的唯一依据，形成基于初中学业水平考试成绩、结合综合素质评价的高中阶段学校考试招生录取模式，既是改革的亮点，也是改革的难点。形成这样一种新的考试招生录取模式，要以完善初中学业水平考试制度和综合素质评价制度为前提，因此改革招生录取办法采取"试点先行"，可以让改革步伐更稳健。那么，"试点先行"重点试什么？

一是改革"录取计分科目"的构成。随着初中学业水平考试制度的推进，国家课程方案所设定的全部科目均被纳入学业水平考试的范围，但为了不加重学生负担，在高中招生录取环节，并非所有科目都被纳入"录取计分科目"。改革"录取计分科目"的构成，从初中学业水平考试科目中选择部分科目作为"录取计分科目"，成为一项重要的改革试点内容。《指导意见》提出，除语文、数学、外语3科以及体育科目外，根据文理兼顾、负担适度的原则，确定其他纳入录取的计分科目，这样做有利于防止出现群体性偏科和加重学生负担。

二是将综合素质评价作为招生录取的依据或参考。虽然高中招生录取结合综合素质评价有一定的地方实践基础（如：在优质高中名额分配过程中，综合素质评价被当作一个门槛要求；在高中学校自主招生过程中，综合素质评价成为一项重要的考查内容；在学业水平考试成绩相同或相近情况下，录取与否主要看学生综合素质评价），但从总体上看，综合素质评价在招生录取中的实际作用仍比较有限。高中招生录取结合综合素质评价是一个总体改革方向，但实际操作有一定难度，因而不适宜一下子全面推开，需要"试点先行"，逐步积累经验。《指导意见》提出，试点地区要将综合素质评价作为招生录取的依据或参考，但究竟是"作为依据"还是"作为参考"，并未提出统一要求，试点地区可根据本地区实际作出选择。

高中招生录取"结合综合素质评价"，既对综合素质评价的实施提出了要求，也对综合素质评价的使用提出了要求，保证综合素质评价的实施、综合素质评价的使用更加科学、客观和公正，是招生录取改革取得成功的关键。从改革试点的具体要求看，地市教育行政部门要明确综合素质评价使用的基本要求，高中学校根据办学特色制定具体的使用办法，使综合素质评价在招生录取中真正发挥作用。

除此之外，有条件的试点地区，在初中学业水平考试各门科目合格的前提下，也可以给予学生一定的自主选择"录取计分科目"的机会。推进这一改革试点是基于尊重个体差异、发挥学科优势、促进学生发展兴趣爱好的考虑。也就是说，有条件的试点地区可以从原来由教育行政部门统一选择除语文、数学、外语3科及体育科目外的其他"录取计分科目"，转变为由学生自主选择。当然，由学生自主选择"录取计分科目"要基于一定的前提条件：一是建立在初中学业水平考试"全科开考"的基础上，没有选择的科目也不能"不学""不考"；二是建立在初中学业水平考试各门科目合格的前提下，不仅所有科目"要学""要考"，而且都要合格；三是建立在"文理兼顾"的基础上，不能只选文科类科目，也不能只选理科类科目。有了这些前提条件，尽管是由学生自主选择，也可以在一定程度上防范学生偏科。

《指导意见》提出，综合改革试点从2017年之后入学的初中一年级学生开始实施，试点之外的其他地区，可以继续按照现行的招生录取方式进行招生，也充分体现了"试点先行"这样一种积极稳妥的改革思路。

本文发表于人民网教育频道，2016年9月20日

中考改革要与群众期待对上节拍

今年一些地方出现的对中考改革的质疑，实际是因为改革进程与群众预期没有对上节拍。尽管中考改革应当审慎稳妥，但对于已经认准的改革方向，不妨加快步伐。

眼下，各地中考已结束，但涉及中考的话题依然很热，特别是对于一些新的改革做法，有人赞成，有人质疑，虽然听上去各有道理，但改革中所折射出的改革思路和实际操作之间的落差，值得认真关注。

今年一些地方的中考分数发布后，很多家长的第一感觉是分数"变毛了"——往年这个成绩能够升入某优质校，今年却是不可能了。部分地方的中考成绩是"一分一段"，一分之差排名能差出很远，对于招生工作无疑是一个新挑战。

从改革思路看，适当降低考试难度具有一定合理性，它既是基于推进素质教育的考虑，也是建立初中学业水平考试制度的要求。一直以来，为提高区分度，考试难度过大，而学生则需要通过机械训练、反复练习来掌握应试技巧，加重了学习负担。此外，考试题目重在考查对知识点的记忆，忽略了对学生发现、分析和解决问题能力的测查。而适当降低考试难度，可以让学校教学回归到夯实基础知识，注重学生综合素质和实践能力培养的方向上来。应当看到，随着初中学业水平考试制度的建立，原有的初中毕业考试和高中招生考试将逐渐被学业水平考试所替代。在此背景下，降低考试难度会成为一种必然趋势。

从实际操作看，在学生考试成绩相对接近的情况下，学生综合素质评价的引入有了新空间，但目前难度依然较大。而降低考试难度之后的中考，如果没有分数之外的新录取标准的引入，依然采取从高分到低分的录取方式，"分分计较"的局面有可能进一步加剧。

每年中考后，总会有一些家长质疑名额分配政策——同样的考试成绩，一些孩子因为享受名额分配政策得以进入优质高中，而另一些孩子则被排除在外。

从改革思路看，实行优质高中名额分配，是基于促进义务教育均衡发展的考虑，它改变了完全依据中考成绩、从高分到低分录取学生的模式，逐步从全员选拔录取走向部分选拔录取，是一种改革创新。但一项好政策如何能够实施得更加精细，最大限度避免诱发新的不公，是一个必须思考的问题。

从实际操作看，确保优秀学生不因名额分配政策而失去就读优质高中的机会，需要在名额分配比例、招生录取方式等环节进行科学设计。在当前各地统一招生、名额分配和自主招生等录取方式并存的情况下，如何确定名额分配的合理比例至关重要。不简单追求高比例，就是要让一些享受不到名额分配政策的优秀学生，通过统招等其他方式，依然能拥有进入优质高中的机会。此外，通过名额分配录取学生，要有一个成绩的基本要求，且与统招录取的成绩差距不宜过大。

近几年，人们对于中考加分问题都会给予很大关注，并质疑一些加分项目，今年也不例外。总体上看，中考加分包括了全国性加分项目和地方性加分项目，以及补偿类加分项目和鼓励类加分项目。目前，一些地方加分项目过多且设置不合理，如有的与招商引资、计划生育等挂钩。

从改革思路看，中考改革同高考改革一样，加强加分项目管理，大幅减少、严格控制加分项目是总趋势。根据国家有关规定和地方实际保留的加分项目，要严格控制加分分值，加强过程监管。各地在推进中考改革的过程中，应当把清理中考加分项目当作一项重要改革内容。

从实际操作看，鼓励类加分项目，包括科技、体育、艺术类竞赛等加分项目该取消的要取消，一些加分项目由于与新的改革形势明显不相适应，也应尽快取消。今年一些地方出现的对中考加分的质疑，实际是因为改革进程与群众预期没有对上节拍。尽管中考改革应当审慎稳妥，但对于已经认准的改革方向，地方教育管理部门不妨加快步伐，清理加分项目，调整加分分值工作也应抓紧落实。

本文发表于《中国教育报》2016 年 7 月 8 日第 2 版

"招录改革"是中考改革的一大亮点

日前，教育部印发《关于进一步推进高中阶段学校考试招生制度改革的指导意见》（以下简称《指导意见》），这是我国考试招生制度改革的又一积极进展。招生录取改革是中考改革的重点，也是中考改革的一大亮点。

招生录取改革的目标，就是到 2020 年左右初步形成基于初中学业水平考试成绩、结合综合素质评价的高中阶段学校考试招生录取模式，这一改革思路与我国考试招生制度改革的总体方向相一致。事实上，目前很多地方已经在招生录取机制改革方面进行了一些探索，积累了一些有益经验。

高中招生录取要依据初中学业水平考试成绩

或许人们会说，这样的模式与以往并无差别，但仔细分析可以看出其中的差异。高中招生录取依据初中学业水平考试成绩，其前提是推行初中学业水平考试。

其一，"全科开考"是初中学业水平考试的一个重要特征。把《义务教育课程设置实验方案》所设定的全部科目纳入学业水平考试的范围，引导学生认真学习每门课程，确保义务教育质量，着力解决"不考不教、不考不学"的问题。

其二，"录取计分科目"有所选择。"全科开考"并不意味着所有科目成绩都将被计入高中招生录取的总成绩，这也是基于不加重学生负担的考虑。除了语文、数学、外语 3 科以及体育科目外，究竟选择哪些科目作为高中招生的"录取计分科目"，此次改革提出了一个重要指导性原则，就是要文理兼顾、负担适度。在此基础上，由各地教育行政部门确定"录取计分科目"，这是改革试点的一项重要内容。

同时,《指导意见》提出,有条件的试点地区,也可以给予学生一定的自主选择"录取计分科目"的机会。事实上,让学生选择计入总成绩的考试科目,一些地方已经开始进行尝试。

"录取计分科目"除语文、数学、外语3科以及体育科目外,其他科目不再由教育行政部门统一指定,而是改由学生根据自己的兴趣爱好,在一定范围内自主选择,但科目选择要做到文理兼顾。考虑到这项改革操作起来相对复杂,需要试点先行,逐步总结经验。

高中招生录取要结合综合素质评价

如何解决一直以来高中招生录取存在的"唯学科""唯分数"问题,《指导意见》提出了结合综合素质评价的改革思路。

在综合素质评价的具体使用方式上,各地已有一些探索尝试,如按照一门学科纳入招生录取总成绩,或按照一定分值纳入招生录取总成绩。然而,由于综合素质评价在科学性、客观性和公正性方面还存在一些困扰,目前学生综合素质评价在高中招生录取中的作用没有得到很好发挥。

综合素质评价的科学使用,要基于综合素质评价的科学实施,针对如何科学实施综合素质评价,《指导意见》提出了具体要求。例如:细化和完善思想品德、学业水平、身心健康、艺术素养和社会实践五个方面的评价内容和要求;注重考查学生日常行为规范养成和突出表现,充分体现义务教育阶段学生的特点;做好写实记录,整理遴选具有代表性的活动记录和典型事实材料,将用于招生的事实材料进行公示、审核;实行谁使用谁评价,由高中学校根据学校办学特色制定具体的使用办法。同时要求建立责任追究制度,加强对综合素质评价的监督检查,严肃查处违规违纪行为。

《指导意见》提出了招生录取要结合综合素质评价这一大的改革方向,这也是此次中考改革试点的一项重要内容。试点地区既可以将综合素质评价作为高中招生录取的依据,也可以作为高中招生录取的参考。

学生综合素质评价如何才能更加科学、客观、公正,综合素质评价的使用如何才能更加富有实效,是亟待破解的难题,《指导意见》鼓励各地发挥自身的积极性和创造性,使学生综合素质评价在中考招生录取中能够真正发挥作用。

　　高中招生录取要基于初中学业水平考试成绩、结合综合素质评价，是此次中考改革的一个亮点。但要使其真正落地，还需要有一个逐步探索的过程，因而《指导意见》将招生录取改革列为主要试点内容，鼓励试点地区"先行先试"，并在试点基础上逐步推开。

　　　　　　　　　本文发表于《师资建设（双月刊）》2016 年第 5 期第 42 页

中考的引领和导向作用不可小视

在今年"两会"上，有政协委员建议取消中考。虽然取消中考并不现实，但现行中考所存在的问题也不容回避，深化中考改革势在必行。近日发布的《北京市关于深化考试招生制度改革的实施方案》，提出了中考改革的思路和方向，改革从问题出发，重在发挥引领和导向作用，对推动素质教育的实施具有现实意义。

北京市提出的改革方案注重从知识转向能力，有利于引导学生加强能力培养。现行中考过于偏重知识性、记忆性内容的考查，对综合运用所学知识分析问题、解决问题的能力考查重视不够，无形中加重了学生的备考负担。该方案规定，严格按照义务教育各学科课程标准确定考试内容，注重考查学生九年义务教育的积累，注重对学生掌握基础知识、基本技能、基本思想和基本能力情况的考查。同时，在5门考试科目满分为100分的科目中，物理、生物（化学）含开放性科学实践活动10分，历史、地理、思想品德含综合性社会实践活动10分。虽然实践活动所占分值并不高，但它对学科教学重视实践环节是一种积极引领。

该方案还强调文理兼顾，考试科目覆盖面更广，有利于引导学生提升整体素养。在以前，历史、地理、思想品德等科目在初中阶段的受重视程度明显不够。北京市现行的中考科目包括语文、数学、外语、体育、物理、化学，改革后将历史、地理、思想品德、生物也纳入中考科目，文理兼顾的特点更加突出。应当看到，提升义务教育阶段学生的人文素养和科学素养，需要多措并举，而中考的引领和导向作用不可低估。

北京市的改革方案规定，中考科目分为必考科目和选考科目，语文、数学、外语、体育4门为必考科目，历史、地理、思想品德、物理、生物（化学）5门为选考科目。学生可选考其中的 3 门科目，但选考科目中物理、生物（化学）至少选 1 门。不仅考试科目可选择，所选考的科目赋分也可选择，这种设计有利于学生展现自己的强项、扬长避短。

当然，人们对自主选考也有担心：一是义务教育是学生全面打基础的阶段，自主选考是否会造成学生过度偏科；二是初中学生的自我认知能力还相对有限，自主选考是否带有一定的盲目性。事实上，选考并非选学，如果推行自主选考是以全面考查、文理兼顾为前提，对非选考科目也有合格要求，那么可以对学生过度偏科起到防范作用。况且是否会造成学生过度偏科，并不主要取决于是由学生选择还是由教育行政部门统一选择科目。此外，初中学生已经显现出一些学科优势和兴趣，关注学生个体差异、尊重学生选择具有一定合理性。

北京市中考改革的思路和方向已经明确，但深化中考改革的任务依然艰巨。一方面，建立健全初中学业水平考试制度，将初中毕业考试和高中招生考试"两考合一"，有待积极推进；另一方面，解决中考所存在的"唯分数"问题，需要探索建立基于学业水平考试成绩、结合学生综合素质评价的招生录取机制。但是，学生综合素质评价如何更科学、更客观、更公正，高中招生录取结合学生综合素质评价如何更具可操作性，是各地共同面临的难题，有待积极探索。

将改革付诸实施，需要对可能带来的新情况、新问题进行预判，学校的教学管理和师资配备、教师的教学方式、学生的学习方式也要作出相应调整和改变，这是确保改革顺利推进的重要前提。

本文发表于《中国教育报》2016 年 4 月 14 日第 2 版

中考应在改革中完善而非取消

中考问题涉及千家万户，一直很受社会关注。参加今年"两会"的一些代表和政协委员建议取消中考，将教育的指挥棒真正指向素质教育。此建议一出，便引发热烈讨论。

基于高中阶段教育的性质和特点，目前我国高中学校有着不同类别、不同办学水平的划分，既有普通高中又有职业高中，既有示范高中又有一般高中。中考实际上担负着分流和选拔的功能，是决定初中毕业生上何种类别、何种水平学校的一个基本依据。相对于简单的派位，通过中考分流选拔学生，显然更科学、更公平，也更容易被社会和家长所接受。

此外，目前各地正积极推行初中学业水平考试制度，中考将原有的初中毕业考试和高中招生考试合而为一，还担负着检验初中毕业生是否合格的功能。美国、英国、日本、韩国、俄罗斯等国家都有类似我国中考的考试。从现实角度看，我国初中生毕业分流、高中选拔学生和检验义务教育质量，都还离不开中考这一手段。

不可否认的是，我国的初中教育也存在不少问题，推进素质教育面临较大困难。究其原因，固然有中考的因素，还包括整个社会用人制度、高考等多重因素的牵引，并非简单取消中考就能从根本上解决问题，还需要综合施策。在笔者看来，与其简单地取消中考，不如在如何改革完善中考上想办法。

一直以来，中考"唯分数""分分计较"的问题比较突出，加重了应试倾向，有待逐步解决。一方面，中考的各学科应以课程标准为命题依据，进一步降低考试难度，让学校从花费大量时间与精力投入偏题、怪题训练回归到夯实基础知识、注重学生综合素质和实践能力的培养上，这是推进素质教育的应有之义。另一方面，要积极探索基于学业水平考试成绩、结合学生综合素质评价的高中招生录取机制。虽然初中学生综合素质评价的科学性、客观性和可操作性还有待完善，将其纳入中考招生录取环节面临一定困难，但这一改革符合素质教育的方向，应当坚持下去。

一些政协委员提出取消中考的建议，是基于一个重要前提，就是将现行的 9 年义务教育延长为 12 年义务教育。有关延长义务教育年限的呼声早已有之，但客观地讲，目前将高中阶段教育纳入义务教育的条件尚不具备，这是基于义务教育所具有的免费和强制特征所作出的基本判断。因为我国的经济实力仍然有限，要做的事还很多，国家财力还不足以支撑高中阶段教育的全免费。而且，义务教育具有强制性的特点，将高中阶段教育纳入义务教育，意味着初中毕业生在完成初中学业后，必须接受高中阶段教育。在目前高中经费保障水平还比较低、一些地方高中阶段教育资源还明显不足的情况下，取消中考显然还不现实。

进一步深化考试招生制度改革，全面推进素质教育，普及高中阶段教育，是今后一段时期我国教育改革发展的重要任务，需要各级政府、教育行政部门、学校和全社会群策群力。

本文发表于《中国教育报》2016 年 3 月 6 日第 2 版

艺术科目进中考 缜密操作不可少

将艺术教育科目纳入中考，让学生重视艺术素养的培养，这样做的出发点固然很好，但如果操作不够缜密，诸如艺术教育走向应试化等问题也许就会出现。

近日召开的2016年湖南省教育工作会议透露，从今年起，该省全面推动各地将艺术教育科目纳入初中学业考试，旨在改变艺术课程开课率不足、艺术活动参与面小、艺术师资短缺的状况，这一改革举措引发社会关注。

中考改革对初中教育的导向作用非常明显。改善初中教育的薄弱环节，从中考改革切入不失为一个有效的办法。可以看到，大部分地方将体育纳入中考后，学校、学生和家长对体育的重视程度有了明显提升。虽然学校体育教学中的应试倾向、学生单纯为了考试而参加体育锻炼等问题，还有待逐步转变，但总体而言是利大于弊。事实上，一些地方已经将艺术教育科目成绩计入中考总成绩，还有一些地方正在研究论证之中。但在全省范围内加以推动，湖南省是为数不多的省份之一。这样的探索有着积极意义，但在具体操作上还需更加缜密。

将艺术教育科目纳入中考，其功能定位需进一步厘清。改善艺术教育在学校教育中的薄弱状况，这一功能定位决定了将艺术教育科目纳入中考应重在引领，淡化甄别筛选。艺术教育科目与体育科目一样，将其纳入中考时要把引领导向作用放在突出位置。考虑到身体素质方面的个体差异，中考体育测试的重点显然不在考查谁跑得更快、谁跳得更高、谁投得更远，从而分出三六九等，而是只要合格即可。为了更好发挥中考体育科目的导向作用，不能一味地在加大体育科目分值上做文章，而应在提供选择性、培养学生兴趣爱好、养成体育锻炼习惯上多想办法。在将艺术教育科目纳入中考时，同样需对此加以重视。

　　将艺术教育科目纳入中考，科学性和可操作性需逐步完善。相对于体育科目所拥有的量化标准，艺术教育科目在怎么考的问题上面临更大的挑战。在探索具体办法时，不妨借鉴一下《中小学生艺术素质测评办法》，细化考查内容，如分解为基础指标、学业指标和发展指标三部分，每个部分占一定比例。也就是说，将艺术教育科目纳入中考，不应只看一次考试的成绩，而应将学生在校内参加课程学习和课外活动的情况纳入其中，避免将艺术教育引向简单的应试。

　　将艺术教育科目纳入中考，相应的课程开设、师资配备需同步跟上。将艺术教育科目纳入中考，势必会对学校艺术教育发展形成倒逼之势。然而，如果学校之间开设艺术教育课程的保障条件相距甚远，一些学校甚至难以开足开齐艺术教育课程，对参加中考的学生难免会造成不公。因此，当务之急是严格执行课程计划，开齐开足艺术教育课程，这也是保障公平的一个先决条件。

　　师资短缺是制约中小学校艺术课程开设的主要瓶颈，将艺术教育科目纳入中考，师资短缺问题亟待解决。要根据课程方案规定的课时数和学校班级数有计划、分步骤地配齐专职艺术教师，重点补充农村、边远、贫困和民族地区学校的艺术教师。专职艺术教师不足的地区和学校，可由具有艺术特长的教师和管理人员经必要专业培训后兼职，鼓励聘用社会文化艺术团体专业人士、民间艺人担任学校兼职艺术教师，这些举措对于将艺术教育科目纳入中考无疑具有重要的保障作用。

本文发表于《中国教育报》2016 年 3 月 1 日第 2 版

中考特长生"全科化"为何引争议？

突破唯学科、唯分数的传统模式，逐步建立基于学业水平考试成绩、结合综合素质评价的新的高中招生录取机制，是推进中考改革面临的一项重要任务。

近日发布的《济南市2016年高中阶段学校招生工作意见》提出，普通高中经市教育局批准，可招收一定数量的学科特长生，这里的学科包括国家义务教育课程方案规定的所有科目。这也意味着中考特长生的"特长"由原来艺术、体育特长，拓展为全学科特长。此消息一出便引发了人们的讨论，特长生"全科化"的命题是否成立？对学生的学科优势是否应在中考中有所关注？以中考降分方式来奖励具有学科优势的学生是否妥当？

特长生"全科化"的命题是否成立？从理论上讲，学生特长不仅可以体现在传统的艺术、体育等方面，还可以体现在各个学科上。但相对于艺术、体育而言，学科特长的标准是什么？如何认定？通过考试成绩是否就能认定？特别是对于初中学生而言，这种学科特长的显现是否具有一定的稳定性和持久性？这些问题都还有待深入研究。当然，学生在不同学科学习方面确实会存在一定差异，也会表现出一些明显的学科优势。因而对于初中学生而言，与其用学科特长加以认定，不如用学科优势加以判断更加贴切。

在今天的教育教学当中，对学生学科优势的关注究竟应当摆在一个什么位置？这也会直接影响到它在中考中的地位。义务教育强调打好共同基础，促进全面发展，但并不排斥发展学生的兴趣特长和学科方面的优势。因此，在教育教学层面如何"扬学生之所长"同样非常重要。"扬长"势必要求学校在教育教学过程中，真正保证学生在具有学科优势的科目学习中能够"吃得饱""吃得好"，当前部分学校开展的分层教学、走班制的探索，在一定程度上有助于这一问题的解决。

对学生的学科优势是否应在中考中有所关注？学生的学科优势在教育教学中应当得到关注，在中考中同样也应当得到关注。事实上，在目前各地中考的自主招生中，除了艺术、体育特长，人文、科技特长和某些学科方面的优势也都成为重点考查的内容。

还有一些地方的中考改革，也关注到了学生的学科优势。有的地方的中考改革方案规定，除了语文、数学、外语等科目之外，计入中考录取总成绩的其他几门科目可由学生自主选择。由此也产生了一些争议，争议主要来自两个方面：一是义务教育是一个全面打基础的阶段，让学生自主选择计入中考录取总成绩的科目，容易加重学生的偏科倾向；二是义务教育阶段的学生尚处于成长期，让学生自主选择计入中考录取总成绩的科目，存在较大的盲目性。

济南的中考新政，允许学校根据自己的办学特色和招生情况自行判断，从而确定相应特长科目要求。这一改革的本意，是为了彰显学校的办学特色，推动高中多样化发展；也是为了彰显学生的学科优势，促进学生个性化成长。从这个意义上讲，改革符合高中教育发展方向，也与学生发展的实际需求相契合。但要使其真正落地，还需与中考改革的整体推进相配套，否则改革效果将会比较有限。

以中考降分方式来奖励具有学科优势的学生是否妥当？济南的中考新政提出，推荐生试点学校录取全学科特长生，可在统招线下照顾5分。仔细分析，实际上这也是另外一种形式的加分。针对中考加分项目过多过滥、违规加分现象突出等问题，目前各地正在清理中考加分项目，规范加分行为，其中逐步取消奖励性加分、适当保留补偿性加分是一个总体趋势。但从一些地方的中考改革实践看，一方面在清理加分项目，一方面又在增加"统招线下降分录取"的项目，不免有些矛盾。事实上，对于学生学科优势的奖励，与其采用简单地降分录取的方式，不如通过增加一定的选择性，或者结合学生的综合素质评价来加以体现。

突破唯学科、唯分数的传统模式，逐步建立基于学业水平考试成绩、结合综合素质评价的新的高中招生录取机制，是推进中考改革面临的一项重要任务。对于地方而言，推进中考改革还需牢牢抓住这一核心，通过改革试点力求取得突破。

本文发表于《中国教育报》2016年1月15日第2版

降低考试难度是中考改革大趋势

今年深圳中考从标准分改为原始分，同时也取消了公办普高招收择校生。受新政等因素影响，今年录取呈现几大特点：名校差距变小、竞争更激烈；同分考生多，大量学校在划定原始总分后，还要加入"末位同分比较条件"作为录取标准之一。

从表面上看，改革新政诱发了很多新问题，但透过名校招生分数差距缩小、同分考生增多等现象不难发现，改革的核心是考试难度有所降低，而这一改革动向值得关注。今年年初，北京市教委也明确提出，中考的各学科将以课程标准为命题依据，进一步降低难度，侧重考查对学生终身发展有用的基础知识、基本技能、基本方法和基本观点，考核范围将更宽泛。在当前深化考试招生制度改革的大背景下，降低中考的考试难度，其深意究竟是什么？

降低考试难度是中考改革的自身要求。一方面，随着高中阶段教育的逐步普及，中考的功能定位会发生明显变化，其甄别选拔功能将渐趋弱化，而科学分流的功能将得到进一步强化。淡化甄别选拔功能，反映在考试内容上，降低考试难度是最重要和最直接的体现。另一方面，从中考改革的方向看，随着初中学业水平考试制度的建立，原有的初中毕业考试和高中招生考试将会逐渐被学业水平考试所代替。在此背景下，降低考试难度会成为一种必然趋势，这也是由水平考试自身的特有属性所决定的。

降低考试难度也是推进素质教育的要求。一直以来，中考以考试分数为唯一依据，为提高区分度，便于选拔学生，考试内容往往超出国家课程方案和课程标准的要求，难度过高，而学生则需要通过机械训练、反复练习来掌握相应的应试技巧，无形中加重了学生的学习负担。此外，考试题目重在考查对知识点的记忆，忽略了对学生发现问题、分析问题和解决问题能力的测查。而通过降低考试难度，可以让学校教学从花费大量时间与精力、投入最难试题训练回归到夯实基础知识、注重学生综合素质和实践能力培养的方向上来，这是推进素质教育的应有之义。

从今后的改革方向看，推进中考改革，就是要探索建立符合素质教育要求、基于初中学业水平考试制度以及参考综合素质评价的招生录取制度，从根本上扭转以学科考试成绩简单相加作为招生录取唯一依据的做法，克服"分分计较"的弊端，减轻学生过重的学习负担和压力，为实施素质教育提供制度保障。顺应这一中考改革方向，降低中考的考试难度势在必行。

就目前的中考而言，降低考试难度可能会给高中招生带来一些新的困难和挑战，需要各地通过细化招生规则，逐步予以化解。从长远发展看，降低考试难度，客观上缩小了学校之间的招生分数差距，有利于营造健康的区域高中教育生态。同时，降低考试难度也给中考改革带来了新的机遇，在学生考试分数变得相对接近的情况下，除了分数之外的评价手段可以被引入，学生综合素质评价也有了可施展的空间。如何真正科学地将综合素质评价引入招生录取环节，既是当前高考改革面临的一个新课题，也是中考改革需要认真关注和研究的一个新问题。

本文发表于《中国教育报》2015 年 7 月 17 日第 2 版

改革不妨听听不同声音

任何一项教育改革都需要被置于整个社会改革发展的大背景之下，认真倾听来自社会各方面的意见。

"两会"前夕，葛剑雄委员对新一轮高考改革方案发表了自己的看法，观点可谓犀利。他对高考改革方案提出的不同看法，笔者并不完全赞同，一些具体的意见建议也有待商榷，但教育改革需要这样的谏言者，推动教育改革需要倾听不同的声音。

教育自身的复杂性，决定了任何一项改革方案都不可能尽善尽美，其实施都不会一帆风顺，对此在思想上要有足够认识，在心理上要有充分准备。眼下，我们经常能听到社会各界对于教育改革的不同声音，有时可能觉得不大顺耳。但仔细想想，任何一种严谨而负责任的声音，本身就是一股推动改革的力量，教育改革真的需要这样的声音。在当今时代，推动任何一项教育改革，都需要将其置于整个社会改革发展的大背景之下，认真倾听来自社会各方面的意见，这既是时代的要求，也是改革的要求。

就高考改革本身而言，新一轮高考改革方案的制定虽然历经数载，经过认真调研、反复论证，并听取了社会各方面意见，但高考改革自身的复杂性决定了改革方案仍会有诸多不完善之处，这是一个不容回避的客观事实。寄希望于出台一个高考改革方案，就能得到社会各界的普遍认同，本身并不切合实际。从这一角度来看，多听听来自社会各方面的不同声音，吸纳有价值的建议，对于进一步深化高考改革大有裨益。

新一轮高考改革之所以选择上海、浙江两地进行试点，实际上也是充分考虑到了高考改革的这种复杂性，希望通过试点先行，在探索中发现问题、积累经验、逐步推开，这是一种科学而审慎的做法。既然当前的高考改革仍处于试点探索阶段，那么尽可能多地去发现问题、尽可能有效地找到解决问题的办法，做到未雨绸缪，显得尤为重要。事实上，除了葛剑雄委员，目前很多教育专家学者、一线教师，对如何更好地推进高考改革，都提出了颇具启发性的建议，对上海、浙江两地在试点探索中可能出现的问题进行了分析预判，并表达出一定程度的忧虑，这些声音同样需要认真倾听。

当然，对于高考改革的不同声音，需要认真加以分析、鉴别。从总体上看，在目前的诸多意见、建议中，有的涉及高考改革的大方向问题，有的涉及改革的操作层面。应当承认，虽然有的改革举措初衷是好的，但在具体实施过程中可能出现一些意想不到的情况，还可能诱发一些新的问题，对此确需引起重视。去年，新华网以《官二代去贫困县读书与农村孩子争高招扶贫政策》为题，对实施高校招生倾斜政策中出现的"政策效应有所弱化"问题进行了报道，这一问题的提出其实对在深化高考改革过程中，如何真正通过这一倾斜政策让更多农村学生受益，使高考改革方案中"增加农村学生上重点高校人数"真正落地，提出了新的挑战，也势必要求教育行政部门在坚定改革信心的基础上，进一步细化相应的规则和方案，以保证改革真正取得实效。从这个意义上讲，多些不同声音，也就多些改革智慧。

本文发表于《中国教育报》2015年3月4日第2版

综合素质评价操作环节亟须破题

近日，《扬子晚报》以《高考改革要看学生综合素质，调查发现九成学生素质都打 A》为题，将目光聚焦高中学生综合素质评价。据了解，在现行的高考录取政策中，学生高考成绩中已包含综合素质评价，此项成绩由中学负责判定。虽然高考报名表上注明"凡得 A 等第的学生，必须有突出表现的有效记录，否则，视为无效"，但实际 90%以上的学生都能拿到 A 等。面对综合素质评价在实践中遇到的难题，特别是在推进高考改革的背景下，如何更好地实施综合素质评价，如何更好地使用评价结果还有待深入研究。

破解综合素质评价的实践难题，需要用科学的评价理念予以引领。国务院颁布的《关于深化考试招生制度改革的实施意见》提出：探索基于统一高考和高中学业水平考试成绩、参考综合素质评价的多元录取机制。从本质上看，推进多元录取机制，就是希望通过招生录取制度改革倒逼评价制度改革，引领高中学校推进素质教育，注重高中学生综合素质培养，这是在推进高考改革背景下看待综合素质评价的一个重要视角。因此，实施综合素质评价，不应当只看重评价结果，甚至只是为了升学而追求一个好的评价结果，而应更加看重过程，注重评价的反馈和激励功能，让学生真正从评价中体验成长的快乐，获得不断进步的动力源泉。

破解综合素质评价的实践难题，要求高中学校把握好实施环节。实施综合素质评价，关键是要保证评价的科学性和客观性。从保证科学性角度看，综合素质评价应当与促进学生全面发展的培养目标相契合，综合考查学生思想品德、学业水平、身心健康、兴趣特长、社会实践等方面的情况，使考查学校教育质量和评价学生综合素质的内容相一致，形成政策合力。就高中学校而言，还应根据学生特点和教育教学实际，进一步细化综合素质评价的内容和要求，增强评价的可操作性。

从保证客观性角度看，综合素质评价的很多内容难以量化，容易掺杂一些主观因素，操作弹性较大，导致评价结果的说服力不强。综合素质评价主要由学校组织实施，由于顾及综合素质评价对学生升学可能带来的影响，难免会出现媒体所报道的学校尽量给学生打高分的现象。这样的做法，既偏离了实施综合素质评价的初衷，也难以实现与高校招生录取挂钩的改革目标，对此需要进一步完善机制、加强监督，做到防患于未然。从深层次改革看，要着力增强综合素质评价的客观性，强化事实性材料和写实性描述在评价中的作用，避免简单化地打个分数、给个等级。

破解综合素质评价的实践难题，要求高校把握好使用环节。综合素质评价与高校招生录取挂钩，有可能会使综合素质评价走向功利化，这是目前普遍存在的一种担忧。但转换一下思路，通过实现这样一种挂钩，客观上会使综合素质评价的受重视程度得到提升，有利于综合素质评价不断走向规范和完善。从推进改革的视角看，破解综合素质评价的实践难题，要求高校把握好以下环节：一是在招生录取时，高校要根据自身的办学特色和人才培养要求，使综合素质评价结果的使用更具可操作性。二是在目前诚信意识相对薄弱的社会环境下，将综合素质评价作为高校招生录取的参考，容易受到种种不诚信行为的干扰，因而要求高校在参考综合素质评价时，做到客观、公正和透明，并主动接受社会监督。此外，引入综合素质评价势必会增加高校招生录取的工作量，调整现行的招生录取办法，给高校提供相对充裕的时间，有利于确保评议审核过程更加充分和严谨。

充分认识综合素质评价的重要意义，积极探索综合素质评价的实施办法，使高校招生录取参考综合素质评价的改革得以顺利推进，这是深化考试招生制度改革和推动高中教育改革发展的核心所在。虽然破解综合素质评价的实践难题还会面临诸多挑战，探索的过程也不会一帆风顺，但改革的方向应当坚持，推动改革的决心不能动摇。

本文发表于《中国教育报》2014 年 11 月 4 日第 2 版

别急于用"课外加餐"应对新高考

在现阶段如果盲目地进行"课外加餐"，有可能花费了大量时间，却补了很多课程标准根本不作要求的内容，可能会得不偿失。

据《文汇报》日前报道，上海高考改革试点方案出台后，不少教育培训机构"闻风而动"，大力宣传高中"课外加餐"的重要性，让一些高一学生的家长倍感焦虑。另据《新闻晨报》报道，针对高考改革，上海高一学生普遍增加课外补习的门数。不少培训机构也重新研发课程，调整教学方法，还有不少培训机构从"小科目"上面嗅到了商机。

从上海高考改革试点方案看，从2017年起，高考成绩由语文、数学、外语3门统一高考成绩和学生自主选择的普通高中学业水平等级性考试科目成绩构成。从2014年秋季入学的高一学生开始，历史、地理、物理、化学、生命科学等6门科目设合格性和等级性考试，学生在完成基础型课程学习的基础上，可根据自身特长和兴趣，选择学习其中3门科目并参加相应的等级性考试。针对高考改革的这一新变化，很多家长和学生对"课外加餐"的热情变得更加高涨，"课外加餐"的门数越来越多，小科目"课外加餐"逐渐走俏。

据记者了解，高一新生"课外加餐"的门数越来越多。在很多家长看来，此次高考改革对于今年的高一新生是一个全新的挑战，没有参照对象，因此早学点、多学点、学深点总没有坏处。有的学生一下子报了语文、数学、英语、物理、化学5门科目的辅导班，而同时补习很多科目的学生不在少数。此外，小科目"课外加餐"逐渐走俏，语文、数学、英语之外的"小科目"课外补习需求也大大增加。不少家长在接受采访时表示，等各高校的招生政策出台后，还将根据相关政策和孩子的实际情况，增加"小科目"的辅导科目。不少培训机构也开始瞄准这块市场，有的培训机构专门针对高一学生增加了"小科目"

辅导课程。

一直以来,"课外加餐"被家长和学生视作备战高考的法宝,因此家长和学生沿袭这一思路应对新高考,倒也不足为怪。但值得注意的是,家长和学生对"课外加餐"不可过于盲从,层层加码也未见得是一种好的选择。伴随着高考改革的推进,高中课程方案和各学科课程标准的调整势在必行。然而调整的总体方向和趋势是什么?新的学业水平考试难度如何确定?仅靠课堂教学是否能够应对这样的考试?这是家长和学生目前较为关注的问题。

目前,上海市教委正着手对高中课程方案和各学科课程标准进行调整,要求合格性考试内容以高中课程标准中的基础型课程要求为依据,其难度将低于现行高中学业水平考试要求;等级性考试内容以高中课程标准中的基础型和拓展型课程要求为依据,其难度也会略低于现行高考"3+1"模式中"+1"科目考试要求。但也有人认为,等级性考试科目成绩都是按照一定比例来划分等第并计入高考成绩的,虽然考试可能降低了难度,但仍然存在很强的竞争性,不可掉以轻心。然而正如有专家所言,在现阶段如果盲目地进行"课外加餐",有可能花费了大量时间,却补了很多课程标准根本不作要求的内容,可能会得不偿失。

面对新一轮高考改革,特别是在增加学生选择权的大背景下,与其过于关注"课外加餐",不如重视"学会选择"。也就是说,让学生对自身的特长和兴趣有一个准确认知,做到扬长避短,从而在今后等级性考试科目的选择、专业方向的确定上赢得主动。在这方面,学校和家长都应当主动承担起相应的责任。

本文发表于《中国教育报》2014年10月14日第2版

看待 PISA 测试不妨多份平常心

据新华社消息，总部设在巴黎的经济合作与发展组织（OECD）于 8 月 26 日宣布，中国北京、江苏、广东三个地区学生将同上海学生一起参加该组织 2015 年国际学生评估项目（PISA）的测试。这也就意味着我国会有更多学生参加 PISA 测试，相对而言，也就能够更加充分地反映我国基础教育阶段学生的数学、阅读和科学能力，本身应当说是一件好事。但同时不得不说的是，我们对参加 PISA 测试和 PISA 测试的结果不妨多一份平常心，这样才能更好地回归参加测试的本意。

看待 PISA 测试多一份平常心，需要对参加 PISA 测试有更科学的认知。参加 PISA 测试的意义和价值究竟何在？正如有的专家所言，参加 PISA 测试关键不在于测试本身，而更在于研究，通过对测试结果的分析研究，了解自身的优势、特色和不足，从而更好地为基础教育的改革发展提供参考。从这个角度看，除了上海之外能有更多地区参加 PISA 测试，也就意味着会有更多可供分析的测试样本，通过测试结果对我国基础教育质量进行分析研究，其推动改革的意义和价值将会更加突出。事实上，在 2009 年、2012 年的 PISA 测试中，我国除上海之外的其他一些地方也参加了试点测试，并积累了一定经验。

看待 PISA 测试多一份平常心，需要对 PISA 测试结果有更理性的态度。去年，OECD 公布了 2012 年 PISA 测试结果，上海学生在数学、阅读和科学三个领域均取得了最高成绩，这一消息在当时成为人们热议的话题，其中既有兴奋与喜悦的表达，也有客观与理性的分析。客观地讲，PISA 测试结果表明我国基础教育确有可圈可点之处，在一定程度上也树立了我们的信心。但测试样本存在的地域局限问题也非常明显。即便从 2015 年起增加北京、江苏、广东三个地区，但这些地区仍属中国基础教育较发达地区，虽然测试样本的地域局限可能稍有改观，但这种局限并没有根本改变。同时，测试结果分析也表明，在学业负担因素分析中，上海学生报告的校内上课时间为平均每周 28.2 小时，在 65 个国家和地区中位列第 9；作业时间为平均每周 13.8 小时，在 65 个国家和地区中位列第 1。此外，测试结果也反映出我们的教育教学还存在诸多薄弱环节，对此同样需要有清醒的认识。

恰恰是因为对参加 PISA 测试和 PISA 测试结果有了科学的认知和理性的态度，会使参加 PISA 测试的意义和价值更加放大，从而更好地推动基础教育的深化改革。在这一点上，上海的做法值得借鉴。对于获得优异的 PISA 测试结果，上海并没有因此沾沾自喜，而是通过对测试结果的认真分析研究，寻找差距与不足。其中，积极推进学业质量评价改革，构建学业质量"绿色指标"，正是上海参加 PISA 测试的一个积极效应。

在构建"绿色指标"之前，上海主要参加了两个测评项目：一是参与创建"建立中小学生学业质量分析反馈与指导系统"，并连续 6 年参加测试；二是参加 PISA 测试。两个项目评价结果都显示：上海学生的学业成绩非常优秀，但学业负担较重，学习压力较大。针对这一现实，在关注学业成绩的同时，更加重视投入和产出，更加关注以学生全面而有个性发展为指向的全面质量，成为上海基础教育改革的一个新视角。"绿色指标"包括学生学业水平、学生学习动力、学生学业负担等 10 个方面的指数，每个方面又包含若干具体指标、观测点和评价方法。实施"绿色指标"评价，为减轻学生学业负担创造了良好的环境和条件。可以说，通过参加 PISA 测试，进一步推动基础教育的深化改革，也是其真正的意义和价值所在。

本文发表于《中国教育报》2014 年 9 月 1 日第 2 版

对高考弃考需多方归因综合施策

每年高考前后，高考弃考的话题总会格外引人关注。据报道，当全国 900多万名考生刚刚走下高考考场时，衡水的 19 岁女孩张嫒琦已经在为她的哈佛之旅作准备。高二那年，她放弃了众多学子为之奋斗的高考，申请了美国高中。今年，哈佛大学、麻省理工学院、斯坦福大学等 9 所名校都向她抛出了橄榄枝，最终她选择了哈佛大学。那么，全国每年究竟有多少学生放弃高考？这些学生为何放弃高考？究竟该如何看待这一现象，又该如何寻求应对之策？

据媒体披露，全国每年大约有 10%的学生放弃高考，且最近几年这一数字基本保持稳定。就全国而言，10%确实是一个不小的比例，而且在不同区域差异较大，有些省份的比例可能要大于它。对此人们表示出一定担忧也不无道理。但反过来想，放弃高考的做法，也说明家长和学生在是否选择参加高考这一点上有了更多自主性。这种自主性源自何处？现在社会选择更多元了，成才途径也更多样了。选择参加高考，并不意味着端上人生"铁饭碗"；选择放弃高考，照样"条条大路通罗马"。很显然，如果回到十几年前，恐怕不会有这样大的弃考数量，因为对于当时的高中毕业生而言，除了高考没有更多选择机会，千军万马过独木桥也实属无奈。

在社会选择更加多元的总体背景下，究竟是哪些具体原因促使学生选择放弃高考？这种选择究竟是主动而为还是迫不得已？对此需要进行认真分析。从各地情况看，目前学生弃考原因多种多样，如出国留学、外出打工、继承家产、自主创业、成绩较差对高考没信心、担心毕业后找不到工作等等。此外，很多高三学生因提前参加高职单招，已经被高职院校录取，还有少量保送大学的学生，也不报名参加高考。

高考弃考现象在不同地区呈现不同特点。就经济发达地区而言，出国留学是高考弃考的一个重要原因。近年来，发达地区的高中毕业生出国留学人数增长迅速，一些特大城市优质高中学校出国留学人数已经达到毕业生人数的 20% 左右。从出国留学的总体趋势看，2013 年硕士研究生留学在我国留学总人数中所占比例明显下降，而本科留学的人数迅速增加。以我国赴美留学人数为例，2013 年我国赴美读研的人数为 103427 人，而读本科的人数为 93768 人，两者之间的差距逐渐缩小。而就经济欠发达地区而言，学生放弃高考，或出于自身学习状况的考虑，或出于家庭经济状况的考虑，或出于对上大学投入产出比的权衡。从表面看，这样的选择似乎是家长和学生的主动所为，但实际也是一种不得已的做法。

对于不同原因造成的高考弃考，需要进行具体分析，并在此基础上寻求更具针对性的应对之策。在中西部经济欠发达地区的高考弃考学生中，很多学生感觉升入重点大学希望渺茫，上一个三本、高职高专学费较高，就业前景又不看好，基于这个原因放弃高考的比例相对较大。应当承认，当前农村学生就读重点大学的比例偏低，确实在一定程度上影响着农村学生参加高考的动力和信心。针对这一情况，国家出台了相应的扶持政策，逐年扩大农村贫困地区定向招生专项计划，这一政策旨在让更多勤奋好学的农村学生看到希望。对于那些放弃高考、主动选择出国留学的学生，教育主管部门和学校也要因势利导，为学生提供必要的指导和帮助，减少高中毕业生出国留学的盲目性和可能存在的留学风险。

不论学生出于何种原因放弃高考，高考弃考现象对于我国高等教育的警示作用不可小视。毕竟在今天的很多家长看来，国内优质高等教育资源不足，且与国外一流大学相比存在较大差距，这是他们选择送孩子出国留学的一个重要原因。可以说，高考弃考现象在一定程度上对高等教育改革形成倒逼之势，坚持稳定规模、优化结构、强化特色、走以质量提升为核心的内涵式发展道路，应当成为今后高等教育改革发展的基本方向。如果不加大改革步伐，一些高校将会因为高考适龄人口下降和学生主动弃考等因素叠加，出现生源和生存危机，我们对此应有清醒认识。

本文发表于《中国教育报》2014 年 6 月 11 日第 2 版

高考加分"瘦身"彰显改革诚意

一年一度的高考即将到来，此时有关高考的各种消息格外引人关注。据媒体报道，从今年起，全国正式执行高考加分项目调整方案，奥林匹克竞赛获奖学生不再有保送资格，奥赛、体育加分将不超过 20 分。与此同时，各地的高考加分政策也明显收紧，高考加分项目明显减少，所加分值有所下调。这一看似只是针对部分学生的政策调整，实际关乎所有学生的利益，也直接影响高考的公平公正，因此对于高考加分政策的调整，我们理应给予更多理解和支持。

高考加分"瘦身"，是维护高考公平公正的现实需要。应当看到，高考加分政策在促进学生全面而有个性的发展、为高校选拔人才提供多元评价信息等方面发挥了积极作用。但高考毕竟是一种公平程度相对较高的选拔性考试，如果中间夹杂过多人为操控环节，难免会对高考的公平公正造成一定冲击。事实上，一直以来各地对高考加分政策的调整从未间断，但大多还是小修小补，加分项目过多、所加分值过大、审核把关不严的状况并未从根本上得以解决，为获取加分的资格或身份而弄虚作假、违法乱纪等现象时有发生，让执行多年的高考加分政策面临信任危机。从深化高校招生"阳光工程"，切实维护高考公平公正的角度看，亟须对现行的高考加分政策进行调整。

高考加分"瘦身"，是引领义务教育招生改革和中考改革的现实需要。义务教育招生制度改革、高中考试招生制度改革和高等学校考试招生制度改革是一个环环相扣的改革系统，考试招生制度改革需要整体推进。其中，高考改革无疑是核心环节，高考的改革取向对义务教育招生改革和中考改革的传导效应非常明显。可以想象，随着高考中奥林匹克竞赛获奖学生不再有保送资格，奥赛、体育加分将不超过 20 分，这些政策的调整势必会对当前各地推进的义务教育招生改革和中考改革产生直接影响，也会为义务教育招生和中考与奥赛脱钩，逐步减少招收特长生等项改革举措的实施提供支持。反之，如果高考对于奥赛、体育等的加分政策不作调整，只是在义务教育招生改革和中考改革中实施类似举措，效果则会大打折扣。从这个意义上看，对高考加分政策进行调整，也是引领义务教育招生改革和中考改革的现实需要。

高考加分"瘦身"，是回归特殊才能培养初衷的现实需要。注重对学科和体育等方面特殊才能的培养，本身无可指责。而当前的主要问题在于，由于过分强化高考加分，而且所加分值过高，使得培养学科和体育等方面的特殊才能，逐渐演化为一种追逐高考加分的工具。很多学生并未真正从自身的兴趣和特长出发，更多地只是看重高考加分这一功利目的，虽然学得千辛万苦、拼得死去活来，真正能够获得加分机会的可能也只是少数学生。应当说，如果学科和体育等方面特殊才能培养的目的过于功利，势必对基础教育阶段学生全面而有个性的发展产生负面影响。从现实看，由于奥赛获奖不再是保送生的敲门砖，部分奥赛加分政策被取消，眼下不少中学生参加奥赛培训的热情已经有所下降。这种现象值得深思，兴趣特长的培养不可过于功利，更不应单纯地将其视作升学的"敲门砖"。调整高考加分政策，实质就是要让特殊才能的培养回归其初衷和本意，让学生不再为追求加分而"被特长"。

同时应当看到，调整高考加分政策，特别是对奥赛、体育类加分政策的调整，并不意味着对奥林匹克竞赛获奖学生和体育类特长生的轻视。在今后的高校招生录取中，对于一些具有特殊才能的学生仍然需要给予关注，只是这种关注并不一定要通过高考加分的方式来体现。我们也有理由相信，随着招录制度改革的推进，特别是随着高校自主招生改革的不断深化，原先这种由政府职能部门主导的高考加分政策，将会逐步被以学校为主导，并立足于学校特色发展需求而制定的招录条件和标准所代替。

调整高考加分政策，是一项涉及多个部门的工作，而且这种调整还会持续推进，因此教育行政部门应主动加强与相关部门的沟通协调，为高考加分政策调整赢得更多的外部支持。对于目前仍然保留的一些高考加分项目，加强审核把关至关重要。各地教育行政部门应当会同公安、民族、体育、科协等部门加强对申报高考加分考生及其项目的联合审查，确保高考加分政策的公平公正。

本文发表于《中国教育报》2014年5月15日第2版

拨正考试招生指挥棒的导向

考试招生制度改革是教育领域综合改革的突破口，也是破除基础教育内涵发展瓶颈的重要途径。如何让考试招生这根"指挥棒"将基础教育引向内涵发展、科学发展的轨道，有效发挥其对中小学教育教学的正面引领和导向作用，是我们面临的一项重要而艰难的改革课题。当前改革的思路是——巩固完善义务教育免试就近入学制度。按照《中华人民共和国义务教育法》的基本原则，义务教育学校招生实行"免试就近入学"。但在实际招生中，各种"选拔"花样繁多，"择校"现象屡见不鲜。事实上，也正是由于"择校"需求的大量存在，才为实际招生中的各种"选拔"提供了土壤。促进义务教育均衡发展固然是破解这一难题的治本之策，但巩固完善义务教育免试就近入学制度也是必不可少的保障手段。

从今后的改革趋向看，一是要合理划分片区。应当适时改进划片办法，适度扩大划片范围，确保优质学校划片招生的数量，使学生在"免试就近入学"的制度下拥有更加公平的机会。二是要规范招生行为。应当严格禁止招生中的各种考试及变相考试，取缔以选拔生源为目的的各类培训班，切实规范义务教育学校招生秩序，营造良好的区域教育生态环境。三是要适度调配生源。基于一些特殊情况，跨片区招生还会在一定程度上存在，但要严格限定学校的招收比例。将部分优质高中招生指标合理分配到初中学校，有助于缓解小升初的"择校"压力，但这一政策需要有个逐步推进的过程。采取什么样的分配方式更科学，确定多大的分配比例更合理，应当立足于各地实际，并在改革探索中不断加以完善。

不断深化中考和高考制度改革。中考和高考的改革方向，将会直接左右和决定着地方政府的政策抉择、学校的教育教学行为和学生的学习方式。从这个意义上讲，中考和高考改革有着牵一发而动全局的作用，应当积极稳妥有序推进。

中考改革如何寻求突破？近年来，云南省和潍坊市、南通市、武汉市、长沙市等地进行了一系列的探索与实践。这些改革的核心内容包括：实行统一的初中学业水平考试，开展考试成绩等级呈现的尝试，实施综合素质评价结果与普通高中招生不同程度的"挂钩"，扩大高中学校招生自主权，推进多元录取。其中既有成功的经验，也有值得深入探讨的问题。事实上，经验也好，问题也罢，无疑都会对国家层面中考改革的制度设计提供借鉴和启示。

从今后的改革趋向看，高中阶段学校招生录取要以学生初中学业水平考试成绩为主要依据，结合学生综合素质评价结果择优录取。重点可在以下方面进行探索：一是推进初中毕业考试和高中招生考试合二为一，实行统一的初中学业水平考试。二是探索分数加等级的考试成绩呈现方式，部分科目还可用"合格"与"不合格"的方式呈现。三是完善学生综合素质评价办法，并将评价结果作为学生初中毕业与高中招生的重要依据。综合素质评价结果既可用等级呈现，也可用事实性材料、写实性评语等方式呈现。四是采取多元录取方式，既要推进录取方式的多元，也要推进录取标准的多元。应当全面考查学生综合发展情况，改变单纯以分数录取学生的做法。

高考改革如何寻求突破？结合深化普通高中课程改革，浙江省尝试建立了集学业水平考试、综合素质评价和统一选拔考试（高考）于一身的"三位一体"招生考试评价体系，把学业水平考试作为统一选拔考试的基础，由招生院校根据培养目标自主确定是否对相应学科的学业水平考试成绩提出等第要求。同时采取"弹性学制"，对那些"学有余力"且不到3年就可达到毕业条件的学生，学校可允许他们提前毕业，并参加高考。

逐步形成"分类考试、综合评价、多元录取"的考试招生制度，是今后高考改革的基本方向。在考试形式改革上，要逐步实施普通高等学校、高等职业学校和成人高等教育的分类入学考试。在考试内容改革上，要全面体现高中课程改革要求，把课程标准作为考试命题的基本依据，使考试与课程、评价统一起来并有效衔接，最大限度地发挥高考对高中教育教学的正面引领和导向作用。在招生录取方式改革上，要体现综合评价的理念，普通高等学校本科招生要以学生统一入学考试成绩、高中学业水平考试成绩为主要依据，结合综合素质评价结果择优录取。要完善多元录取机制，在统一录取基础上，逐步完善自主录取、推荐录取、定向录取和破格录取等多元录取模式。

本文发表于《中国教育报》2013 年 11 月 7 日第 6 版

用"绿色评价"为学校全面体检

教育质量评价具有导向引领作用，是实施素质教育的关键环节。一直以来，单纯用学生考试成绩、学校升学率评价中小学教育质量的做法，束缚了学生的手脚，阻碍了素质教育的实施。中小学教育质量评价改革的突破口在哪里？

近年来，各地围绕评价改革所开展的一系列探索和实践，为实施"绿色评价"、推进中小学教育质量综合评价改革提供了有益经验。上海市提出的学业质量"绿色指标"就是一个范例。其核心理念在于：要从过度追求现实功利转向更加追求教育对人的发展的价值，要从过度注重学科知识成绩转向全面发展的评价。正是基于这样的认识，上海市的学业质量"绿色指标"，包括学生学业水平、学生学习动力、学生学业负担等10个方面的指数，每个方面又包含若干个具体指标、观测点和评价方法。上海的教育质量评价改革，使得教育质量观和评价观发生转变，完善的质量评价体系正在形成，评价的导向改进功能正在凸显。前不久，教育部颁布的《关于推进中小学教育质量综合评价改革的意见》，提出了实施"绿色评价"的新思路，就是要通过建立健全综合评价体系，不断完善保障机制，来推进教育质量综合评价改革。

在实施"绿色评价"过程中，建立健全综合评价体系是基础。指标体系的构建、评价标准的健全、评价方式方法的改进、评价结果的科学运用，构成了综合评价体系的核心内容。其中，指标体系的构建无疑是基础中的基础。相对于以往单一化的评价内容和指标，综合评价指标体系的内容更加全面，指标更加细化、可测，也更利于对中小学教育质量作出全面客观的评价。这样的改革思路，对于引领中小学教育教学改革、提升学校教育质量、促进学生全面发展势必产生重要影响。具体而言，在构建指标体系过程中，除了传统的学业发展水平这一指标，还应当包括学生的品德发展水平、身心发展水平、兴趣特长养成和学业负担状况等内容，而在不同内容下又可细分出若干可测量的关键指标。由不同层面、若干关键指标构建而成的这样一种综合评价指标体系，为推进综合评价改革奠定了重要基础。

从总体上看，综合评价既要看学生的学业水平，也要看学生的品德修养和身心健康状况；既要看全面发展，也要看个性特长发展；既要看学习的结果，也要看学习的过程和效率。要通过评价改革，扭转长期以来单一以考试成绩衡量学生发展、以升学率评价教育质量的倾向，引导社会和学校树立科学的教育质量观，引导政府树立正确的教育政绩观，为实施素质教育创造良好的环境。

在实施"绿色评价"过程中，不断完善保障机制是关键。综合评价体系的建立健全固然重要，但有了好的评价体系，并不意味着综合评价改革就能顺利推进，只有不断完善保障机制，才能真正为改革保驾护航。一方面，要协同推进配套改革。推进综合评价改革，是促进中小学内涵发展、质量提升的重要保障手段，但如果仅仅为了评价而评价、为了改革而改革，而不能致力于当前教育领域深层次矛盾和问题的解决，综合评价改革便很可能流于形式。当前，深化基础教育课程改革、强化实践育人功能、改进和完善教学方法，以及推进考试招生制度改革，都是教育领域面临的紧迫任务。这些改革与综合评价改革相辅相成、互相促进，需要不断深化。

另一方面，要加强基础能力建设。应当承认，综合评价体系的实施、综合评价改革的推进具有很强的专业技术性，评价者专业技术水平的高低将会直接影响评价效果。也正因如此，依托有条件的高等院校、教育科研与教研部门建立中小学教育质量专业评价、监测机构显得尤为必要。要逐步培养和建设一支具有先进评价理念、掌握评价专业技术、专兼职相结合的专业化评价队伍，真正为推进教育质量综合评价改革提供强有力的人力资源保障。此外，加大经费保障力度，加强综合评价的资源平台建设，同样是综合评价改革顺利推进的重要保障。

在今天的中小学教育实践中，"唯有学业发展水平才是教育质量的硬指标，促进学生学业发展才是学校的硬任务"，这种观念依然根深蒂固。如果不能立足于学校素质教育的全面实施，立足于促进学生的全面发展，综合评价改革将难以取得预期效果。从这个意义上讲，提高认识、转变观念，树立科学的教育质量观，是实施"绿色评价"、推进中小学教育质量综合评价改革的一个重要前提，应当给予足够重视。

本文发表于《中国教育报》2013年10月31日第5版

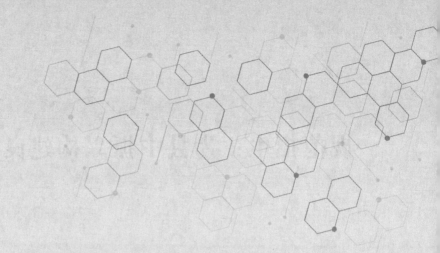

三、规范公办中小学招生与"学区房"治理

规范招生：为县中振兴构建良好生态

《"十四五"县域普通高中发展提升行动计划》（以下简称《行动计划》）发布后，县中振兴的话题热度不减。特别是在今年"两会"期间，代表委员对县中振兴充满期待，并就如何从根本上提升县中发展能力、如何增强县中内部造血机能、如何规范普通高中招生等提出建议。

近年来，各地县中陷入困境，与优质生源和优秀教师流失密不可分。由于高中招生不规范，县中优质生源流失，很多教师选择离开；而教师流失又加速了生源逃离，从而形成恶性循环。正因如此，《行动计划》基本原则的第一条就是"坚持源头治理"：规范普通高中招生秩序，稳定县中优质生源，吸引优秀人才在县中长期任教，激发县中办学活力，促进县中持续健康发展。可以说，规范招生是稳定县中优质生源的重要保障，也是县中振兴的战略之举。

争抢生源导致生源流失

普通高中的违规招生行为，尤其是对县中优质生源的争抢行为主要有以下几类。

一是提前招生。一些普通高中早于教育部门规定的招生时间进行招生，将一些中考成绩高的学生提前招到学校，以达到"提前掐尖"的目的。

二是超计划招生。一些普通高中没有严格按照确定的招生计划进行招生，这种超计划招生导致一些高中学校规模急剧扩张，形成超大规模学校和班额，也会影响到学校的教育教学质量。

三是违规跨区域招生。一些普通高中超出划定区域范围招生，争抢其他县（市、区）的优质生源，直接影响了其他县（市、区）普通高中的发展，损害了区域内普通高中教育的良性发展。比较突出的是某些地方的"超级中学"或市内、省内打造的"优质高中"跨区域抢夺生源，导致"超级中学过处，县中寸草不生"。

四是公办、民办学校混合招生。一些公办普通高中名校以办民校的方式抢夺生源。2004年颁布的《中华人民共和国民办教育促进法实施条例》（以下简称《实施条例》）规定，公办普通高中举办的民办高中在符合"五独立"条件的情况下，可以自主划定招生范围、标准和方式。然而，一些公办学校举办的民办高中实际无法真正做到"五独立"（2021年修订的《实施条例》已将"五独立"进一步扩展为"六独立"）。公办高中举办的民办高中往往以民办高中的名义跨区域招生、提前招生，招来的生源与公办高中的学生共同接受教学，共用校园和教师。这种公办、民办学校混合招生的做法不仅会对其他民办学校造成损害，也会对其他公办学校造成损害。

五是以高额物质奖励、免收学费、虚假宣传等方式争抢生源。一些普通高中通过高额奖学金、免收学费或夸大升学率等方式争抢生源，这是一种不公平竞争，对区域内其他普通高中，尤其是本身财力就薄弱的县中造成损害。

在实际招生过程中，很多违规行为往往交织在一起，提前招生、超计划招生、跨区域招生和高额物质奖励招生等可能同时出现。可以说，这些争抢生源的行为，直接造成了县中优质生源流失，导致县中陷入困境。

观念偏差诱发违规招生

普通高中违规招生行为的出现，除有管理体制方面的原因外，更深层次的原因在于部分地方和高中学校的教育政绩观、教育质量观出现偏差。

第一，由于我国高中教育管理主体具有多重性，高中招生区域划定也具有多样性。高中学校有的属县（区）管学校，有的属市管学校，还有个别学校属省管学校，因而有的学校在县域范围内招生，有的学校在市域范围内招生，还有的学校可以跨地市招生。管理主体的多重性和招生区域划定的多样性，对县中招生产生一定的负面影响。但当前一些地方所存在的激烈的生源争夺，主要是由各种未经批准的违规跨区域招生引发的。

第二，部分地方招生管理不严格、不规范。一些地方缺乏约束机制，教育主管部门把关不严，导致高中学校超计划招生、违规跨区域招生现象屡屡出现。此外，对公办高中举办或参与举办民办高中的管理，修订后的《实施条例》明确了"六独立"的要求，但一些地方尚未对"公参民"高中学校加以规范，这些都可能成为违规招生的潜在风险。

第三，从地方政府教育政绩观、学校教育质量观看，"唯升学""唯清北"倾向较为突出。许多县或市集中力量只办一所或两所普通高中，对一些违规招生行为视而不见，也导致违规争抢生源之风愈演愈烈。想让学校取得高升学率本没有错，但如何赢得高升学率却很值得思考。提高质量是高中学校发展的生命线，一味地通过争抢生源来提高升学率，学校似乎也能"兴旺"一时，但注定难有持久的生命力。

政策引领促进规范招生

党的十八大以来，我国实施了高中阶段教育普及攻坚计划，县中办学资源得到显著优化。与此同时，国家也非常重视普通高中的规范招生问题。从 2017 年到 2021 年，国家出台的多个文件中都涉及规范普通高中招生秩序的问题。

2017 年《高中阶段教育普及攻坚计划（2017—2020 年）》明确提出，严禁公办普通高中违规跨区域、超计划招生，争抢生源，影响其他学校正常招生，依法加强对民办高中的招生管理。2019 年中共中央、国务院发布的《关于深化教育教学改革全面提高义务教育质量的意见》要求，公办、民办普通高中按审批机关统一批准的招生计划、范围、标准和方式同步招生。不难看出，"公民同招"不仅是对义务教育学校招生提出的要求，普通高中招生也不例外。

2021 年修订的《实施条例》提出，实施学前教育、学历教育的民办学校享有与同级同类公办学校同等的招生权，可以在审批机关核定的办学规模内，自主确定招生的标准和方式，与公办学校同期招生。实施普通高中教育的民办学校应当主要在学校所在设区的市范围内招生，符合省、自治区、直辖市人民政府教育行政部门有关规定的可以跨区域招生。这在法律上进一步明确了民办普通高中的招生范围。

2021 年《行动计划》的"重点任务"部分强调，全面推进基于初中学业水平考试成绩、结合综合素质评价考试招生录取模式，着力构建规范有序和监督有力的招生机制，坚决杜绝违规跨区域掐尖招生，防止县中生源过度流失，维护良好教育生态；在"主要措施"部分明确，强化招生管理省级统筹责任、地市主体责任、县级落实责任，全面落实公民办普通高中同步招生和属地招生政策，完善优质普通高中指标到校招生办法，规范特殊类型招生，促进县中多样化有特色发展。各地要全面建立地市级高中阶段学校统一招生录取网络平台，鼓励有条件的地方建立省级统一招生录取网络平台，加强招生工作监管，对违规招生行为加大查处力度。

从普通高中招生政策演进看，近年来国家对于招生秩序方面的要求更加明晰和严格，普通高中属地招生、公民同招都已上升为国家法律层面的要求。

各方协同确保政策落地

落实《行动计划》中规范普通高中招生管理的政策要求，稳定县中优质生源，需要县市党委和政府、地方教育行政部门、学校、家长切实履行好各自职责，形成合力。

地方教育行政部门要对违规招生行为动真格。规范普通高中招生必须动真格、见真章，地方教育行政部门亟须进一步加大治理力度。要健全招生管理工作规定，规范学校招生行为，进一步明确招生范围、招生规模等基本要求，严禁公办普通高中学校违规跨区域和擅自提前招生、超计划招生，防止以高额物质奖励吸引生源等恶性竞争行为出现，维护正常招生秩序。各地特别是省级教育行政部门应当根据《行动计划》要求，进一步完善相关规定，端正学校办学思想，加大监管力度，为学校的公平竞争、县中的健康发展创造良好环境。对于民办高中，地方教育行政部门要按照修订后的《实施条例》要求划定民办高中的招生范围，并要求民办高中切实做到"公民同招"。对于"公参民"高中，要重点审核"六独立"情况，并对其招生行为加强监督。县市党委和政府、高中学校要转变片面追求升学率的思想，树立科学的政绩观、质量观。县市党委和政府对县域乃至市域内普通高中布局要有一个科学定位和准确认知，改变县域高中"一校独大"的传统观念，逐步扭转"唯分数""唯升学"倾向。衡量县中办学质量不应把升学率作为唯一标准，而应以多维度的评价标准，积极推动县中的特色发展。

学校要改变片面追求升学率的导向，树立教育面向所有学生、促进学生全面发展的素质教育理念。在地方政府和学校逐步改变"唯升学"导向的同时，家长也要树立正确的成才观。在科学的政绩观、质量观和成才观推动下，违规招生行为才能从根本上得到治理，县中振兴的良好环境才能真正形成。

本文发表于《中国教育报》2022年4月9日第3版

"多校划片"利于抑制择校冲动

据报道,刚刚过去的"五一"假期,北京市西城区的部分"学区房"又"火"了一把,主要源自这样一条消息:2020年7月31日后,在西城区购房并取得房屋产权证书的家庭适龄子女申请入小学时,不再对应登记入学划片学校,全部以多校划片方式在学区或相邻学区内入学。

对于家长而言,划片方式调整本身就是一个敏感话题,加之一些房产中介的渲染炒作,使得"学区房"热度快速上升,也使得"多校划片"再度成为一个热词。为何实行"多校划片"?它的意义和价值究竟是什么?对此,人们还存在不少困惑。

我国义务教育阶段实行"学校划片招生、生源就近入学",根据区域内适龄学生人数、学校分布、学校规模、交通状况等因素划定义务教育学校服务范围。但一直以来,各地"幼升小"大多实行"单校划片",住宅小区与就读学校一一对应,某个小区对应某一所学校。而"多校划片"打破了这种一一对应关系,一个住宅小区可以对应多所学校。在教育资源配置不够均衡、群众择校冲动强烈的地方,统筹考虑过去片区划分和生源分布等情况,稳妥实施"多校划片",是一种新的政策趋向,有利于抑制家长的择校冲动,也有利于合理布局义务教育资源,符合促进公平的价值追求。

实行多校划片利于抑制择校冲动。随着我国义务教育"就近入学"政策的持续推进,特别是一些传统的择校方式变得不再可行,购买"学区房"成为家长择校的主要途径,导致一些地方的"学区房"价格飞涨。抑制家长的择校冲动,调整划片方式不失为一种重要手段。实行"多校划片",不论学生的居住地在哪里,对口就读的学校不是一所而是多所,而且热点学校、中等水平学校和相对薄弱学校都包含其中,并采取随机派位方式确定每个学生的就读学校。有了这样一种制度安排，家长在购买"学区房"时会增加一份理性，毕竟花了巨资购买的"学区房"，可能与其他"非学区房"一样，只不过是获得了一次就读热点学校的派位机会而已。加之"六年一学位"等政策的跟进，"学区房"值不值得购买，家长自然要好好掂量一番。应该说，虽然"多校划片"并不是单纯针对"学区房"而推出的，但客观上会对"学区房"的炒作起到一定抑制作用。

实行多校划片利于合理布局义务教育资源。由于居住片区不同，有些学生能够上热点学校，有些学生则只能上相对薄弱学校，这是"单校划片"的天然局限，也是优质教育资源不足的一种无奈现实。实行多校划片虽不直接带来优质教育资源总量的增加，但会在客观上对促进教育均衡发展起到一定的倒逼作用，对合理布局教育资源提出更高要求。实行多校划片势必要求各地在新增优质教育资源时，对学校布局有更加全面的通盘考虑，加大对薄弱学校集中片区的优质资源供给。

就义务教育学校招生而言，并非一种划片方式便可包打天下，单校划片和多校划片可以并行不悖，至于究竟采取哪种方式，各地可根据实际情况确定。在教育资源相对均衡的地方，可实行单校划片；而在学校办学水平差距较大、不同办学水平学校并存的地方，实行多校划片显然对老百姓更公平，它的意义和价值也更突出。但相对于单校划片，实行多校划片确实多了一些不确定性，人们对如何公平操作表达了更多关切，相应的管理和监督工作需要同步跟上，要强化多校划片工作程序和内容的公开、公平和公正，提升多校划片结果的公信力。

在实行多校划片的过程中，做好家长的政策宣传与引导工作至关重要。一方面，要让家长知晓政策、理解政策，消除不必要的焦虑和恐慌，避免情急之下做出非理性的投资行为；另一方面，要让家长更多了解近年来周边学校的改革与变化，通过切身感受转变对周边学校的一些固有认知，淡化盲目的"名校情结"。

从根本上化解择校问题，单纯依靠划片方式的调整显然远远不够，还要通过集团化办学、委托管理、强校带弱校等多种方式，扩大优质教育资源覆盖面，进一步缩小校际差距，切实推动义务教育走向优质均衡。

本文发表于《中国教育报》2020年5月12日第2版

规范招生保障义务教育健康发展

　　义务教育阶段民办学校招生该如何规范？招生方式和范围如何确定？是否可不受"免试入学"的法律约束？又是否可以不加限制地跨区域招生？这一连串问题，始终困扰着义务教育招生的法律、政策与实践。近日，《中共中央国务院关于深化教育教学改革全面提高义务教育质量的意见》（以下简称《意见》）印发，对规范义务教育民办学校的招生行为提出明确要求，为义务教育健康发展提供了重要保障，意义重大。

　　实行"免试入学"，是民办学校必须遵守的法律规范。2006年修订的《中华人民共和国义务教育法》（以下简称《义务教育法》）第十二条规定："适龄儿童、少年免试入学。"这既是法律的原则要求，也符合适龄儿童、少年的身心发展特点，世界上大多数国家都采取这样的招生办法，但这一规范要求常常遭遇现实的挑战。虽然国家和地方对义务教育阶段的民办学校招生作出了禁止考试和各种变相考试的规定，要求招生采取面谈方式，但各地执行情况不一。一些民办学校暗中选拔的现象仍然突出，以各类考试、竞赛、培训成绩或证书证明等作为招生依据，以面试、测评等方式选拔学生的情况屡见不鲜。这些做法加剧了公办与民办学校之间的不平等竞争，加重了学生的课业负担，既不符合《义务教育法》的原则要求，也不利于适龄儿童少年的身心发展和健康成长。

　　一些民办学校认为，由于学校报名人数众多，出于公平考虑，用面试测评等方式选拔学生是不得已而为之。但在"免试入学"的原则下允许有各种特例的存在，法律本身就会失去严肃性。那么，报名人数众多的民办学校该如何招生？《意见》明确指出："对报名人数超过招生计划的，实行电脑随机录取。"用"电脑随机录取"替代各种竞争性选拔，符合《义务教育法》的原则要求。从当前现实看，"电脑随机录取"并非民办学校招生的唯一方式，它的前提是"报名人数超过招生计划"。

纳入审批地统一管理，是对民办学校招生的规范化要求。义务教育实行国务院领导，省、自治区、直辖市人民政府统筹规划实施，县级人民政府为主管理的体制。特别是随着近年来公共资源不断进入民办学校，地方鼓励扶持民办教育的力度不断加大，义务教育阶段民办学校招生纳入审批地统一管理，理应成为一种规范化要求。从现实看，一些民办学校跨区域招生、不规范招生带来的各种乱象，与民办学校审批机关监管能力不匹配直接相关。为此，《意见》明确指出："民办义务教育学校招生纳入审批地统一管理，与公办学校同步招生。"

同时，义务教育民办学校应当主要在审批机关管辖的区域内招生。有观点认为，这会增加民办学校的办学风险，是对学生寻找合适教育机会的不当干预，严重降低了全社会公共教育资源的合理配置与有效利用。但在笔者看来，"主要在审批机关管辖的区域内招生"，体现了权利与监管职能相适应原则，也符合义务教育"县级人民政府为主管理"的要求。因此，在修订相关法律法规时，亟须对义务教育民办学校招生范围等问题进行认真研究，切实保障义务教育健康发展。

规范民办学校招生行为，是保障义务教育健康发展的必然要求。民办教育事业属于公益性事业，是社会主义教育事业的组成部分。一直以来，国家对民办教育实行"积极鼓励、大力支持、正确引导、依法管理"的方针。党的十九大报告明确提出支持和规范社会力量兴办教育。规范义务教育阶段民办学校的招生行为，既是促进民办教育健康发展之需要，也是保障义务教育健康发展的必然要求。

义务教育是国家统一实施的所有适龄儿童、少年必须接受的教育，是国家必须予以保障的公益性事业。要坚持国家举办义务教育，以公办为主体、民办为补充；要坚持公办、民办教育一视同仁，使二者平等竞争。规范义务教育民办学校的招生行为，当务之急是要从构建公办和民办协调发展机制、互不享有招生特权的原则出发，进一步完善公办和民办具有同等招生权的规定。同时，对于已经明确的义务教育招生管理规定，必须层层监管到位，务求取得实效。

本文发表于《中国教育报》2019 年 7 月 13 日第 3 版

对入学"租购同权"要有合理预期

继广州之后，作为国家首批 12 个住房租赁试点城市，南京、杭州、武汉、成都、沈阳、郑州等地近日陆续发布了培育和发展住房租赁市场试点工作方案，而不在试点城市内的北京、无锡等地也出台了类似文件。租房的配套权益向购房靠拢，给租房户提供相应的公共服务，是各地方案的共同特点。其中，承租人子女享有就近入学的权利，成为社会关注的热点。入学"租购同权"是一项好政策，但尚处于探索起步阶段，相关的教育配套政策还需要逐步完善，因此有一个合理预期非常重要。

一方面，入学"租购同权"有一定的前置条件，并不意味着租房都能就近入学。单纯从字面上理解，似乎只要是租房户，其子女就享有就近入学的权益。但从各地的工作方案看，普遍在赋予就近入学的权益之前，加有"符合条件"的前置定语。所谓"符合条件"，对于本地户籍的承租人而言，必须是无自有产权住房，而对于非本地户籍的承租人而言，必须符合本地接收进城务工人员随迁子女接受义务教育的相关规定要求。

《广州市加快发展住房租赁市场工作方案》提出："赋予符合条件的承租人子女享有就近入学等公共服务权益，保障租购同权。"但这需要满足以下条件：具有本市户籍的适龄儿童少年、人才绿卡持有人子女等政策照顾借读生、符合市及所在区积分入学安排学位条件的来穗人员随迁子女，其监护人在本市无自有产权住房，以监护人租赁房屋所在地作为唯一居住地且房屋租赁合同经登记备案的，由居住地所在区教育行政主管部门安排到义务教育阶段学校（含政府补贴的民办学校学位）就读。入学"租购同权"，对于租房年限、履行登记备案手续等也会有相应要求。北京市规定为：承租人为本市户籍无房家庭，符合在同一区连续单独承租并实际居住 3 年以上且在住房租赁监管平台登记备案、夫妻一方在该区合法稳定就业 3 年以上等条件的，其适龄子女可在该区接受义务教育。

另一方面，入学"租购同权"与具体招生政策相关联，并不意味着租房就能上名校。租房就能上名校，是人们的一种期盼。但租房是否能够上名校，并不只是与租购是否同权有关，还与目前的具体招生政策有关。

从政策上讲，"租购同权"意味着租住在名校招生的片区内的居民子女应当同等享有就读名校的机会。但在当前优质资源较为短缺的情况下，学校划片招生时通常会根据户籍、房产、居住年限等多重信息，将学区内的生源进行分类，确定派位的优先顺序，即使拥有自有产权住房也没有就读名校的完全把握。因此，入学"租购同权"，并不意味着租房就能上名校。

值得一提的是，当前在择校问题比较突出的区域实行多校划片，是义务教育招生改革的一种新探索。多校划片意味着即使购买了"学区房"，其子女也未必就能上名校。拥有自有产权住房是如此，"租购同权"背景下的租赁住房自然也是如此。实行多校划片会使附着在房产上的就读名校的功能有所弱化，"学区房"过热状况也会有所缓解。因此，寄希望于通过租住在名校招生的片区内从而获得就读名校的机会，这样的预期不可过高。

入学"租购同权"并不意味着租房都能就近入学，也不意味着租房就能上名校，对此一定要有合理预期。但"合理预期"并不否定"租购同权"的积极意义。对于那些拥有本地户籍的无房户而言，其子女原本只有户籍这个单一的就近入学依据，现在还可通过租房获得就近入学的机会，增加了就学的选择余地；而对于非本地户籍的进城务工人员而言，租房或许是大多数人的选择，"租购同权"为其子女在租住地附近接受义务教育提供了重要的政策依据。

入学"租购同权"政策在实施过程中，还会面临一些新的矛盾和挑战。如果为租房户子女提供片区内就近入学的机会，就对义务教育学校的布局规划提出了更高要求；而如果只是采取在一定区域范围内统筹入学的方式，那么"租购同权"的政策效应则会有所弱化。此外，对于进城务工人员随迁子女而言，租赁住房不过是其入学的条件之一，如果其他入学条件过多、门槛过高，随迁子女入学并不会因为"租购同权"而变得更加容易。

本文发表于《中国教育报》2017 年 8 月 29 日第 2 版

给"学区房"降温要找准突破口

最近,"学区房"再次成为社会关注的焦点。"学区房"问题并非今天才有,也非中国独有。尽管如此,眼下部分城市"学区房"价格的上涨之势仍让人唏嘘不已。部分城市"学区房"价格持续上涨,与房地产中介的炒作不无关系,"过道学区房"就是一个典型例子。为规范中介机构行为,近日北京市住建委约谈了十家中介机构,明令禁止炒作"天价房""学区房",这样的规范非常必要。然而,"学区房"价格持续上涨,并不单单是房地产市场的问题,还与家长的择校需求密切相关,"学区房"实际是"择校热"的一个副产品。

家长的择校需求,是推动"学区房"价格持续上涨的一个重要诱因。家长的择校途径收窄,客观上也使"学区房"问题更加突出。随着各地加大免试就近入学的力度,没有了"以钱择校"的途径,也没有了"共建生""条子生",购买"学区房"成了家长择校的唯一途径。那么,为了给"学区房"降温,是否要放缓免试就近入学的步伐?答案显然是否定的。实行免试就近入学,既是《中华人民共和国义务教育法》的原则要求,也符合适龄儿童、少年的身心发展特点,世界上大多数国家都采取这样的招生办法。虽然学校办学水平相当有利于免试就近入学的顺利推进,但缩小校际差距并非一朝一夕的事,实行免试就近入学不可能一味等待。

家长的择校需求一时难以消除,免试就近入学的招生方式还要继续大力推进,"学区房"问题似乎成了一个死结。但实际上,给"学区房"降温,教育仍可有所作为。一方面,要想方设法在扩大优质教育资源上寻找突破口。北京市教委近日发布消息:2017年,6个城区将启动加大对一般学校的精准扶持,每个城区至少选3所普通校和优质学校合并或实行集团化办学。两三年内,城区将新增25所优质小学或九年一贯制学校,辖区内最薄弱的学校将并入优质教育集团或与优质校深度联盟，这不失为一种积极的办法。另一方面，还要立足现实，从公平分配优质资源上寻找突破口。

公平分配优质教育资源，需对"学区房"本身作出必要限定。一处住房在一定年限内只能享受一次就近入学机会，这是部分地区针对炒作"学区房"作出的规定。虽然这样的规定也会诱发一些新问题，比如在实行"全面二孩"政策背景下，这种硬性要求就显得不尽合理，需要增加一定的弹性空间。但不管怎么说，对享受就近入学作出年限上的规定，可以弱化附着在房产上的择校功能，对于"学区房"的频繁炒作会起到一定的抑制作用。

更为重要的是，公平分配优质资源，需改变住宅小区与小学一一对应的招生划片方式。"在教育资源配置不够均衡、群众择校冲动强烈、'学区房'问题突出的地方，稳妥推进多校划片"，是国家层面的总体要求，但执行情况如何，能否落地见效，还需进一步加强督导检查。目前有一种倾向值得注意，就是一些地方简单以本地教育资源已趋于均衡为由拒绝"多校划片"，这显然不是一种负责任的态度。实行"多校划片"并不只是针对"学区房"问题，还是为了给学生提供平等进入优质学校的机会和可能，符合促进公平的价值追求。当然，实行"多校划片"还需对招生片区进行认真规划，加大资源整合力度，尤其要加大薄弱学校集中片区的优质资源供给。

家长购买"学区房"，既关注幼升小，还会兼顾后续的小升初。通过购买"学区房"选择的小学，将来对口的是不是一所好初中，也是家长的一个关注点。因此，打破小学与初中的简单对应关系，坚持多所小学对应多所初中的小升初"多校划片"方式，同样至关重要。

给"学区房"降温，要找准解决问题的突破口，既要在积极扩大优质资源上下功夫，也要在公平分配优质资源上想办法。

本文发表于《中国教育报》2017年3月29日第2版

推进免试就近入学仍需持续发力

日前，教育部办公厅印发《关于做好 2017 年义务教育招生入学工作的通知》（以下简称《通知》），对今年幼升小、小升初招生工作提出明确要求。在笔者看来，这一通知的政策指向非常明确，即推进义务教育免试就近入学仍需持续发力。

《通知》要求，19 个重点大城市 100% 的小学实现划片就近入学，原则上每所小学全部生源由就近入学方式确定；95% 的初中实现划片入学，每所初中 95% 以上的生源由就近入学方式确定。这一要求与 2014 年教育部办公厅印发的《关于进一步做好重点大城市义务教育免试就近入学工作的通知》提出的目标要求相一致，既体现了推进就近入学政策的一致性和连贯性，也反映出近年来重点大城市推进就近入学工作取得了积极成效。

据教育部统计，从 2014 年起，经过三年努力，重点监测的全国 19 个副省级以上大城市学生就近入学比例均超过九成（不含寄宿制学校）。虽然有了很好的工作基础，但能否实现 2017 年的目标，特别是实现小升初两个 95% 的目标，还需在一些关键环节下功夫。如：在小升初招生中全面取消推优入学，继续减少特长生招生学校和招生比例。

与此同时，推进"免试入学"仍需持续发力。从近年来推进免试入学的进程看，依然面临一些现实困扰，特别是在民办学校实行免试入学问题上存在一些认识上的偏差。为此，《通知》进一步重申：免试入学是义务教育的基本原则，适用于所有公办、民办义务教育学校。在笔者看来，如何真正让政策执行到位则更加重要。

针对当前部分学校依然存在的通过培训班提前选拔学生，将各类竞赛、考试证书、荣誉证书或学生等级作为招生入学依据或参考，一些民办学校采用统一笔试和各种变相的统一知识性考试方式选拔学生的现象，《通知》作出禁止性规定。不久前，上海市教委也发布了义务教育民办学校招生"9条规范"。有了这些明确的规定和要求固然重要，但还需进一步加大监督检查力度，防止"原则要求"与"实际操作"两张皮，防止免试入学继续存在"法外特区"，进而损害免试入学政策的权威性和公信力。

此外，完善"划片方式"仍需持续发力。招生划片方式是否科学，既会影响人们对免试就近入学的认同度，同时也会直接影响政策的实施效果。在当前一些地方义务教育学校依然存在较大差距的背景下，采取单校划片与多校划片并举的方式，是一种实事求是的做法。《通知》要求，在教育资源配置不够均衡、群众择校冲动强烈、"学区房"问题突出的地方，要积极稳妥推进多校划片（随机摇号、派位）。

就义务教育招生划片方式而言，并非一种方式便可包打天下，单校划片和多校划片可以并行不悖，至于究竟采取哪种方式，各地可根据实际情况确定。在学校办学水平差距较大，不同办学水平学校并存的区域内，推进多校划片显然对老百姓更公平，它的意义和价值也更突出，而这样的区域在各地并不少见。截至2016年底，全国共有1824个县（市、区）通过督导评估认定，实现义务教育发展基本均衡，占全国总数的62.4%。但即使在这些地方，一些片区内的学校差距依然较大，所以简单以本地区义务教育均衡程度高而拒绝多校划片，显然不是一种明智的选择。

稳妥推进多校划片，旨在为更多学生提供进入优质学校的机会和可能，并不是单纯为抑制"学区房"炒作现象，但客观上会对"学区房"的炒作起到一定抑制作用，具体效果究竟如何，还有待实践加以回答。

本文发表于《中国教育报》2017年3月2日第2版

规范高中招生要打落实组合拳

日前，《中国教育报》刊发了顾明远先生《亟须抑制抢生源的恶性竞争》一文，该文对高中招生中存在的"恶性竞争"问题进行了深度剖析。

近年来，高中招生行为不规范、加分项目不合理等问题在一些地方比较突出，"超计划招生""擅自提前招生""违规跨区域招生"等行为扰乱招生秩序；中考加分项目过多过滥，设置不合理，操作不规范，引发社会质疑。去年，教育部印发了《关于进一步推进高中阶段学校考试招生制度改革的指导意见》（以下简称《指导意见》），提出"加强考试招生管理"，并就规范招生行为、清理和规范考试加分提出明确要求，体现了"规范"之意。

不规范的高中招生行为突出表现为：一些高中学校没有严格按照确定的招生计划进行招生，这种"超计划招生"导致一些高中学校规模急剧扩张，形成超大规模学校和超大班额，影响学校的教育教学质量；一些高中不在规定时间内、划定区域内招生，这种"擅自提前招生"和"违规跨区域招生"，是一种明显的"不讲规矩"，它所带来的影响不单单是破坏招生秩序，更会直接损害区域高中的健康生态，影响区域高中教育良性发展。

逐步解决超大规模学校和超大班额问题，是今后一段时期我国高中教育发展面临的一项重要任务，严格执行招生计划是一个重要手段。但从更加宏观的层面去审视，确保招生计划编制的科学性无疑是一个重要前提，否则"严格执行"便失去实际意义。为此，《指导意见》提出，完善招生计划编制办法，按照普及高中阶段教育的要求，根据区域内学校布局、适宜的学校规模和班额以及普职招生规模大体相当的原则核定招生计划并严格执行。

治理"擅自提前招生"和"违规跨区域招生"，是规范高中招生的当务之急，亟须进一步加大力度。要健全招生管理工作规定，规范学校招生行为，进一步明确招生范围、招生规模等基本要求，严禁公办普通高中学校违规跨区域和擅自提前招生，防止恶性竞争，维护正常招生秩序。各地特别是省级教育行政部门应当根据这一要求，进一步完善相关规定，端正学校办学思想，加大监管力度，为学校的公平竞争、高中教育的健康发展创造良好环境。

不合理的中考加分项目突出表现为：中考加分项目过多过滥，一些加分项目明显不合理。从各地情况看，中考加分项目少则三项四项，多则十几项。一些类似"招商引资"的加分项目明显缺乏合理性；一些类似"独生子女"的加分项目没有随着政策的变化而及时进行调整。此外，一些中考加分项目分值过高，覆盖比例过大，有违中考加分的初衷；一些地方中考加分不公开、不透明，存在"暗箱操作"，缺乏有效监督。

这次改革明确提出大幅减少、严格控制加分项目。一是取消体育、艺术等学生加分项目，相关特长和表现等计入学生综合素质评价档案，取消不合理加分项目。二是根据国家有关规定和地方实际保留的加分项目，要严格控制加分分值，健全考生加分资格审核公示制度，确保加分政策的公平公正。

虽然相关"规范"政策已经明确，但如何真正落到实处，仍然面临不小挑战。一些地方虽出台过不得跨区域招生、不得擅自提前招生等政策，但"不规范"问题并没有真正得到解决，这也在一定程度上折射出政策执行的难度。

相对于规范中考加分，治理"超计划招生""擅自提前招生""违规跨区域招生"的难度似乎更大。随着中考改革的逐步推进，进一步明晰相关政策边界，加大规范力度无疑非常重要，但逐步转变地方政府的教育政绩观、学校的教育质量观和家长的成才观，形成政府、学校和家庭的改革合力至关重要。虽然不规范招生行为主要发生在学校，但来自外部的各种推力不可小视。如果不能切实转变观念，形成改革合力，一些不规范招生行为仍可能改头换面出现，对此我们有必要保持一份清醒。

本文发表于《中国教育报》2017年1月10日第2版

"不讲规矩"的中考招生能"兴旺"多久？

　　近年来，中考招生"不讲规矩"的情况时有发生，未经批准的跨区域招生、抢夺优质生源的现象见怪不怪。而这种"不讲规矩"的做法所带来的影响不单单是破坏招生秩序，更会直接损害区域高中的健康生态，影响区域高中教育的良性发展。

　　高中招生的规矩是什么？在划定的招生区域内招生是其中的一项重要内容，未经批准的各种跨区域招生、抢夺优质生源就是明显的"不讲规矩"。由于高中教育管理主体的多重性，高中招生区域划定也具有多样性。按照现行的高中管理体制，高中学校有的属县（区）管学校，有的属市管学校，还有个别学校属省管学校，因而，有的学校是在县域范围内招生，有的学校在市域范围内招生，还有的学校甚至可以跨地市招生。

　　尽管管理主体的多重性和招生区域划定的多样性带有一定普遍性，但很多地方招生却仍能做到井然有序，其关键在于有一个良性的管理和约束机制。什么样的学校在什么区域内招生，招生的名额比例是多少，很多地方都有明确要求，并对跨区域招生作出严格限制。由此看来，高中招生"不讲规矩"，不能简单地归咎于高中管理主体的多重性和招生区域划定的多样性。

　　有的高中学校明明应当在市域范围内招生，可偏偏要跨地市甚至跨省招生，并找出各种各样的理由。还有的学校或许会说，之所以跨区域招生，因为学校本就是一所民办学校。诚然，按照《民办教育促进法》的相关规定，民办学校可以自主确定招生的范围、标准和方式，但前提是民办学校的办学必须符合规范。然而，一些民办学校又是否真的符合规范办学的要求？是否经得起办学"五独立"的审核？如果不能，不仅对其他民办学校是一种伤害，对其他公办学校同样是一种伤害。

　　有人质疑一些优质高中，认为不过是好生源造就了其高升学率，这种说法并非全无道理。但毕竟中考具有选拔性，只要这些学校是按规矩招生，质疑好学校招收好学生多少有点牵强。眼下更应将目光聚焦于那些"不讲规矩"的招生行为，对于那些利用各种名目和手段抢夺优质生源的学校，应当好好管一管。

　　回到问题的源头，未经批准的跨区域招生、各种抢夺优质生源的行为，归根结底是片面追求升学率的观念在作怪。想让学校取得高升学率本没有错，但如何赢得学校的高升学率却很值得思考。提高质量是"十三五"时期教育改革发展的主题词，也是高中学校发展的生命线，一味地通过争抢生源来提高升学率，表面看能"兴旺"一时，但注定难有持久的生命力。

　　从促进高中教育发展的全局看，如何让更多高中学校通过深化改革，提升教育质量，是高中改革发展的一个重要目标。即便从升入重点大学的升学率看，区域内一两所学校"一枝独秀"，其他学校"全军覆没"的情况也应当逐步转变。虽然这个过程会比较艰难，但仍需一步一步向前推进，而不能反其道行之，不能任由那种"不讲规矩"的招生行为继续蔓延。而治理"不讲规矩"的招生行为，省、市、县（区）教育主管部门和高中学校都应承担起各自的职责。

本文发表于人民网教育频道，2016 年 7 月 22 日

禁抢生源离不开"规范"二字

每当进入招生季，有关"争抢优质生源"的报道便屡屡见诸媒体，如何"禁抢生源"也令各方头疼不已。日前，河北某市教育局接连发出通知强调，该市生源无特殊情况，一律不得到市域以外地区高中和初中学校就读，凡是私自到外地就读的学生，一律不予办理学籍转移手续。这一纸禁令，立刻引来了各方关注，有质疑的，也有表示理解的。从具体规定看，确实有点简单化，对于学生赴外地就读还需区别情况、区别对待。

一要区别赴外地就读学生的情况。目前赴外地就读的学生有一部分是因为父母流动，这些随迁子女只要符合流入地就读条件，就可以在异地接受义务教育和高中阶段教育。当前鼓励流入地接受进城务工人员随迁子女在当地就读，是一个基本政策取向，也是推进异地中高考的一个重要前提，只是不知这种情况是否属于通知所指的"特殊情况"。还有一部分学生赴外地就读确实是为了"择校"，对此要有相应的政策引导和规范。

二要区别赴外地就读学校的类型。不论是公办初中学校还是公办高中学校，都会有明确的招生范围要求，严禁违规跨区域招生是当前推进义务教育招生改革和高中招生改革的一项重要内容。但按照相关法律规定，民办学校可自主确定招生范围，具备一定名额的异地招生资格。简单禁止学生赴外地民办学校就读，在合法性上存在一定问题。

三要用合理合法手段规范异地就读。用学籍来限制学生赴外地就读，并不符合相关规定。近日，教育部发布的《关于进一步规范中小学生学籍管理相关问题处理的通知》要求，不得将学籍作为入学和转学条件。学籍是学生入学的结果，不是前提条件。从这一政策规定看，即便不予办理学籍转移手续，似乎也无法限制住外地学校接收生源。

虽说教育局接连发出的赴外地就读禁令确有不妥，但变换一个角度看，这似乎也是当地教育主管部门对违规跨区域招生的一种"阻击战术"。这种"阻击战术"固然有它自身的问题，简单封堵也无助于问题的根本解决，但违规跨区域招生问题同样不可漠视。以中考为例，在每年的中考前后，总会有一些学校利用各种名目、通过各种手段到外地抢夺优质生源，对一些地区的教育生态和学校发展造成很大伤害，这种招生乱象亟须好好治理。

公办高中的招生行为需要规范。从现实看，一些学校并没有严格执行不得违规跨区域招生的规定，一些地方教育主管部门把关不严，导致公办学校违规跨区域招生的情况仍然不同程度存在。在当前深入推进中考改革的过程中，各地要进一步明确高中学校招生范围、招生数量等基本要求，严禁违规跨区域招生、超计划招生，防止恶性竞争，维护正常的招生秩序。

民办高中的办学行为同样需要规范。在当前加快普及高中阶段教育，推动普通高中多样化发展的新形势下，积极鼓励民办高中发展，是一项重要的战略举措。但要让民办高中的发展更加良性、健康和可持续，相应的规范管理工作需同步跟上。应当看到，目前大量跨区域招生存在于民办高中，从表面看并不违反相关法律规定。但在笔者看来，一些公办学校参与举办的民办高中，是否经得起"五独立"（独立的法人资格、独立的校园和教育教学设施、独立的财务会计制度、独立招生、独立颁发学业证书）审核，是否是名副其实的民办学校，或许还要打上一个问号。对于那些用"公办"资源，冠"民办"之名，行"跨区域招生"之实的学校，需要从规范办学行为的角度认真管一管。如果任其发展下去，不仅会对高中招生秩序造成破坏，而且不利于营造民办教育发展的良好环境和高中教育的健康生态。此外，民办高中的审批主管部门，应当对民办学校招生提出一定要求，毕竟民办学校在注册审批地享受了相应的政策优惠，更多地面向当地招生也是顺理成章的事情，这是体现基础教育重在为当地群众提供公共服务的要求。

禁抢生源，进一步规范高中招生行为，仅仅依靠学校和教育主管部门的努力还不够，地方政府也要拿出更大的决心，少一点政绩冲动，多一点科学发展思维。

本文发表于《中国教育报》2016年7月13日第2版

高中"名额分配"还需利益兼顾

据媒体报道，2019年北京市将实现每所初中校学生升入优质高中机会基本均等，今年通过就近入学的初一学生三年后升入优质高中的机会将超过50%。这是今年北京市义务教育入学办法向社会和家长传递的一个重要信息，无疑是一件好事。

为了实现中招学生升入优质高中的"校额均等"和"机会均等"，北京市计划出台一系列配套措施，其中"优质机会"供给方式的调整，特别是优质高中名额分配方式的调整是一项重要内容。如：2015年统招升入优质高中的学生比例超过50%的初中校三年后不再投放优质高中指标分配名额，低于50%的初中校采用定向分配到校的方式补足名额，补充的名额将通过计划扩大的增量来解决。

这一政策调整效果如何，有待实践检验。从本质上讲，实施优质高中名额分配是一项高中考试招生制度改革举措，它下连初中教育，上接高中教育，对初中教育和高中教育发展的影响都需认真审视。推进优质高中名额分配政策的实施，既要有促进义务教育均衡发展的视角，也要有推动高中教育发展的视角，并力求兼顾初中学校和高中学校、优质初中学校学生和一般初中学校学生等各方利益。

从促进义务教育均衡发展的视角看，它的积极效应已经显现，特别是对于小升初"择校"起到了一定的缓解作用。但如何进一步完善名额分配方式仍然需要重视，毕竟它会对初中学校发展、初中学生的公平竞争带来直接影响。一些地方在实施名额分配时，综合考虑各初中学校报考普通高中的学生人数或毕业生人数、办学水平、实施素质教育情况、上一年升入高中学校的学生数量等内容，这可被视作一种调动初中学校办学积极性的正向激励。

此外，如何保证初中学生的公平竞争同样值得关注。假如因为一般初中学校的学生在升入优质高中上拥有更大机会和可能，使得大家对就读这类学校积极性大增，从促进均衡的角度看这是一件好事，但同时也说明相关的政策设计还存在一定缺陷。如何保证优质初中学校的学生不因实施名额分配政策而失去升入优质高中的同等机会，是避免诱发新的不公的核心问题。

按照北京市新的政策调整思路，对2015年统招升入优质高中学生比例超过50%的初中校，三年后不再投放优质高中指标分配名额。这一政策调整，对于进一步激励初中学校办学积极性，确保优质初中学校学生拥有升入优质高中的同等机会等方面可能带来的影响，有待进一步观察。

从推动高中教育发展的视角看，实施名额分配政策，有利于打破一直以来优质高中垄断优质生源的现象，在一定程度上是一种进步。但不得不承认，目前的高中发展应当是特色重于均衡，不应简单追求"齐步走"，而应当鼓励高中学校办出各自特色、办出更高质量。因此，相对于"均衡生源"，如何让不同学生能够选择与自身兴趣特长相契合的、具有不同办学特色的高中学校，应当是一个更高的目标追求。从当前情况看，实施名额分配政策确实给高中的教育教学带来一些新的挑战。一些地方因为名额分配不设考试成绩的底线要求，造成学生学业水平差距过大，以至于一些学校要将通过名额分配招收的学生另行编班，或者提供专门的课外辅导，给高中的教育教学带来了一些不利影响。

按照北京市的方案设计，2019年分配到校名额招生按志愿及成绩录取，采用校内选拔方式，其升学成绩由考试成绩、综合素质评价及体育成绩组成，总分580分，校内选拔时中考成绩需高于500分（含）。从方案本身看，已经考虑到了对参加名额分配学生的学业成绩要求，并注重了对学生综合素质的评价。但随着一般初中学校学生享受名额分配比例的增加，学生之间的学业水平差距有可能进一步加大，这对高中教育教学及高中学校发展的影响，有待通过实践来评估。

虽然优质高中名额分配政策是一项好政策，但不能就此回避可能带来的新矛盾、新问题。如何把一项好的政策真正实施好，最大限度地做到趋利避害，是对地方教育行政部门管理水平和能力的考验。

本文发表于《中国教育报》2016年4月19日第2版

多校划片是与非

　　自教育部办公厅下发《关于做好 2016 年城市义务教育招生入学工作的通知》以来，多校划片成为一个热词，也是今年"两会"和社会关注的焦点。究竟该如何看待多校划片，又该如何实施多校划片，可谓仁者见仁，智者见智。对多校划片存在不同认识很正常，但在笔者看来，其中的一些认识多少有些似是而非，有必要加以讨论和厘清。

　　招生划片方式是否需要改进？这关键要看现行招生划片方式有无需要改进的地方，所作的改进是否更加有利于促进公平。目前所实施的单校划片，在确定划片范围时明显缺乏标准和依据，相邻的小区或小区的不同楼宇被划入两所不同学校是常见之事。一旦两所学校教学质量悬殊，引发公平方面的争议也就不足为怪，现实中这样的纠纷屡见不鲜。从总体上看，保持招生划片方式的相对稳定非常必要，但不能因此对矛盾和问题熟视无睹，更不该简单地把改进招生划片方式视为"折腾"。事实上，自取消义务教育招生入学考试、实施划片就近入学以来，这种改进一直都在进行之中，目前很多地方"小升初"采取一所小学对应多所中学的做法，就是一种符合实际的改进做法。

　　为何要推进多校划片？它的意义和价值既不可低估，也不可放大。实施多校划片的目的在于为更多学生提供进入优质学校的机会和可能。相对于单校划片，多校划片使学生有了更多进入优质学校的可能，这符合促进公平的价值追求。当然，只是招生方式的改变，并不会直接带来优质教育资源总量的增加。说多校划片有利于促进均衡，未免有点期待过高，但多校划片也会在客观上对促进均衡起到一定的倒逼作用。因为实施多校划片，势必要求各地在新增优质教育资源时，对学校布局有通盘的考虑，加大对薄弱学校集中片区的优质资源供给。

实施多校划片旨在为更多学生提供进入优质学校的机会和可能，而不是单纯抑制"学区房"过热现象，但客观上会对"学区房"的过度炒作起到一些抑制作用。也许会有人说，"学区房"现象没有什么可大惊小怪的，世界上一些发达国家不也都有吗？且不说这些国家的"学区房"与学校运行经费之间所存在的天然联系，事实上这些国家也都在想办法缓解这一现象，美国也就此提出了鼓励优秀教师到需要帮助的学校任教。还有人担心，实施多校划片后，人们会从"择学校"转为"择学区"，进而导致更多的"学区房"诞生。这种担心看似有一定道理，但如果片区内的学校真的全是优质学校，是否需要实施多校划片本身就要打一个问号。而如果花费高昂费用去购房，换来的只是相对不错的学校学位，家长又是否会下如此大的决心去购房，还有待事实来回答。

最近有媒体针对多校划片进行了民意调查，多校划片似乎并不很受欢迎，很多人对此表达了种种担忧，其中不乏因为对政策不了解所致的担忧。毕竟有一个事实不容否认：目前大部分地区义务教育阶段的优质资源依然稀缺，人们心目中的优质学校数量较为有限，通过实施多校划片为更多学生提供进入优质学校的机会和可能，家长何乐而不为？这或多或少说明，相应的政策解读工作做得还不够深入细致，实施"多校划片"的道理还没有讲清楚。仔细分析不难发现，对实施多校划片持有异议的，恐怕主要集中在那些拥有"学区房"，或者有意购买"学区房"的群体，毕竟多校划片给他们孩子就读优质学校带来了很大的不确定性。

究竟该如何推进多校划片？就义务教育招生方式而言，并非一种方式便可包打天下，单校划片和多校划片可以并行不悖，至于究竟采取哪种方式，可由各地根据实际情况确定。在学校办学水平差距较大、不同办学水平学校并存的区域，实施多校划片显然对老百姓更公平，它的意义和价值也更突出，而这样的区域在各地并不少见。截至2015年底，全国共有1302个县（市、区）通过国家义务教育发展基本均衡评估，其中北京、天津、上海、江苏、浙江等5地全省（市）范围内均已实现县域义务教育发展基本均衡。但即使在这些地方，一些片区内的学校差距也依然较大，所以简单地以本地区义务教育均衡程度高而坚持单校划片，未见得经得起推敲，还需本着实事求是的态度，对具体情况进行具体分析。

相对于单校划片，实施多校划片确实多了一些随机性，人们对如何公平操作表达了更多关切，也在情理之中。正因如此，实施多校划片应当做到公开透明，相应的管理和监督工作也要同步跟上，以防范可能出现的权力寻租和暗箱操作。

随着义务教育均衡程度提升，学校之间差距明显缩小，义务教育招生最终应走向单校划片，这种判断虽然符合逻辑，但别忘了它的前提是学校之间差距明显缩小，很显然实现这一目标还有很长的路要走。从眼下看，对于那些看似均衡的薄弱学校集中片区，亟须增加优质教育资源供给，并在此基础上逐步从单校划片走向多校划片，这同样是一种能够更好体现公平的改革与进步。

本文发表于《中国教育报》2016 年 4 月 7 日第 9 版

实行多校划片要细化配套措施

教育部办公厅日前下发《关于做好 2016 年城市义务教育招生入学工作的通知》（下文简称《通知》），明确提出在教育资源配置不均衡、择校冲动强烈的地方，根据实际情况，积极稳妥采取多校划片，引发社会关注。

在笔者看来，科学确定划片方式，合理确定片区范围，是当前顺利推进义务教育免试就近入学的一个重要环节，而积极稳妥采取多校划片，无疑是一项科学务实的举措。

在传统的单校划片方式下，家庭居住区域与孩子就读学校之间存在简单对应关系，势必使家长产生一种天然不公的感觉，随之引来的质疑也就不足为怪。实行多校划片就是努力消除这种天然不公，使无论居住在哪个区域的孩子，都有进入优质学校的机会。退一步讲，有了这样的可能，即使在随机派位中没能如愿，家长在心理上也会更加容易接受。在义务教育学校差距客观存在且一时难以根本改变的情况下，类似多校划片这样的治标手段，有着积极的改革意义。

此外，采取多校划片对"学区房"炒作有一定抑制作用。在多校划片方式下，即使购买了"学区房"，也不意味着一定能进入优质学校，而不过是获得了一次"可能的机会"。对于家长而言，花巨资购买的是"可能的机会"，而不是"必然的机会"，在考虑购买"学区房"时势必会更加谨慎。从今后的改革方向看，购买"学区房"就一定进入优质学校这样的"铁律"应逐步被打破。

在教育资源配置不均衡、择校冲动强烈的地方采取多校划片，实际上是对传统单校划片方式的一种改革和调整，因此相关的配套工作要跟上，改革和调整要始终围绕创造机会公平这一出发点。

其一，把"多校"组合得更加科学合理。多校划片中的"多校"，不只是一种数量要求，还是一种组合不同办学水平学校的要求。"多校"应当包括优质学校、中等水平学校和相对薄弱学校。适当扩大片区范围或许是一种选择，因此相对就近入学问题需要同步考虑。

其二，加大优质学校辐射带动作用的工作需要同步推进。采取多校划片要有"领头羊"，优质学校应积极参与其中。除了优质学校直接加入自身片区的多校划片外，让这些优质学校对周围片区形成辐射，同样是需要做好的工作。正如《通知》所提出的，对于群众高度关注的热点学校，要加快推进学校联盟、集团化办学、校长教师交流轮岗，发挥其辐射带动作用，扩大优质教育资源覆盖面。从义务教育改革发展的长远目标看，应是努力办好每一所义务教育学校，使其成为百姓家门口的好学校。从短期目标看，至少保证在每一个招生片区内都有优质学校，或者有优质学校的辐射学校，为片区内的适龄儿童少年进入优质学校提供可能。只有这样，多校划片的改革初衷才能真正得以实现。

其三，多校划片需要充分论证，并提前广泛告知。由于招生划片方式的确定直接关系到群众的利益，尤其是多校划片本身是一项新的改革和调整，因而相关工作要更加缜密。一方面需通过充分论证，使多校划片工作更加科学。在具体操作上，强化多校划片工作程序和内容的公开、公平、公正，提升多校划片结果的公信力。另一方面，采取多校划片应提前广泛告知，设立必要的时限，给社会留出合理的预期时间。毕竟一部分家长基于单校划片的传统认知，会提前作出购买"学区房"等方面的应对。唯有提前广泛告知，才能最大限度地避免家长因为新政的实施而遭受不必要损失，这也是公共政策制定应当恪守的一个重要原则。

本文发表于《中国教育报》2016年2月23日第2版

用改革思维化解"学区房"之扰

近日，美国纽约布鲁克林学区调整掀起波澜，本该是适龄居民顺理成章进入好学校的学区，因为纽约市教育局的一纸提案改变了局面，随之而来的是各种抱怨和质疑声。可见，"学区房"概念并非我国独有，围绕"学区房"所引发的公平之争也在其他国家出现。

尽管不同国家的义务教育管理体制、发展水平和均衡程度存在较大差异，但对于大部分实施公立学校"就近入学"的国家而言，住所与入读学校有着直接对应关系，对应好学校的住所会受到追捧，房价会走高。也正是在这一逻辑链条下，"学区房"的独特性得以确立。

同我们国家一样，美国、英国、加拿大等诸多国家也都存在"学区房"受追捧的现象：在美国，同样的两所房子，在好学区和差学区的价格相差甚远；英国房产市场在过去几年持续低迷，但"学区房"价格依然居高不下；加拿大许多城市都采取了对"学区房"征收更高地税的措施，但并没有改变"学区房"价格的上涨之势。

"学区房"热度在不同国家会有一定差异，除了文化传统、对子女受教育的重视程度等原因之外，私立教育发育程度、公立教育的均衡程度都是重要的影响因素。如果一个国家的私立教育比较发达，私立学校可以成为家长择校的一个重要途径，家长完全可以把买"学区房"的钱用来上好的私立学校。从这个意义上讲，买房与接受优质教育又似乎没有必然联系。同样，如果一个国家的义务教育均衡程度较高、公立学校之间差距较小，"学区房"热度也会相应降低，甚至可以免受其扰。但不得不承认，再均衡的义务教育，公立学校之间的办学水平和质量也还会有差距，这也就不难理解尽管公立学校差距较小，但一些国家难免还会受到"学区房"问题的困扰。

此次纽约布鲁克林的学区调整风波，显然与当地的第 307 学校和第 8 学校存在质量差距相关。据了解，在今年纽约州公立学校共同核心标准考核中，第 8 学校有 64% 的学生阅读达标，而第 307 学校的同项达标率只有 12%，仅此一项足见两校的差距。然而，家庭经济条件状况好，能够购买得起"学区房"，孩子就能接受更加优质的教育——"学区房"与教育不平等的相关性问题，也引发了美国社会的更多关注。

公立学校之间的办学水平和质量存在差距，是"学区房"受到追捧的根源所在，因而化解"学区房"困扰还须从推进公立学校的深层次改革入手，美国社会也就此提出了一些改革思路和建议，包括鼓励优秀教师到需要帮助的学校任教、通过提高教师待遇吸引优秀人才投身教育领域等。其中，推进公立特许学校的发展无疑是一项重要的改革内容。尽管公立特许学校的发展也历经波折，但很多特许学校开设在公立教育比较薄弱的城市社区，对于提升薄弱学校的办学水平和质量，缩小公立学校之间办学差距起到了一定推动作用。

随着我国义务教育"就近入学"政策的持续推进，特别是一些传统"择校"方式变得不再可行，人们开始把目光投向"学区房"，导致一些特大城市的"学区房"价格飞涨，动辄一平方米几十万元的价格令人咋舌。"学区房"价格的不断上涨，除了给人们带来巨大的心理负担和经济压力之外，有关公平的争议也随之而来。要想从源头上化解"学区房"困扰，迫切需要从促进义务教育均衡发展、缩小公办学校之间差距入手。致力于实现这一目标，各地开展了包括"学区制""集团化办学"在内的诸多改革尝试，力求通过名校与薄弱校的捆绑发展、资源共享，提升薄弱学校的办学水平。虽然缩小校际差距是化解"学区房"困扰的治本之策，但它将经历一个长期艰难的过程，寄希望于在短时间内缩小校际差距并不现实。

当前，化解"学区房"困扰，还要辅之以一些其他改革手段。比如，通过促进民办义务教育学校发展，为家长和学生疏通合法的择校途径；通过推动义务教育招生方式改革，实施多校划片、随机派位，打破只有购买"学区房"才能入读优质学校的制度安排；等等。也只有做到多措并举，"学区房"困扰才能真正得以化解。

本文发表于《中国教育报》2015 年 10 月 20 日第 5 版

优质高中名额分配应把握好度

近日，有媒体以《谁动了"尖子生"的奶酪》为题，对兰州市实施优质高中名额分配所引发的争论进行报道，再次将名额分配政策推上风口浪尖。一项好的政策如何实施好，最大限度地趋利避害，不仅仅是兰州市一地需要面对的问题，也值得其他地区认真思考和研究。

《国务院关于深化考试招生制度改革的实施意见》对推进高中阶段学校考试招生制度改革提出了明确规定，并再次强调"实行优质普通高中和优质中等职业学校招生名额合理分配到区域内初中的办法"。可以说，实行名额分配政策是中考改革的大方向，即便实施过程中出现这样那样的问题，也不应对政策本身产生怀疑和动摇。从近年来各地实施的情况看，名额分配政策的积极效应正逐步显现，对于促进义务教育均衡发展、缓解初中择校、促进高中生源合理分布、营造高中教育的良好生态都有积极的推动作用。

政策方向已经明确，积极效应也逐步显现，但矛盾和问题同样不容回避。实施名额分配政策，改变了完全依据中考成绩，从高分到低分录取学生的模式，逐步从全员选拔录取走向部分选拔录取，是一种改革创新。但在目前阶段，将这种改革创新定位为中考改革的一种补充形式可能更为准确，它还不足以成为一种完全的替代形式。也就是说，名额分配政策还需要与统一招生录取、自主招生录取、特长生招生录取等多种方式统筹实施。在实施名额分配政策时，要确保优秀学生即便不能享受到这一政策，也仍然有升入优质高中学校的途径，这是化解当前矛盾的核心所在。因此，在确定名额分配比例时，不能一味追求高比例，这是实施名额分配政策需要把握好的一个"度"。

名额分配比例究竟多少为宜，不可一概而论。名额分配比例的确定，要与当地义务教育发展水平、优质高中教育资源供给能力等状况相匹配。如果当地

150

义务教育均衡发展水平较高，优质高中资源又相对充裕，名额分配比例可以稍高一些；如果情况相反，而名额分配比例又过高，则极易引发新的不公平问题。值得关注的是，在目前名额分配比例和录取方式相近似的一些地方，有的地方推进较为顺利，而有的地方存在较大争议，除了操作层面的原因外，这与地区义务教育发展水平、优质高中教育资源供给能力等因素紧密相关。

在实施名额分配政策的过程中，始终存在几个比较纠结的问题，即要不要设定中考成绩的底线要求，在统招线下多少分以内为宜。如果设定成绩的底线要求，且成绩要求比较高，分配的名额指标就有可能完不成，影响政策实施效果。在笔者看来，在不简单追求高比例的前提下，设定一定的成绩底线要求，且要求不可过低，同样是实施名额分配政策需要把握好的一个"度"。

在充分考虑中考功能定位的基础上，合理确定名额分配比例，科学把握招生录取方式，都是确保政策有序推进的重要环节。除此之外，做到名额分配比例、招生录取方式等信息的提前告知、公开透明，也是推进改革的一个重要原则。

本文发表于《中国教育报》2015 年 8 月 27 日第 2 版

"大学区制"招生要强化随机性

据媒体报道,深圳市从 2015 年起开始探索试行"大学区制"招生制度,依据"相对就近、教育均衡程度相当、学校相对集中、九年一贯对口"的要求,结合各区实际情况,探索以社区、街道等为片区设置大学区。与深圳市一样,在全面推进义务教育免试就近入学的新形势下,很多地方都在开展"大学区制"探索,旨在促进区域内义务教育均衡发展,推动义务教育招生方式改革,这一改革方向值得肯定。

有人将目前"学区房"价格上涨归因于"大学区制",未免有点简单化。从理论上讲,"大学区制"扩大了招生范围,打破了原来学校与住宅小区、学校与学校之间的一一对应关系,招生由以往的以学校点状服务向学区片内多校划片方式过渡,这样的改革有助于缓解推进免试就近入学带来的"学区房"价格上涨之势,是义务教育招生方式的改革与进步。然而,深圳市在试行"大学区制"后,热门片区"学区房"价格上涨,其原因何在?

从表面上看,"大学区制"扩大了招生范围,使得更多"名校"周边住宅小区的孩子获得了竞争入读"名校"的机会,这些住宅小区也一下子跃升为"学区房",因而导致大学区内住宅价格联动普涨。很多人据此认为,"学区房"价格上涨,"大学区制"难脱干系。但事实上,如果具体招生方式能够设计得更加精细和科学,"大学区制"本身并不会带来这样的结果。

目前深圳市的"大学区制"招生,是由家长自愿在学区内为孩子报读 2—3 所学校,按志愿次序和积分高低依次录取。家长在拥有了"学区房"的基本前提下,填报好志愿,并按入学积分规则努力地去多攒积分,孩子入读"名校"就会成为一种必然。在这种"必然性"的召唤之下,家长对购买"学区房"就多了一份信心和胆量。

依笔者之见，"大学区制"招生应当更加强化"随机性"，减少"必然性"，这样才能更好地规避可能带来的"学区房"价格上涨问题。也就是说，试行"大学区制"虽然扩大了学区范围，但对于孩子而言，不过是获得了一次就读"名校"的派位机会而已，只要满足基本的门槛要求，最终录取结果完全随机产生。而恰恰是这种"随机性"，会使家长在购买"学区房"时仔细掂量。不妨设想一下，如果购买价值千万的"学区房"，其结果是孩子有可能入读"名校"，也有可能读不了"名校"，那么家长的购房行为势必会变得理性和慎重。这种理性和慎重在某种程度上需要科学的招生方式来赋予，而公共教育服务政策的制定，本身也应当体现这份社会责任和担当。

"大学区制"的推进、义务教育招生方式的改革，会引发一系列连锁反应。最大限度地趋利避害，既是改革本身的客观要求，也是防范"学区房"价格不断上涨的现实需要。从长远看，增加优质教育资源供给，促进义务教育均衡发展，才是化解"学区房"困扰的治本之策。

本文发表于《中国教育报》2015年7月13日第2版

免试入学不该有"特区"

写入《义务教育法》的"免试入学"是一个普遍和硬性的约束，不应有"法外特区"。如果有的免试，有的考试，素质教育、均衡发展、缓解择校等美好的愿望就可能沦为空谈。今天的义务教育学校，如何更好地去创造适合学生的教育，而不是一味地选择"适合教育的学生"，这一点很值得学校管理者深思。

据报道，7月4日，某外国语学校进行一年一度的小升初英语综合能力测试。现场上千名家长前来送考，场面震撼。在这次考试中，约2530名考生竞争320个名额。前不久，郑州某民办学校小升初火爆，几千人赴考，场面同样壮观。在全面推进义务教育免试就近入学的大环境下，这样的场景不时地呈现在人们面前，难免让人产生困惑和忧虑，义务教育招生究竟怎么了？

"免试入学"是《义务教育法》的要求。2006年修订的《义务教育法》第十二条规定："适龄儿童、少年免试入学。""免试入学"是《义务教育法》的明确要求，然而这一要求常常遇到来自现实的挑战。当前义务教育招生中各种考试、测试屡见不鲜，恢复义务教育招生考试的声音也有抬头之势。在一些人看来，相对于"免试入学"，考试分数是一个更能体现公平的标尺。这样的说法似乎有一定道理，但将其置于当今教育改革发展的大背景下，置于推进素质教育、减轻学生过重负担的大环境下来看待，既不符合《义务教育法》的要求，也不利于义务教育阶段适龄儿童的身心发展和健康成长。

值得一提的是，在当前推进中高考改革的过程中，改变单一化地将考试分数作为招生录取的唯一依据，扭转"分分计较"的现象是改革的一项重要内容。今天的义务教育招生如果转而以分数为主导，用考试方式取代免试就近入学，明显不符合改革方向。

免试入学更不该有"特区"。全面推进义务教育免试就近入学遭遇现实挑战，各种小升初考试、测试的宏大场面便是一个例证。而这种场景往往是建立在这样一个逻辑架构之下：因为学校是外国语特色学校，是民办学校，或者学校要招收实验班，所以有了考试、测试的理由，进而产生免试入学的"特区"。

一直以来，很多公办外国语学校在义务教育招生中享有特殊政策，可以提前单独招生、进行英语能力测试，但这一政策也饱受争议。在很多人看来，恰恰是这些招生方面的特殊政策，为这些学校"掐尖"提供了有利条件，让其在小升初招生中抢得先机，这对义务教育招生秩序造成一定冲击。当前，进一步规范招生行为，营造良好的招生环境，是所有义务教育学校的责任，公办外国语学校同样不能例外。过分强调外国语学校的特殊性，继续保留带有选拔性质的考试、测试，对其他公办学校而言也不公平。

此外，在很多人看来，义务教育免试就近入学只是针对公办学校而言，民办学校可依据民办教育的相关管理规定，不受免试的限定，通过一定的选拔方式招录学生，这也恰恰是体现学校自主办学的一个重要方面。但从义务教育改革发展的全局看，要想真正避免家长压力过大和学生负担过重的情况，淡化义务教育招生选拔至关重要。也就是说，与公办学校一样，为学生营造一个宽松的成长环境，民办学校同样肩负着自身的责任，民办义务教育学校招生也要顺势而为。

实际上，免试入学不会成为招生的"拦路虎"。面对蜂拥而至的学生，一些公办外国语学校和民办学校或许会说，不进行考试、测试，学校无法招生，然而事实并非如此。目前大部分民办学校招生已经逐步从原来的考试、测试转向面谈，并且在招生面谈中不接受获奖证书，不进行学科测试。

公办外国语学校招生同样如此。从去年秋季开始，厦门外国语学校取消择优录取，以招收片区内小学毕业生为主，向实施免试就近入学迈出了重要一步。而广州市公办外国语学校招生经历了从笔试走向面谈，从面谈走向电脑派位或抽签的过程。从今年起，广州市属外国语学校取消面谈的招生方式，改为指标+派位的方式；区属外国语学校要招地段生，部分区取消面谈。这不仅是公办外国语学校招生方式的改革与进步，也是向教育公平迈出的新的步伐。这些地方和学校的改革实践表明，除了考试、测试之外，公办外国语学校和民办学校招生并非别无选择。

本文发表于《中国教育报》2015年7月8日第2版

就近入学是保障公平首选方式

在各地加大力度，全面推进义务教育免试就近入学之时，社会上对于就近入学仍然有质疑声。有评论者认为，按照就近入学的原则，有钱人可买昂贵的"学区房"让孩子入学，普通家庭难以做到。同时，南京首例就近入学"民告官"案开庭审理。这些观点和案例足以引发我们的思考，而思考的立足点在于，如何更好地完善免试就近入学的相关政策，而并非动摇全面推进免试就近入学的改革方向。

应当承认，在目前的现实条件下，就近入学是保障教育公平的首选方式，也是我国《义务教育法》的基本原则。1986年颁布的《义务教育法》第九条规定：地方各级人民政府应当合理设置小学、初级中等学校，使儿童、少年就近入学。2006年新修订的《义务教育法》重申了就近入学，规定"适龄儿童、少年免试入学。地方各级人民政府应当保障适龄儿童、少年在户籍所在地学校就近入学"。实施免试就近入学政策的根本宗旨，就是要保障适龄儿童、少年接受义务教育的权利，使他们能够在统一、公平的标准下接受义务教育。

然而，在过去很长一段时期，实施就近入学政策似乎并没有给人带来强烈的公平感受，这一点恰恰需要认真反思。如果就近入学政策实施不到位，大量的"择校"现象存在，一部分人可以通过各种手段为孩子"择校"，而大多数人则只能无奈地让孩子走"就近入学"之路，这样的结果显然难以给人带来公平的感受。当前各地全面推进免试就近入学，也正是要从源头上对"择校"进行治理，消除义务教育入学中的种种不公平现象。

同样，在当前全面推进免试就近入学的过程中，有关不公平的质疑声也依然存在。有的是针对学校办学条件和水平的差距，有的是针对招生片区的划定，也有的是针对"学区房"价格的上涨态势。这些认识和看法，都对当前全面推进免试就近入学提出了更高要求。如何加快推进义务教育均衡发展的步伐，缩小学校之间在办学条件、师资配备、办学水平方面的差距；如何完善义务教育免试就近入学的具体办法，合理划定招生范围；如何化解"学区房"给社会和家长所带来的困扰，打破购买了"学区房"就能上优质校的"定律"，需要地方政府和教育行政部门精心谋划、科学施策。

当前尤其需要明确的是，全面推进免试就近入学，确实会给教育公平带来新的挑战，但这只是政策推进过程中需要关注的问题。据此有人提议恢复"考试录取"方式，认为考试分数是一个更能体现公平的标尺。从表面看这种说法似乎有一定道理，但将其置于教育改革发展的大背景下，置于推进素质教育、减轻学生负担的大环境下来看待，恢复"考试录取"只能说是一种倒退，既不符合《义务教育法》的原则，也不利于义务教育阶段适龄儿童、少年的身心发展和健康成长。

也有观点认为，推进免试就近入学，实际是对学生选择权的忽视，其实这种看法并不全面。义务教育阶段公办学校的首要目标是保障公平，至于学生的选择权，完全可以通过民办学校来实现。公办学校保公平，民办学校供选择，也是大部分国家义务教育的运行准则。

本文发表于《中国教育报》2015 年 5 月 7 日第 2 版

就近入学全覆盖倒逼教育改革

据报道，根据教育部的部署，小学、初中免试就近入学将由去年的 19 个大中城市扩大到今年的所有城市。其中，直辖市、计划单列市、副省级省会城市的所有县（市、区）今年实现划片就近入学，100%的小学实现划片就近入学，原则上每所小学全部生源由就近入学方式确定；90%以上的初中划片入学，每所划片入学的初中 90%以上生源由就近入学方式确定。这一新政表明，免试就近入学的覆盖范围在继续扩大，推进力度也在不断加大。

加快实现免试就近入学全覆盖，是贯彻落实《义务教育法》、推进依法治教的必然要求，也顺应了义务教育改革发展的总体方向，因而得到人民群众的认可。当然也应看到，目前社会上对此还存在着一些不同认识和看法，一种较具代表性的观点认为，我国义务教育均衡发展水平还相对较低，义务教育学校之间差距仍然过大，推进免试就近入学的基本条件尚不具备，在此情形下急于推进免试就近入学，对家长和孩子而言也不公平。然而在笔者看来，促进均衡发展绝非一朝一夕的事，缩小学校之间的差距也还需要长期不懈的努力，但推进免试就近入学，缓解义务教育"择校"现象却不能一味等待。"均衡发展"和"免试就近入学"应当同步推进，而从具体的操作策略看，则需从能够做的先做起，从容易改的先改起。事实上，加快实现免试就近入学全覆盖，在一定程度上催生了改革动力，也将会促使义务教育的改革发展步伐大大加快。

推动义务教育免试就近入学，正在倒逼义务教育均衡发展的推进步伐，这一点从各地的改革实践中已经得到印证。一些重点大城市为了更好地推进免试就近入学工作，开始加快增加优质教育资源的步伐。从去年开始，北京市从增加优质资源的数量入手，通过横向联手增加优质资源、纵向贯通培育优质资源、统筹协调拓展优质资源、促进校长教师轮岗，推动义务教育均衡发展水平得到提升，这种倒逼机制的正面效应已经逐步显现。同样，上海市积极推进学区化、集团化办学，实施义务教育学校成片统筹管理，倡导多校协同、资源整合、九年一贯，实现学区和集团内课程、教师、设施设备等优质资源共享，取得了积极的改革成效。

推动义务教育免试就近入学，正在倒逼义务教育招生划片方式的改革。其中在义务教育资源配置不均衡、家长择校意愿比较强烈的地区，实施多校划片成为一个积极的改革举措。今后在这些地区，每一个招生片区内应当包括优质学校、中等水平学校和相对薄弱学校等不同类型学校，尤其要保证优质学校参与片区招生的数量，当一所学校的报名人数超出实际招生人数时，则采取随机派位的办法。这样的制度设计虽然难以从根本上消除家长的择校意愿，但毕竟在起始阶段为孩子提供了一个公平的机会。此举也意味着，今后不论居住的是"学区房"还是"非学区房"，孩子都拥有了进入优质学校的同等机会，有利于抑制"学区房"的过度炒作。

加快实现免试就近入学全覆盖，最大限度地做到趋利避害，无疑对管理者提出了更高要求。各地在政策制定前要有充分论证，在政策执行时要有严格监管，对政策实施效果要有跟踪评价。可以说，加快实现免试就近入学全覆盖，及时化解改革中出现的各种新的矛盾和问题，确保免试就近入学政策在不断完善过程中逐步趋于稳定和成熟，对地方政府、教育行政部门和义务教育学校都是一次新的考验。

本文发表于《中国教育报》2015年4月6日第2版

取消面谈顺应招生改革大方向

在笔者看来，用电脑派位或抽签方式取代"面谈"，看似一个细微改变，其折射出的是义务教育招生理念的变化，顺应了义务教育招生改革的总体方向，因而这一做法值得肯定。

事实上，在义务教育招生禁止组织笔试、面试或任何变相考试、考核之后，考虑到民办学校的特殊性，很多地方允许民办学校在招生中采取面谈的方式。而作为一种过渡性手段，去年广州市在允许民办学校招生采取面谈方式的同时，也允许公办外国语学校同时享受这一政策。但不得不承认，从各地实施招生面谈的情况看，面谈中的不规范行为仍然比较突出，有的甚至是借"面谈"之名行考试之实，一些外国语学校的面谈方式和内容也遭到了诸多诟病。正因如此，各地不断加大对招生面谈的规范力度，如要求学校在招生面谈中不接受任何获奖证书、不进行学科测试。

事实上，允许公办外国语学校参照民办学校的做法，在招生时进行面谈，作为一种特殊政策本身就不具有可持续性。一直以来，很多公办外国语学校在义务教育招生中享有一些特殊政策，可以提前单独招生、进行英语能力测试，但这些政策也倍受争议。在很多人看来，恰恰是这些招生方面的特殊政策，为这些学校"掐尖"提供了有利条件，让其在小升初招生中抢得先机，对义务教育招生秩序造成一定冲击。

当前，进一步规范招生行为，营造良好的招生环境，是所有义务教育学校的责任，公办外国语学校同样不能例外。过分强调外国语学校的特殊性，继续让其保留带有选拔性质的面谈方式，对其他公办学校而言也不公平。从这个角度看，广州市用电脑派位或抽签方式取代面谈，是推动义务教育招生改革的一个积极举措。

或许有人会说，禁止笔试又取消面谈，是对外国语学校特殊性的忽视，也不利于外国语学校选拔人才。从广州市的情况看，可能是考虑到了外国语学校的特殊性，目前仍然保留了一些招生上的特殊政策，如市属公办外国语学校面向全市招生，区属公办外国语学校面向全区招生。但这样的招生政策是否可持续，有待进一步研究。

在义务教育改革发展的新形势下，推动公办外国语学校招生方式改革势在必然。从去年秋季开始，厦门外国语学校取消择优录取，以招收片区内小学毕业生为主，向实施就近入学迈出了重要一步。而广州市公办外国语学校招生从笔试走向面谈，从面谈走向电脑派位或抽签，不仅是公办外国语学校招生方式的改革与进步，也是向教育公平迈出的新步伐。

本文发表于《中国教育报》2015年3月23日第2版

就近入学绝非"懒政"

日前，有"两会"代表委员对义务教育就近入学发表了看法，大意是均衡教育的前提是每所学校都一样，每所学校都有优秀的老师，这一点没做到就让大家就近入学是一种"懒政"。在笔者看来，积极推进就近入学绝非"懒政"，而恰恰是义务教育改革发展的大势所趋，是地方各级政府保障适龄儿童、少年接受义务教育的法定义务。

从法律层面，保障适龄儿童、少年就近入学，是我国《义务教育法》的基本原则，也是世界上绝大多数实施义务教育的国家与地区的通行做法，其根本宗旨在于保障适龄儿童、少年接受义务教育的权利，使他们在统一、公平的标准下接受义务教育。这一政策也符合我国基础教育发展的现实，顺应了教育改革发展的总体方向，赢得了社会的广泛支持。

从操作层面来看，如果在没有更合理、更有效的办法出台之前，就仓促否定现有的做法，取消就近入学，势必意味着回到升学唯考试论的老路上去，这无疑是开历史倒车，会给教育带来更多的负面影响。实际上，自去年开始，一些大城市就大力推进义务教育招生改革，落实就近入学政策。其中的严禁跨区择校、取消一些单位与名校的"共建生"名额、强化招生全程监控、对"学区房"与小学对口直升作出年限规定等，收获了很好的口碑。

但也应看到，就近入学在现实中的确遇到了一些问题，在政策执行过程中也面临一些新的挑战。如由于原有的"择校"通道被堵，人们开始把目光转向"学区房"，导致部分地区"学区房"价格明显上涨。这些现象的出现在一定程度上反映出家长的焦虑与不安，同时也提示地方政府和教育行政管理部门在政策制定时需要全面考虑，设计得更加周密，用更多智慧去完善、解决。

本文发表于《中国教育报》2015 年 3 月 6 日第 2 版

招生向寒门倾斜 好政策要"细"操作

作为促进教育公平的一项重要举措，进一步增加农村学生上重点高校的数量，始终是国家政策关注的一个重点。近年来，在面向贫困地区定向招生专项计划（以下简称定向招生专项计划）、农村学生单独招生、地方重点高校招收农村学生专项计划（以下简称招收农村学生专项计划）的推动下，农村学生上重点高校的比例逐步提高。据媒体报道，今年北京大学共招收 3145 名本科生，农村学生比例达 14.2%，较去年增长 1.7 个百分点。其中，从浙江省录取的考生中有四成是农村户籍，河南省的则超过三成。同样，在其他一些重点高校，这一倾斜政策的积极效应也正在逐步显现。

国务院《关于深化考试招生制度改革的实施意见》提出：增加农村学生上重点高校人数，继续实施国家农村贫困地区定向招生专项计划，由重点高校面向贫困地区定向招生，部属高校、省属重点高校要安排一定比例的名额招收边远、贫困、民族地区优秀农村学生。可以说，高校招生向农村学生倾斜，也是此次深化考试招生制度改革的一个亮点，把这样一项好的政策落实到位，需要把相关工作做实做细。

近日，新华网以《官二代去贫困县读书与农村孩子争高招扶贫政策》为题，对实施高校招生倾斜政策中出现的"部分农村学生难适应""政策效应有所弱化"等问题进行了报道。事实上，面对这一倾斜政策在实施过程中可能出现的新问题，需要在继续坚定改革决心的基础上，进一步细化相应的实施规则和方案，以回应社会关切。

其一，要使这一倾斜政策让更多农村学生受益，需要将实施环节设计得更加精细。据记者了解，一些地方在实施定向招生专项计划时，由于资格审定把关不严，导致弄虚作假情况产生。尽管一些重点高校明确要求农村户籍学生才能报名参与招收农村学生专项计划，但个别人有可能滥用职权、弄虚作假。这对政策实施提出了更高要求，需要将实施环节做得更加精细：一方面要加强资格审查，确保考生户籍、学籍信息真实可信；另一方面要加大对招生政策、招生计划、报考条件、资格名单、录取分数、录取结果等信息的公开、公示力度，确保公平公正，真正使这样一项好的政策在执行过程中不走样。

其二，要使这一倾斜政策发挥积极导向作用，需要同步推进全方位的教育改革。近年来类似"高考工厂"的一批"超级中学"，受到了社会的强烈质疑。然而，这些学校为更多的农村孩子赢得了进入高校、进入重点高校的机会，这是目前部分舆论对其表示理解的一个主要理由。如何为农村孩子进入高校、进入重点高校做一点实实在在的事情，成为值得思考的问题。在现实中，由于定向招生专项计划和招收农村学生专项计划名额存在向部分贫困县优质高中聚集的趋势，可能助推更多贫困县"超级中学"的出现，这是人们存在的一种新的担忧。就高校招生向农村学生倾斜的政策看，一方面招生名额增加意味着机会增加，有可能缓解竞争压力；另一方面名额向个别学校聚集，可能会使这些学校的吸引力进一步增强，进而使得这些学校规模持续扩大。因而，要想有效发挥这一政策的积极导向作用，扭转目前存在的"超级中学"现象，还须不断深化人才培养模式、教育质量评价和考试招生制度改革。

其三，要使这一倾斜政策发挥良好的后续效应，需要为农村学生提供有针对性的指导和帮助。这些进入重点高校的农村学生，是否能够尽快地适应高校的学习生活？据记者了解，在不少高校有针对性的照顾下，很多农村学生很快融入大学生活。但一些通过倾斜政策进入重点高校就读的学生表示，经历考上名牌大学的激动与兴奋之后，他们进入紧张的学习状态，部分学生很难适应。根据这些实际情况，很多高校也开展了一些积极的探索和尝试，如：安排他们与教授导师、知名校友"结对子"，对这些农村学生进行一段时间的集中培训，帮助他们尽快融入校园。从总体上看，教育行政部门和高校应进一步完善农村学生入学后的培养体系，以帮助农村学生尽快适应高校的学习生活，使这一倾斜政策的良好效应得以持续放大。

本文发表于《中国教育报》2014 年 9 月 16 日第 2 版

指标分配政策就怕碰上"歪嘴和尚"

近日，《中国青年报》以《太原中考大幅定向招生惹争议》为题，对太原市今年实施优质高中指标分配政策的情况进行了报道。根据太原市教育局的规定，当地省、市示范普通高中按照 2014 年普通高中招生计划的 60% 确定定向招生名额，并在各招生学校统招录取分数线下 50 分以内录取。

这一政策在太原市引发争议的焦点是，60% 的分配比例过高，而线下 50 分以内录取的标准过低。事实上，围绕着分配比例和录取标准的争议，在其他地区也都不同程度地存在。什么样的分配比例更适宜、什么样的分配方式更合理、什么样的录取方式更科学，有待在实践中认真探索并逐步完善。

从全国情况看，以省（区、市）级示范性高中学校为单位，各地用于指标分配的比例存在一定差异，大部分地方不低于 40%，且呈现逐年提高的趋势。因而单纯从指标分配比例看，太原市今年确定的 60% 的比例并无明显不妥。然而家长对此表示质疑倒也不难理解，今年太原市指标分配比例的提高，使得一部分原本可以通过统招录取进入优质高中的学生，因为统招录取比例下降而失去了进入优质高中的机会，从某种程度上讲这也确实会造成一种新的不公平。正因如此，当前各地在确定指标分配比例时，应当把如何保证一定的统招录取比例作为一个考虑因素，使部分优秀学生即使没有机会获得指标，也可以通过统招录取进入优质高中。应当看到，随着各地取消"三限生"，招收"推优生""特长生"的比例逐步降低，优质高中统招录取的比例将会得到更好的保障。

其实家长对指标分配比例的质疑只是一个方面，除此之外，还包括分配方式是否合理、录取方式是否科学等问题。就分配方式而言，目前各地主要有三种方式：一是依据辖区内各初中学校报考普通高中的学生人数或毕业生人数分配；二是综合考虑各初中学校报考普通高中的学生人数或毕业生人数、办学水平、实施素质教育情况、上一年升入高中学校的学生数量等因素进行分配；三是主要依据初中学校毕业生人数分配，同时拿出一部分指标作为奖励性指标，依据初中学校办学水平进行分配。从现实情况看，人们对选择何种分配方式并无太大争议，关键是如何做到分配规则透明、操作程序公开，这也对政策实施提出了较高要求。

在录取环节，太原市与大部分地方所采取的方式基本相同，就是按照中考成绩（或学业水平考试成绩）、综合素质评价情况和学生志愿择优录取。但对于中考成绩的要求，各地执行情况并不相同，有的地方没有设定考试成绩的底线要求，有的地方设定了考试成绩的底线要求，而底线要求通常为统招录取分数线下 20 分或 30 分以内。太原市规定的线下 50 分以内录取，在很多家长看来，降分幅度偏大，对学生不公平。很多学校也反映，由于降分幅度偏大，一部分学生跟不上学业，学习成绩不升反降，这也给优质高中的教育教学造成一定困难。依笔者之见，在录取指标分配生时，应当设定考试成绩底线，且降分幅度不宜过大。

总体而言，作为促进义务教育均衡发展的重要举措，各地仍应积极推进指标分配政策，同时还须立足本地实际，逐步完善指标分配方式和学生录取方式，在分配方式和录取方式尚不完善的地区，不宜简单追求高比例。

本文发表于《中国教育报》2014 年 7 月 18 日第 2 版

如何给"学区房"降温?

　　天价"学区房"的出现,确实是政策制定者不愿看到的。但是,"学区房"只是政策制定者考虑的一方面,毕竟制定"就近入学"政策还要综合考虑多种因素。不过天价"学区房"的出现,确实也提醒政策制定者,多考虑一些现实层面的因素。就目前而言,科学统筹教育资源、合理划定招生片区至关重要。如果招生片区划定过窄,甚至只是简单地一一对应,"学区房"炒作有可能更进一步升温。

　　从今后地方招生方式改革来看,应适度扩大招生片区范围,确保在每一个招生片区内都有优质学校,从起始阶段为孩子提供一个公平的机会。逐步推进多校划片,通过随机派位方式确定每个孩子的就读学校。也就是说,不论住在"学区房"还是"非学区房",所有的孩子都拥有进入名校的同等机会。这样,随着规范"学区房"居住年限等条件标准的实施,特别是随着多校划片方式的逐步推进,"学区房"的炒作自然会逐步降温。当然,要从根本上解决"学区房"过热的现状,还要在促进义务教育均衡发展上下更大功夫。

本文发表于《中国教育报》2014 年 5 月 20 日第 5 版

指标分配：政策效应如何放大？

近日，各地陆续公布中考招生工作方案，部分地区再次扩大指标生招生规模。将优质高中招生名额合理分配到区域内初中学校，是促进义务教育均衡发展的重要举措，也是推进高中考试招生制度改革的重要内容，这一点已得到各地普遍认同。然而在实际操作层面，矛盾和冲突依旧突出，推进节奏差异明显。什么样的分配比例更适宜？什么样的分配方式更合理？什么样的录取方式更科学？亟须通过深入的探索实践进一步作出回答。

一、什么样的分配比例更适宜？

（一）比例差异较大，提高态势明显

《国家中长期教育改革和发展规划纲要（2010—2020 年）》明确提出：改进高中阶段学校考试招生方式，发挥优质普通高中和优质中等职业学校招生名额合理分配的导向作用。2012 年，教育部、国家发改委、审计署共同制定的《治理义务教育阶段择校乱收费的八条措施》进一步提出：要将优质普通高中的招生名额按不低于30%的比例合理分配到区域内各初中，现在已经高于30%的要巩固提高并逐步扩大分配比例。在这样一个总体政策要求下，各地正在逐步完善相关做法，积极推进指标分配政策的实施。

1. 分配比例差异较大

从各地情况看，以省（区、市）级示范性高中学校为单位，各地用于指标分配的比例差异较大，大部分地方不低于40%，河北、湖北、湖南等省规定省级示范性普通高中直接分配到区域内初中学校的指标生比例不低于80%。但也有一些地区比例还比较低，还有个别地方出于种种原因，尚未正式启动实施这一政策。广州市 2013 年制定方案，2016 年具体实施，2016—2018 年的指标分配

比例为30%，其中省市属示范性普通高中指标生计划面向全市分配，区（县、市）属示范性普通高中指标生计划面向本区（县、市）分配。

2. 分配比例逐年提高

从各地情况看，虽然政策实施进度不一，但基本呈现比例逐年提高的趋势。北京市从2013年的12%—15%上升到2014年的30%；天津市从2013年的40%上升到2014年的50%；安徽省从2013年的70%上升到2014年的80%；陕西省从2013年的40%上升到2014年的50%。

（二）难点聚焦

在目前条件下，指标分配多大比例为宜？是否比例越高越好？在各地仍然存在一些不同认识和看法，这些认识和看法或多或少影响着这一政策的推进节奏。

1. 如何看待指标分配政策？

事实上，对指标分配政策的认识，在一定程度上左右着政策推进的力度。随着我国普及高中阶段教育目标的逐步实现，中考选拔和分流学生的功能将会逐步淡化，推进素质教育的导向功能将会进一步增强，这是中考功能定位的一个明显变化。在指标分配政策的实际推行过程中，原有的高中考试招生的性质与内涵也发生了一定的变化，指标分配改变了完全依据中考成绩，从高分到低分录取学生的模式，逐步从全员选拔录取走向部分选拔录取，而对于这种变化的认可程度，会在一定程度上影响指标分配比例的高低。

2. 如何避免指标分配政策引发新的不公平？

在一些地方和学校看来，如果指标分配比例过高，区域整体性竞争变为学校、班级局部性竞争，对一部分原本可以通过统招录取进入优质高中的学生而言，享受优质教育的机会被削减，有可能造成一种新的不公平。当前解决这一问题的有效办法是保持指标分配与统招录取的适当比例，即在增加指标分配比例的同时，保留适当的统招录取比例，这样才能保证一批优秀学生即使没有获得指标分配机会，同样可以通过统招录取进入优质高中。因此一些地方和学校认为，现阶段需要稳步推进指标分配政策，在指标分配方式和学生录取方式尚不完善的情况下，不宜简单追求高比例。

二、什么样的分配方式更合理?

（一）依据毕业人数，兼顾其他因素

目前各地指标分配方式主要有以下三种。

第一，依据辖区内各初中学校报考普通高中的学生人数或毕业生人数，将指标平均分配到辖区内的初中学校。由于操作起来简便易行，目前很多地方采取这一办法。

第二，综合考虑各初中学校报考普通高中的学生人数或毕业生人数、办学水平、实施素质教育情况、上一年升入高中学校的学生数量等因素进行指标分配。湖北省宜昌市将省级示范高中在城区招生指令性计划按照各区初中毕业生总数的一定比例分解到各区，各区按照在籍的应届毕业生数（权重为60%）、初中教育教学质量评价结果（权重为30%）、初中学校规范办学行为检查结果（权重为10%）分配到各初中学校。

第三，主要依据初中学校毕业生人数分配，同时拿出一部分指标作为奖励性指标，依据初中学校办学水平进行分配。山西省晋中市拿出指标总数的80%作为基础性均衡指标，按学生人数分配；拿出指标总数的20%作为评估性奖励指标，依据县（市、区）教育局对初中学校年度教育质量督导评估结果进行分配。督导评估的核心指标是"五率两看"："五率"即初中三年保留率、学业成绩合格率、学业成绩优秀率、实验技能和音体美合格率、综合素质评价合格率；"两看"即看学校的争先创优情况和学校特色发展情况。

（二）难点聚焦

1. 如何引领初中学校提高办学水平?

目前，很多地方指标分配的主要依据是各初中学校报考普通高中的学生人数或毕业生人数，而这种做法对于一些办学水平较高而办学规模较小的初中学校，包括一些民办初中学校有些不公平。此外，人们还有一个比较大的担忧：平均分配指标是否会让某些初中校"高枕无忧"，缺乏发展动力？毕竟按照这种分配方式，不论初中学校办学水平高低，最终获得的指标是一样的。如何激励初中学校的办学积极性，发挥指标分配政策的引领作用，也是政策推进过程中人们较为关注的一个问题。

2. 如何科学评定学校办学水平和实施素质教育情况？

在分配指标时，如果对初中学校办学水平和实施素质教育情况进行综合考虑，必然会涉及如何科学评定的问题。如何依托原有的初中学校办学质量评价系统，而不是另重起炉灶、再搞一套评定办法，值得深入思考。毕竟在进行指标分配时，综合考查学校办学水平和实施素质教育情况，会在一定程度上增加指标分配的操作难度。当前，各地正在逐步推进中小学教育质量综合评价改革，如何将学生品德发展水平、学业发展水平、身心发展水平、兴趣特长养成和学业负担状况当作评价学校教育质量状况的核心指标，有待深入探索与实践。

三、什么样的录取方式更科学？

（一）条件设定不一，录取办法各异

1. 条件设定

在指标分配生的录取过程中，各地都会设定一些基本条件，其中最基本的条件是享受指标的学生应是初中一年级即在毕业学校入学并有正式学籍的学生，实际就是将初中跨片区的"择校生"排除在指标分配政策之外，其政策意图是鼓励小升初就近入学，缓解小升初择校现象。这一规定有其合理性，且与2014年2月教育部办公厅印发的《关于进一步做好重点大城市义务教育免试就近入学工作的通知》中有关"择校生不得享受优质高中到校指标"的政策要求相吻合。

除此之外，一些地方还对其他的条件作出明确规定。在天津市的操作办法中，除了要求学生在学籍所在校就读、初中不择校之外，还要求享受指标的学生具备以下条件：具有天津市正式户口（含蓝印）的应届初中毕业生；市级学业水平考查（地理、生物、思想品德、历史）四个科目中，至少有两科达到"良好"，其他科目达到"合格"标准的学生；德、智、体全面发展，初中综合素质评价达到2A和3B的学生（其中道德素养应为A）。

2. 录取办法

在实际录取时，各地总体按照中考成绩（或学业水平考试成绩）、综合素质评价情况和学生志愿择优录取。对于中考成绩的要求，有的没有设定底线要求，只是根据指标数量从高分到低分按顺序录取；有的设定了底线要求，只有达到底线要求才能被录取。各地设定的中考成绩底线要求包括：在普通高中最低控制线下 20 分、30 分，或不低于"三限生"录取标准。

天津市从 2012 年起，将指标分配生降分幅度由 10 分提高到 20 分；武汉市从 2011 年起规定，指标分配生在其所报考学校的指令录取线下 40 分内录取，2013 年调整为 30 分内录取；青岛市指标分配生学业考试成绩需要达到第一志愿普通高中计划内录取线下 30 分以内；潍坊市设置指标分配生录取标准下限，指标分配生录取标准不得低于"三限生"录取标准。凡按"三限生"录取标准仍不能完成指标的初中学校，其剩余的指标统一调出，作为相关高中学校的统招生计划指标。

（二）难点聚焦

1. 如何使指标分配政策发挥最大效用？

在具体录取办法中，如果设定成绩底线要求，一些相对薄弱的初中学校由于达到成绩要求的学生数量不足而造成指标浪费，使得指标分配政策难以按计划完成，政策实施效果打了折扣。事实上，一些地方采取不设成绩底线要求的做法，主要着眼于为薄弱初中学校的学生提供更多升入优质高中的机会。

2. 如何兼顾优质高中学校的教育教学？

在具体录取办法中不设成绩底线要求，只要获得指标，就能够获得进入优质高中的机会，这样做虽然能够保证指标分配任务的顺利完成，但生源质量难以保证。云南省楚雄彝族自治州将优质高中指标分配到全州 10 个县市，指标分配生与统招生之间的分数差距较大：中考总分 750 分，当地某示范高中统招录取的最高分为 696 分，指标生最低的仅为 607 分。由于文化基础相对薄弱，一部分学生跟不上学业，学习成绩不升反降。而示范高中由于学生成绩参差不齐，差距过大，给学校的正常教育教学带来不利影响。当然也有地方认为：在以往的高中招生录取中，也同样存在着"推优生""特长生""三限生"与"统招生"之间录取成绩的差异，示范高中学校应当能够应对这种差异，不会对教育教学产生过多影响。

本文发表于《中国教育报》2014 年 5 月 13 日第 6 版

限定"学区房"需与多校划片同步推进

近日，北京市教委针对"学区房"问题在其官方微博回应：不建议家长盲目购买和追捧"学区房"，对"学区房"商业炒作应持有谨慎态度。市教委、市住建委等有关部门将就相关问题联合出台措施，加强就近入学政策解读宣传，规范居住年限等条件标准，引导家庭就近解决子女入学问题。

北京市拟对"学区房"作出限制性规定，是继上海静安、长宁等区出台抑制"学区房"炒作政策后的又一个地方性政策举措。应当说，在当前"学区房"价格持续上涨的背景下，地方政府和相关职能部门通过出台具体政策加以应对，是政府责任的具体体现，也是顺利推进义务教育就近入学政策的必要保障。

然而，对"学区房"作出各种限制性规定，可能也会产生一些新的问题，人们就此产生的一些担忧也并非全无道理。如：对"学区房"享有的同校对口入学机会作出年限规定，有可能抑制"学区房"的频繁炒作，然而那些五年内没有同校对口入学记录的"学区房"，势必成为更加稀缺的资源，使得供求失衡加剧，有可能继续推高房价。再如：对"学区房"对口入学作出年限规定，购买者必须居住满五年后，才能享有对口入学资格。此举对抑制"学区房"的短期炒作有一定作用，但同时意味着家长为了孩子上名校必须早作打算。而那些在"学区房"没有住满五年的家庭，他们的孩子入学问题又该如何妥善安排？对于诸如此类的问题，相关部门需要予以统筹考虑。

依笔者之见，目前针对"学区房"作出的各种限制性规定，只是相对单一的应对之策，还应与多校划片方式同步推进。毕竟对"学区房"作出的这些限制性规定，本身就是赋予了"学区房"一种特殊地位，那种购买了"学区房"就一定能够上名校的状况也并没有从根本上打破。而长远的制度安排恰恰需要从改革招生方式入手，通过实施多校划片，打破某一"学区房"固定上某一所学校的局面，使得购买"学区房"不能保证孩子一定上名校。

在当前义务教育发展尚不均衡，学校之间还存在较大差距的现实条件下，应当逐步推进多校划片方式，义务教育入学范围应当由以往的以学校点状服务向学区片内多校划片方式过渡。也就是说，不论是"学区房"还是"非学区房"，对口就读的学校不是一所而是多所，而且优质学校、中等水平学校和相对薄弱学校都应包含其中，并通过随机派位方式确定每个孩子的就读学校。这也就意味着，不论居住的是"学区房"还是"非学区房"，孩子都拥有进入名校的同等机会。有了这样一种制度安排，家长在购买"学区房"之前就会再三思量，毕竟花了巨资购买的"学区房"，可能与其他"非学区房"一样，只不过是获得了一次就读名校的派位机会而已，值不值得自然需要好好掂量一番。

家长对"学区房"的追捧由来已久，其中折射出了义务教育招生方式长久以来存在的缺陷。随着规范"学区房"居住年限等条件标准的实施，特别是随着多校划片方式的逐步推进，"学区房"与"非学区房"之间也就不会再像眼下这样泾渭分明，"学区房"的炒作自然也会逐步降温。

本文发表于《中国教育报》2014 年 5 月 7 日第 2 版

购买"学区房"，家长还须多思量

今年初，教育部出台推进 19 个重点大城市义务教育免试就近入学政策。随着这一政策的出台，很多家长一下子都坐不住了，开始盘算购买"学区房"。一时间，很多地方的"学区房"价格出现明显上涨。

家长的这种急切心情可以理解，但此时尤其需要保持一份清醒，不可意气用事。家长在作出购买"学区房"决定之前，需要好好思量一番，要多了解一些入学政策，多了解一点学校情况，多了解一下购房风险。

首先，家长要多了解一些入学政策。实行免试就近入学，是《中华人民共和国义务教育法》的基本原则。各地幼升小、小升初招生一直都按照这个原则执行。因此，此次教育部出台的政策，并非一个全新政策，只不过是在政策执行力度上进一步加大，所以，家长的担忧着实大可不必。虽然当前义务教育免试就近入学政策在一些地方执行还不到位，有的地方择校现象还比较严重，但总体而言，择校的毕竟只是少数。随着这一政策的逐步推进，优质学校的所有学位将纳入片区招生计划，学校招生行为进一步得以规范，这一点对于绝大多数家长而言是个利好。从今后片区调整的总体趋势看，调整应当确保每一个片区内都有优质学校，当优质学校学位难以满足需求时，应采取随机派位的办法。这样做的目的就是最大限度地体现机会公平。在这种情形下，家长是否还要急于购买"学区房"，真的需要好好思量一番。

其次，家长要多了解一点学校情况。眼下大部分家长对当地学校情况并不了解，大多通过口耳相传，或凭借一些传统认知，对当地的优质学校、薄弱学校留存了一些模糊印象。而事实上，随着近年来促进义务教育均衡发展的力度不断加大，学校之间的差距明显缩小，很多传统认知中的薄弱学校已经发生了巨大变化，优质学校也不再仅仅是家长心目中的那几所。家长多了解一点当地

175

学校情况，就会少一些盲目推崇或排斥。在这方面，教育主管部门和学校应当承担起相应的责任，通过各种途径及时向社会和家长介绍学校改革发展情况，帮助家长克服盲从心态。应当看到，免试就近入学政策的全面推进，必然会对促进义务教育均衡发展形成倒逼之势，各地缩小学校之间差距的步伐将会进一步加快。

最后，家长要多了解一下购房风险。所谓的购房风险，就是承诺是否能够兑现。其中包括两种风险：一种风险是购买的"学区房"并非真正的"学区房"，现实中类似的官司与纠纷并不少见，在这方面家长尤其需要仔细甄别；另一种风险是眼下属"学区房"，但由于片区调整等种种不确定因素，这些"学区房"与"名校"之间简单化的一一对应关系有可能被打破，家长对此要有心理准备。值得一提的是，为了全面推进免试就近入学政策，各地将会对义务教育招生片区进行重新规划，对招生范围的划定办法进行适当调整，"以房择校"的传统做法是否还能靠得住，确实需要打上一个问号。

本文发表于《中国教育报》2014年4月12日第1版

化解"学区房"困扰需要理性和智慧

近日有媒体报道,浙江宁波一处楼盘打着黄冈中学宁波学校"学区房"的旗号,赢得了大量购房者的青睐,然而临近交房,业主们才发现期待中的名校根本没有来,而是换成了当地一所民办学校的分校。奔着名校"学区房"而购房的业主们叫苦不迭,千余名业主联名投诉维权,要求开发商对此予以补偿。

这一事件的具体细节尚待考证,但因购房上名校引发的纠纷,近年来在各地时有发生。笔者认为,家长自身要克服盲目的"名校情结",对因孩子上学而选择的购房行为要慎之又慎;教育管理部门要合理划定义务教育学校招生片区,避免因为"学区房"的过度炒作对家长利益造成损害。

化解"学区房"带来的困扰,需要家长多一份理性。买了所谓的"学区房",是否真的能如愿进入名校,家长还须擦亮眼睛,仔细甄别。眼下,开发商在推广楼盘时会抛出多重诱饵,"名校入驻"往往成为其中一大卖点。家长不惜重金购买"学区房",借此为孩子赢得进入名校的机会,这种心情完全可以理解。但很多家长对义务教育学校的招生划片情况并不了解,往往只是简单听信开发商一家的说法,最终因为承诺无法兑现而引发矛盾。新建楼盘如何划片,是否能够整体划入某一所指定学校,存在很大的不确定性,教育主管部门和学校通常不会以协议方式对此作出保证。因此,对于开发商的信誓旦旦,家长应当保持一份理性。

当前,为了解决优质教育资源短缺问题,很多地方在新建楼盘比较集中的区域,采取由地方政府出面引进名校合作办学。但这种合作办学的效果如何,新校与名校是否具有同等的教育教学水准,不可一概而论。如果按照名校的标准来看待新建学校,两者之间难免会有差距,家长对此需要做到心中有数。

笔者认为,在各地优质教育资源普遍短缺的背景下,如何统筹规划教育资源，合理划定招生片区，使义务教育免试就近入学政策得以顺利推进，避免"学区房"的过度炒作，考验着地方教育管理部门的智慧。眼下，围绕全面推进"就近入学"对"学区房"的影响，社会上的讨论非常热烈。一种观点认为，教育部新近出台的义务教育免试就近入学政策，目的就是推动学校之间最终走向均衡，因此会对"学区房"的降温产生积极作用；也有人持相反观点，认为这一政策的出台，对于家长而言，今后择校的空间被大大挤压，选择一个好的"学区房"成了唯一出路，因此预计"学区房"有可能进一步升温。前不久，北京、广州等地的部分"学区房"确实也出现了一定幅度的价格上涨。

事实上，新近出台的义务教育免试就近入学政策究竟会对"学区房"产生何种影响？如何让家长免受"学区房"的困扰？统筹规划教育资源，合理划定招生片区至关重要。如果招生片区划定过窄，甚至只是简单化地一一对应，"学区房"炒作有可能进一步升温。从今后的招生方式改革看，应适度扩大招生片区范围，确保在每一个招生片区内都有优质学校，尤其要确保优质学校参与片区招生的数量，从起始阶段为孩子提供一个公平的机会，这不失为一种新的尝试。

本文发表于《中国教育报》2014年3月18日第2版

改革招生方式需锁定关键环节

小升初实行免试就近入学，是《中华人民共和国义务教育法》的基本原则。近日，教育部公布了《关于进一步做好小学升入初中免试就近入学工作的实施意见》，重申了这一原则，并推出了合理划定招生范围、全面实行阳光招生、逐步减少特长生等举措，这是系统设计从基础教育到研究生教育各个阶段考试招生制度改革总体方案的一个组成部分，无疑是一个良好的开端。

小升初"择校"问题由来已久，其根源在于学校之间的差距较大，发展不平衡。缓解"择校"问题，还需从促进均衡入手，人们对此已有共识。但促进义务教育均衡发展，绝非一朝一夕的事；消除学校之间的差距，也还需要长期不懈的努力。在此背景下，缓解小升初"择校"问题，推进招生方式改革不可或缺，而合理划定招生范围乃招生方式改革的关键环节。那种认为改革招生方式是老生常谈、只治标不治本、难有实际效果的说法，不免有点悲观。但小升初招生方式究竟应当如何改进，招生范围究竟如何合理划定，确实需要在实践中不断加以思考。

一是不宜将招生范围划定得过窄。针对当前义务教育学校差距较大的实际，应当本着务实的原则，对义务教育学校的招生片区进行认真规划，对招生范围的划定办法进行必要调整，适度扩大招生片区范围，防止过于窄化招生范围。在实际招生过程中，凡是在招生片区范围内的学校就读，即可认定为"就近入学"。要尽量避免把学校与住宅小区、学校与学校之间简单化地一一对应，毕竟在学校差距较大的现实条件下，简单化地一一对应势必会造成天然不公，从而引发社会与家长的不满。

二是要致力于为孩子提供更加公平的机会。在避免简单化地一一对应的同时，更需要在划定招生范围时最大限度地体现机会公平。每一个招生片区应当包括优质学校、中等水平学校和相对薄弱学校等不同类型学校，尤其要确保优质学校参与片区招生的数量。当一所学校的报名人数超出实际招生人数时，则可采取随机派位的办法。这样的政策设计虽然难以从根本上消除家长的"择校"意愿，但毕竟在起始阶段为孩子提供了一个公平的机会。同时应当承认，从根本上缓解"择校"问题，仅靠改革招生方式还远远不够，必须在缩小校际差距方面下更大功夫。

三是要注重发挥招生方式改革的正面传导效应。简单化地一一对应，意味着孩子如果上了某一所小学就注定上不了优质初中，而如果某一所小学对口直升的是一所薄弱初中，家长一定会对这所小学避之不及。唯一的应对办法是将"择校"前移至幼升小阶段，在推行九年一贯制过程中对此问题同样需要有所关注。事实上，改革小升初招生方式，应当让家长感受到，不管孩子上了什么类型的小学，都会有进入优质初中的机会。当前实行的优质高中部分招生指标分配到初中学校的做法，正是传递了这样一种积极信号：即使孩子现在就读的是一所相对薄弱的初中，将来也会有进入优质高中的机会。这一政策对于小升初招生的正面传导效应不言而喻。同样，改革小升初招生方式，也应当注重发挥其对幼升小的正面传导效应，毕竟缓解幼升小的"择校"问题，任务同样艰巨。

本文发表于《中国教育报》2014年2月14日第2版

指标到校要科学把握节奏

最近一段时期，将优质高中学校招生指标分配到初中学校的政策引发了一些讨论。从总体上看，指标到校政策对于促进义务教育均衡发展、缓解"小升初"择校压力发挥了积极作用。但从政策设计与实施的角度看，指标到校政策尚待完善。

推进节奏需要科学把握。各地指标到校政策的推进节奏存在差异，很多地区指标比例已经达到50%、60%，还有一些地区甚至接近100%。什么样的比例更为合适，需要考虑不同地区的实际。在当前政策设计尚不完备的情况下，简单追求高比例会存在一定风险。

很显然，指标到校对于优质初中的学生和薄弱初中的学生有着不同的意义。从积极意义看，即便你就读的是薄弱初中，指标到校政策同样能给你进入优质高中的机会，这一点对于缓解"小升初"择校压力确实作用明显。但反过来设想一下，假如是因为薄弱初中的学生拥有更大的进入优质高中的机会，使得大家对就读这类学校的积极性大增，从促进均衡的角度看是一件好事，但同时也说明我们的政策设计还存在一定缺陷。而解决这一问题的有效办法，就是要科学把握政策推进节奏，不要急于将指标到校的比例一下提得过高。相反，留出一定比例用于传统的选拔途径，使一批优秀学生即使享受不到这一政策，仍然可以凭借自身实力获得进入优质高中的机会，其中包括优质初中的部分优秀学生、目前暂未列入指标到校范围的部分民办学校的优秀学生，这样的政策设计可能更为缜密。

实施方式需要逐步完善。各地在落实指标到校政策的过程中，制订了具体的分配方式和录取方式。在分配方式上，有的是按照初中学校毕业生人数进行平均分配，还有的是根据初中学校的综合情况（包括毕业生人数、办学水平、素质教育实施状况、往年升入高中的学生数量等）进行分配。在录取方式上，有的设置了分数的底线要求，如低于统招线 20 分、30 分，还有的不设分数底线要求，只是根据指标数量从高分到低分按顺序录取。

对于在录取中要不要设置分数底线要求，各地有一些不同的看法和做法。不设分数底线要求，政策力度显得更大，但可能导致进入优质高中的学生在成绩上差异较大，给优质高中的教育教学带来不利影响；而设置分数底线要求，一些学校虽然得到了指标，但会由于达到分数要求的学生数量不足而造成指标浪费，使得这一政策的实际效果从表面看打了折扣。权衡利弊，目前来看，在指标到校的政策设计与实施中，设定分数底线要求是必要的，有利于维护高中考试招生制度的公平公正。毕竟在中考改革过程中，我们倡导的是不要"分分计较"，但并不意味着可以全然不顾学生的学业考试成绩 。

本文发表于《中国教育报》2013 年 5 月 17 日第 3 版

规范小升初需从源头下功夫

每当进入小升初招生时节，家长们都会变得焦躁不安，为了让孩子进入一所理想的初中学校煞费苦心。虽然很多做法并不可取，但家长的心情也可以理解。

一方面，家长对孩子的未来普遍寄予了很高期望。我们所做的一项独生子女课题研究发现，独生子女家长的期望值要显著高于非独生子女家长。正如人们常说的，一个独生子女承载了家中几代人的希望。在家长看来，孩子能够在小升初中胜出，进入一所理想的初中学校就读，似乎向未来的成功又靠近了一步。

另一方面，初中学校之间的差距仍然客观存在。虽然义务教育阶段的重点学校已经取消，但传统的优质初中学校在家长心中的印记一时还难以抹去。客观地讲，一所学校的文化传统、校风和学风往往需要历经几十年甚至上百年的积淀才形成，得到社会的认可也绝非一日之功。因此，寄希望于短时间内消除学校之间的差距，实现学校之间的完全均衡，进而改变家长对学校的传统认知并不现实。

规范小升初、缓解择校压力的任务固然艰巨，但并不意味着我们真的无从下手。近年来，各地的一系列改革实践让我们看到了希望：义务教育学校标准化建设加快了薄弱学校的硬件改造；教师流动提升了薄弱学校的师资水平；优质资源共享提高了薄弱学校的教育教学质量。但有一点不容忽视，生源差距是校际差距的一个重要方面。如何在合理配置生源、缩小生源差距上下更大功夫，是当前缩小校际差距、缓解择校压力的重要之策。

首先，应当合理调整片区。免试就近入学是各地小升初的通行做法。从今后的改革趋向看，需要进一步科学规划学校布局，合理调整片区，确保每个片区内都有家长认可的优质初中学校，使孩子在就近入学的原则下拥有更加公平的机会。

其次，应当规范招生行为。由于实施免试就近入学，部分优质初中学校失去了选优的合法途径，各种变通的选优手段应运而生，特长考查、智力测试和面试面谈在小升初招生中屡见不鲜，生源争夺使教育的生态环境遭到了人为破坏。应当严格禁止各种考试及变相考试，取缔以选拔生源为目的的各类培训班，切实规范小升初的招生秩序。

再次，应当适度调配生源。在合理调整片区的基础上，应当确保片区内优质初中学校参与电脑派位。基于一些特殊情况，跨片区招生还会在一定程度上存在，但应当严格限定学校的招收比例。将部分优质普通高中招生指标合理分配到初中学校，有助于缓解小升初阶段的择校压力，这一点在实践中会逐步得到印证。但这一政策需要有一个逐步推进的过程，采取什么样的分配方式更科学，确定多大的分配比例更合理，应当从各地实际出发，并在今后的改革实践中逐步加以明确。

需要指出的是，家长对心目中的优质学校趋之若鹜，某种程度上也是攀比、盲从的心态在作怪。对于大多数家长而言，对学校的了解更多来自熟人之间的口耳相传、长久以来形成的传统认知。事实上，随着近年来教育改革不断深化，一大批初中学校的面貌已发生了根本改变，现实中的优质学校也不再仅仅是家长心目中的那几所，对此家长并不完全了解。应让家长和孩子走进校园，近距离感受教育改革给周边学校带来的变化，进而减少他们对这些学校的盲目排斥。相关部门还有很多工作要做，而且要把工作做实做细。

本文发表于《中国教育报》2012年6月19日第3版

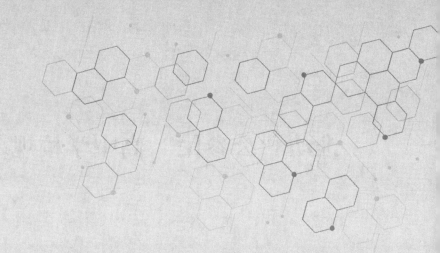

四、规范公办学校办学行为

推动"公参民"高中学校规范办学

随着新修订的《中华人民共和国民办教育促进法实施条例》（以下简称《实施条例》）的颁布，特别是规范义务教育"公参民"学校（即公办学校举办或参与举办民办义务教育学校）相关政策的出台，义务教育"公参民"学校的规范管理工作正在有序推进。那么，"公参民"高中学校该何去何从？

"公参民"学校逐步走向真正独立办学，这是对"公参民"高中学校规范办学的必然要求。与"公参民"义务教育学校一样，"公参民"高中学校也是特定历史条件下的产物，发挥了一定的积极作用。但近年来一些"公参民"高中学校的无序发展，特别是一些学校违规提前招生和跨区域招生，破坏了教育生态，损害了教育公平。按照《实施条例》的相关规定，进一步推动"公参民"高中学校规范办学，有利于营造良好教育生态，也有利于促进基础教育健康发展。

首先，要对公办学校举办或者参与举办民办高中学校加以规范。虽然《实施条例》并未对公办学校举办或者参与举办民办高中学校作出禁止性规定，但依法规范办学的要求非常明确。《实施条例》第七条规定："公办学校举办或者参与举办的民办学校应当具有独立的法人资格，具有与公办学校相分离的校园、基本教育教学设施和独立的专任教师队伍，按照国家统一的会计制度独立进行会计核算，独立招生，独立颁发学业证书。"

民办学校应具有"独立的法人资格"。虽然一些"公参民"高中学校具有"独立的法人资格"，但学校的法人代表没有实际权力，"独立的法人资格"并未真正落地。学校应具有"与公办学校相分离的校园、基本教育教学设施和独立的专任教师队伍"，旨在从根本上解决"校中校"问题和公民办学校教师混用现象。目前公办学校、民办学校同处一个校园、共用教育教学设施、共用教师的情况并未杜绝。学校应实行"独立的会计核算"。"公参民"高中学校是否独立进行会计核算，需要进行严格的财务审计。同时，学校应"独立招生""独立颁发学业证书"。近年来，一些学校在"独立招生"方面的问题比较突出。部分"公参民"高中学校借着跨区域招生之机，利用与公办名校含糊不清的关系招揽生源，这是亟须治理的重点。

其次，要对公有教育资源参与民办高中办学加以规范。对公有教育资源参与民办高中办学进行规范，主要包括规范公办品牌输出、规范公办教师编制使用、规范国有资产管理。

一是规范公办品牌输出。公办学校仅以学校品牌作为无形资产投入办学，而未实质性参与民办学校管理与教学的"贴牌"行为，在"公参民"高中学校中并不鲜见。从规范公有教育资源参与民办学校办学的角度看，规范公办品牌输出是一项重要内容。《实施条例》第七条规定："公办学校举办或者参与举办民办学校，不得利用国家财政性经费，不得影响公办学校教学活动，不得仅以品牌输出方式参与办学，并应当经其主管部门批准。"由此可见，公办高中仅以品牌输出方式参与民办学校办学，应在禁止之列。

二是规范公办教师编制使用。教师拥有公办学校事业编制，却长期在民办学校任教，这种现象在"公参民"高中学校依然存在。作为公办学校与民办学校间的一种合作方式，公办学校教师对口支持民办学校，其教师身份、人事关系可保持不变，但应当在任教时间上作出限定。不加限制地长期任教不符合公办教师编制使用的相关规定。2019年12月中央编办明确提出，严禁公办学校在编教师长期到民办学校任教。因此，对于长期在"公参民"高中学校任教的公办学校教师，应当分阶段、分步骤有序引导退出。

三是规范国有资产管理。按照《实施条例》的要求，以国有资产参与举办民办学校的，应当根据国家有关国有资产监督管理的规定，聘请具有评估资格的中介机构依法进行评估，根据评估结果合理确定出资额，并报对该国有资产负有监管职责的机构备案。

最后，要对"公参民"高中学校的办学行为加以规范。一是要加强"公参民"高中学校的招生管理。《实施条例》第三十一条规定："实施普通高中教育的民办学校应当主要在学校所在设区的市范围内招生，符合省、自治区、直辖市人民政府教育行政部门有关规定的可以跨区域招生。"《"十四五"县域普通高中发展提升行动计划》提出，全面落实公民办普通高中同步招生和属地招生政策。可以说，加强对违规提前招生和跨区域招生的治理，是规范"公参民"高中学校办学行为的重要内容。

二是要加强"公参民"高中学校的财务管理。按照《实施条例》的要求，"公参民"高中学校与利益关联方进行交易的，应当遵循公开、公平、公允的原则，合理定价、规范决策，不得损害国家利益、学校利益和师生权益。"公参民"高中学校应当建立利益关联方交易的信息披露制度。

"公参民"高中学校成因复杂、类型多样，涉及诸多利益群体，对推动规范办学可能出现的问题，应当做好预判。同时，要从关键环节入手，对每一所学校的情况进行具体分析，避免简单化和"一刀切"。

本文发表于《中国教育报》2022 年 2 月 17 日第 2 版

开展暑期托管服务有章可循

近期，北京、江苏、山东等多地发布了将由教育部门开办面向小学生的暑期托管班的消息。公办托管班究竟应该如何办，场地、师资、经费如何解决，托管服务质量如何保障，成为家长和社会关注的焦点。

为引导和支持有条件的地方积极探索开展暑期托管服务工作，日前教育部办公厅印发了《关于支持探索开展暑期托管服务的通知》，明确了开展暑期托管服务的总体原则和具体要求。这些原则和要求，为地方和学校的实践探索提供了重要遵循，有助于消除人们对暑期托管服务的种种顾虑，也有利于保障学校、教师、学生和家长在暑期托管服务中的相关权益。

第一，从相关主体看，鼓励学校积极承担、引导教师志愿参与、坚持学生自愿参加。从学校层面看，开展暑期托管服务体现了一种责任担当。地方教育部门要鼓励有条件的学校积极承担，学校也应创造条件主动为之。从教师层面看，要积极引导和鼓励教师参与暑期托管服务，但应当强调志愿而非强制。对志愿参与的教师应给予适当补助，并将志愿服务表现作为评优评先的重要参考。从学生和家长层面看，以自愿原则为先，确有托管需求的家庭，由家长自愿为学生报名，学校不得强制要求学生参加。需要强调的是，选择了学校暑期托管的家长也不能"一托了之"，毕竟家庭教育在学生成长中的作用不可替代，在暑期生活中家长仍要抽出一定时间，加强亲子陪伴、增进亲子关系。

第二，从服务内容看，暑期托管服务应以看护为主。为确保学生能够得到充分休息，暑期托管服务中教师不得组织集体补课、讲授新课。一方面，暑期是学生经历了一个学期紧张的学习生活后放松和休闲的时间，保证休息对学生的身心健康至关重要；另一方面，为落实小学生减负的相关要求，即使暑期学生在校内托管，教师也不得组织集体补课、讲授新课。虽然暑期托管服务的主

189

要内容是看护，但也可利用校内资源设施，如图书馆、运动场馆等，合理提供游戏活动、文体活动、阅读指导、综合实践、兴趣拓展、作业辅导等服务，引导和帮助学生度过一个快乐又有意义的假期。

第三，从经费保障看，暑期托管服务要坚持公益普惠原则。开展暑期托管服务是一件民生实事，必须坚持公益普惠原则，既给家长提供一定的托管便利，又不带来过重的经济负担。地方教育部门要会同有关部门完善暑期托管服务经费保障机制，可参照课后服务相关政策，采取财政补贴、收取服务性费用或代收费等方式筹措经费。实行服务性收费或代收费的，收费标准由地方教育部门会同有关主管部门制定，并向社会公示、做好宣传工作，严禁学校违规收费，切实保障家长和学生的切身利益。

第四，从资源统筹看，要积极鼓励多方力量参与暑期托管服务。据媒体报道，上海、三亚等地依托街道、社区等社会资源，借助大学生志愿者等社会群体，已开展了让家长较为满意的公益托管服务。基于地方探索的有益经验，学校在开展暑期托管服务中，要积极寻求相关部门支持，会同共青团、妇联、工会、社区等组织，通过多种途径、多种形式提供学生暑期托管服务。学校还可以利用一些成熟的校外活动场所和社会教育资源，如邻近学校的红色教育基地、博物馆、文化馆、科技馆、青少年活动中心等拓展暑期托管服务的内容。此外，还可以积极吸纳大学生志愿者、社会专业人士等参与学校托管服务。

第五，从有序运行看，暑期托管服务要切实保障师生安全。尤其在当前疫情防控进入常态化阶段，夏季又易出现食品卫生问题、溺水问题等情况下，开展暑期托管服务，安全责任更为重大。地方教育部门和学校要完善安全管理制度，明确参与托管服务人员安全责任，制定安全应急预案，加强安全卫生教育和常态化疫情防控工作，消除托管场地安全隐患，确保师生人身安全。

开展暑期托管服务的总体原则和具体要求已经明确，但由于这项工作尚处于探索阶段，地方教育部门和学校在实施过程中，还要善于总结经验、发现问题，切实将暑期托管服务这一民生实事持续办好。

本文发表于教育部网站，2021年7月13日

"引领带动" 放大优质资源效应

借力优质教育资源，依托热点学校"引领带动"，使得新建校在开办之初实现高起点，这是近年来学校建设中积累的重要经验。据报道，北京多所新学校今年"开张"。这些新学校都与现有的热点学校有关联，有的是热点学校的新校区，有的是热点学校集团内部的一所新学校。如：东城区汇文中学在永定门外地区设立汇文中学初中部南校区；清华大学附属中学在中关村翠湖科技园举办稻香湖校区；丰台区教委与北京十一学校签约，合作举办北京十一学校中堂实验学校、北京十一学校丰台中学、北京十一学校丰台小学。

对于一个区域而言，如何借力优质教育资源，提升区域教育整体实力和竞争力，始终是地方政府关心的一件大事；而对于热点学校而言，如何肩负起自身的责任，最大限度地发挥优质资源效应，也是学校必须直面的问题。从具体实践看，热点学校正逐步从"自身扩充"走向"引领带动"，在严格控制自身规模的总体要求下，按照分区域布局、集团化办学的思路，适度建设新校区、新学校，以放大优质资源效应，缓解优质教育资源不足。

热点学校的"自身扩充"，一直是扩充优质资源的主要手段和方式。但一味加大对热点学校自身潜力的挖掘，使得一些热点学校规模越来越大，班额也越来越大，"百人班级""万人学校"带来的负面效应较为明显，给教育管理带来的挑战也十分巨大，甚至造成教育质量的下滑。近年来，各地对"大规模学校""大班额"的治理力度不断加大，正是尊重办学规律、回归教育常识的体现，有利于进一步营造健康的教育生态。

热点学校的"引领带动"，是近年来教育改革的创新之举。在某一所热点学校带动下，通过多种合作方式扩充优质资源，既规避了学校自身规模的无限扩张，也加大了优质资源的辐射效应。但由于"引领带动"的紧密程度不同，其

191

效果也存在较大差异。"引领带动"在实践中有多种方式，既包括创建教育共同体，实施学区制管理，开展学校间的对口支援、结对帮扶等松散型合作；也包括通过集团化办学建设新校区、新学校等紧密型合作。

相对于松散型合作而言，热点学校在建设新校区、新学校过程中，由于自身占据主导地位，与新校区、新学校之间的关联性更强、紧密度更高，优质资源的辐射效应也会更加明显。但这两种模式之间也有一定区别，热点学校与新建校往往属于两个法人实体，资源调配上仍会存在一定局限；而热点学校与新校区同属一个法人，资源调配力度更大，优质资源共建共享共用的机制能够运用得更加充分。

热点学校举办新校区、新学校在各地已有多年探索，积累了一些经验，也出现了一些问题，在实践中如何扬长避短显得尤为重要。一是把握好"控"。要从科学管理的角度出发，控制好新校区、新学校的数量，毕竟优质资源辐射也有一定限度，新校区、新学校并非多多益善，虽然很难有统一标准，但适度控制数量才有可能更好地保证质量。二是把握好"扩"。既然扩的是优质资源，既然新校区、新学校是热点学校的有机组成部分，热点学校就要成为"核心输出"主体，向各个校区、学校提供理念、管理、教学、师资、资金等方面的指导与支持，真正实现热点学校与新校区、新学校的一体化管理。三是把握好"度"。建设新校区、新学校固然有很多优势，在放大优质资源效应方面也有独特作用，但一定要把握好度，不可一哄而上，更不能鼓励热点学校都去办多个新校区、办多所新学校，而是要基于区域特点和学校实际，找到适合自身发展的手段和方式。

解决好人民群众日益增长的接受优质教育需求和优质教育资源不足的矛盾，应当有更加开阔的视野和适合各地各校特点的不同解决方案。在当前各地大力度治理大规模学校、大班额背景下，依靠热点学校"自身扩充"的方式放大优质教育资源，这条路实际已经很难走通，更多需要依靠热点学校"引领带动"的方式来实现。但热点学校的"引领带动"需要多方合力相助，并在持续探索中不断完善；热点学校新校区、新学校建设也需要一步一个脚印，在练好内功上下更大气力。

本文发表于《中国教育报》2020 年 6 月 25 日第 2 版

"弹性离校" 要多从实际出发

近日，"弹性离校"的话题引发热议。为了帮助家长解决接送孩子的困难，一些地方积极开展"弹性离校"实践，这种主动服务社会的创新之举值得肯定。但要使这种做法真正可持续，既要先行先试、积累经验，同时机制建设和规范管理也要同步跟上。近日教育部办公厅印发《关于做好中小学生课后服务工作的指导意见》，正是基于这样的考虑。

实行"弹性离校"与学生、教师、家长、学校和地方政府关系紧密。如何避免加重学生的课业负担、家长的经济负担和教师的工作负担，避免加大学校的安全风险，是"弹性离校"能否取得实际成效的关键所在。从可持续的角度看，实行"弹性离校"要多从实际出发，以利于更好地赢得各方的支持与配合。

实行"弹性离校"要从学生实际出发，服务内容要清晰，避免加重学生课业负担。在课后这段时间究竟让学生做什么？如果采取集体教学或补课的方式，使其成为课堂教学的延伸，势必有进一步加重学生负担的风险，在当前努力减轻中小学生课业负担的大背景下，显然不合时宜。因此，明确课后服务内容非常必要，《关于做好中小学生课后服务工作的指导意见》提出，课后服务内容主要是安排学生做作业、自主阅读，进行体育、艺术、科普活动，以及开展娱乐游戏、拓展训练、社团及兴趣小组活动等，并提倡对个别学习有困难的学生给予免费辅导帮助。也就是说，对于"弹性离校"不能仅仅满足于托管，而要更多地赋予其教育的内涵，使服务内容更加多样化，这是改革应当追求的目标。

实行"弹性离校"要从教师实际出发，参与主体要多样化，避免加重教师的工作负担。客观地讲，部分学生的"弹性离校"，确实会加大教师工作量，增加教师负担。正因如此，对参与课后服务的教师给予一定的补助非常必要。此外，在课后服务模式上也应有所创新，课后服务的参与主体除了学校在职教师外，通过政府购买服务的方式，引进社会组织参与学校内的课后服务工作，为学生提供更丰富多彩的服务内容，不失为一种有益的做法。

实行"弹性离校"要从家长实际出发，更好地体现政府的主导作用，避免加重家长的经济负担。从目前一些地方的做法看，课后服务大多不收任何额外费用。那么，课后服务的性质究竟该如何界定？课后服务的经费该从哪里来？课后服务作为一项公共服务，要体现政府的主导作用，强调以政府投入为主，可以通过"政府购买服务""财政补贴"等方式对参与课后服务的学校、单位和教师给予适当补助。应当看到，课后服务不是一项基本公共服务，也不面向全体学生，在强调政府投入为主的同时，建立经费分担机制同样非常必要，通过协商机制由家长适度付费也在情理之中，但如何防范"高收费""乱收费"，需要认真研究。

实行"弹性离校"要从学校实际出发，安全管理要跟上，避免增加学校的安全风险。随着学生在校时间的延长，学校的安全风险自然会有所加大，但不能因为存在这种潜在的安全风险，便将课后服务工作一推了之。配合"弹性离校"实践，加强学校安全管理非常重要，一方面要明确课后服务人员的责任，加强对师生的安全卫生意识教育；另一方面要强化活动场所安全检查和门卫登记管理制度，制定并落实严格的考勤、监管、交接班制度和应急预案措施。

"弹性离校"是一项课后服务，主要针对家长按时接送有困难的一部分学生，因而必须遵从自愿原则，防范将部分学生的"弹性离校"变为所有学生的"推迟离校"，将自愿变为强制。

本文发表于《人民教育》2017年第7期第1页

对不规范办学行为就该"叫板"

河北衡水中学进驻浙江的消息近来引发大量争议。据报道，针对衡水第一中学平湖分校的提前招生行为，浙江省教育厅基础教育处处长方红峰明确表示不合规，并对"眼睛里只有分数没有人"的应试教育明确说"不"。在此要为浙江省教育厅的这种鲜明态度点赞，对学校的不规范办学行为就该"叫板"，这也体现了教育主管部门的责任担当。

人们对"超级中学"的质疑来自很多方面，不规范的招生行为是其中一个重点。擅自提前招生、违规跨区域招生和超计划招生，到各地抢夺优质生源，这些做法对区域教育生态和高中教育发展造成极大伤害。除此之外，一些"超级中学"违背教育教学规律的做法也备受人们的诟病。

对于"擅自提前招生"，一些地方和学校并未引起足够重视。以衡水第一中学平湖分校为例，其高中部 2017 年招生简章显示，首批录取新生到校报到时间为 4 月 15 日，比浙江省中考时间提前了整整两个月。对此，衡水第一中学平湖分校给出的解释是，报到并不是开学，只是为新生适应高中课程作准备。

报到是什么？难道不是提前招生？这样的做法与浙江省教育厅 2014 年制定的《关于完善初中毕业升学考试与普通高中招生改革的指导意见》的要求相违背，被浙江省教育厅叫停是一种必然结果。事实上，2016 年教育部发布的《关于进一步推进高中阶段学校考试招生制度改革的指导意见》也明确提出："严禁违规跨区域和擅自提前招生，防止恶性竞争，维护正常的招生秩序。"但要真正把这一要求落到实处，地方教育主管部门需要多一点担当意识，加大管理力度，浙江省教育厅无疑作出了表率。

对于"违规跨区域招生"，一些"超级中学"振振有词。这些学校用民办学校作"护身符"，通过举办民办分校，到各地抢夺优质生源。在笔者看来，规范此类招生行为，需要首先从规范这些民办分校的办学行为做起，认真监督学校是否按照《中华人民共和国民办教育促进法》及其实施条例的要求，真正做到办学的"五独立"。如果它的办学本身不符合规范要求，那么其跨区域招生的合法性也就并不存在。

对于民办高中学校的招生，一些省市也作出了相应规定：民办普通高中招生由所在市、县（区）统一管理，其招生计划和办法应由所在市、县（区）教育部门批准，民办普通高中学校在招生计划未完成的情况下，可以跨市招生，但应经学校所在市教育行政部门和生源所在市教育行政部门备案同意。在笔者看来，这样的规定具有一定合理性。作为基础教育阶段的民办高中学校，在市、县（区）教育部门登记设立，得到当地政府的扶持，并享受到了公共资源，理应优先为当地学生提供服务，而不能对跨区域招生行为不加约束。

对于"超计划招生"，一些地方缺乏约束机制。"超级中学"之所以被称为"超级"，规模过大是其中的一个重要因素，它给学校管理和教育教学都带来很大挑战。逐步解决超大规模学校和超大班额问题，是今后一段时期我国高中教育发展面临的一项重要任务。就地方而言，当务之急是根据区域内学校布局、适宜的学校规模和班额等因素核定招生计划，确保招生计划编制的科学性，并在此基础上督促学校严格按计划招生。

尤其需要注意的是，一些"超级中学"通过军事化、封闭式管理手段，将"应试教育"推向极致，并且呈现向外蔓延之势。一些外地高中学校纷纷上门到这些"超级中学"求教，竭力效仿"超级中学"的做法。而这些"超级中学"也通过赴外地开设分校、与地方政府合作办学等方式，主动向外"传经送宝"。对于这些"超级中学"将所谓的"优质资源"和"先进理念"不断向外拓展和传播的做法，需要高度警觉，对于其可能带来的负面影响也不可小视。地方教育主管部门要像浙江省教育厅那样切实负起管理职责，对在当地所办学校的课程设置、课时安排、学生在校时间等作出明确的规范性要求。

推动高中教育健康发展，促进高中学生健康成长，亟须进一步加大依法治校、规范办学的力度。对于学校的一些不规范办学行为，对于违背教育教学规律、损害学生身心健康的做法，应当切实加以纠正，不可视而不见，更不能任其蔓延。

本文发表于《中国教育报》2017年4月11日第2版

调整办学方式应当慎之又慎

在过去 10 多年，很多地方实施公办初、高中脱钩，脱钩后的初中部成为名校名下的一所民办学校，这成为一种比较通行的做法。随之带来的问题确实也不少，一方面，从《中华人民共和国民办教育促进法》及其实施条例的相关规定和要求看，按这种模式运作的民办学校，办学不规范问题一直比较突出；另一方面，民办优质初中资源的增加，在一定程度上增加了家长的经济负担。公办名校复办初中对上述问题的解决会有一定帮助，似乎是一件好事。

然而事实并非如此简单，大量名校复办初中同样会带来一些新的问题。首先是，名校复办初中有可能对义务教育均衡发展带来新的挑战。虽然我国义务教育阶段的初中学校没有重点、非重点之分，但这些初中回归名校之后，难免被打上"重点"的烙印，这一点在近年来优质高中复办初中的现实中已经有所印证。优质高中重新选择完全中学模式，与当前积极推进义务教育"九年一贯"的大方向，难免也会产生一些矛盾和冲突，对此应当予以关注。

抛开名校复办初中的利弊得失，确有必要对基础教育办学方式的调整进行全面审视，避免在办学方式上频繁出现反复。就初、高中办学方式而言，究竟应当选择"初、高中分设"还是"初、高中合办"？两种办学方式哪种更为合理？人们始终存在着不同认识。事实上，任何一种办学方式都是各有利弊，不同办学方式、不同类型学校共存是教育发展的基本态势。从现实看，我国基础教育的办学方式也是多种多样的。在今后基础教育的改革发展过程中，独立设置的高级中学与混合设置的完全中学仍然有着各自存在的价值，"初、高中分设"与"初、高中合办"的办学方式也都会继续存在。从具体操作上看，还需根据不同地区、不同学校的情况进行具体分析，避免一刀切地要求"分设"或"合办"。

对于目前一些实施初、高中脱钩，按"名校办民校"方式运作的初中学校，如何进一步加强规范办学，确是一个需认真研究的问题。如果这些初中学校只是头顶一个"民办"的头衔，另加一个收费的"特权"，其余的运作与公办初中学校并无两样，这样的办学方式受到质疑也就在所难免。当然对于这样的学校，并非只有回归名校这一条路，通过加强规范，使之朝着更加名副其实的办学方向发展，也不失为一个好的选择。

此外，对于一些已经复办或即将复办初中的名校而言，学校的初、高中如何重新架构，师资如何重新配置，招生工作如何有序推进，同样也会面临一些新的挑战。重点中学初、高中脱钩政策的大规模实施始于20世纪90年代末期，其主要动因是满足普通高中发展需求，扩大普通高中发展规模。当前，我国普通高中教育已经由规模发展逐步转变到以提升品质、彰显特色为中心的内涵发展上来。在此背景下，对于名校复办初中对学校高中发展可能带来的影响也要有一个评估和预判。

对于地方而言，基础教育办学方式的调整应当慎之又慎，要基于多方面因素综合考虑，并且经过充分论证，也只有这样，办学方式的相对稳定才能得到保障。

本文发表于《中国教育报》2016年10月14日第2版

为大班额"消肿"要多出实招

据新华网报道，为解决城镇普通中小学大班额问题，山东省财政近日下达补助资金7亿元，支持各地科学制定本区域中小学校布局和建设规划。城镇中小学大班额问题在全国具有普遍性，笔者以为，解决这一问题需要政府多出实招，在经费、用地和师资等方面提供一揽子扶持政策。

当前城镇中小学大班额问题仍非常突出。以山东省为例，全省普通中小学共有班级27.6万个左右，其中大班额班级约占11万个，超过40%；超大班额班级2万多个，约占9%；城镇大班额班级占到全省大班额班级总数的81%。另以全国普通高中大班额情况（56人及以上）为例，从2005年开始普通高中大班额班级数呈逐年下降趋势，尽管如此，2014年全国普通高中大班额班级占比仍达40%左右，中西部近10个省（区）的大班额班级所占比例达50%以上。

提高教育质量是"十三五"时期教育发展的主题词，办更高质量的基础教育，需要采取包括提高教师队伍素质、提升教育信息化水平在内的一系列改革举措，解决大班额问题同样刻不容缓。有的学校一个班级动辄八九十人，甚至一百多人，老师上课要用扩音器，后排学生站着听讲，正常的教育教学活动无法有效开展，这样的情形不免让人对学校的教育教学质量心生担忧。

当前解决城镇中小学大班额问题的首要任务，就是新建和改扩建一批中小学校，而新建和改扩建学校的经费从哪来？用地指标从哪来？教师编制从哪来？据媒体报道，2015—2017年，山东省共规划建设中小学2963所，规划投入资金1220亿元。省财政安排20亿元以上，用于奖补各地解决城镇大班额问题发生的人员支出和建设费用。同时，山东省各市、县在加大本级财政投入的基础上，通过政府购买服务的方式进行解决大班额问题的项目融资，拓宽了新建和改扩建学校所需经费的来源。

新建和改扩建学校需要用地，而用地指标对于各地而言都很稀缺，这道屏障又该如何逾越？山东省城镇新建中小学的土地指标，由省、市、县三级统筹解决。在编制年度用地供应计划时，新增的用地指标优先用于解决大班额问题。支持通过梯次补位办学、盘活闲置废弃教育用地等方式，充分挖掘教育用地资源。显然，解决教育用地既要靠政策扶持，也要靠地方充分挖潜。

新建和改扩建学校需要一大批教师，教师编制问题如何解决？一方面要合理确定教师编制标准，在统筹事业机构编制资源时，优先保障新建和改扩建学校的教师编制需要。另一方面，要在教师管理机制上有所突破和创新。比如，根据解决大班额问题的需要，在事业单位编制总量内，利用精简压缩和事业单位改革等方式收回编制，建立中小学教师临时周转编制专户，满编超编的中小学确需补充专任教师的，使用临时专户编制予以补充。专户编制不计入中小学编制总额，由机构编制管理部门单独管理。这有助于缓解大班额问题中的编制短缺问题，无疑是一种机制创新。

当然，解决城镇中小学大班额问题，加强源头治理同样至关重要。出现大班额问题的根源在哪？从需求侧看，学龄人口增加造成就学人数增加；城镇化进程加快造成适龄的外来儿童数量增加。从供给侧看，城镇新建居住小区大量出现，而相应的配套教育设施建设没有同步跟上；农村中小学办学重心上移而学校建设没有同步跟上，学校数量不足，布局不合理。可以说，供给与需求不匹配是城镇中小学"大班额"问题的主要诱因。

值得注意的是，很多城镇地区的大班额问题，主要集中在一些优质学校，突出反映了优质教育资源短缺问题。针对不同诱因，各地还需加强布局规划，注重对症施策，防止出现"旧肿刚消，新肿又现"的局面。

本文发表于《中国教育报》2016 年 4 月 6 日第 2 版

通报变相重点班并非小题大做

日前，湖南省长沙市教育局对 9 所初中变相办重点班行为进行通报批评，9所变相办重点班的学校年度绩效考核降等，并写出深刻检查，承诺今后不再以任何形式办重点班。或许有人认为，义务教育学校变相办重点班司空见惯，并非长沙独有，未免有点小题大做。但在笔者看来，这恰恰是教育行政部门依法履职的应有之举。

《中华人民共和国义务教育法》第二十二条规定：县级以上人民政府及其教育行政部门应当促进学校均衡发展，缩小学校之间办学条件的差距，不得将学校分为重点学校和非重点学校；学校不得分设重点班和非重点班。之所以作出这样的规范要求，一是出于义务教育的特点和属性的考虑。义务教育应当让每个学生得到充分的学习机会和良好的教育环境，以便打好基础，不该把学校、班级分为三六九等，也不该把学校的教育教学精力过分集中在一部分成绩优秀的学生身上。二是出于教育公平的考虑。学校在分设重点班和非重点班的同时，往往会在资源配置上有所倾斜，集中一些优秀师资投入重点班，为成绩优秀的学生提供额外关照，这样的做法有违教育公平。

因材施教是我国自古以来的教学传统，分设重点班和非重点班有利于满足实际的教学需求，这是一些学校变相办重点班的一个主要理由。因材施教的重要性不言而喻，但采取什么样的方式和途径却很值得研究。对于今天的义务教育学校而言，亟须解决的是学校大班额和超大班额问题，毕竟这才是当前因材施教的最大障碍。此外，目前一些学校正在探索分层教学、走班制，即基于学生自身学习基础、学习能力和兴趣，由学生自主选择针对某一学科的不同层次的教学班。这种对学生某一学科学习进度和要求的细分，是一种有价值的探索，也与重点班和非重点班这种纯粹的行政班划分有着明显区别。

眼下学校直接以重点班和非重点班名义进行分班的情况并不多见，但变相办重点班的情况依然存在。有的是用班级序号确定重点班和非重点班，有的是用"实验班""培优班""特色班"之名代替传统的重点班。仅以"实验班"为例，义务教育学校开展教育教学改革实验当然应当鼓励，但改革实验需要明确目标要求，还要明确审批权限和程序，改革实验也不能只是盯着一部分成绩优秀的学生。从现实看，一些学校的"实验班"不过是借改革实验之名，对一部分成绩优秀的学生给予重点关照，是传统重点班的翻版。

《中华人民共和国义务教育法》禁止学校分设重点班和非重点班，但现实中变相办各种重点班的行为依然屡禁不止，对此需认真反思。从行政管理的角度看，显然不能停留于提要求，还要做一些实实在在的管理和监督工作。当前尤其要加强对义务教育学校教育教学改革实验的指导，防止各种变相重点班以合法身份长期存在。从制度建设层面看，一些义务教育学校热衷于变相办重点班，与一直以来唯分数、唯升学率的考试招生制度和教育质量评价制度不无关系。要想从根本上解决这一问题，除了加大执法力度，规范学校办学行为，还要突破深层次的制度瓶颈，不断深化考试招生制度改革和中小学教育质量综合评价改革。

当前教育领域存在的问题错综复杂，很多问题仅靠教育部门自身难以解决，需要寻找深层次原因，探索治本的手段，对待变相办重点班问题也不例外。但同时需要防范的是，不能因为问题具有复杂性，因为涉及教育内外部多重因素，就简单地将责任推向社会，一味等待社会环境的改变和制度的重建。在面对错综复杂的教育问题时，我们不妨多一点教育自省，多一点主动作为，治本手段固然重要，但治标手段同样不可或缺。

本文发表于《中国教育报》2016年1月12日第2版

高中"非常规"发展扰乱教育生态

近日，有媒体发表了一份北京大学学者关于"'超级中学'未必'超级'"的研究报告，该报告的结论源自对某知名高校 2005—2009 年 5 届上万名学生的数据分析，从考入某知名高校的高中毕业生的学校分布、学生入学第一年的学业表现等方面入手，对当前我国高中教育区域生态进行分析。

研究报告对"超级中学"特征进行了界定，即位于省会或大城市、学生规模大、垄断当地一流生源和教师、毕业生垄断一流高校在该省（区、市）录取计划，或者说"北清率高"。总体上看，被标记的这些"超级中学"垄断了一流高校在该省（区、市）的录取计划，这与当前的高中教育实际基本吻合。

就某一所学校而言，拥有高升学率，本身并非坏事，一定程度上也反映了学校的办学水平。但必须看到，这些学校的毕业生垄断一流高校在该省（区、市）的录取计划，不是一种良好的区域高中教育生态。之所以如此，与一直以来我国重点高中、示范高中建设思路，以及中高考的制度设计不无关系。以中考为例，目前的中考依然是一种选拔性考试，有的地方甚至把高中学校分成不同批次进行招生录取，使得长久以来形成的一批重点高中、示范高中在高中招生录取中具有天然优势，这也为这些学校在日后的高考竞争中赢得主动。正因如此，打造区域高中良好生态，离不开包括考试招生制度在内的一系列制度变革。当前推动实施优质高中名额分配，就是一项积极的改革举措。

虽然制度层面的因素，对一些高中学校垄断一流高校在该省（区、市）的录取计划有着重要影响，但从研究报告可以发现，这种现象在不同地区表现出一定差异，有的地区并没有形成过度集中的局面，这或许与当地政府的高中教育发展理念、高中教育整体发展水平存在很大关联。打造区域高中良好生态，离不开好的高中教育发展理念，也离不开区域高中教育整体发展水平的提升。

此外，研究报告显示，"超级中学"未必"超级"，被标记的这些所谓的"超级中学"中，升入某知名高校的农村户籍学生的比例远低于一般学校；这些学校的学生入学第一年的学业表现，与一般学校的学生相比并不具有明显优势，甚至有的还不如来自一般学校的学生。这一研究发现，有助于对当前考试招生制度和高中教育教学的反思。优质高中，包括重点高校的招生应更加公平。优质高中的"优质"，不仅仅体现在帮助学生顺利迈过"高考门槛"，还要更多体现在学生综合素质和能力的培养上。

而透过这份研究报告，笔者更加关注的是，被标记的这些"超级中学"是否以非常规手段换取高升学率，垄断了一流高校在该省（区、市）的录取计划？正因如此，对于被标记的84所"超级中学"的追踪研究，需要进一步细化。在笔者看来，地方政府以非常规方式建设高中学校，学校以非常规方式招收学生、开展教育教学活动，这样的"超级中学"对区域高中教育生态具有极大破坏力，需要重点加以防范。从现实看，一些地方举政府之力集中建设一两所高中学校，优质资源集中向这一两所高中学校聚集，形成超大规模学校。一些"超级中学"以非常规方式招收学生，包括未经批准的跨县（区）、跨市甚至跨省（区、市）招生，或者通过名校办民校的方式，到各地抢夺优质生源。还有一些"超级中学"通过非常规的教育教学手段，把"应试"推向极致。面对一连串的"非常规"，亟须采取一些治理手段，包括对高中学校建设、招生、教育教学秩序的规范，否则打造区域高中良好生态便会成为一句空话。

从深层意义上讲，对那些用非常规方式发展起来的"超级中学"进行治理，不仅仅是打造区域高中良好生态的需要，更关乎我国高中教育的未来方向，关乎高中学生的全面发展和健康成长，应当予以足够重视。

本文发表于《中国教育报》2016年1月7日第2版

学校育人模式改革需要系统设计

推动育人模式改革，是促进基础教育内涵发展的核心所在。就一所学校而言，推动育人模式改革需要进行系统设计，这是包括北京市十一学校（以下简称"十一学校"）在内的一批学校改革取得成功的关键，也是当前各地学校推进育人模式改革应当遵循的基本思路。

学校育人模式改革要以科学的教育理念作引领

所谓科学的教育理念，其实质就是尊重人才的成长规律和教育教学规律。十一学校提出的"好的教育是服务""教育的使命是发现""教育就是把不同的人培养得更加不一样""创造适合学生发展的教育"，无一不是尊重规律的实实在在的体现。事实上，任何一项教育改革，要想取得好的效果，都必须有科学的教育理念引领，而尊重规律则是一个首要前提，否则改革将会事与愿违。从某种意义上说，尊重规律就是要重拾教育常识，回归教育的本质。

学校育人模式改革要与教育改革总体方向相契合

促进学生全面而有个性地发展，是教育改革的一个重要方向。实现这一目标，必须不断创新人才培养模式，深化课程和教育教学改革。创新人才培养模式，要注重学思结合、注重知行统一、注重因材施教。而深化课程和教育教学改革，要更加重视学生创新精神、实践能力和社会责任感的培养，更加重视自主、合作、探究教学，更加重视学生的个性，尊重学生对课程的选择权。从十一学校的改革举措看，学校为每一个学生提供个性化课表，实施"走班制"，实行学分管理，同时为支撑改革推进了全方位的学校管理创新，涵盖教学资源的配置、教材建设、学生管理、教师评价等。应当说，十一学校的改革顺应了创新人才培养模式的要求，也顺应了课程与教育教学改革的要求，具有积极的示范和引领作用。

学校育人模式改革要以丰富的探索实践为基础

就育人模式改革本身而言，有科学的教育理念作引领至关重要，同时更要将其转化为实实在在的行动。十一学校的改革真正做到了理论与实践相结合、理念与行动相统一。如，它提出了"激发每一个学生的潜能"以及为一些有特殊潜质的学生提供有针对性的培养方案的教育目标。通过教学组织形式改革、课程设计创新与学校制度改革，十一学校进行了大胆而富有成效的改革尝试。此外，十一学校还提出了"课程改变，学校就会改变"的理念。因此，十一学校始终把课程改革作为学校改革的一项核心内容。学校从学生成长的需求入手，围绕课程和课堂，推出了全面而系统的改革举措。也正是因为将科学的教育理念付诸改革实践，并牢牢地把握了改革的关键环节，十一学校的改革产生了"牵一发而动全局"的连锁效应，实现了教学方式与学习方式的根本转变。

学校育人模式改革要以文化制度建设为保障

文化制度建设从来都是各领域改革的基本保障，学校育人模式改革同样也不例外。从十一学校的改革看，全校有4100多名学生、1960个教学班，一个学生一张课表，取消行政班和班主任。对于这样的学校，传统的管理方式显然难以适应。出路在哪里？除了注重学校管理创新，尤其需要加强文化制度的建设，用学校文化引领改革。十一学校通过制订《十一学校行动纲要》，描绘出学校未来成功的要素和追求的价值观，其核心是学校共同的价值观念、价值判断和价值取向，这也是学校成员共同的文化追求。事实上，对每一所学校而言，推动育人模式的改革，都离不开基于学校文化的制度建设作保障。

近日颁布的《北京市十一学校章程》格外引人关注，其实质就是让学校管理机制不断完善，让学校内部治理更加科学，以此保障学生在学校的中心地位，更好地接近教育本质。从这个意义上看，该章程对于学校育人模式改革的保障作用同样不可低估。

学校育人模式改革要以教师团队的协同努力为前提

在倡导"教育家办学"的今天，很多人认为，只要校长有科学的教育理念、坚定的改革信念，改革就会取得成功，其实并不尽然。应当看到，当前学校层面的改革，包括了课程改革、课堂教学改革和管理改革等诸多方面，可谓纷繁复杂，学校改革需要有一个教育家型的校长引领，这一点固然重要，但改革离不开教师团队的协同努力。所以，笔者很赞同李希贵校长所言：教育家办学不能等同于校长办学，仅靠校长一个人的智慧，显然无法实现"教育家办学"的梦想。十一学校是这样定义"教育家办学"的：只有当一所学校的大批优秀教师，以教育家的情怀、教育家的境界、教育家的心态和教育家的教育艺术来推动学校发展、影响学生成长的时候，这所学校才真正地实现了"教育家办学"。事实上，办学如此，育人模式的改革同样不例外。只有将改革转化成教师团队的一种自觉意识，改革动力才能真正被激发，改革才有可能取得成功。

本文发表于《中国教师》2015 年第 1 期第 57—58 页

欲治"高考移民"先堵学籍漏洞

据 12 月 12 日新华社报道，近日，数百名考生家长因户口已经迁入内蒙古自治区，却不能在当地报名参加高考，频繁到有关部门反映问题，要求允许孩子高考。而内蒙古有关部门查实，其中绝大多数考生在内蒙古"空挂学籍"，属于需治理的"高考移民"对象。

"高考移民"问题由来已久，其根本原因是目前高考录取中，各省份存在的高考录取分数差和不同的录取率。"高考移民"的手段、方式也是五花八门，比如新闻中提到的，把学生户口迁入内蒙古某旗（县），然后到其他旗（县）办理假学籍或"空挂学籍"，每逢学业水平考试等重要节点就回户籍地考试，其余时间均在原籍就读。这是目前"高考移民"的主要操作手法。为了维护考试公平，近年来各地不断加大对"高考移民"的治理力度，但类似现象仍屡禁不止，需要引起相关部门重视。

《2014 年内蒙古自治区普通高校招生报名工作实施办法》规定：户籍从区外迁入本区的人员，截至 4 月 1 日，须符合以下三个条件方可在其户籍地报考，并可参与本、专科院校录取：（1）本人具有本区高中阶段学校（含中等职业学校）学籍且连续就读满 2 年；（2）本人取得本区户籍满 2 年；（3）家长在本区拥有合法稳定住所（含租赁）、合法职业且纳税（或按国家规定参加社会保险）均满 2 年。很显然，从外省份迁入内蒙古的学生，要想在当地参加高考，必须满足上述三个条件。为此，一些家长在学籍上钻起了政策"空子"，而一些高中学校也违反学籍管理的相关规定，为家长大开绿灯。据报道，呼和浩特市教育局日前对当地两所民办中学突击检查发现，持自治区外身份证号的 690 名学生中，有 590 人不在本校实际就读，其中大多"空挂学籍"。应当承认，"虚假学籍"目前在各地并不鲜见，一人多籍、人籍分离、有人无籍等问题仍然存在，而类似的学籍管理漏洞，在一定程度上对"高考移民"起着推波助澜的作用。

治理"高考移民"，还要进一步加强高中学籍管理。2013 年教育部出台了《中小学生学籍管理办法》，为进一步加强高中学籍管理提供了有力保障。其中，"一人一籍，籍随人走"是学籍管理的一个重要原则。学籍是指某个儿童少年作为某所学校学生的身份，也是学生在该校学习的资格。学生和学校构成了学籍的两个基本要素，正常情况下，每个学生都应拥有一个学籍，对应着某所学校。然而在现实中，一些地方对学籍的取得、变动、丧失、恢复、完结等方面的规定和管理不够严谨，出现了一人多籍、人籍分离、有人无籍等问题。为确保中小学生学籍的唯一性，文件规定，新生办理入学手续后，学校就要为其建立学籍，通过电子学籍系统申请学籍号。学籍号在全国范围内具有唯一性，终身不变。学校不得以虚假信息建立学生学籍，不得重复建立学籍。学校和学籍主管部门应利用电子学籍系统进行查重。可以说，建立严格的学籍管理制度，防范家长和高中学校在学籍上弄虚作假，也是当前治理"高考移民"的一个重要手段。

此外，从人性化管理的角度出发，对因不符合报名条件被取消高考报名资格的学生，如果愿意回原籍参加高考的，当地教育招生考试部门应当协调相关省份解决报名问题，为他们回原籍参加高考提供帮助。

本文发表于《中国教育报》2014 年 12 月 23 日第 2 版

高中"国际班"不可只谋"钱"途

近年来，由公办高中"国际班"引发的各种质疑频频出现。据中央广播电台《中国之声》报道，近日有家长向媒体举报华中师范大学第一附属中学（以下简称华师大一附中）的"国际班"成了"问题班"，不但收费高、乱收费，合作教学方的资质也有问题，对此学校方面予以否认。虽然在学校与家长争执的背后可能另有隐情，相关问题也尚待核实，但不论怎么说，面对来自家长的种种质疑，与其一味争辩，学校不妨多一点自省，多从自身找找原因。

当前，对于公办高中该不该办"国际班"，公办高中所办"国际班"该不该收取高额费用，还存在一些不同认识和看法，各地的做法也不尽相同，在此暂且不作深入探讨。针对华师大一附中"国际班"引发的争执，特别是面对当前部分公办高中"国际班"在收费、教学、管理和师资等方面存在的一些突出问题，高中学校如何加强自律，真正做到规范办学，需要引起重视。

首先，公办高中"国际班"的办学主体有待进一步明确。由公办高中举办的"国际班"，其办学主体自然应当是高中学校。而目前面临的问题是，很多公办高中由于课程资源有限、外籍教师审批难等条件限制，仅凭自身能力难以满足"国际班"的办学需求。与其他社会机构合作的方式，目前在各地比较普遍。从本质上看，这种办学方式既可视作学校与社会机构的合作，也可理解为学校向社会机构购买教育服务。但合作也好，购买服务也罢，毕竟只是学校与社会机构之间的协议，而在家长的心目中，高中学校才是"国际班"真正的办学主体。也正因如此，在华师大一附中"国际班"的实际运行中，由社会机构直接向学生家长收取费用并开具发票的做法明显欠妥。学校之所以采取这种做法，实际想要规避违规收费的风险，但仍不免有乱收费之嫌。

其次，公办高中"国际班"的课程选择需要斟酌。目前，公办高中"国际班"的课程设置，大体包括三类：一是以国际课程为主，仅保留少数国内核心课程，这种模式在国别课程实施中比较明显；二是学校把引进的国际课程和国内课程进行整合，剔除国际课程中的某些科目，加入国内课程中的一些科目，实行学分制；三是国内的核心课程不变，开设一些国际考试课程，为参加国外大学考试作准备。

尽管上述三种课程模式各有特点，但从高中引进国际课程的初衷和本意看，既要致力于满足部分学生出国留学的需求，更要致力于满足高中课程改革的需求。因此，不论选择何种课程模式，都要竭力防范将高中"国际班"简单办成"出国留学预备班"。需要指出的是，如果公办高中"国际班"只是简单开设一些国际考试课程，对于借鉴国际课程经验、深化高中课程改革实际没有多大推动作用。况且类似托福、雅思、SAT（学生能力倾向测验）的培训完全可以由社会培训机构承担，公办高中没有必要涉足其中。

最后，公办高中"国际班"的自律意识需要加强。从表面上看，家长对华师大一附中"国际班"的质疑，主要针对的是学校的合作方，而因为学校是"国际班"的办学主体，所以学校方面应当有所反思：是不是自身对"国际班"的管理有所疏漏。近年来，公办高中"国际班"收费高、师资水平低、教学质量差等问题比较突出，说明一些公办高中在举办"国际班"的过程中，自律意识还不强，管理还不到位。"国际班"办学行为不规范，既损害了家长和学生的利益，又影响了学校的声誉，应当防微杜渐。

本文发表于《中国教育报》2014年11月17日第2版

"国际班"公办改民办要厘清政策边界

近日，据当地媒体报道，郑州市教育局叫停公办小学"国际班"之后，当地一些公办小学将"国际班"由公办改为民办，并上调收费标准，引发社会和家长质疑。

读完这则报道，笔者不免产生诸多疑惑：公办小学举办类似的"国际班"是否合法？收费依据是否充分？由公办改民办后是否真正能够做到独立办学？笔者以为，相关政策边界有待进一步厘清。

据报道，从2010年起，郑州市多所公办小学开始办起了"国际班"，采用的都是小班教学，并且配有专门的外教教授英语。由于被质疑挤占公共教育资源，在今年秋季开学前，公办小学"国际班"被叫停。然而，在笔者看来，小学"国际班"挤占公共教育资源可能只是其中的问题之一，"国际班"的存在本身就面临合法性问题。

目前高中学校举办的"国际班"，以引进国际课程为主要特点，在课程设置上包括了以国际课程为主模式、国际国内课程整合模式、以国际考试课程为主模式等。但《中华人民共和国义务教育法》第三十五条规定："学校和教师按照确定的教育教学内容和课程设置开展教育教学活动，保证达到国家规定的基本质量要求。"很显然，以引进国际课程为主要特点的高中"国际班"模式并不适用于义务教育阶段的中小学校。同时应当看到，按照《中华人民共和国中外合作办学条例》的相关规定，义务教育是中外合作办学禁入领域，即便一些公办小学引进国际课程，举办"国际班"不属于中外合作办学范畴，其本身的合法性也仍然存在问题。从媒体报道的情况看，目前郑州一些公办小学举办的"国际班"，其实很大程度上是着眼于强化英语教学，因此定位于"双语特色"可能更加符合实际，"国际班"的冠名并不准确。

如果这些"国际班"只是定位于"双语特色",虽然不再面临义务教育阶段学校举办"国际班"的合法性质疑,但它所涉及的收费问题仍然值得关注。义务教育阶段的公办学校以"实验班""特长班"为名乱收费,是近年来教育部等五部委规范教育收费、治理教育乱收费工作的一项重要内容。公办小学"国际班"另行收费的做法,不免有违规之嫌。那么,将公办小学"国际班"改为民办,其收费行为是否就变得合理合法了呢?据报道,在今年9月新学期开学后,这些"国际班"确实都已挂上了民办学校的牌子。与此同时,在新的学期里,"国际班"的学费都上涨了数千元之多,个别学校甚至已达2万元。

出于规范义务教育阶段公办学校办学行为的需要,将小学"国际班"由公办改为民办,从表面看似乎并无不妥,民办学校按成本收费也符合相关政策规定。但问题的关键是,这些小学"国际班"由公办改为民办后,其办学行为是否真正符合民办学校的办学要求,毕竟规范的办学行为是学校收费合理合法的一个基本前提。按照相关政策要求,从公办改为民办后,其办学必须做到"五独立",即具有独立的法人资格、具有与公办学校相分离的独立的校园和基本教育教学设施、实行独立的财务会计制度、独立招生、独立颁发学业证书。因此,郑州市的一些公办小学"国际班"改为民办之后,是否真正能够做到独立办学,制订和调整收费标准是否经过当地物价主管部门批准,有待认真核查。否则,公办改民办虽然为收费甚至高收费创造了条件,但同时可能引发新的办学行为失范问题,这需要引起地方教育行政部门和相关学校的高度重视。

本文发表于《中国教育报》2014年9月30日第2版

"校车使用许可"既重规范
也讲效率是道难题

据媒体报道,浙江温岭52辆新校车撂荒农村近1年,甚至沦为公厕,这一消息引起了人们的极大关注,有人质疑、有人惋惜,也有人为52辆新校车今后的出路出谋划策。这一事情本身的前因后果、是非曲直,还有待相关部门进一步调查核实。但新校车之所以撂荒,不外乎两个原因。一是没有市场需求。校车运营作为一种市场化行为,相应的市场需求调查、可行性分析必不可少,否则风险将难以避免。二是无法获得"校车使用许可"。抛开浙江温岭这一事情本身,从全国范围看,如何使"校车使用许可"既重规范又讲效率,确实有待在政策层面和实际操作层面逐步加以完善。

目前,各地对"校车使用许可"的办理有一套严格的规范要求,从保证学生生命安全的角度看,无疑非常必要。但由于办证程序繁杂,耗时过长,以至于在一些地方性的《校车安全管理办法》出台后,很多地方的"校车使用许可"办理一度出现停滞状态,其直接的后果是,给学校校车的正常运营造成影响,也使得一些没有获得"校车使用许可"的"黑车"依旧泛滥,学生的生命安全难以得到保障。从规范管理的角度看,一味封堵并非良策,疏堵结合才是根本的解决之道。

对于在我国要不要发展校车服务、发展多大规模的校车服务,社会各界一直存在着不同看法。当前,全面推进义务教育就近入学,对农村义务教育学校布局调整进行规范,其中的一个重要目的就在于最大限度地方便学生就读。尽管如此,在一些公共交通尚不发达的地区,校车仍然是一个不可或缺的重要补充。既然校车有其存在的必要,严格规范校车使用就显得格外重要,毕竟学生的生命安全是第一位的,在确保学生安全的前提下提供校车服务是人们的共同期待。

就"校车使用许可"的审核而言，单单依靠教育行政部门显然是远远不够的。因此，对于"校车使用许可"，国家明确了公安交通管理部门、交通运输部门等相关部门的具体职责。"校车使用许可"涉及多个部门，加强统筹管理、提高管理效率同样至关重要。今年4月底，《深圳经济特区学校安全管理条例（草案）》提交深圳市人大常委会审议，其中，拟通过特区立法直接授权教育部门行使校车许可权颇为引人关注。按照该条例的规定，市教育行政部门在收到"校车使用许可"申请后，应分别征求公安交通管理部门、交通运输部门的意见，在此基础上作出批准或者不予批准的决定。而国务院颁布实施的《校车安全管理条例》规定，"校车使用许可"主体为设区的市人民政府，也就是说，校车许可的批准与否应当由市级人民政府决定。审批主体的变化，是深圳"校车使用许可"改革的一个突破。依笔者的理解，这一变化的最大意义在于强化教育行政部门的职能，通过降低"校车使用许可"的审批层级，进一步提高工作效率。

应当承认，深圳"校车使用许可"的审批权由市级政府转移到市级教育行政部门，这种做法在一定意义上说也是一把双刃剑。一方面，由于降低了"校车使用许可"的审批层级，有利于在办理校车许可证时进一步缩短时限、提高办证效率；另一方面，如果教育行政部门审批管理不到位、把关不严，确有可能引发新的管理漏洞，甚至带来新的安全隐患。因此，这一管理职能的转变实际对教育行政部门提出了更高要求，"校车使用许可"的标准不该有任何降低，程序也不该有任何弱化。毕竟，在赋予权力的同时，责任也更加重大，教育行政部门应本着对学生生命安全高度负责的态度，严格把好校车入口关。从一定意义上讲，"校车使用许可"既要重规范也要讲效率，这实际是对校车管理提出了一个新的更高的要求。

本文发表于人民网教育频道，2014年8月28日

调整办学方式要力戒"翻烧饼"

据媒体报道,从 2015 年起,重庆市教委直属学校将逐渐停办初中,而这些直属学校都是重庆市的优质学校。优质学校实施"初、高中脱钩"并不鲜见,很多年前就已在各地实施,而且"初、高中脱钩"的正面效应也非常明显,因此笔者对重庆市教委的此项改革并无否定之意。然而,对其他一些地方的做法进行反思确有必要,或许也会为重庆的改革提供参考和借鉴。最近几年,一些地方的优质高中在实施"初、高中脱钩"十多年后,开始复办初中。这种做法不免有"翻烧饼"之嫌,也在一定程度上对基础教育的发展造成了损害。

究竟应当选择"初、高中分设"还是"初、高中合办"?两种办学方式哪种更为合理?对此人们始终存在着不同认识。事实上,任何一种办学方式都是各有利弊,不同办学方式、不同类型学校共存是教育发展的基本态势。从现实看,我国基础教育的办学方式也是多种多样的。我们也有理由相信,在今后基础教育的改革发展过程中,独立设置的高级中学与混合设置的完全中学仍然有着各自存在的价值,"初、高中分设"与"初、高中合办"的办学方式也都会继续存在。

就各地情况看,每一次办学方式的调整,都会有各自相应的理由。但这些理由是否真的很充分,对调整后可能出现的新情况、新问题又是否有所预判,需要引起关注。最近几年,一些地方的优质高中在经历了"初、高中脱钩"之后又开始复办初中,教育主管部门和学校或许会给出各种理由。其中,有利于扩大初中优质资源,满足人民群众接受优质教育需求是最为合理的一条解释。但客观地讲,确保学校高中部的优质生源,也是很多优质高中复办初中的一个重要动因。出于此番目的的办学方式调整,确实需要打上一个问号,而这种"翻烧饼"式的调整也应当尽力避免。

应当说，重庆市教委计划推进直属学校停办初中的做法有其合理性，顺应了教育改革发展的新形势，有利于淡化义务教育学校的"重点"情结，也有利于优质学校集中精力办好高中。但基于对其他一些地方做法的反思，也为了更好地防范在办学方式调整上的"翻烧饼"，需要对相关政策的制定进行充分论证，对政策实施过程中可能出现的新情况、新问题作出预判。

对现行办学方式的调整，站位应当更高一些，目标应当更远一些，设计应当更周密一些。除了需要综合权衡不同办学方式的自身利弊，还要考虑调整是否契合教育改革的总体方向和趋势，是否有利于义务教育和高中教育的整体发展，是否有利于满足人民群众接受优质教育的需求。办学方式的调整，应当基于多方面因素的综合考虑，并且经过充分论证，也只有这样，办学方式的相对稳定才能得以保障。否则，很可能因为外部环境和内在需求的一时变化，甚至稍有风吹草动，就在办学方式调整上"翻烧饼"。

在对现行办学方式进行调整的过程中，需要对可能出现的新情况、新问题作出预判。推进优质学校"初、高中脱钩"，必然会带来优质初中分布与格局的变化，在全面推进义务教育免试就近入学的政策环境下，如何对区域内义务教育资源重新进行合理布局，需要统筹考虑。此外，推进优质学校"初、高中脱钩"，有可能为优质公办学校参与举办的民办学校带来新的发展机遇，但这些民办学校的规范办学问题需要特别重视。从以往情况看，很多优质公办学校参与举办的民办学校未能真正实现独立办学，因而颇受社会质疑，一度被列为各地清理规范改制学校的重点对象。因此，从政策层面进行必要防范，加强对学校办学行为的规范，也是避免在"停办初中"与"复办初中"之间循环、在办学方式调整上"翻烧饼"的一个有效办法。

本文发表于《中国教育报》2014年7月28日第2版

名校带动还须名实相副

名校带动薄弱学校，是扩大优质资源的一种有效方式，也是促进义务教育均衡发展的一条重要途径。从各地实践看，目前的"名校带动"大体可分为松散型带动和紧密型带动两种方式。松散型带动包括创建教育共同体、实施学区化管理、推动集团化办学，同时还包括名校与薄弱学校之间的对口支援、结对帮扶等形式；紧密型带动包括以名校分校的名义创建新校，将薄弱学校转为名校分校，将初中学校与小学进行强弱搭配，组成新的九年一贯制学校等方式。

事实上，所有的这些改革方式都蕴含着"名校带动"的深层次寓意，就是要使薄弱学校尽快改变面貌，使新建学校在办学之初具有高起点，从而更好地促进区域内义务教育均衡发展，推动区域内学校共同成长和进步。这些改革方式有差异也有共性，在实际运行过程中往往是相互交融，你中有我、我中有你，没有严格的边界划分。然而，不管是松散型带动还是紧密型带动，要想确保改革取得实效，仅仅停留在形式融合显然远远不够，必须逐步从形式融合走向实质融合。

就松散型带动而言，推动实质融合，创新体制机制和完善制度保障是核心，重在强化名校的辐射功能。在创建教育共同体，实施学区化管理和推动集团化办学过程中，参与其中的学校仍然保持相对独立，这也是松散型带动的一个重要特征。而恰恰是这种相对独立的形态，容易使"名校带动"仅仅停留于形式融合的状态。要想真正做到名实相副，创新体制机制和完善制度保障至关重要。

在创新体制机制方面，需要通过人事管理体制改革和学校管理机制创新，逐步打破学校之间的界限，搭建起教育共同体、学区和教育集团内部的资源共享平台、教师交流平台、学生互通平台，实现学校之间的管理融合、教育教学融合、文化融合、教师融合和学生融合，使名校的辐射功能得到最大限度的发挥。

在完善制度保障方面，教育共同体、学区和教育集团需要明确合作领域和工作程序，逐步实现合作的规范化、制度化，为"名校带动"走向实质融合提供切实保障，而保障的重点应当立足于促进教育资源共享、推动教师专业发展和开展教学研究。

就紧密型带动而言，推动实质融合，名校的努力付出是关键，重在强化名校的主导功能。近年来，各地注重通过"名校带动"方式创建新校，北京市部分城区名校在郊区县和城乡接合部建立了一批新的"城乡一体化学校"，上海市也以这种方式在城乡接合地区和郊区集镇开办了几十所类似的学校。除此之外，以"名校带动"方式整合现有学校资源也是一种重要的改革方式。北京市继东城区成立7所九年一贯制学校后，海淀区也在这方面开展了改革尝试。海淀区车道沟小学与北京理工大学附中合并，成为九年一贯制学校；海淀区群英小学与北京市第二零六中学合并成为九年一贯制学校，并成为北京十一学校分校。这种做法旨在通过"名校带动"方式扩大优质资源，为全面推进义务教育就近入学、缓解择校现象创造条件，这是基于现实条件的一种积极尝试。

单纯从推进义务教育就近入学的需求看，通过"名校带动"整合学校资源的改革方式，对于缓解择校的作用，比单纯调整招生划片方式更为明显。从海淀区的情况不难看到这一点：学校资源整合方案一出台，很多家长放弃了原先的择校念头，家长对原来的住宅片区从"避之不及"到"追逐热捧"，房价也出现了一定幅度的上涨。从这个角度看，这种"名校带动"方式，哪怕只是刚刚实现形式融合，对于改变原有招生格局，提升学校的招生吸引力，也会产生一定效果。

然而，形式融合毕竟只是改革迈出的第一步。提升薄弱学校办学水平，提高教育教学质量，使其成为真正意义上的优质资源，仅仅停留在形式融合显然远远不够，需要从形式融合走向实质融合。当前尤其需要把握好三个环节：一是推进"名校带动"需要名校有实实在在的付出，包括理念输出、管理输出、教学输出和教师输出，让薄弱学校产生实质性变化，这既是"名校带动"的重点，也是其中的一大难点；二是推进"名校带动"需要量力而行，附加在名校身上的任务不可过重，一所名校带动过多学校，会使名校不堪重负，实施效果也难以保证；三是推进"名校带动"需要精心设计，单纯依靠行政力量推动，采取"拉郎配"式的资源整合，缺乏充分论证和相应准备，往往会带来后续管理上的诸多问题。

总之，不论是松散型带动还是实质型带动，通过"名校带动"扩大优质资源，站位应当更高一些，目标应当更远一些，设计应当更周密一些，不可急于求成。从各地实践看，那种仅仅停留于形式，缺乏实质融合的教育共同体、学区化管理和集团化办学，难以真正发挥名校的辐射功能，对促进义务教育均衡发展也难有实质效果。同样，那种仅仅靠挂牌，缺乏实质融合的名校分校、强弱组合的九年一贯制学校，只可能获得家长一时的追捧，难以赢得社会持久的信任，地方政府、教育行政部门和学校对此要有清醒认识。

本文发表于《中国教育报》2014 年 7 月 15 日第 6 版

高中"国际课程班"须在规范中前行

据媒体报道，"2014北京国际高中大型公益择校展"不久前在京举行，共吸引了北京四中国际部等近30所优质公办学校国际部、国际学校及2000余名家长和学生参加。同样，在今年4月举行的第十一届上海教育博览会教育国际化展上，前来咨询的家长络绎不绝。这些都从一个侧面反映出当前高中"国际课程班"的巨大市场需求。

与此同时，北京等地今年也发布了停止审批高中国际班的通知，加强对高中"国际课程班"的规范管理已成一种基本方向。在市场需求巨大而政策逐步收紧的背景下，各地高中"国际课程班"究竟该何去何从？

当前，确有一大批学生是瞄准将来出国留学的，这种留学需求究竟该由公办高中、民办高中还是各类出国培训机构来满足呢？对此存在着一些不同认识和看法。有观点认为，作为公办高中，满足学生多样化需求是一种职责，目前一批国内优质高中学校，具有举办"国际课程班"的优势和条件，理应发挥它们的积极作用。也有观点认为，满足学生的选择性需求，主要应当由民办高中和社会培训机构承担，公办高中举办"国际课程班"，不免有挤占公共教育资源的嫌疑。

应当承认，公办高中引进国际课程，不应简单做成"出国留学预备班"，而应当致力于深化课程改革，满足和服务于所有学生的需求，这是一个基本前提和要求。事实上，目前各地已经有一批高中学校通过引进国际课程、举办"国际课程班"，实现了与高中课程改革的良性互动。但应当承认，这些学校在致力于深化课程改革的同时，也满足了一部分学生出国留学的需求。向这些学生额外收取费用，虽然符合公平原则，但会给规范高中收费带来困扰。

从规范高中收费的角度看，目前各地公办高中"国际课程班"采取的高收费方式不可持续。规范的思路是什么？上海的做法具有一定借鉴意义。目前上海鼓励开展国际课程探索，其定位比较清晰，主要致力于深化课程改革。对于这一具有明确指向的改革探索，上海市在收费上予以严格限定，公办高中举办的"国际课程班"不再额外收取费用，这一做法也契合了当前高中国际课程引进的价值追求和政策取向。

高中学校举办的这些中外合作办学项目，应当严格按照《中华人民共和国中外合作办学条例》的相关规定，依法办学、依法收费。而目前一大批立足于满足学生出国留学需求的高中"国际课程班"，可能会面临一个逐步转型的过程。一部分公办高中"国际课程班"，在逐步规范的基础上，实现向中外合作办学项目方式转型。当然，申请举办中外合作办学项目须经地市教育部门同意，由省级教育部门审批，报教育部备案，同时要求学校具备良好的办学条件、教学与管理水平等必备条件。一部分公办高中"国际课程班"，需要逐步实现办学定位转变，同时在收费上进行相应调整。需要注意的是，对于高中"国际课程班"的规范要有一个过渡期。

事实上，除了需要对公办高中"国际课程班"的收费进行规范，对于课程设置等方面的规范同样至关重要。高中学校举办"国际课程班"，应当根据国家和省市普通高中课程及学分规定，开齐开足必修课程。同时，数理科目课程和部分选修课程，可以采用学分互认方式引入国际课程。凡采用学分互认方式引入的国际课程，须经省级教育行政部门审核同意。这种基本的规范要求，有利于解决当前高中"国际课程班"在课程设置、课时安排和学分互认等环节上随意性过大的问题。

本文发表于《中国教育报》2014年7月3日第2版

"超级成绩单" 折射教育生态失衡

随着各地高考成绩的陆续公布，一些"超级中学"的"超级成绩单"格外醒目。据媒体报道，今年河北衡水中学不仅包揽了河北省文理科状元，而且17人进入河北省文科前20名，10人进入河北省理科前20名。这份"超级成绩单"对于地方政府、学校和学生而言可能是一份喜讯，然而对于区域高中教育发展而言，有很多地方值得认真反思，背后的教育生态失衡问题是显而易见的。

地方政府的教育政绩观亟待纠偏。区域教育生态失衡，地方政府教育政绩观的偏差是重要推手。在很多地方，衡量教育办得成功与否的标准就是考试分数和升学率，地方政府的教育政绩观为考试分数和升学率所左右。在此情况下，地方政府的教育决策出现偏差是难以避免的——举地方财力打造"超级中学"，对学校的不规范招生行为视若无睹，对学校违背规律的做法听之任之。我们很难想象，如果没有地方政府的默许，在社会强烈质疑"超级中学"的今天，这些"超级中学"又怎么能够依旧我行我素。

应当承认，在现有的教育质量评价制度和考试招生制度下，由于缺乏其他可供监测的指标，考试分数和升学率无疑成为地方政府教育政绩的最重要、最直观的标志。在每年的考试招生季，地方政府最为关心的是本地的升学率情况，是政府下达的升学率指标是否兑现。前些年，因为高考成绩大面积下滑而导致地方教育局局长和校长被撤职的消息时有出现，这样的教育政绩观又怎么能真正推动教育的健康发展？要从根本上扭转这种教育政绩观，还须从中小学教育质量评价制度改革和考试招生制度改革入手，教育质量评价指标应更加科学多元，考试招生制度应更加注重学生的综合素质。也唯有如此，素质教育才能真正得以推行，地方政府一味把高升学率作为政府的教育政绩而大肆渲染的状况才能有所改变，区域高中教育的良好生态也才能真正得以形成。

同时，高中学校的办学行为亟待规范。规范高中学校的办学行为，既要规范招生行为，也要规范教育教学行为。目前，高中学校招生行为不规范问题在一些地方非常突出，一些学校不惜采取各种手段，到处争抢优质生源，超计划招生，造成"超级中学"一花独放、其他学校默默无闻的局面，对区域高中教育生态造成严重破坏。以衡水中学为例，作为一所公办学校，它只能在衡水市的市域范围内招生，并不具备在全省招生的资格，但衡水中学一年招录几十个班的学生，生源来自河北全省乃至全国各地。据媒体报道，今年衡水中学拟面向全省招 60 个班。在这一点上，地方教育主管部门显然没有尽到相应的管理和监督职责。当前，加强对高中学校招生行为的规范，不仅仅是治理"超级中学"的一个必要手段，而且是营造良好教育生态的一个现实要求。一方面要对高中学校的招生规模加以限定，严禁以各种理由超计划招生，使得类似衡水中学这样一年招收几十个班的情形没有存在空间；另一方面，对于高中学校的跨区域招生行为要加大治理力度，对于违反规定的各种跨区域招生行为及时予以纠正。

同时，教育主管部门对高中学校的教育教学行为也应予以规范，特别是对于那些有违教育教学规律，有损学生身心健康的做法应当予以纠正，像衡水中学那种对时间控制精确到分钟，大搞"题海战术""疲劳战术"的做法不值得提倡。事实上，对于高中学校教育教学行为的规范与学校自主办学并不矛盾，学校自主办学并不意味着可以任意违背教育教学规律和学生身心发展规律。消除这种浓烈的应试氛围，除了必要的规范之外，推进一系列制度变革同样至关重要。

面对衡水中学的这份"超级成绩单"，我们非但没有为之喝彩，而且将目光更多地聚焦于高中教育生态问题、高中办学行为规范问题，在一些人看来可能有点煞风景。但从推动高中教育持续健康发展、促进学生全面而有个性的发展角度看，对于"超级中学""高考状元""超级成绩单"，保持客观清醒的认识至关重要。为错误的教育政绩观纠偏，为失范的办学行为纠偏，同样也是当前高中教育发展面临的一项重要任务。

本文发表于《中国教育报》2014 年 6 月 25 日第 2 版

"大班额"瘦身功夫在事前

前不久，有媒体披露了河北燕郊的小学教育现状，再度引发了人们对城镇义务教育学校"大班额"问题的关注。据报道，在燕郊的一些小学，很多班级学生超过80人，一些班级甚至超过90人，使得学校管理难度明显加大，很多教育教学活动难以有效开展。"大班额"问题究竟该如何化解？这不仅仅是当下燕郊面临的困扰，也是很多城镇地区共同面临的一大难题。

据教育部统计，2012年，全国小学56人及以上大班额班级占比为14%，其中城区为22.5%，镇区为21.8%，乡村为5.2%。全国初中56人及以上大班额班级占比为28.3%，其中城区为27.2%，镇区为31.5%，乡村为22.8%。由此看来，城镇义务教育学校"大班额"问题绝非个别现象，已成为当前促进义务教育均衡发展和质量提升的一个瓶颈。

寻求化解之策，首先要对"大班额"现象的诱因进行分析。从需求看，学龄人口增加造成义务教育适龄儿童数量增加，城镇化进程加快造成适龄的外来儿童数量增加。从供给看，城镇新建居住小区大量出现而相应的配套教育设施建设没有同步跟上，农村小学、初中向乡镇、县城过度集中而学校建设没有同步跟上。可以说，需求与供给的矛盾是城镇义务教育学校"大班额"问题的主要诱因，但在不同地区，需求与供给矛盾的诱因略有差异，有的相对单一，有的则是多重诱因的集合体。因此，在化解城镇义务教育学校"大班额"问题时，各地还需对症施治。

制定区域教育规划应当基于对学龄人口情况的科学预测，且规划应当具有一定前瞻性，教育资源配置应当具有一定超前性。学龄人口低谷时撤并学校，学龄人口高峰时新建学校，看似是一种顺势而为的举措，但如果不留余地地"撤"与"建"，势必给日后的"资源不足"或"资源过剩"埋下隐患。

　　住房和城乡建设部发布的《城市居住区规划设计规范（2012 年版）》，明确了房地产开发商在开发房地产项目时，必须同时规划配套教育设施，并规定了配建标准，配套教育设施应与住宅同步规划、同步建设和同时投入使用。即便部分居住小区因为规模较小，达不到规划配套教育设施的标准，房地产开发商和政府相关部门也应当及时进行沟通协商，对小区适龄儿童接受义务教育问题提前进行谋划。在这方面，教育主管部门应力求做到事前主动履职，而不是事后被动弥补。

　　在过去的十几年中，农村义务教育学校布局调整大规模推进，在小学向乡镇集中、初中向县城集中的过程中，由于一些地区乡镇小学和县城初中的建设没有同步跟上，乡镇小学和县城初中"大班额"问题明显加剧，也正因此，农村义务教育学校布局调整应当审慎推进。当前，在加快乡镇小学和县城初中建设的同时，对于那些乡镇小学和县城初中没有足够接收能力，或只能依靠"大班额"满足入学需求的地区，农村小学和乡镇初中不得简单撤并。

　　此外，很多地区的"大班额"问题，主要集中在一些优质学校中，突出反映了优质教育资源不足问题。从这个角度看，化解"大班额"问题，也对促进义务教育均衡发展、缩小学校之间差距提出了迫切要求。加快推进义务教育学校标准化建设，改善薄弱学校办学条件；加大教师队伍建设力度，提高薄弱学校教育教学水平，正是从源头上化解"大班额"问题的重要之策。

　　当前，化解"大班额"问题需要新建和改扩建学校，各级地方政府应当真正负起责任，不断加大政府投入，同时鼓励支持民办学校在满足社会选择性需求方面发挥作用。

本文发表于《中国教育报》2014 年 6 月 17 日第 2 版

面对"高考工厂",我们该作何反思?

近日,众多媒体对安徽六安的毛坦厂中学进行了大量报道。这所位于安徽省六安市大别山深处的学校,人数超过 2 万人,加上大量陪读家长,被网友封为"亚洲最大的高考工厂"。虽然这样的称谓可能并不准确,甚至有点标签化,但学校的超大规模、超高升学率和浓烈的应试氛围确实令人印象深刻。

在如何看待超大规模学校、如何看待高升学率、如何看待浓烈的应试氛围等相关问题上,需要进一步厘清思路,加大治理规范力度,加快推进相关改革。事实上,面对"高考工厂",我们不必就事论事,而是要立足于更加宏观的视角,对如何尊重教育规律、如何深化教育改革、如何促进学生成长等一系列深层次问题进行认真思考。

如何看待超大规模学校? 虽然近年来治理规范"超大规模学校"的呼声一直很高,但超大规模学校问题在各地依旧突出,其中的原因很复杂,归根结底是各种利益在作怪,而相应的治理规范手段也没有能够及时跟上。什么样的高中办学规模是适宜的?相关的政策规定不够清晰,即便有办学规模标准,实际执行力度也非常有限。当前治理规范超大规模学校,一是要进一步明确办学规模标准并予以严格执行,这是尊重办学规律的要求,也是治理规范的关键环节;二是要对高中学校招生行为予以规范,严格执行招生计划,对于违反规定的跨区域招生应当立即叫停,真正做到有令必行、有禁必止;三是要通过规范收费,斩断学校大规模扩张背后的经济利益,从而遏制这种无视办学规律的做法继续蔓延。同时需要关注的是,目前很多超大规模学校由母体学校、分校区、所属民办学校等组成。如果公办学校参与举办的民办学校不能真正做到"五独立",就属于明显违规,应当进行治理规范。

如何看待高升学率? 对一所学校而言,高升学率本身不是一件坏事,对学生个体而言，考上一所理想的大学也应是一件好事。但就教育本身而言，促进学生全面发展、健康成长才是教育的根本目的所在。升学率固然是检验学校教育质量的一个指标，但切不可把它视作唯一指标。学生的品德发展水平、身心发展水平、兴趣特长养成和学业负担状况都是衡量教育质量的重要指标。也许有人会说，眼下其他的指标还缺乏过硬的衡量手段，而升学率才是真正的硬指标，但这不足以成为以偏概全的理由。用各种违背教育规律的做法换取高升学率，显然不是教育所应追求的目标。当前，中小学教育质量综合评价改革已经全面启动，但"唯有学业发展水平才是教育质量的硬指标，促进学生学业发展才是学校的硬任务"这样的观念依然根深蒂固，因此推进改革将会是一个较为艰难的过程，但再艰难也应坚持不懈。

如何看待浓烈的应试氛围？可以说，一些学校的"高升学率诉求"是浓烈应试氛围的真正推手。在一些学校，"高升学率诉求"转化为每一个学生强烈的升学渴望，在这样一个单一目标统领下，出现各种让人哭笑不得的誓师大会、标语口号也就见怪不怪。应当承认，虽然应试氛围在不同地区、不同学校存在一些程度上的差异，但用高三整一年的时间复习备考，在各地仍然较为普遍。那么，今天的高中教育究竟是三年还是两年？高中的课程设置、教学安排又是否科学合理？这些问题同样有待深入思考。可以说，要想真正消除这种浓烈的应试氛围，除了需要全社会的观念转变，更需要一系列的制度变革。

类似"高考工厂"的学校，为更多的农村孩子赢得了升入大学、升入重点大学的机会，这是目前部分舆论对其表示理解的一个理由。虽然用违背教育规律的做法"帮助"农村孩子不值得提倡，但究竟如何为农村孩子升大学、升重点大学做一点实实在在的事情，确实是摆在我们面前的一个新的课题。近年来国家已经出台了相关政策，逐年扩大农村贫困地区定向招生专项计划，这一政策旨在让更多勤奋好学的农村学生看到更多的希望，但相关的政策扶持力度仍须进一步加大。可以说，通过推进高校招生录取制度改革，真正为农村孩子提供更加公平的接受高等教育的机会，这是政府的职责所在。

本文发表于《中国教育报》2014年6月16日第2版

名校办分校还须重实效

前不久，北京30所城区名校在郊区县和城乡接合部设立的新学校正式迎来新生，这些学校也被称为"城乡一体化学校"。同样，上海也新开办了65所公办中小幼学校，其中57所位于城乡接合地区和郊区集镇。可以看出，为了缓解人口出生高峰和城市人口在城郊接合地区集聚所产生的入学矛盾，特大城市在这些区域新建学校的压力陡增。

新建学校如何避免"零起点"？北京、上海等地以政府为主导，发挥优质教育资源的辐射作用，名校办分校便是其中的一种重要方式。把优质教育资源引入郊区县和城乡接合部，把好学校办到孩子家门口，无疑是一个好消息。但这些学校毕竟刚刚起步，注重实效，让这些孩子享受到真正的优质教育，还有很长的路要走。

名校办分校被视作扩大优质教育资源的一条捷径，但也面临着巨大挑战，就是如何实现名校与新建校的资源整合与共享，真正做到名实相副。只注重外在形式的结合，不注重内在资源的整合，将难以取得改革的预期效果。要想让名校办分校成为一项"长期利好"和"实质性利好"举措，还须在注重实效上下功夫。

其一，要对名校举办分校的数量加以控制。实现名校与分校的真正融合，除了需要名校的办学理念输出之外，还要有名校的管理输出和教师输出。一所名校在面对多所分校时，要想把管理输出和教师输出的工作做得完美无瑕，是一件难度很大的事情。名校办分校过程中的管理输出和教师输出，毕竟与传统的学校之间松散型的管理帮扶、教师结对有所不同，它会和新建学校的办学过程始终相伴。在此过程中一旦打了折扣，很可能就是学校危机的开端。从这个角度看，控制一所名校举办分校的数量，是一种防患于未然的必要手段。

其二，要在名校文化传承的基础上有所突破和创新。从办学规律看，能办好一所学校并不意味着一定能够办好多所学校。名校虽有其历史根基，但其办学模式未必能在别的学校生根发芽。从理论上讲，名校办分校最大的好处就是起点高、见效快，便于使优质教育资源迅速扩大。但真正要取得这样的效果，名校除了需要实实在在地付出，还必须充分考虑不同区域的不同特点，在文化传承的基础上有所突破和创新，真正办出新建学校的特色。

还需指出的是，在优质教育资源难以满足社会需求的今天，发挥名校的辐射带动作用，举办分校并非唯一选择，在一个城市中分校遍地其实也不妥当。从各地的成功实践看，发挥名校的辐射带动作用，既可以推动跨区域的政府间合作，以政府为主导，开展不同区域之间学校的对口支援；也可以推动政府与学校的合作，以政府为主导，与名校合作，改造薄弱学校；还可以推动学校间的合作，以名校为主导，通过教师交流、教育设施共享等方式，自主开展多层次的校际交流。

本文发表于《人民日报》2013 年 10 月 24 日第 18 版

规范高中"国际班"宜早不宜迟

近日，上海市教委出台指导性文件，从课程方案、教学计划、教材等多方面对普通高中开设国际课程进行规范。举办"国际课程班"是近年来部分高中学校的新追求，在很大程度上满足了学生出国留学的需求，但在目标定位、设置条件、课程管理和收费等方面也出现了许多问题。在笔者看来，加强规范确实宜早不宜迟。与其走一步看一步，等到问题集中爆发再作规范，不如尽早明确相关政策，切实为高中"国际课程班"的健康运行提供制度保障。

大部分高中学校举办的"国际课程班"，主要立足于满足学生出国留学的需求。在发展的初始阶段，这样的目标定位无可厚非。但从长远发展看，引进国际课程，既要致力于满足部分学生出国留学的需求，更应致力于满足高中课程改革的需求，使绝大多数学生能够从中受益。这样的目标定位，会让国际课程的引进更具生命力，让"国际课程班"的办学更富底蕴。事实上，已经有一批高中学校通过引进国际课程、举办"国际课程班"，实现了与高中课程改革的良性互动，取得了很好的效果。

当前，有关部门对具备什么样的资质才能举办高中"国际课程班"，还必须作出明确规定。以中外合作办学项目方式举办的国际课程班，应当符合中外合作办学的相关设置要求，并在征得地（市）级教育行政部门同意后，报省级教育行政部门审批，并报教育部备案。应当看到，目前绝大部分高中学校举办的"国际课程班"，并不是以中外合作办学项目的方式运行，它的具体设置要求、相关审批程序都还不明确。这使得"国际课程班"的举办随意性较大，水平参差不齐，缺乏有效监管。从规范的角度看，学校良好的办学条件、教学与管理水平、师资状况等，都是举办"国际课程班"的必备条件。学校不顾自身条件和基础，盲目跟风，往往难以达到预期效果，最终可能导致学生权益和学校声誉受损。

高中"国际课程班"的课程设置，主要包括三种情况：一是以国际课程为主，仅保留少数国内核心课程，该模式在部分国别课程实施中尤为明显。二是学校把引进的国际课程和国内课程进行整合，剔除国际课程中的某些科目，加入国内课程中的一些科目，实行学分制。三是国内的核心课程不变，开设一些国际考试课程，为学生参加国外大学考试作准备。在现实中，高中"国际课程班"在课程设置、课时安排和学分互认等环节上随意性较大。从规范的角度看，高中学校举办"国际课程班"，应当根据国家和省市普通高中课程及学分规定，开齐开足必修课程。同时，数理科目课程和部分选修课程，可以采用学分互认方式引入国际课程。凡采用学分互认方式引入的国际课程，须经省级教育行政部门审核同意。值得一提的是，上海市教委明确要求：中外融合课程方案、课程计划及其教材须经审查，其中国家课程中的语文、思想政治、历史和地理四门课程应为必修课程，应符合国家课程方案的要求。这一规定的现实针对性很强，很有必要。

有的高中学校举办"国际课程班"，很大程度上是着眼于高收费，这是一个不容否认的事实。高中"国际课程班"满足了部分学生的选择性需求，不论是公办高中还是民办高中，向学生收取一定费用都是合理的。但在现实中，随着改制高中学校的清理规范、公办高中招收"择校生"的比例逐年缩减直至取消，严格规范公办高中收费成为一个基本的政策取向。在这样的背景下，公办高中"国际课程班"现行的收费模式能否持续，需要打上一个问号，各地教育行政部门和高中学校应当对此予以足够重视。从规范的角度看，公办高中以中外合作办学项目的方式举办"国际课程班"，才可以按照相关的收费政策执行。即便如此，此类高中"国际课程班"的成本核算、收费标准也缺乏监管的依据，收费政策的完善同样显得非常迫切。一方面，高中"国际课程班"的收费项目和标准，应按规定报经当地物价管理部门审批；另一方面，应当依法加强对高中"国际课程班"的财务管理，收费收入实行收支两条线管理，单独建账，独立核算。

本文发表于《中国教育报》2013年5月29日第3版

清理规范改制校需要决心和智慧

公办基础教育改制学校清理规范工作政策性强、牵涉面广，疑难问题盘根错节，涉及学校、社会及当地政府三方，直接关系到举办人盈利模式终结、地方财政减收增支以及人民群众对办学成本的支付等诸多利益问题。福建省采取县级自查整改，市级审核把关，省级核查验收、跟踪督查等举措，使清理规范工作切实避免了"假清理""走过场"，真正不折不扣地落实到位。

从2006年开始，国家启动了对义务教育阶段改制学校的清理规范工作，紧随其后的便是对普通高中改制学校的清理规范。改制校的"结"从哪里解？近日，《中国教育报》对福建的做法进行了报道，从中不难看出，清理规范改制学校需要决心和智慧。

对于清理规范工作的重要性，在认识上不难达成共识，但实际操作的难度很大。难点究竟在哪里？清理规范改制学校会在不同程度上给地方政府、改制学校、教师、学生和家长带来影响，如果工作思路不缜密、配套措施不完善，就有可能损害到某一方的利益，使得清理规范工作难以推进。

推进清理规范工作，需要勇于面对各种难题。维护学生利益、安置分流教师、做好清产核资和保障经费投入，是确保清理规范工作顺利推进的重要前提，需要认真面对、精心安排。从实践看，改制学校的不同走向，决定了在清理规范中要面对的问题错综复杂：如果改制学校回归公办，如何界定学校的资产属性，如何妥善解决学校在办学过程中形成的各种债权、债务？如果改制学校转为民办，如何妥善安置公办教师，如何确保国有资产不流失？如果改制学校停办，如何妥善安置教师和学生，确保正常的教育教学秩序？等等。由于情况千差万别，处理起来会非常棘手，考验着管理者的决心和智慧。

推进清理规范工作，要善于依靠多方协作。一方面要注重各级行政部门的相互配合，另一方面要注重教育部门与相关部门的密切合作。在清理规范过程中，通常要面对各种问题，甚至会遇到一些阻力和障碍。而解决这些问题，破除阻力和障碍，仅靠教育部门往往难以完成，需要物价、财政、纠风和人事等多部门的合作。福建的做法很好地印证了这一点。

从总体上看，清理规范改制学校的任务已初步完成，但公办中小学办学体制改革不会就此止步。在今后的改革中，那种旨在缓解经费不足的改革思路必须扭转，改革的最终目标是要着力增强公办中小学的办学活力，整体提升基础教育的发展水平。

本文发表于《中国教育报》2013 年 5 月 24 日第 3 版

公办高中分校会退出历史舞台吗？

日前，一则郑州公办高中分校将要退出历史舞台的消息见诸报端。读完这则消息，有人不免困惑：为何一些地方的公办高中分校将要退出历史舞台，而一些地方仍在为扩大优质高中资源，积极推动名校建立分校？两者似乎存在着矛盾和冲突，难道我们的政策在不同地区执行着不同的标准？

在很长一段时期内，各地的公办高中分校可谓形态各异、五花八门，有的自称公办学校，有的自称民办学校，还有的自称办学体制改革学校，其中一些公办高中分校的办学行为明显不合规范。评判分校的办学行为是否合乎规范，就必须对这些分校的办学性质、收费标准予以界定。

公办高中分校中的两种情况需要特别关注，一种是名义上为公办学校，但按民办学校收费；另一种是名义上为民办学校，但并没有真正实现"四独立"，即独立的法人资格、独立的校园和教学基本设施、独立进行财务核算、独立招生和颁发毕业证书。上述两类分校，成为近年来国家规范高中改制学校的重点。由此可见，"公办性质、民办收费"或"民办性质、四不独立"的公办高中分校将会退出历史舞台。

从现实的需求看，一批政府主导的公办高中分校仍会继续存在。各地新建的一批"政府主导、名校主办、公办性质、公办收费"的高中分校中，相当一部分是由名校"兼并"薄弱学校而建成的。这一类分校与国家规范高中改制学校政策并无明显冲突，并得到地方政府的大力支持，因此仍会继续存在。但值得注意的是，如果一个地区的高中名校都在举办分校，或者一所高中名校举办多所分校，不免让人产生疑虑：这样一种改革思路是否过于理想化、简单化？改革效果真的能够尽遂人意吗？

从学校的职责看，一方面，高中名校的任务是把自身学校办好，不断推动学校的改革创新，在此基础上，通过对口支援、联合办学和创办分校等方式，最大限度地发挥自身的辐射带动作用。需要注意的是，高中名校不能因为热衷于创办分校，专注于规模扩张，造成资源的过度分流，进而伤了自身的元气。另一方面，从办学规律看，能办好一所学校并不意味着一定能够办好多所学校。名校虽有其历史根基，但其办学模式未必能在别的学校生根发芽。尽管在很多人看来，名校办分校最大的好处就是起点高、见效快，可以使优质教育资源迅速扩大。但真正要取得这样的效果，需要名校有实实在在的付出，包括办学理念、管理经验和优秀教师的输出。同时，必须在传承的基础上有所创新，简单移植的做法将难以取得好的效果。

从长远的发展看，深化公办学校办学体制改革是教育改革的一项重要任务，但不论是义务教育学校，还是普通高中学校，公办学校办学体制改革的总体思路都有待进一步明确。从改革目标上看，以往那种旨在缓解教育经费不足的改革思路应当扭转，公办学校办学体制改革的最终目标应是增强学校办学活力，扩大优质教育资源，满足人民群众多样化教育需求。

总体而言，推动名校举办分校，已然成为地方深化公办学校办学体制改革，扩大优质教育资源的一种重要方式。但在改革的具体实践中，应当避免做表面文章，力求在改革实效上下功夫。

本文发表于《中国教育报》2013年4月19日第3版

名校复办初中需深思而行

近来，有关一些高中名校复办初中的话题引起了人们关注。为何重点中学初、高中脱钩政策在推行 10 多年后会出现反复？名校复办初中是否会给目前的基础教育办学带来一定冲击？这是人们的主要困惑和担心。

单纯就办学方式而言，每一种办学方式都有其利弊，不同办学方式、不同类型学校共存是教育发展的基本态势。事实上，我国基础教育的办学方式也是多种多样的。以 2011 年为例，全国有独立设置的小学 241249 所、初级中学 40759 所、高级中学 6532 所；混合设置的九年一贯制学校 13304 所、十二年一贯制学校 799 所、完全中学 6357 所。从以上这些数据不难看出，在小学、初中阶段，独立设置学校在数量上占有绝对优势；而在普通高中阶段，独立设置的高级中学与混合设置的完全中学的数量可谓旗鼓相当。笔者相信，在今后基础教育的改革发展过程中，独立设置的高级中学与混合设置的完全中学仍然有着各自存在的价值。

然而，名校复办初中所触及的核心问题是"名校"。这些名校究竟应当选择"初、高中分设"还是"初、高中合办"？两种类型的学校究竟哪种更为科学、更为合理？对此人们仍然存在着不同的认识和看法。在对两种办学方式进行选择时，人们对于可能出现的问题估计不足，因而在具体操作上难免简单化。在过去 10 多年中，一些地方通过实施初中部的办学体制改革，实现重点中学的初、高中脱钩，但在办学实践中也出现了很多不规范行为，引发了人们的质疑。反之，当前出现的名校复办初中的做法，是否基于长远统筹的考虑，对于可能出现的负面效应是否有充分的估计，同样值得认真思考。

一方面，在深入推进义务教育均衡发展的新形势下，不宜强化义务教育学校的"重点"情结。对于复办名校初中，教育主管部门和学校或许会给出各种理由。其中，有利于扩大初中优质资源、满足人民群众需求是一条最为合理的解释。但客观地讲，确保学校高中部能获得优质生源，也是很多名校复办初中的一个重要动因。

无论是从法律角度，还是从政策层面看，国家都一再强调严禁在义务教育阶段设立重点校和重点班。但对于名校复办初中，不论采取什么样的具体方式，这种附着于名校的初中部，都难免烙上"重点"的印迹。考虑到当前义务教育学校之间的差距客观存在，传统名校在家长心中的印记一时还难以抹去，在深入推进义务教育均衡发展的新形势下，不宜因为复办名校初中，人为地强化这种"重点"情结。事实上，名校复办的初中未见得一定就能成为优质教育资源，而扩大初中优质资源也可以通过多种方式来实现。

另一方面，在努力促进普通高中内涵发展的新形势下，不宜分散和转移高中学校的办学精力。重点中学初、高中脱钩政策的大规模实施始于20世纪90年代末期，其主要动因是满足普通高中发展需求，扩大普通高中发展规模。当前，我国普通高中教育已经由规模发展逐步转变到以提升品质、彰显特色为中心的内涵发展上来。推动普通高中多样化发展、促进学校办出特色、提高学生综合素质的目标任务，对于普通高中提出了新要求，高中名校同样面临新挑战，需要在改革发展上付出更大努力。在这样的形势下，高中名校不宜因为复办初中过多地花费功夫，分散和转移办学精力。

本文发表于《中国教育报》2012年9月19日第3版

公办高中争办"出国班"频惹争议

高中学校举办以出国留学为目的的"出国班",既是对家长和学生需求作出的主动回应,也是顺应普通高中教育多样化发展的一个现实举措,本身无可厚非。从高中教育的定位看,它要为高中学生毕业以后走向社会、走向职场以及走向大学作准备,至于学生最终是选择升学还是就业,是选择在国内上大学还是出国留学,与高中教育的定位并不冲突。

高中学校举办"出国班"是否会带来教育公平问题,关键取决于学校对"出国班"的定位和实际操作行为。如果一所高中置大部分学生于不顾,将学校最好的教学资源投入"出国班",这样的定位和操作引起人们的质疑也就不足为怪了。但现实中,绝大部分学校并非如此。当然,对于高中"出国班"的大量出现,我们很有必要保持一分客观冷静。与其过多地质疑它的合法性,不如更多关注它的规范运行问题。

鉴于目前高中学校"出国班"的管理制度相对缺失,教育行政主管部门应当从规范管理的角度出发,对"出国班"的举办资质、课程引进和收费政策逐步加以完善。

一是要加强和完善审批制度。从各地情况看,有的地方由于没有明确的举办标准和资质要求,审批环节把关不严,高中学校"出国班"在短时间内快速增加。有的学校虽然没有履行相关的审批手续,但"出国班"照样办得热火朝天,监管工作明显滞后。事实上,与其等到出了问题一禁了之,不如把相关的管理工作做到前面。

二是要加快制订国外课程引进的规范性意见。对于引进的国外课程需要认真审核,对于国内课程与国外课程的教学安排要有明确规定,对于两类课程在内容上的融合也需要严格把关,使国外课程的引进真正能够适应和满足学生的实际需求，有利于促进高中课程的多样化和选择性。

三是要逐步完善收费政策。随着今后高中招生中"三限（限钱数、限分数、限人数）生"比例的逐步降低，未来高中学校的收费将会日趋规范，高中学校"出国班"的收费政策需要逐步明晰，办学成本的核定和收费标准的确定应当有一个明确依据。

对于高中学校"出国班"的规范管理，学校自身也担负着重要责任。要准确把握学校"出国班"定位，处理好"国内班"与"出国班"的关系，合理调配学校的教学资源，切实避免因为"出国班"规模的不断扩大而给学校的常规教学带来冲击。

本文发表于《中国教育报》2012年3月21日第3版

规范教辅市场应堵疏结合

中小学教辅材料问题涉及千家万户，关系群众利益，是一个民生问题。为了回应人民群众的关切，依法履行政府的管理职责，规范中小学教辅材料使用势在必行。当前，加强教辅材料使用管理工作，需要重点把握以下环节。

一是把好教辅材料准入关。针对中小学教辅材料过多过滥，教师和学生在选用时无所适从的实际，把好教辅材料准入关非常必要，而实施评议推荐不失为一种积极可行的办法。

二是把好教辅材料的代购关。中小学教辅材料的购买环节极易滋生腐败，助长乱收费行为，因此需要进一步重申教辅材料的学生购买原则和学校服务原则。

三是把好教辅材料的编写关。针对教辅材料编写环节的无序状况，需要从两个方面予以规范：一是对教材与教辅材料配套编写的规范，二是对相关部门组织编写和参与编写的规范。

四是把好教辅材料使用的监督关。规范中小学教辅材料的使用，离不开相关部门的通力协作。教育行政部门在实施评议推荐过程中，要完善评议推荐公告、推荐结果的备案制度；新闻出版行政主管部门要加强对中小学教辅材料质量和非法盗印的监督检查；价格主管部门要加强对教辅材料的价格管理，防止出现价格虚高现象；纠风部门要对教辅材料的管理和评议推荐工作实行严格监督。

当前，坚持堵疏结合、完善相关制度、加强综合治理，对于规范中小学教辅材料使用、维护正常的教育教学秩序具有至关重要的作用。

本文发表于教育部网站，2012 年 3 月 15 日

合作办学应在传承基础上有所创新

在优质教育资源难以满足社会需求的今天，各地围绕如何发挥名校的辐射带动作用，开展了一系列探索与实践，所呈现的合作方式和办学形态也多种多样。

合作方式主要表现为：一是跨区域的政府间合作，以政府为主导，开展不同区域学校的对口支援、合作办学；二是政府与学校之间的合作，以政府为主导，与名校合作，改造薄弱学校、合作举办新校；三是学校之间的合作，以名校为主导，通过教师交流、教育设施共享等形式，自主开展多层次的校际交流。

在不同合作方式下，名校创办分校、名校举办民办学校和名校参与举办民办学校等不同办学形态在各地应运而生。作为一种探索和尝试，北京市朝阳区提出了引进名校合作办学的战略设想。但这种合作能否真正发挥名校的辐射带动作用，推动薄弱学校改造和新建学校发展，扩大优质教育供给，还有待时间的检验。

引进名校合作办学，发挥名校的辐射带动作用。既需要教育行政部门的支持，也需要名校实实在在的付出，包括办学理念、管理经验和优秀教师的输出。在合作办学过程中，名校必须充分考虑不同区域的不同特点，并在传承的基础上有所创新，简单移植的做法将难以取得好的效果。

需要注意的是，名校过多地创办分校，过多地举办或参与举办民办学校，都会或多或少地分散自身的办学精力。因此，名校创办分校、名校举办或参与举办民办学校等，一定要把握好度，对于可能产生的办学风险要有充分估计，对于合作办学可能出现的不规范问题也要足够重视。

本文发表于《中国教育报》2011 年 2 月 24 日第 2 版

推进办学体制改革与防范国有资产流失

规范的办学体制改革应当在一定的法规和制度安排下进行，其实施过程必须符合法律的要求。基于对政府、学校、教师、学生及其家长等不同要素的综合考虑，对于公办学校的体制改革，必须明确以下几点。

一、办学体制改革的指导思想有待明确

近年来，在教育领域内部，"国退民进"成为个别地方办学体制改革与教育布局结构调整的指导思想。"整体出售"或"部分转让"优质公办学校，成为学校走向"股份化"或"民营化"的主要手段。应当看到，在办学体制改革过程中盲目照搬国企改革的做法并不是一种明智的选择，不应当成为教育布局结构调整和资源重组的手段，更不应当成为办学体制改革的发展方向。

坚持教育的公益性，是办学体制改革必须遵循的重要原则。当前，政府公共政策调整的主要方向，一是提高财政对于公共事业的重点支持能力，不断加大政府对教育的投入，这是各地教育事业健康发展的重要保障；二是进一步鼓励社会力量积极参与公共事业，大力发展民办教育，这同样符合公共政策调整的基本要求。

二、办学体制改革所触及的国有教育资产的性质、权利主体和管理处置办法需要进一步明晰

国有教育资产可以分为经营性资产和非经营性资产两部分，办学体制改革过程中更多的是触及国有教育资产中的非经营性资产部分，而这部分资产理应被视作公益性资产。从规范管理的角度看，非经营性国有教育资产所有权的代表者至少应该是县级以上的各级人民代表大会，只有它才能行使对非经营性国

有教育资产的最终处置权，非经人民代表大会立法或作出决定，或依法授权，地方政府及其教育主管部门无权对非经营性国有教育资产随意进行处置。

教育部日前出台的《关于贯彻〈义务教育法〉进一步规范义务教育办学行为的若干意见》规定："自新修订的《义务教育法》实施之日起，任何部门和个人不得改变或者变相改变义务教育阶段公办学校的性质，不得将公办学校出售、转让。""地方各级教育行政部门要依法停止义务教育阶段公办学校改制的审批。"当前，使教育行政主管部门的规定与有关的法律法规相配套，制定出适应国有教育资产属性的、统一的和具有可操作性的国有教育资产处置管理办法，逐步建立起国有教育资产管理的长效机制，是防范国有教育资产流失的最有效手段。

三、国有教育资产的评估、交易必须做到公开、公正和透明

在改革过程中必须对学校资产进行分类建账，探索科学管理的有效途径，特别是需要对国有教育资产进行评估和登记，以避免对国有教育资产直接或间接、显性或隐性的损害。如：办学体制改革前的学校资产属于国家，而办学体制改革后学校的部分建设改造资金并不是政府投入，也不是承办者投入，实质是通过收费由家长投入，从严格意义上讲，这部分投入属于社会投入，对此必须有一个较为明确的界定。除了学校本身的资产需要明确界定之外，在学校运营过程中校产增值部分的性质，以及办学体制改革学校的承办者利用改革后获取的教育资金再投资创办的"纯"民办学校，其校产的定性和归属问题，都需要给予明确的界定和评判。结合国有教育资产的自身特点，加强对国有教育资产特别是无形资产的评估，才能真正确保国有教育资产不流失，并不断实现保值增值。

四、对办学体制改革过程中的相关学校的收费和经费使用管理必须加强监管

对于已经被"整体出售"或"部分转让"的学校，国有教育资产管理部门有必要对通过出售、转让所获得的那部分资金的去向进行监管，防止出售、转让后的经费进入自筹资金的管理渠道，从而脱离国有教育资产的监管系统，引发国有教育资产的流失。

对于实施"产权不变，按民办机制运行"的办学体制改革学校，其收费项目和收费标准应当报有关部门批准并公示，并加强对学校收费使用情况的监督检查，确保学校收费用于学校发展。各地不得因实行办学体制改革而减少当地的财政性教育投入。对实行办学体制改革的学校应当逐步停止财政拨款，教育主管部门应当按一定比例向学校收取国有教育资产的使用补偿费，停拨的教育经费和收取的补偿费列入"财政专户"，主要用于当地办学困难学校的改造建设，促进基础教育特别是义务教育的均衡发展。

本文发表于《光明日报》2006年10月25日第7版

五、规范民办教育发展

厘清民办教育 "规范管理" 模糊认识

近一段时期以来，有关民办教育、校外培训机构的规范举措陆续出台，引发了人们的一些顾虑和担心。加强规范管理是否就是要改变民办教育、校外培训的定位，否定民办教育、校外培训的作用，甚至逐步取消民办教育和校外培训？澄清模糊认识，将会为规范管理工作创设积极舆论氛围，为教育培训回归育人初心营造良好社会环境。

民办教育是社会主义教育事业的组成部分，校外培训是学校教育的补充，这样的基本定位没有变；民办教育、校外培训所具有的积极作用也不可否认。但近些年来，在民办教育、校外培训领域出现了一些不规范行为，这些行为不仅对教育事业发展全局造成了一定负面影响，而且影响着民办教育、校外培训机构自身的健康有序发展。从这个角度看，加强民办教育、校外培训机构的规范管理不仅非常必要，而且意义深远。

加强民办教育、校外培训机构的规范管理，旨在促进其健康有序发展。最近出台的有关民办教育、校外培训机构的相关管理规定，始终秉持这一重要原则。管理是政府的重要职责，规范是发展的基本要求，根本上都着眼于办好人民满意的教育。规范管理要基于问题导向，直面民办教育、校外培训机构存在的突出问题；把握工作重点，加强民办义务教育和学科类培训的规范管理；立足健康有序发展，着力做好系统设计和长远谋划。

在民办教育领域，应重点加强民办义务教育的规范管理。比如，解决民办义务教育学校比例过高问题。部分地方民办义务教育学校所占比例过高，反映了这些地方举办义务教育的政府责任的弱化，也偏离了义务教育以公办学校为主体的基本宗旨，对适龄儿童青少年公平接受义务教育造成损害。再比如，解决义务教育 "公参民" 学校不规范运行问题。义务教育 "公参民" 学校拥有国有资产和公共资源，同时享受民办学校收费、招生等方面的有利条件，成为公办、民办两头好处均占的"假民办"，与公办学校、民办学校形成不公平竞争，破坏了区域教育生态。

可以看到，针对上述问题的规范举措已陆续出台，在坚持民办义务教育规模控制、适度发展的背景下，民办义务教育学校比例过高地区，应当相应下调比例。同时，应加强"公参民"学校的规范管理，对于公办学校单独举办、公办学校与地方政府及相关机构合作举办的实施义务教育的民办学校，应引导其从民办转为公办；对于公办学校与其他社会组织、个人合作举办的实施义务教育的民办学校，办学条件符合"六独立"要求的，可继续举办民办学校，但公办学校应逐步退出。这些规范管理工作的深入推进，将会对民办教育健康有序发展起到积极的促进作用。

在校外培训领域，应重点加强学科类培训的规范管理。比如，解决培训内容不规范问题。在学科类培训中，超标超前培训问题较为突出，这类培训不符合教育规律和学生成长规律，增加学生学业负担，也对学校教育形成一定冲击。再比如，解决培训收费不规范问题。收费过高加重人民群众经济负担，收费方式不规范诱发家长"退费难"、培训机构"卷钱跑路"等乱象。

应按照加强校外培训材料管理、强化校外培训收费监管等相关文件要求，落实立德树人根本任务，尊重教育规律和学生成长规律，保障校外培训材料编写、审核、选用、备案等全流程规范运行。实行校外培训机构政府指导价管理，科学确定收费标准，强化收费信息公开。这些规范举措将为消除学科类校外培训乱象，促进校外培训机构健康有序发展奠定重要基础。

为促进民办教育、校外培训机构健康有序发展，在规范管理过程中，既要做到态度坚决，又要做到审慎稳妥；既要坚持统一的规范要求，又要避免简单化和"一刀切"；既要规范民办教育、校外培训机构的办学行为，又要强化政府责任。对于规范过程中可能引发的各种新问题，也要提前谋划做好预案，避免被动工作。此外，对民办教育、校外培训机构加强规范管理，不只是教育部门的职责，应进一步健全相关部门责任落实机制，做到分工明确、各尽其责、协调配合。

本文发表于《中国教育报》2021年9月14日第2版

推进校外培训材料规范管理
全面把好质量关

为加强中小学校外培训材料管理，教育部近日印发《中小学生校外培训材料管理办法（试行）》（以下简称《管理办法》），旨在确保培训材料的思想性、科学性、适宜性，有效减轻中小学生课外培训负担。

规范校外培训机构的教学活动，是当前治理校外培训机构的一项重要内容。而校外培训机构的教学活动规范与否，既直接体现在日常教学活动中，也突出反映在校外培训材料上，因此进一步加强校外培训材料管理至关重要。管好校外培训材料，关键是要把好立德树人的"方向关"、尊重规律的"科学关"、规范运行的"监督关"，并将管理工作贯穿于校外培训材料的编写、审核、选用、备案等各环节，确保校外培训的规范运作。

把好立德树人的"方向关"。习近平总书记在全国教育大会的重要讲话中指出，要把立德树人融入思想道德教育、文化知识教育、社会实践教育各环节，贯穿基础教育、职业教育、高等教育各领域，学科体系、教学体系、教材体系、管理体系要围绕这个目标来设计，教师要围绕这个目标来教，学生要围绕这个目标来学。凡是不利于实现这个目标的做法都要坚决改过来。

作为学校教育的补充，面向中小学生的校外培训，同样承担着为党和国家培养社会主义事业合格建设者和可靠接班人的任务。校外培训材料要与全面贯彻党的教育方针、落实立德树人根本任务的要求相一致，这是关乎校外培训政治方向和价值导向的大事，也是当前校外培训材料管理的一项重要任务。

校外培训材料的编写审核，要以习近平新时代中国特色社会主义思想为指导，体现社会主义核心价值观，继承和弘扬中华优秀传统文化、革命文化和社会主义先进文化，传播科学精神，引导学生树立正确的世界观、人生观和价值观，促进学生身心健康发展。凡是不符合上述要求，甚至出现违背社会主义核心价值观，损害国家统一、主权和领土完整，损害国家荣誉、含有误导中小学生产生不良行为的内容等情形的，应督促校外培训机构限期整改并按有关规定予以处理。

把好尊重规律的"科学关"。中小学生校外培训是否科学，既要透过日常教学活动加以分析，也要通过校外培训材料进行研判。在研判校外培训材料的科学性时，除了分析学科知识内容是否科学准确之外，是否尊重中小学教育教学规律，是否充分考虑学生身心发展特点，也是重要的衡量维度。《管理办法》就此提出了明确要求：内容科学准确，容量、难度适宜，与国家课程相关的内容应符合相应课程标准要求，不得超标超前；符合学生成长规律，满足多层次、多样化学习需求，有利于激发学习兴趣，鼓励探究创新。

确保校外培训材料的科学性，编写和研发人员是关键。编写和研发人员既要有学科知识背景，还要有一定的教育教学经历，熟悉中小学教育教学规律和学生身心发展特点，只有这样，校外培训材料的科学性才能更有保障。为此，《管理办法》专门对培训材料编写研发人员提出了明确要求：贯彻党的教育方针，熟悉中小学教育教学规律和学生身心发展特点，从事教育教学相关工作三年以上；学科类培训材料的编写研发人员应准确理解和把握课程方案、学科课程标准，具备相应教师资格证书；非学科类培训教材的编写研发人员，应具备相关行业资质证书或专业能力证明。

把好规范运行的"监督关"。加强校外培训材料管理，强化检查监督是一个重要环节。通过检查监督，特别是对检查监督中发现的问题及时予以处理，保障校外培训材料编写、审核、选用、备案等全流程规范运行。

校外培训材料是否合乎规范要求，作为校外培训主体，校外培训机构有责任加强自我监督，并向社会和培训对象公开作出书面承诺。教育行政部门应当以公开监督方式，畅通举报渠道，通过年度检查、专项检查、随机抽查等形式，组织专业力量对校外培训机构培训材料编审人员资质、内部审核、选用使用等情况进行检查，检查情况依法向社会公开。

校外培训材料是否规范，在一定程度上决定了中小学生校外培训是否规范。因此，对于各级教育行政部门及相关部门而言，加强校外培训材料管理责任重大。校外培训材料量大面广，政治性和专业性都很强，对管理工作提出了很高要求。在管理过程中，既要重视学科类培训材料管理，又要抓好非学科类培训材料管理；既要重视编写、审核、选用、备案等全流程管理，又要抓好总体目标的落实；既要重视行政主导，又要抓好专业队伍组建和人员培训，确保《管理办法》的实施更加全面、精准和专业，这是加强校外培训材料管理的现实要求，也是管理工作的重要准则。

本文发表于教育部网站，2021 年 9 月 6 日

规范校外线上培训迈出关键一步

近年来，校外培训从线下向线上迅速发展，为中小学生提供了一定的多样化、个性化教育服务，同时也存在一些突出问题。近日，教育部等六部门发布《关于规范校外线上培训的实施意见》（以下简称《实施意见》），就进一步规范面向中小学生、利用互联网技术实施的学科类校外线上培训活动提出明确要求。《实施意见》的发布，标志着规范校外线上培训迈出关键一步，对于全面贯彻党的教育方针、保障中小学生健康成长、形成校内外协同育人的良好局面具有重要意义。

规范校外线上培训是巩固校外培训治理成果的必然要求。规范校外培训机构，必须线下线上两头兼顾，否则容易顾此失彼。2018年初，教育部等四部门下发了《开展校外培训机构专项治理行动的通知》，对校外培训机构开展排查和整治，截至2019年3月，超过98%的存在问题的校外培训机构得到整改。但在整改过程中，一些培训机构转移阵地，把战场开到了线上，造成了"线下减负线上增负"的现象，究其原因，一是线上培训的准入门槛较低，在成本、师资、场地等方面较传统的培训均有优势；二是政策体系不健全，表现为教育领域相关政策法规对在线教育规范较少；三是利润空间较大，吸引了大量资本进入。当前，线上校外培训存在的突出问题表现在：有的培训平台存在低俗有害信息及与学习无关的网络游戏等内容；有的培训内容以应试为导向，超标超前，不符合教育规律；学科类培训人员素质参差不齐，有的缺乏基本教育教学能力；有的培训预付费过高、合理退费难，用户消费风险大。

为了巩固校外培训治理成果，针对野蛮生长的校外线上培训，《实施意见》要求校外线上培训机构在取得非经营性互联网信息服务备案手续、网络安全等级保护定级备案证明、等级测评报告后，对培训机构、学科类培训内容和学科类培训人员在机构所在地省级教育行政部门申请备案，省级教育行政部门会同有关部门对提交材料进行审查核实，对符合条件和规定的校外线上培训机构予以备案并公示公布。

《实施意见》还明确要求省级教育行政部门会同网信、电信、公安、广电、"扫黄打非"等部门制订排查方案，在2019年12月底前，对在本省（区、市）申请备案的校外培训机构从内容健康、时长适宜、师资保障、信息安全、经营规范等方面开展排查，并对存在的问题提出整改意见。经排查发现问题的校外线上培训机构应当按整改意见进行整改，于2020年6月底前完成整改并重新提交相关材料。省级教育行政部门要联合网信、电信、公安等部门对逾期未完成整改或整改不到位的校外线上培训机构进行查处，视情节暂停或停止培训平台运营、下架培训应用、关闭微信公众号（小程序）、依法进行经济处罚等。

规范校外线上培训是促进"互联网+教育"持续健康发展的重要举措。为了更好地发挥校外线上培训为中小学生提供多样化、个性化教育服务的优势，形成校内外协同育人的良好局面，亟须建立健全长效监管机制。《实施意见》提出，探索"互联网+监管"机制，改进监管技术手段，依托全国校外线上培训管理服务平台对存在的突出问题进行动态监管。全面推行黑白名单制度，对符合相关规定的校外线上培训机构列入白名单，对存在违规行为的列入灰名单并限期整改，对拒不整改或逾期未完成整改的列入黑名单。同时要求加强行业自律，校外线上培训机构要实事求是地制订招生简章、制作招生广告，不得过度营销、虚假宣传、夸大培训效果；要认真履行服务承诺，杜绝培训内容名不副实；要严格按照与用户签订的合同约定及相关法律规定办理收费和退费事宜，保障用户合法权益。

规范校外线上培训，涉及多部门、多领域，需要在当地党委和政府领导下建立教育部门牵头，网信、电信、公安等多部门协同参与的工作机制，并制订详细的工作方案和应急预案；充分发挥电教、教研等部门和专家团队的专业支撑保障作用；引导和推动行业协会、商会开展行业规范和自律。教育督导部门要加强对地方政府规范校外线上培训发展工作的督导评估。建立问责机制，对责任不落实、措施不到位的相关单位和责任人进行严肃问责。

本文发表于教育部网站，2019年7月15日

规范校外培训机构要建长效机制

近年来，部分校外培训机构违背教育规律和青少年成长规律，开展以"应试"为导向的培训，造成了中小学生课外负担过重，也增加了学生家庭经济负担，社会对此反映强烈，规范校外培训机构工作被提上重要议事日程。2018年7月6日，中央全面深化改革委员会第三次会议审议通过了《关于规范校外培训机构发展的意见》（以下简称《意见》），标志着规范校外培训机构发展进入了标本兼治的新阶段。

如何管理和规范校外培训机构？不同国家有着各自不同的做法，但都对校外培训机构可能带来的影响给予了关注，如何有利于学生发展是很多国家关注的一个重点。我们所开展的规范校外培训机构工作，最终落脚点也要归结到培养人的问题。规范不是目的，也不是为了规范而规范，而是要系统减轻中小学生课外负担，促进学生健康成长、全面发展。从这个意义上讲，进一步规范校外培训机构发展意义重大。

作为规范校外培训机构发展的一个重要举措，2008年初，教育部等相关部门在全国范围启动了校外培训机构专项治理工作。2月，教育部等四部门印发了校外培训机构专项治理工作通知；3月，教育部办公厅印发《关于加快推进校外培训机构专项治理工作的通知》；4月，教育部督促指导各地全部公开了专项治理工作方案，紧接着又派出7个督查组，分赴全国7个片区开展督查。与此同时，各地也积极行动起来，强化部门协作联动，突出地方治理特色，坚持边摸排边整改，注重推进综合施策，专项治理工作初见成效。但应当看到，目前校外培训机构的问题仍然不少，校外培训热还没有真正"退烧"，其中的原因是多方面的，一方面是各地校外培训机构专项治理工作的推进还不平衡，加之很多问题积累已久，需要有一个逐步消化解决的过程；另一方面是专项治理工作只是一个治标之策，是一次急刹车，急需治本之策的及时跟进。审议通过的《意见》，将为进一步规范校外培训机构发展提供政策依据和制度保障。

规范校外培训机构发展，切实减轻学生课外负担，要致力于建立长效机制，进一步明确"谁来管""管什么""怎么管"等问题。要对校外培训机构的设置标准、审批登记、培训行为等作出具体规定，对校外培训机构进行全过程管理，为各地规范校外培训机构提供政策依据，切实把校外培训机构全过程的监管机制建立并逐步规范起来。如果说专项治理工作重点指明了校外培训机构不能做什么，《意见》则进一步明确校外培训机构能够做什么、应当怎么做，这是规范工作的持续推进和深化。

规范校外培训机构发展，切实减轻学生课外负担，需要持续推进教育教学改革。一是要进一步提高学校教学质量，强化学校教育的主阵地作用。要指导学校创新教学模式，改进教学方法，科学布置作业，合理安排作息时间，全面提高课堂教学效果和学生学习效率。二是要进一步建立健全课后服务制度，鼓励各地各校根据学生身心发展特点和家长需求，探索实行弹性离校时间，提供丰富多样的课后服务，有效解决课后"三点半"问题。三是要进一步改善家庭教育，帮助家长树立正确的教育观念，掌握科学的教育方法。引导家长尊重学校教育安排，加强与学校教育的沟通配合，合理安排孩子的学习、锻炼和休息时间，形成家校共同育人合力。

规范校外培训机构发展，切实减轻学生课外负担，尤其需要从国家层面深入推进考试招生制度改革，积极传递素质教育导向。要深入推进义务教育免试就近入学工作，杜绝将校外培训机构培训结果与中小学招生入学挂钩，中小学校和校外培训机构要进一步加强自律；要深入推进中高考改革，充分发挥考试招生的引领和导向作用。从考试内容改革看，中高考改革都要减少对单纯记忆、重复训练内容的考查，更加注重和强化能力考查；从招生录取机制改革看，要将学生综合素质评价逐步引入招生录取环节，破除招生录取"唯分数论"。

本文发表于《中国教育报》2018 年 7 月 10 日第 2 版

办学"五独立"不能空有虚名

公办学校参与举办的民办学校实现"五独立",只是规范管理的第一步。目前,民办学校"提前招生""超计划招生""跨区域招生"所带来的种种混乱,并没有完全消除,仍需进一步加强规范。

按照教育部要求,河北省教育厅组成专项检查组,于5月9日对河北衡水中学和衡水第一中学办学招生情况进行了专项检查。检查中发现,两所学校不同程度地存在不规范甚至违规办学、招生情况,并对两所学校提出了整改要求。虽然整改要求分别针对两所学校,但民办学校实现"五独立"是整改的重要指向,参与举办的公办学校和民办学校都要从规范自身行为做起。

《中华人民共和国民办教育促进法实施条例》规定:公办学校参与举办的民办学校,应具有独立的法人资格,具有与公办学校相分离的校园和基本的教育教学设施,实行独立的财务会计制度,独立招生,独立颁发学业证书。尽管一些学校声称自己按照法律要求实现了"五独立",但现实并非如此。

一些民办学校没有真正做到"五独立",而是与公办学校混淆,因而被人们称为"假民办"。应当看到,这种现象不只在河北存在,在其他一些地区也不同程度存在;不只在普通高中学校存在,在义务教育学校也同样存在。这种现象的存在既损害了公办学校,也损害了民办学校。规范公办学校参与举办的民办学校,实现"五独立"是底线要求。

民办学校应具有"独立的法人资格",从表面上看这似乎容易做到,但有名无实的现象依然存在。虽然一些学校有"独立的法人资格",但学校的法人代表不过是一种摆设,没有实际权力,这也就不难理解河北省教育厅对衡水中学的整改要求中专门提到:河北衡水中学法人代表不得代行衡水第一中学法人代表权力。这一整改要求就是让"独立的法人资格"真正落地。学校应具有"与公办学校相分离的校园和基本教育教学设施",为的是解决"校中校"问题。虽然"校中校"在各地已明显减少,但公办学校、民办学校同处一个校园,共用教育教学设施的情况并未杜绝。学校应实行"独立的财务会计制度",而是否独立进行财务核算,不能只听学校的一面之词,需要进行严格的财务审计。同时,学校应"独立招生""独立颁发学业证书"。近年来,一些学校在"独立招生"方面的问题尤为突出。部分民办学校借着跨区域招生的权力,为公办学校招揽生源,这也是当前亟须治理的重点。

除了要求公办学校参与举办的民办学校实现"五独立",2011年教育部、国家发展改革委联合发布的《关于进一步做好普通高中改制学校清理规范工作的通知》提出:学校的人事管理、教育教学活动应保持相对独立。根据这一要求,我们需要对公办学校与民办学校教师长期混用问题进行认真审视。一些民办学校教师长期拥有公办教师身份,还有的公办学校在举办民办分校时声称,其参与举办的民办学校,管理、教师团队全部由公办学校直接派遣。在一些地方政府和学校看来,这是对民办学校的扶持和帮助,有利于实现公办学校和民办学校的师资共享。实际上,这样的理解明显存在偏颇。

在笔者看来,公办学校教师到民办学校任教,如果属于帮扶性质,公办学校教师身份、人事关系可保持不变,但应在任教时间上作出限定,而不是无限期地留任。公办学校教师到民办学校任教,如果属于转任性质,则需要办理相关手续,转为民办学校教师。如果允许具有公办身份的教师长期在一部分民办学校任教,进而形成这些民办学校的特权,对民办教育的长远发展实际上是一种损害。

公办学校参与举办的民办学校实现"五独立",同时要求学校的人事管理、教育教学活动也保持相对独立。目前,民办学校"提前招生""超计划招生""跨区域招生"所带来的种种混乱,并没有完全消除,仍需进一步加强规范。以"跨区域招生"为例,由于基础教育强调地方负责,如果民办学校享受了公共资源和当地政府扶持,优先服务于当地则是理所应当的。跨区域招生也要基于这个前提,而不是不加任何约束地自主确定招生范围。

对于尚未实现"五独立"的民办学校,亟须规范和治理;即便民办学校实现了"五独立",也不意味着招生可以不受任何约束,对此需要在完善相关法规和政策时进一步加以明晰。

本文发表于《中国教育报》2017年6月20日第2版

局部"公弱民强"态势值得深思

　　义务教育阶段民办学校的崛起，对于推动我国基础教育发展无疑是一件好事，但义务教育阶段公办学校同样没有不办好、办不好的理由，更不该成为"低质量"的代名词。

　　目前正值义务教育招生季，从一些地方反映出的情况看，民办学校招生热度非常之高。家长选择民办学校，大体可分为两种情况：一是将民办学校作为首选，在一些地方，义务教育阶段的民办学校确实已经成为当地最优质的资源，家长千方百计想让孩子就读民办学校；二是将民办学校作为备选，一旦划片招生的公办学校不理想，家长就转而选择民办学校，还有的则是因为受户籍等因素影响选择民办学校。

　　对于当前民办学校的招生热，虽然不能简单解读为"公弱民强"，但在一些地方确实已经呈现这种态势。有专家指出，"公弱民强"问题在我国不少城市的基础教育领域已经非常突出。在一些城市，最好的初中学校几乎是民办学校的天下，公办学校与民办学校的差距越拉越大。在笔者看来，这一现象虽然还不具有普遍性，但的确需要重视。民办学校要发展，公办学校同样应当办好。

　　2015年全国教育事业统计公报显示：全国有小学19.05万所，其中民办小学5859所，约占3.1%；全国有小学在校生9692.18万人，其中民办小学在校生713.82万人，约占7.4%。全国有初中学校5.24万所，其中民办初中4876所，约占9.3%；全国有初中在校生4311.95万人，其中民办初中在校生502.93万人，约占11.7%。可以看到，相对于公办学校的学校数量、在校生数量，我国义务教育阶段民办学校的占比并不算高，但一些地方的民办学校以其高升学率成为当地人心目中最优质的义务教育资源，其背后的原因值得深入分析。

　　从主观上讲，义务教育阶段公办学校的自身发展面临一些问题，需要切实加以解决。与民办学校相比，一些公办学校竞争力在下降，办学活力不足，满足家长多元化、个性化需求的能力不强，亟须从完善教育管理体制和学校内部治理机制、提高教育教学质量等方面进一步加大改革力度，发展均衡优质的义务教育是我们应当始终坚持的方向。如：落实和扩大学校在教师聘用、学校管理和经费使用等方面的自主权，增强学校的办学活力；创新培养方式，提高教育质量，鼓励学校办出特色。

从客观上讲，一些地方对民办学校的过度扶持政策，也在一定程度上损害了公办学校的发展，需要认真加以审视。如：一些地方教育主管部门从鼓励民办教育发展的角度，支持公办学校教师进入民办学校，允许进入民办学校的教师保留公办学校的教师身份，这一政策对当地公办学校造成巨大冲击，公办学校因此有大量教师流出，从而导致教学质量下降和生源流失。国务院《关于鼓励社会力量兴办教育促进民办教育健康发展的若干意见》提出了一系列鼓励扶持政策，但如何准确理解和把握这些政策，对于推动民办教育健康发展，同时防止政策走偏至关重要。

此外，相关政策的实施对义务教育优质资源的分布与格局产生了一定影响。近几年，随着义务教育免试就近入学政策的推进，各地对民办学校招生普遍提出了免试的要求，但仍有一些民办学校采取考试和变相考试的方式选拔学生，通过争抢生源来获取高升学率回报。为了营造义务教育阶段公办学校、民办学校共同发展的良好环境，对义务教育阶段民办学校招生行为的规范仍需进一步加强。

值得一提的是，一些地方初中教育所呈现出的"公弱民强"现象，与一批优质学校初、高中脱钩后初中转为民办有着一定关系，这也就不难理解"公弱民强"现象为何在初中更为明显。一些初中阶段的民办学校至今仍留有公办学校的痕迹，还有一些民办学校则由地方政府和公办学校参与举办。了解和把握部分地方初中教育所呈现出的"公弱民强"的相关背景，对于进一步明确改革方向，努力办好义务教育阶段的公办学校会起到积极作用。

义务教育阶段民办学校的崛起，对于推动我国基础教育发展无疑是一件好事，但义务教育阶段公办学校同样没有不办好、办不好的理由，更不该成为"低质量"的代名词。促进义务教育均衡发展，绝不意味着放弃对质量的追求，对此我们不仅要有认识，更要有实实在在的行动。

本文发表于《中国教育报》2017年5月24日第2版

衡水第一中学平湖分校为何被质疑？

近日，衡水第一中学平湖分校的办学行为受到质疑，这一质疑被一些人简单归结为人们对衡水中学一直以来的偏见，有点先入为主。既然如此，我们不妨将衡水中学自身的办学搁置一边，也抛开简单的应试教育与素质教育之争，仅把目光投向衡水第一中学平湖分校，看一看它的办学到底是否规范，又是否该受到质疑。

其一，衡水第一中学平湖分校提前招生的行为不规范。为了解决高中招生中存在的无序竞争问题，教育部和浙江省教育厅对加强高中招生管理都有明确要求，严禁擅自提前招生是一项重要内容。但衡水第一中学平湖分校高中部2017年招生简章显示，首批录取新生到校报到时间为4月15日，比浙江省中考时间整整提前了两个月。尽管学校负责人给出的解释是该日期为报到时间而不是开学时间，但显然该解释不能掩盖其提前招生的本质，这种争夺优质生源的行为，就是对高中招生秩序的一种破坏。

其二，衡水第一中学平湖分校用"金钱奖励"方式开展招生宣传的行为不正当。学校用所谓优秀生奖励制度招揽学生，如：对本校高中毕业生考取清华大学、北京大学的学生，每人一次性奖励50万元；对考取香港大学、复旦大学、上海交通大学的学生，每人一次性奖励10万元；对考取全国综合排名前十位的国内名牌大学的学生，每人一次性奖励3万—5万元。这样的规定从表面看是为了激励优秀学生，实质是一种不正当的招生宣传，应当予以制止。

其三，衡水第一中学平湖分校围绕"升学率"打造的校园文化不合时宜。在衡水第一中学平湖分校宿舍楼附近的道路上，衡水中学历年来的高考状元被一个个展示出来，装饰成"状元星光大道"。同时，在校园里呈现的部分励志类的宣传标语，也明显不合时宜。这种围绕"升学率"打造的校园文化，与当前推进素质教育的大环境格格不入。

此外，学校负责人表示，随着学校规模的不断扩大，学校将不限户籍，面向全国招生，发展规模为 144 个班级，6000 名在校学生，这种建设超大规模学校的规划本身也应受到质疑。

衡水第一中学平湖分校尚处于办学的初始阶段，就给人带来一种强烈的"应试教育"的隐忧，之所以如此，与其说源于人们先入为主的印象，倒不如说是由学校自身的招生行为不规范、招生宣传不正当、校园文化不合时宜等因素造成的。

也正因如此，浙江省教育厅对衡水第一中学平湖分校不规范招生行为的纠正和对"应试教育"做法的警示，非常必要，也非常及时。那么，浙江自身是否就不存在"应试教育"问题？当然不是。有问题并不可怕，可怕的是有了问题，自身仍没有意识和觉醒，甚至沾沾自喜。在笔者看来，浙江省教育厅作出的规范要求，既是针对衡水第一中学平湖分校的要求，也是对全省所有高中学校的要求。

在推进素质教育的进程中，浙江省不仅有清醒的认识，而且有积极的行动。近年来，浙江省的高中课程改革走在全国前列，并在全国率先开展"三位一体"的高校招生录取方式改革，致力于扭转招生录取"唯分数论"，顺应了素质教育的要求，相关改革仍在持续推进之中。

衡水第一中学赴浙江开展合作办学是它的权利，但依法依规办学同样也是它的义务。浙江省教育厅坚持规范办学的要求，反对"应试教育"的做法，是教育行政主管部门的应有担当，而且这种规范要求应当持续跟进。如果对学校的不规范办学行为不闻不问，反倒是管理部门的失职。

本文发表于人民网教育频道，2017 年 4 月 14 日

义务教育阶段民办学校：
"收费"不等于"营利"

　　对于修订后的《中华人民共和国民办教育促进法》中关于"不得设立实施义务教育的营利性民办学校"这一新规可能带来的影响，有人表示担忧，还有人甚至认为义务教育阶段民办学校会因此一蹶不振。这种担忧主要基于以下两个判断：一是目前我国大部分义务教育阶段民办学校是营利性的；二是如果允许义务教育阶段民办学校自主选择，会有一大批民办学校选择举办营利性民办学校。但是，这样的判断其实并不准确。从法律角度看，对于我国义务教育阶段民办学校，按照修订之前的《中华人民共和国教育法》的规定，"不得以营利为目的"是一个基本办学要求，即便有出资人要求从办学结余中取得合理回报，此类学校也只占义务教育阶段民办学校的很小比例。因此，目前大部分义务教育阶段民办学校带有营利性质，这一判断从法律上看站不住脚。从现实角度看，如果允许义务教育阶段民办学校在非营利性学校和营利性学校中进行选择，考虑到举办营利性学校所需付出的成本较高，主动选择举办营利性学校的可能并不多。

　　从义务教育的发展需求看，义务教育阶段的民办学校仍将有所作为。随着我国义务教育改革发展的不断深入，特别是在"公办学校保障公平、民办学校提供选择"的总体发展思路下，义务教育阶段民办学校的地位和作用会愈加突显。"不得设立实施义务教育的营利性民办学校"的规定，并没有否定我国义务教育阶段民办学校的存在价值及其合法性，相反，民办学校在满足个性化需求、提供多样化选择方面所发挥的作用越来越得到重视和肯定。与此同时，义务教育阶段民办学校通过收费办学充分享有"办学自主权"，这一权利也不会因其"非营利性"特征而改变或削弱，相反会得到法律更好的保护。把"不得设立实施义务教育的营利性民办学校"混同于"不得设立义务教育阶段的民办学校"是明显误读。

从对民办学校举办者的权益保障看，现有义务教育阶段民办学校的办学积极性可以得到有效保护。"不得设立实施义务教育的营利性民办学校"引申出的问题是：现有义务教育阶段民办学校举办者的投入是否就此一笔勾销？维护举办者权益如何体现？修改后的《中华人民共和国民办教育促进法》确认了举办者在学校终止时对学校剩余财产享有的权益，出资者可以获得相应的补偿和奖励。各地可以依据法律，因地制宜制定补偿或奖励的具体办法。这样一种法律规定，既维护了现有义务教育阶段民办学校举办者的权益，也是对他们办学积极性的最好保护。

当然也应当承认，义务教育阶段民办学校在一定程度上会受到"非营利性"要求的挑战。在过去很长一段时期，一些义务教育阶段民办学校虽然在"不得以营利为目的"的法律要求下办学，但实际办学中却存在事实上的营利，实际办学与法律要求并不完全一致。对于这样的学校，特别是在新的监管措施下，如何严格按照新的非营利性民办学校的办学要求办学，是一个实实在在的挑战。

除此之外，也不排除会有个别义务教育阶段民办学校选择退出，对于这些退出学校的善后工作需要做实做细。对于一些既包括义务教育又包括学前和高中阶段教育的民办学校而言，如果"非义务教育部分"本身是非营利性的，那么学校的管理就会相对简单。否则的话，可能会涉及学校"义务教育部分"和"非义务教育部分"的拆分，包括财产分割、债务剥离等方面的操作会比较复杂，需要通过管理细则进一步加以明晰。

本文发表于《光明日报》2016年12月6日第14版

民办校"分类管理"重在支持和规范

日前，十二届全国人大常委会第二十四次会议表决通过了关于修改《中华人民共和国民办教育促进法》（以下简称《民办教育促进法》）的决定。对民办学校实行分类管理是修改《民办教育促进法》的一项核心内容。"民办学校的举办者可以自主选择设立非营利性或者营利性民办学校。但是，不得设立实施义务教育的营利性民办学校。"这一新规受到社会广泛关注。

在《中华人民共和国教育法》《中华人民共和国高等教育法》修改之前，按照相关法律要求，民办学校办学不得以营利为目的，但事实上的营利在很多民办学校不同程度存在；在《民办教育促进法》修改前，民办学校出资人可按照规定从办学结余中取得"合理回报"，但如何界定"合理回报"存在很大模糊性；鼓励扶持民办教育发展是近年来重要的政策取向，但由于民办学校办学存在很大差异，鼓励扶持的具体政策难以真正落地。从这个意义上看，对民办学校实行分类管理，由其举办者自主选择"营利"或"非营利"，是民办学校管理上的一个重大突破，也是管理走向"精细化"的重要体现。

实行分类管理，明晰非营利性民办学校和营利性民办学校的办学属性，有利于鼓励扶持政策的精准实施，培育一批高水平的民办学校。虽然对于"营利"和"非营利"民办学校，国家都应给予一定的鼓励扶持，但鉴于两者办学属性不同，在具体政策和扶持力度上应当有所区别，修改后的《民办教育促进法》体现了这种精神。例如在保留了"县级以上各级人民政府可以采取购买服务、助学贷款、奖助学金和出租、转让闲置的国有资产等措施对民办学校予以扶持"之外，增加规定"对非营利性民办学校还可以采取政府补贴、基金奖励、捐资激励等扶持措施"。

实行分类管理，承认营利性民办学校的合法存在，有利于更好地鼓励社会力量和民间资本投资兴办教育，增加教育服务供给。"营利性民办学校"得到法律承认，这是我国民办学校管理上的一个重大突破。允许设立"营利性民办学校"，对于改变长期以来"不得以营利为目的，但可以营利""不得以营利为目的，但可以取得合理回报"这种界定上的模棱两可、操作上的无所适从具有积极意义，特别是对于鼓励社会力量和民间资本投资兴办教育会起到促进作用。

修改后的《民办教育促进法》规定："不得设立实施义务教育的营利性民办学校"，这是基于义务教育作为基本公共教育服务所具有的特殊性的考虑。对于区分义务教育和非义务教育的不同性质，更加突出和强调义务教育的公益属性，"不得设立实施义务教育的营利性民办学校"是一种审慎的做法。毕竟，把义务教育当作一个投资领域，追求经济利益、寻求投资回报，对义务教育发展有害无益，从世界范围看这种做法也不多见。

当然，这并不意味着义务教育阶段的民办学校可有可无。虽然义务教育强调政府责任，但并不意味着其需要由政府完全包办，义务教育阶段的民办学校与公办学校一样，有其自身存在的意义和价值。同样，"不得设立实施义务教育的营利性民办学校"，也不意味着对义务教育阶段的民办学校进行完全等同于公办学校的管理，从管理上看两者有明显区别。如，义务教育阶段的民办学校可以按办学成本收费，拥有比公办学校更大的办学自主权。把限制收费、收紧办学自主权，与"不得设立实施义务教育的营利性民办学校"相挂钩，是一种误读。

修订后的《民办教育促进法》自2017年9月1日起施行，为了促进民办教育稳定健康发展，做好相关制度安排和具体政策配套工作至关重要。一方面，针对"营利性"和"非营利性"民办学校的差异化扶持政策需进一步细化；另一方面，两者的不同监管要求有待进一步明确，以便为民办学校的"自主选择"和"顺利过渡"提供切实保障。

本文发表于《中国教育报》2016年11月9日第2版

"民校"办学亟待明确政策边界

鼓励支持民办教育发展，要有整体的制度设计，要有明确的政策边界。如果只是一部分民办学校享有特权，非但起不到鼓励支持作用，反而会给民办教育的长远发展造成损害。

近日，一些民办高中跨区域招生，一些"超级中学"异地举办民办分校引发人们的关注和质疑。在笔者看来，不论是民办学校跨区域招生，还是公办学校举办民办分校，只要符合《中华人民共和国民办教育促进法》及其实施条例的相关规定，本身无可厚非。问题的关键是，这些"民校"的办学性质是否清晰，办学行为是否规范，如果答案是否定的，其招生、办学行为受到质疑也就不足为怪。

有的"民校"自称"国有民营"学校，即由当地教育局创办，学校产权国有，按民办机制运行；有的"民校"自称"公办民助"学校，实际就是公办学校参与举办的民办校。对于这些"民校"办学，法律和政策都有相应的规范性要求。然而从现实看，这些学校或与地方政府，或与公办学校之间存在较为复杂的产权和隶属关系，有的学校虽名为"民校"，但学校的办学属性并不清晰。

过去10多年，一些被称为"国有民营""公办民助""民办公助"的高中学校，由于办学属性模糊不清，导致大量不规范办学行为。正因如此，2011年教育部、国家发展改革委发布了《关于进一步做好普通高中改制学校清理规范工作的通知》，清理规范的主要对象包括：按民办机制运行的公办普通高中学校，公办普通高中参与举办的不符合《中华人民共和国民办教育促进法》及其实施条例规定的民办普通高中学校。事实上，清理规范的目的就是明晰这些改制学校或公办、或民办的性质，进而规范其办学行为。虽然各地清理规范高中改制学校的工作已历经5年多时间，但"国有民营""公办民助""民办公助"

等含混不清的学校属性仍需进一步厘清，否则一些"民校"的规范办学便无从谈起。

按照清理规范的要求，由公办学校参与举办的民办学校，不得利用国家财政性资金，应具有独立的法人资格、具有与公办学校相分离的校园和基本教育教学设施，独立进行财务核算，独立招生和颁发毕业证书。除此之外，学校的人事管理、教育教学活动应保持相对独立。公办学校参与举办的民办学校是否符合上述规范要求，特别是财务核算是否真正独立，要由教育主管部门进行认真核查。

当前还有一个突出问题，就是一些民办学校教师长期拥有公办教师身份，一些公办学校参与举办的民办学校，其教师与公办学校教师长期混用。还有的公办学校在举办民办分校时声称，其参与举办的民办学校，管理、教师团队全部由公办学校直接派遣。在一些地方政府和学校看来，这是对民办学校的扶持和帮助，也便于打破公办、民办教师流动壁垒，实现公办学校和民办学校教师资源共享，而这样的理解实际并不全面。

一方面，公办教师到民办学校任教，如果属于帮扶性质，公办教师的身份、人事关系可保持不变，但应在任教时间上作出限定，比如目前很多地方要求公办教师到民办学校任教，时间不得超过 3 年。另一方面，公办教师到民办学校任教，如果属于转任性质，则需要办理相关手续转为民办学校教师，如果这些教师长期拥有公办、民办双重身份则不符合规范要求。教育部等七部门《关于2011 年治理教育乱收费规范教育收费工作的实施意见》明确要求："纠正民办学校的公办教师双重身份情况，教师在民办和公办学校之间流动，要按照国家有关规定及时履行相关手续。"事实上，如果允许具有公办身份的教师长期在一部分民办学校任教，民办学校之间公平竞争的局面将难以形成。

鼓励支持发展民办学校，是我国教育事业发展的必然要求，但这种鼓励支持要有整体的制度设计，要有明确的政策边界。如果只是一部分民办学校享有特权，非但起不到鼓励支持作用，反而会给民办教育的长远发展造成损害。针对当前一些公办学校纷纷举办民办分校的问题，亟须进一步加强规范管理，使"民校"办学真正名实相副。

本文发表于《中国教育报》2016 年 9 月 2 日第 2 版

民办学校招生爆满折射了啥？

据《新快报》报道，广州民办小学网上报名日前开始。记者从广州市义务教育阶段学校招生网上报名系统了解到，不到两天时间，共有超过120所民办小学"爆满"，报名人数超过了计划招生数，差数最大的广州市广东外语外贸大学附设外语学校，差数已经达到1313人。

虽然近年来民办学校学费连年上涨，但优质民办小学的学位一直比较抢手，眼下其热度似乎仍在继续升高。原因有很多，但最根本的一点，就是家长在孩子教育方面的多元化、个性化需求不断增强。相对于公办学校，民办学校所拥有的办学自主权决定了其在满足这种多元化、个性化需求方面的优势更加明显。除此之外，还有一个重要原因是，随着近年来义务教育就近入学政策的积极推进，一些家长对划片对口的学校不满意，认为与其通过购买"学区房"选择优质公办学校，不如少花一些钱选择优质民办学校。从这些角度看，民办学校招生"爆满"也在情理之中。

公办学校保障公平，民办学校提供选择，符合义务教育的规律和特征，也是世界大多数国家的通行做法。在当前实施义务教育就近入学的背景下，家长的选择性需求仍然需要重视和兼顾，而从民办学校寻找突破口是一条正确的路径。从这个意义上看，广州市民办学校招生"爆满"是一件好事。立足于我国义务教育的长远发展，民办学校在提供教育选择方面可以有更大作为，但前提是民办学校的办学必须符合规范。

但透过民办学校招生"爆满"的现象，我们似乎又该反思。与民办学校相比，一些公办学校的竞争力在下降，其中的深层次原因值得探究。公办学校的办学活力不足，满足家长多元化、个性化需求的能力不强。这些问题虽然直接反映在学校本身，却不能简单将责任推给学校。建立现代学校制度，落实和扩大学校办学自主权，增强公办学校的办学活力，这项改革始终在推动之中，却一直未能从根本上得到很好解决。

近日，北京市十一学校李希贵校长《民办校的繁荣 公办校的危机》一文广泛传播，引起了很多人的共鸣。在笔者看来，在为民办校繁荣而喜悦的同时，对公办学校办学多一点反思，增强一点危机意识确实非常必要。一直以来，在我国教育政策的调整过程中，对各级政府办学责权强调较多，对学校的责权规定则不够全面具体。反映在管理实践中，政府与学校之间常常角色不清、责权不明。特别是，政府对于学校经费和人事等方面的管理过于刚性，管了一些不该管的事，使学校的办学自主权难以真正落实，办学特色难以体现。

激发公办学校的办学活力，应当按照推进教育治理能力现代化的总体要求，深入推进管办评分离，切实把握好政府与学校的权力边界。政府与学校如何由单纯的隶属关系，向行政权与自主权相互协调、相互制约的关系转变，政府如何由传统的行政管理，向提供服务的方向转变，这是构筑政府与学校责权关系的核心。当前，政府对学校的管理，应当立足于管理学校的理念、形式和手段的革新，改变传统的对学校实行全方位、全过程管理的方式，逐步从直接管理向宏观调控转变。事实上，这些治理理念已经越来越深入人心，也越来越为人们所认同。但每每进入实践层面，走调变味的现象总是屡屡发生。由此看来，推进教育治理能力现代化不能总是停留于认识层面，而要切实付诸改革行动。

公办学校办学活力不足表现在诸多方面，尤其是公办学校在教师聘用、学校管理和经费使用等方面缺乏自主权，对学校发展形成明显制约。为了突破这种束缚，近年来成都市武侯区在公办学校开展"教师自聘、管理自主、经费包干"的改革尝试。改革贯穿于师资、管理和经费等各个方面，将"人权""财权""事权"下放给学校，鼓励学校进行改革发展。这样的改革尝试值得鼓励和期待。

在破解公办学校改革发展制度瓶颈的同时，如何加大改革力度，特别是在推进小班化教学、创新培养方式、努力办出特色、满足家长多元化和个性化需求等方面寻求更大突破，是公办学校自身需要面对的一大挑战。

本文发表于《中国教育报》2016 年 5 月 25 日第 2 版

民办小升初考试也该降降温了

据报道，郑州市民办小升初考试日前举行，河南省实验中学是郑州市民办小升初考试最大的一所考点，大约有七八千名考生参加了考试，考点外人头攒动，考生和家长摩肩接踵，有如赶集。这几天，反映这一壮观场面的照片被众多媒体纷纷转载，看后着实让人震撼，这阵势一点也不亚于高考和中考，家长和学生对小升初的重视程度可见一斑。

其实，家长和学生重视小升初，希望能进入一所好学校，这种心情不难理解。尤其是在眼下全面推进义务教育免试就近入学的大背景下，公办学校的择校渠道被封堵，家长们纷纷将择校的目光投向民办学校。"要择校找民办"，各地民办学校招生也较之以往火爆许多。民办学校能够吸引大批家长和学生，是学校办学水平和实力的体现，本身也是一件好事。然而，家长对民办学校趋之若鹜，民办学校自身更应保持一份清醒，在招生方面多想想办法、多开动开动脑筋，民办义务教育学校招生也不是只有"考试"一条路。

在民办小升初招生过程中，禁止考试和各种变相考试，是教育主管部门应当履行的管理职责。义务教育招生禁止考试和各种变相考试，旨在从源头上为学生营造一个宽松的成长环境。也许有人会说，义务教育免试就近入学只针对公办学校而言，民办学校可以按照自身的办学性质，自主确定招生的范围、标准和方式。也就是说，它可不受"免试"的限定，通过一定的选拔方式招录学生，这是学校自主办学的一个具体体现。虽然从民办教育的相关管理规定看，通过选拔方式招录学生并无明显不妥，但从义务教育改革发展的全局看，要想真正避免家长压力过大和孩子负担过重的情况出现，淡化义务教育招生选拔至关重要。也就是说，与公办学校一样，本着遵循教育规律和孩子身心发展规律的要求，努力为学生营造一个宽松的成长环境，民办学校同样肩负着自身的责任，民办义务教育学校招生也要顺势而为。与此同时，教育主管部门加强对民办义务教育学校招生行为的规范，同样也是其职责所在。

当前，由于小升初招生禁止考试和各种变相考试的规定，部分民办学校转而采取"入学面谈"方式。从实施情况看，招生面谈中的不规范行为仍然比较突出，有的甚至借面谈之名行考试之实，一些学校的面谈方式和内容也遭到了人们的批评和质疑。正因为如此，各地不断加大对招生面谈的规范力度，如：要求民办学校做到"三个统一"，即统一网上报名时间，统一面谈时间，统一录取时间；一些地方要求学校在招生面谈中不接受任何获奖证书，不进行学科测试。事实上，严禁学校将各类学科竞赛成绩、"奥赛"成绩、特长评级等与招生录取挂钩，是今后义务教育招生改革的重要方向，有利于引导家长树立良好的教育理念，也有利于促进学生健康成长。

在民办小升初招生日趋火爆的情况下，很多地方规范招生方式，禁止考试和各种变相考试，包括对招生面谈予以相应规范，其出发点就是在全面推进义务教育免试就近入学的大背景下，更好地为学生营造一个宽松的成长环境。给民办小升初考试降降温，看似是一种招生方式的变革，实质却是一种科学教育理念的践行，其意义非同小可。

本文发表于《中国教育报》2015 年 6 月 30 日第 2 版

学前班市场得靠改革拉回理性

据报道，由于幼升小取消考试，北京学前班市场趋冷。近年来，各地陆续取消了小学附设的学前班，但民办机构举办的学前班和幼小衔接班依然受欢迎，其中既有应对幼升小招生选拔的需要，也有让孩子更好适应小学生活的考量。近两年的3月和10月，公办幼儿园都会悄悄刮起一阵"退园风"，学生转而进入各种"小学预科"衔接班。

笔者认为，使学前班市场回归理性，需招生改革和教育教学改革同步推进。眼下北京市学前班市场趋冷，确实与严格执行义务教育招生政策，禁止幼升小的各种考试和变相考试直接相关。也正因如此，严格实行幼升小免试就近入学，严禁小学分重点班、非重点班，民办小学招生不得采取各种类型的学科测试等政策举措，必须落到实处。在相关政策的执行上，地方教育行政部门和学校肩负着重要职责，需坚持不懈，持之以恒，防止出现反复。

在严格的免试就近入学政策下，上学前班和幼小衔接班可能不再是为了入学考试，但可以让孩子更好地适应小学学习生活，这种功能定位依然迎合了众多家长的需求。针对"幼儿园大班"和"学前班"究竟哪个更好，有调查结果显示，只有不到三成的家长觉得上与不上学前班相差不多，超过七成的家长认为还是上学前班比较好，尤其是对孩子学拼音有帮助。透过这一现实，我们有必要认真审视目前小学一年级的教育教学活动，考量学校能否严格按照课程标准开展教学和评价活动，不随意拔高标准，不随意加快进度，让课堂教学真正顾及每一个学生。

推进小学一年级"零起点教学"，是近年来各地推进减负工作的一项重要举措，其更深层次的寓意就是通过这一改革举措，扭转当前家庭教育和学前教育过度注重学科知识传授的局面，转变家长对学前班和幼小衔接班的盲目推崇。

可以说，推进"零起点教学"对于学前班市场理性回归的作用不可低估。转变家长、教师和学校在内的全社会的教育观念，为孩子的健康成长创造一个宽松的环境，离不开学校教育教学改革的推动。

通过改革使学前班市场回归理性，绝非漠视幼小衔接的重要性，反而是为了让幼小衔接工作做得更加科学、到位。很多家长认为，只要孩子多学知识，就能适应小学的学习生活。其实，习惯的培养比知识更重要。学前班和幼小衔接班在小学一年级或许还能发挥一些作用，但这些优势在升入二年级后基本消失。根据很多老师的经验，只要一个月，上课认真听讲的孩子就会展露优势。

此外，改变小学低年级期末考试方式，既是减负的一个重要手段，也会对学前班市场回归理性发挥一定的正面引导作用，因而相关的改革尝试值得关注。北京市东城区 65 所小学近两万名一二年级学生告别语文、数学、英语学科纸笔统一测试，在这个期末迎来"乐考"，即取消分数，通过等级制评价引导低龄儿童以积极的心态投入学习。其实，"乐考"不单单是考试形式的变化，更是学校教学观、学生观、评价观的变化，对家庭教育和学前教育的观念转变，也会起到积极的推动作用。

本文发表于《中国教育报》2015 年 2 月 7 日第 2 版

民办校小升初招生也要讲规则

距离小升初招生还有相当一段时间，而围绕小升初招生的话题已经开始升温，其中民办学校小升初招生方式尤为引人关注。对民办学校小升初招生作出禁止考试和变相考试的规定，民办学校转而采取面谈方式，是目前很多地方出现的一种招生现象。

随之而来的问题是，在具体招生过程中是否要有一定之规？今年广州市拟将面谈规则的制定权交给学校，此举受到当地民办学校的欢迎。在民办学校招生方面，政府确实不宜管得过细，具体的面谈方式和内容可由学校自行决定。但笔者同时也认为，放权不等于放任，在遵守统一招生规则问题上，除了要强化学校自觉，也要有相应的约束机制，这是维护义务教育招生秩序的现实要求。

眼下，一些家长为了让孩子在招生时占得先机，拼命在孩子简历上下功夫。《长沙晚报》日前报道，有一位家长在整理孩子报考材料时，把孩子在幼儿园学跆拳道的考级证书，参加各类活动的照片，甚至参加社区征文大赛的奖状都整理出来，并坦言：准备的材料厚过自己的博士论文。还有些家长在给孩子整理简历时，显得非常纠结，自己一贯遵循的"兴趣为主，考级为辅"的教育观动摇了，甚至思考"会不会耽误孩子"：钢琴虽然已经弹得非常好，但是没考级；羽毛球也训练了 5 年多，但是没比赛；篮球也打得很好，但是没名次……

面对此情此景，难免让人心生忧虑。营造良好的义务教育发展环境，需要全社会共同努力，教育部门和学校更应担负起自身的责任。扎实推进素质教育，切实减轻学生负担，不仅需要全社会转变观念，更需要有相应的制度变革。如果民办学校小升初招生依然与各类获奖证书挂钩，长久以来形成的"课外班热""考级考证热""竞赛热"可能难以真正消退。也正是从这个角度看，广州市教育局近日下发的《关于重申加强中小学生竞赛活动管理规定的通知》非常有必要。严禁学校将各类学科竞赛成绩、"奥赛"成绩、特长评级等与招生录取挂钩，将是今后义务教育招生改革的重要方向。

根据之前发布的《广州市中小学幼儿园招生工作办法（征求意见稿）》，民办初中接受学生报名的时间为每年 5 月 1 日之后，面谈时间从小学毕业考试当周的星期六开始。但是，目前已经有多所民办学校开放了网上报名系统。从个别学校公布的招录初步方案看，应届小学毕业生可以登录学校校园网上信息录入系统，按要求录入个人信息，然后按学校规定时间到校领取报名证。正如有的公办学校负责人所言："先网申，再于 5 月 1 日以后现场报名，其实就是在打擦边球！"

事实上，如果对民办学校招生不作统一的时间要求并严格加以执行，一方面可能加剧民办学校之间的生源争夺，导致生源竞争愈演愈烈；另一方面孩子同时参加多所学校的招生面谈，从表面看确实增加了选择机会，但也往往会使家长无所适从、孩子疲于奔命。应当要求各民办学校做到"三个统一"，即统一网上报名时间、统一面谈时间、统一录取时间。这有利于营造良好的民办学校招生秩序，被很多地方采用。

从义务教育改革发展的全局看，要想真正避免家长压力过大和孩子负担过重的情况出现，淡化小升初招生选拔至关重要。也就是说，与公办学校一样，为孩子创造一个宽松的成长环境，民办学校同样肩负着自身的责任，民办学校小升初招生同样要讲规则。

本文发表于《中国教育报》2015 年 1 月 20 日第 2 版

民办学校教师保留 "双重身份" 不合规

据报道，南京市六合区励志学校是一所民办学校，学校内大部分教师却是公办身份，而且每年领取1100万元的财政工资，这种做法受到了当地群众的质疑。

从媒体报道的情况看，民办的励志学校的教师之所以能够领取"财政工资"，是因为该校大部分教师具有公办身份。前些年，在实施初、高中脱钩，将初中部转为民办的过程中，出于对学校的鼓励扶持，保证学校的平稳运行，很多地方在教师安置上都采取了类似的"过渡办法"，即保留一部分到民办学校任教教师的公办身份。

事实上，如果是出于推动公办学校与民办学校教师之间合理流动、双向交流的需要，保留公办教师身份应当有相应的时限要求。如果允许具有公办身份的教师无限期地在民办学校任教，也就意味着一部分民办学校教师拥有"双重身份"这一怪象将会长期存在。

虽然一些地方保留了到民办学校任教教师的公办身份，但教师工资通常由民办学校自行承担。如果不仅保留公办教师身份，而且教师工资也由财政承担，这样的做法与民办教育的属性并不相称，受到质疑也就不足为怪。从民办教育的特定属性看，用财政经费为民办学校教师支付工资，缺乏合理合法的依据。

这种现象本身说明了民办学校教师和公办学校教师在身份待遇上存在差异，而这种差异确有不合理成分。化解当前民办学校教师面临的困境，需要整体的制度设计，并真正从源头上加以解决。在这方面，很多地方的探索值得借鉴。比如有的地方规定：当民办学校教师任教达到一定年限，退休后享受同类公办学校教师待遇，基本养老金与同类公办学校退休教师工资的差额部分由同级财政补助；有的地方通过采取设立民办学校教师养老保险专项补贴等办法，提高民办学校教师的退休待遇；还有一些地方通过建立健全民办学校教师人事代理服务制度，保障教师在公办学校和民办学校之间合理流动。与此同时，当前亟须进一步落实民办学校教师与公办学校教师的同等法律地位，民办学校教师在资格认定、职称评审、进修培训、课题申请、评先选优、国际交流等方面与公办学校教师享受同等待遇，在户籍迁移、住房、子女就学等方面享受与当地同级同类公办学校教师同等的人才引进政策。

鼓励扶持民办教育发展是一项系统工程，过分依靠"保留公办教师身份"来进行鼓励扶持，实际只是顾及了一部分教师的利益，本身也是整体制度设计缺失的表现。

本文发表于《中国教育报》2014年9月12日第2版

"公弱民强"不应是政策过度扶持之果

近日,《中国青年报》以"淮安最好教育资源集中在私立校"为题,对淮安市淮安区基础教育"公弱民强"现象进行了报道。应当说,民办教育的崛起对任何一个地方而言都是一件好事,有利于带动当地基础教育水平的整体提升。因此,简单地对"公弱民强"表示担忧倒也大可不必。但淮安当地公办学校与民办学校之间的竞争是否公平,值得认真分析。

据报道,今年整个淮安区小学毕业生有 5700 人左右,但当地三所民办中学占了招生大头:文通中学招了约 2450 人,曙光双语学校招了约 1100 人,外国语学校招了约 500 人,剩下的 30 多所公办和民办学校"瓜分"最后约 1700 名学生,平均下来每所学校只能招到不足 60 名学生。具体数字是否准确姑且不说,但所呈现出的"公弱民强"的态势非常明显。当地民办学校的教学质量、师资水平大大超越了公办学校,家长宁愿支付学费让孩子到民办学校就读,也不愿让孩子免费就近到乡镇中学就读,足以说明了这一点。家长的这种选择,反映出他们对优质教育的渴望,完全可以理解。事实上,"公弱民强"的现象也并非淮安一地的特色,其原因究竟何在?

从公办学校走弱的具体原因看,不外乎当地教育投入没有跟上,或者是师资队伍总体水平不高。淮安公办学校的硬件条件近年来有了明显改善,很多乡镇中学的设施设备也还比较先进,但这些乡镇中学的教师大量流失,导致学校教育教学质量下降,在与民办学校的生源竞争中明显处于劣势。

民办学校和公办学校之间教师的自愿流动,属于合理竞争的范畴,本也无可厚非。但问题的关键是,据报道,当地教育行政部门从鼓励民办教育发展的角度,支持公办学校教师进入民办学校,进入民办学校的一些教师还依然保留公办学校的教师身份。虽然记者没有得到具体数字,但这一政策对当地公办学校形成冲击是必然的，公办学校由于教师大量流出造成质量下降、生源流失也难以避免。

在我国民办教育发展的初期，一些地方出于对民办教育的鼓励支持，采取过为进入民办学校的教师保留公办身份的做法，但数量较为有限。在前些年实施公办学校改制过程中，为了保持学校教师队伍的稳定，一些地方也采取过为教师保留公办身份的做法，但基本是实行"老人老办法，新人新办法"，新招聘教师一般不再享受这种政策。按照近年来规范改制学校的要求，改制学校被规范为民办的，应当实现办学的"五独立"，原公办身份教师原则上应回公办学校任教，因工作需要一时难以回归的，可制订计划，分步回归。很显然，按照这一规范要求，如果长期留在民办学校任教，教师不应一直保留公办身份。事实上，这样的规范要求不仅仅针对从改制学校规范而成的民办学校，对其他民办学校也同样适用。

创设一个公平竞争的发展环境，是打造良好教育生态的基础。而公平竞争的规则一旦建立，公办学校和民办学校就都应当自觉遵从。对有违"公平竞争"的一些规定和做法，包括对公办学校不公或对民办学校不公的规定和做法，地方教育行政部门都应当及时予以纠正。也唯有如此，打造良好教育生态，形成公办教育和民办教育共同发展的格局才不是一句空话。

本文发表于《中国教育报》2014年8月12日第2版

名校办民校的政策边界须厘清

据报道，在今年北京市符合招生政策的学校名单里，悄然出现了名校办的民校，北京市陈经纶中学分校实验学校和中国人民大学附属中学朝阳分校都将于今年9月开始招生。两所学校得到了不少家长的追捧，而这样的情形目前在各地并不鲜见。对此现象，有人称之为名校"试水"民校，其实就是名校办民校的再度兴起。

如何看待名校办民校，一直以来争议不断。赞同者认为，名校办民校弥补了教育投入不足，扩大了优质教育资源；反对者则认为，名校办民校占尽了公办、民办两头的好处，公共资源和民间资本界限不清，破坏了民办教育公平竞争的环境。依笔者之见，在各地清理规范义务教育改制学校工作已经完成的今天，教育主管部门应当严格限制公办学校参与举办民办学校，对名校利用财政性经费举办民校、名校所办民校不能真正实现独立办学的现象尤其需要重点防范。

应当承认，全面推进就近入学对当前义务教育均衡发展形成倒逼之势，各地都在想方设法地扩大优质教育资源，缩小学校之间差距。但需要注意的是，作为扩大优质教育资源的一种方式，目前名校办民校须谨慎为之。名校如何办民校才算符合法律规定？名校如何办民校才算合乎办学规范？这些问题看似老生常谈，但在今天教育改革发展的新形势下，名校办民校的政策边界有必要进一步厘清，相关管理规定也需要切实得到执行。

名校是否具有举办民校的资质？《中华人民共和国民办教育促进法》第二条明确规定：国家机构以外的社会组织或者个人，利用国家非财政性经费，面向社会举办学校及其他教育机构的活动，适用本法。名校作为国家机构以外的事业组织，具有举办民办学校的资质。从法理上看，只要不是利用国家财政性经费办学，且所办学校是面向社会招生，名校可以举办民校。然而在实际过程中是否真能做到这一点？

从以往的情况看，在学校的建校过程中，确有一部分名校所办民校，是在动用国家财政性经费建造校舍；也有一部分名校所办民校，是用名校的无形资产作信用担保，通过向银行贷款进行校舍建设。前者理所当然地被排除在合法办民校范围之外，后者从表面上看，虽然没有直接动用财政性经费，没有动用公共资源，但名校已经成为事实上的民校投资关联者，并实际承担着民校的经营风险。这种做法，从严格意义上说，与《中华人民共和国民办教育促进法实施条例》第六条"公办学校参与举办民办学校，不得利用国家财政性经费"的规定相违背。

名校如何办民校才算合乎办学规范？按照相关规定，公办学校参与举办的民办学校应当具有独立的法人资格，具有与公办学校相分离的校园和基本教育教学设施，实行独立的财务会计制度，独立招生，独立颁发学业证书。而恰恰是在这一点上，大部分名校所办民校很难真正做到，很多名校所办民校与名校"脱钩"并不彻底，这样的做法明显不符合规范要求。

从扩大优质教育资源的角度看，由于名校自身的社会信誉度较高，相对于一般的民校而言，名校所办民校更易于为社会和家长所认同，扩大优质教育资源的效果似乎更为明显。但从深化办学体制改革的层面看，加大对名校办民校的规范力度，创造一种公平竞争的市场环境同样至关重要。唯有如此，在全面推进义务教育就近入学的政策背景下，公办学校保障公平、民办学校提供选择的良好局面才能真正得以维系，民办教育良性发展的态势才能真正得以形成。

本文发表于《中国教育报》2014年6月5日第2版

规范民办校招生也是政府职责所在

据媒体报道，近日上海的优质民办小学举行了"入学面谈"，招生一两百人，报名一两千人的场景屡见不鲜，竞争异常激烈。另据了解，今年上海市针对民办小学招生作出了一些新的规定，如限定民办小学在本区域范围内招生，有寄宿条件的学校可面向全市招收寄宿学生；每个适龄儿童限定填报 2 所学校；学校要公开承诺不收取豪华简历及获奖证书、承诺招生录取不与社会任何培训机构挂钩等；各民办学校做到"三个统一"，即统一网上报名时间，统一面谈时间并要在一天内完成面谈活动，统一录取时间。如何看待当前民办小学"招生热"现象？从政府层面对民办小学招生行为予以规范是否必要？

民办小学"招生热"在一些地方已经持续多年，随着今年教育部关于全面推进义务教育免试就近入学新政的出台，公办小学的择校渠道被封堵，各地民办小学的招生随之出现了较之往年更加火爆的场面。应当说，当前一批民办小学凭借自身的教学质量和办学特色，赢得了家长和社会的认可。这无疑是一件好事，特别是在当前社会择校需求依然强烈的情况下，优质民办小学为家长提供了一个选择机会，也符合公办学校保障公平、民办学校提供选择的义务教育运行准则。可以说，优质民办小学的崛起构筑起了一种良好的义务教育生态，有利于促进公办教育和民办教育的共同发展，对此应当给予更多正面评判并为民办小学发展提供积极扶持。

民办小学的招生行为是否需要进行规范，对此人们存在不同看法，有人认为这是政府职责所在，也有人认为这是一种越权行为。应当承认，民办学校享有与同级同类公办学校同等的招生权，可以自主确定招生的范围、标准和方式。与义务教育公办学校相比，它可不受划片"就近入学"的限定，实行跨区域招生；它可不受"免试"的限定，通过一定的选拔方式招录学生。也就是说，民办小学可以确定有别于公办小学的招生范围、标准和方式，这是学校自主办学的一个具体体现。但应当看到，在由公办学校和民办学校共同构筑的义务教育大环境下，特别是本着遵循教育规律和孩子身心发展规律的要求，教育主管部门对义务教育阶段民办学校的招生行为进行必要规范，同样也是一种现实需要和负责态度。

从上海市规范民办学校招生的具体举措看，在寄宿条件不具备的情况下，限定民办学校在本区范围内招生，有一定的合理性。毕竟保障孩子的健康成长是政府主管部门和全社会的共同责任。如果不作招生范围限定且学校没有寄宿条件，就意味着低年龄段孩子上学路途可能偏远，这样的结果对学生、对家长、对学校而言并非是一件好事。义务教育法强调"就近入学"，也正是从义务教育年龄段孩子的身心特点出发，最大限度地保障孩子的身心健康。也许有人认为家长跨区选择民办学校，虽然路途远些，来回奔跑辛苦些，但这纯粹是家长自觉自愿的行为，政府主管部门无须过多干预。但作为一种必要的管理手段，对于没有住宿条件的民办学校限定在本区内招生，对于维护义务教育学校招生秩序，确保孩子健康成长有着积极导向作用。

此外，民办小学招生禁止考试和变相考试，可采取"入学面谈"的方式，也是目前上海和很多地方制定的一个招生新规。义务教育招生禁止考试和各种变相考试，旨在从源头上为孩子创造一个宽松的成长环境，解决家长压力过大和孩子负担过重问题。虽然从相关管理规定看，民办学校通过选拔方式招录学生并无明显不妥。但从义务教育改革发展的全局看，要想真正避免家长压力过大和孩子负担过重的情况出现，淡化义务教育招生选拔至关重要。也就是说，与公办学校一样，为孩子创造一个宽松的成长环境，民办学校同样肩负着自身的责任。

值得一提的是，在相应的政策规范之下，今年上海的一批民办小学在"入学面谈"中也进行了很好的自我约束，如面谈中不接受任何获奖证书，不进行学科测试，更多的是借助一些游戏场景，对孩子的表达能力、交往能力和行为习惯等进行考查，这样的做法符合孩子的身心特点，也有利于引导家长树立良好的教育理念。

本文发表于《中国教育报》2014年5月21日第2版

民办校托管公办校须厘清政策边界

浙江省温州市平阳县教育局与当地一所民办中学浙鳌中学签订协议，将平阳二中委托给浙鳌中学管理。托管期间学校的公办性质和教师的体制内身份不变，并成立理事会进行学校管理，从而开创了浙江民办校托管公办校的先河。民办校托管公办校到底意味着什么？如何使这一改革探索更加良性有序？

当前，随着基础教育领域清理规范改制学校工作逐步完成，公办学校办学体制改革如何推进成为人们关注的焦点。积极鼓励行业、企业等社会力量参与公办学校办学，扶持薄弱公办校发展，扩大优质教育资源，增强办学活力，提高办学效益，是今后公办学校办学体制改革的一个基本方向。平阳县实施的民办校托管公办校的做法，可被视作公办学校办学体制改革的一种新尝试。

当前，对于这种新尝试，我们需要在具体实施过程中厘清相应的政策边界，始终投以审慎的关注目光：

一是被托管学校的原有公办属性应当保持不变，这是改革探索的基本前提。除了清晰界定被托管学校的公办属性外，还须对经费保障予以明确规定，地方政府承担的相应责任不可推卸，经费投入不得减少。在以往的公办学校办学体制改革过程中，曾经出现过地方政府为了推卸办学责任，将公办学校"一转了之""一卖了之"，而现在同样需要防范"一托了之"。

二是被托管学校的相关收费政策应当保持不变，从而避免在相互融合过程中出现收费模糊地带。除了义务教育阶段被托管学校的学生享受免除学杂费政策之外，高中阶段被托管学校的收费标准应与其他公办学校同等。保持收费政策不变，意在使改革真正增强学校办学活力，提高办学质量，而不是简单追求缓解学校经费不足，开辟新的收费渠道。

三是被托管学校的办学独立性应当保持不变。尽管被托管学校与托管学校在具体办学过程中会实现一定程度的融合，但其办学的独立性应当保持不变。如果被托管学校过度依附于托管学校，最终重新回归政府管理的可能性大大降低，这样的结果并不符合委托管理的初衷。

四是教育主管部门对托管学校、被托管学校的具体监督职责应当保持不变。虽然实施了委托管理，教育主管部门不再履行对被托管学校具体的管理职能，但相应的监督工作仍然不可懈怠，对托管学校的监督力度也同样不可削弱，主要体现在对学校招生、收费、教师管理和学生管理等方面的监督。具体来说，两校的招生须有相应的政策边界，防止以托管学校名义招生，然后将学生"并入"被托管学校的情形出现。两校的收费须有相应的政策边界，被托管学校应当严格执行公办学校的收费政策。两校的教师管理须有相应的政策边界，被托管学校教师的公办身份保持不变。实施新教师招聘时，如果采取两校教师混合招聘，极有可能导致教师身份界定不清，给协议期满后被托管学校的教师管理留下隐患。两校的学生管理更须有相应的政策边界，一旦低收费的公办校学生和高收费的民办校学生在同一所学校或在同一个班级学习，可能导致委托管理中的"两校两制"演变成"一校两制"。

民办校托管公办校的做法，其改革探索的意义和价值不言而喻。但作为一种新尝试，在实现托管学校和被托管学校一定程度融合的同时，只有厘清相应的政策边界，才能使改革探索更加规范有序，也才能真正给被托管的公办校带来新的生机与活力。

本文发表于《中国教育报》2013 年 12 月 7 日第 2 版

民办基础教育如何走出困境？

在新的形势下，民办学校固有的经费模式必须予以调整，实实在在的资金投入，应当成为今后创设民办学校的重要门槛；与此同时，为民办学校创造公平竞争的市场环境和政策环境，是政府管理和制度选择面临的一个现实问题。

2003 年至 2005 年，全国民办小学、初中和高中的学校数、在校生数仍呈持续增加之势，但也有不少地方的民办基础教育呈现出另一番景象：学校数量逐渐萎缩、在校生数量急剧下降，更有一批学校相继倒闭。由此，我们可作出一个基本判断：今天的民办基础教育在持续发展过程中面临着严峻的挑战。而造成这种局面的原因相当复杂，归结起来主要有以下三个方面。

一是基础教育阶段学龄人口高峰逐步上移，而公办高中的校均规模急剧扩张。与 20 世纪 90 年代初期民办学校刚刚兴起，小学、初中学龄人口正值高峰的状况形成反差，目前全国范围内的学龄人口高峰逐步上移，小学、初中阶段学龄人口数量逐年下降。就全国而言，从 1998 年开始，小学的学校数、招生数和在校生数开始全面回落；而从 2004 年开始，初中的学校数、招生数和在校生数也开始同步下降。伴随着小学、初中学生数量的逐年递减，结合教育布局结构调整，各地每年关闭的公办学校数量也在不断增加。尽管高中阶段目前仍然处于学龄人口高峰期，但公办高中的校均规模急剧扩张，使得民办高中的实际发展空间仍然较为有限。此外，"优胜劣汰"的竞争法则在民办学校的发展进程中逐渐显现效应，这也是市场机制的最直接体现。

二是民办学校自身"先天不足"导致后续发展"动力衰竭"。一直以来，民办学校资金来源相对单一，除民办学校创办者自身的资金投入外，或来自民间集资（如"教育储备金"），或取自收费。"教育储备金"模式一度甚为流行，但后来各地陆续叫停。一些学校将"教育储备金"用于投资造成亏损，导致民办学校资金链断裂，这是早期民办学校倒闭的重要原因。此外，赞助费和学杂费收入是民办学校另一个重要的资金来源渠道，同时注定了这样一个结果：学生数量决定学校兴衰成败。因此，扩大办学规模、增加学生数量成为民办学校发展的核心目标，而对于学校的"质量"与"特色"往往难以顾及，学校发展后劲明显不足。很多学校也正是在追逐数量、规模的过程中逐渐败下阵来，或勉强维持，或被公办学校兼并，或直接倒闭。

三是学校之间"过度竞争"，特别是办学体制改革学校对民办学校形成"正面冲击"。在民办学校与公办学校之间、民办学校与民办学校之间、民办学校与办学体制改革学校之间的竞争中，"过度竞争"现象随处可见，尤其以民办学校与办学体制改革学校之间的"过度竞争"最为突出。也正是在这场竞争中，一批民办学校大伤元气，生源急剧下滑，甚至倒闭。

在经历了近20年的发展之后，民办基础教育何去何从？解决现实困难的出路何在？

民办基础教育固有的经费模式有待调整。白手起家的"教育神话"曾经在民办基础教育的初创阶段被大肆渲染，但这些学校的现实生命力很快枯竭。各地由于资金链断裂造成学校倒闭的严酷现实揭示了这样一个道理：民办学校固有的经费模式必须予以调整，实实在在的资金投入，应当成为今后民办学校创设的重要门槛；同时需要建立起一套科学的管理监督制度，特别是建立起完善的学校财务管理监督制度，这将是今后民办基础教育良性、健康发展的根本保障。

民办基础教育的自身定位有待明晰。可靠的教学质量和鲜明的办学特色，将成为民办基础教育发展的基石。目前大部分基础教育阶段的民办学校，对学校的教学质量和办学特色给予了一定关注。着眼于长远发展，民办学校只有切实从家长的期望和学生的实际状况出发，利用民办学校特有的优势和条件，在"质量"和"特色"上下功夫，才能更好地满足社会对基础教育阶段的选择需求，使自身在接受市场选择、参与教育质量竞争的过程中立于不败之地。

学校之间的"过度竞争"有待规范。尽管目前教育部已经要求各地停止义务教育阶段办学体制改革学校的审批，而业已存在的办学体制改革学校与民办学校之间的"过度竞争"依然存在。如何为民办学校创造公平竞争的市场环境和政策环境，是政府管理和制度选择面临的一个现实问题。在一些学校的改革过程中，校长任免、教师身份待遇和学校管理等方面仍然沿用公办学校的制度规定。从体制改革的长远发展来说，这种保留公办学校人事制度、管理制度的特殊政策必须改变，办学体制改革学校与民办学校应一视同仁，建立符合自身特点、责权统一的相关制度。也只有如此，办学体制改革学校才能拥有立足的条件和基础，民办基础教育才能真正拥有一个良好的发展环境。

本文发表于《中国教育报》2007年4月6日第8版

也谈"名校"办"民校"

一批优质学校利用学校的资源优势，凭借学校良好的社会声誉，通过举办民办学校拓展优质教育资源，满足社会大众对名校的渴求与向往，这就是人们常说的名校办民校。

当前，名校办民校模式在全国呈急剧扩张之势，并成为社会各界争议较为集中的一种改革模式。争论的核心主要有三点：一是名校能否办民校；二是实践中的名校办民校是否规范；三是名校究竟应当如何办民校。

问题之一：名校能否举办民校？

什么性质的学校可以纳入《中华人民共和国民办教育促进法》的管理范畴？名校是否具有举办民校的资质？2003 年施行的《中华人民共和国民办教育促进法》第二条明确规定：国家机构以外的社会组织或者个人，利用国家非财政性经费，面向社会举办学校及其他教育机构的活动，适用本法。公办学校作为国家机构以外的事业组织，具有举办民办学校的资质，能够成为民办学校的办学主体。从法理上看，只要不是利用国家财政性经费办学，且所办学校面向社会招生，名校就可以举办民校。

问题之二：实践中的名校办民校是否规范？

名校可以举办民校，并不意味着现实中名校所办的民校就是真正意义上的民办学校。名校所办的民校，是否可以享有其他民校所不具有的特殊待遇，进而成为民校中的"特殊阶层"？这是人们关注的焦点，也是判定名校办民校合法性的关键所在。

在学校的建校过程中，确有一部分名校所办民校，是在动用国家财政性经费建造校舍；也有一部分名校所办民校，是用名校的无形资产作信用担保，通过向银行贷款进行校舍建设。前者理所应当地被排除在合法办民校范围之外，后者从表面上看，虽然没有直接动用财政性经费，没有动用公共资源，但名校已经成为事实上的民校投资关联者，并实际承担着民校的经营风险，以至于有人对"钱留民校，债留公校"的现象表示一定的担忧。这种做法，从严格意义上说，与《中华人民共和国民办教育促进法实施条例》第六条"公办学校参与举办民办学校，不得利用国家财政性经费"的规定相违背。

在学校的实际运营过程中，一些名校所办民校，并没有真正做到"五独立"，即校舍独立、财务独立、师资独立、法人独立、所发毕业证书以及校名的独立。有的甚至将财务、教师和学校管理与公办学校一体化。

此外，一些名校所办民校，在贷款、土地划拨、招生、校长任免、教师身份待遇和学校管理等诸多方面，仍然沿用了公办学校的制度规定，享受着一般民办学校所不能享受的优惠政策。以教师身份待遇为例：即便很多学校采取了"老人老办法、新人新办法"，仍有一批民校教师拥有着公办学校的教师身份，并享受着公办学校的教师待遇，而这种身份与待遇恰恰是一般民办学校教师可望而不可即的，这显然有失公平。

事实上，相对于部分地方出现的名校变民校的做法，名校办民校更大程度上是着眼于扩大增量的改革尝试，本身无可厚非，但正是由于办学的相关环节出现了问题，使得人们对这一办学形态产生了诸多质疑。

问题之三：名校应当如何办民校？

实践中的名校所办民校不尽规范，那么，名校究竟应当如何办民校？这一问题确实值得探讨。

民校必须是名校与社会力量真正合作的产物。举办民办学校，意在吸引社会资金发展教育，名校办民校当然也不例外。名校办民校，应当是名校与社会力量通过协议方式实现联合办学的一种探索。名校的资源是名牌、师资；社会力量的资源是资金，因此，名校应当重点承担学校品牌输出和教学管理指导，社会力量应当重点承担资金投入和学校建设，双方的责任必须真正落实到位。用财政性经费建造校舍，或以名校的信誉申请银行贷款建造校舍的做法都不可取。

民校必须从名校中独立出来。名校所办的民校，必须真正实现校舍独立、财务独立、师资独立、法人独立、所发毕业证书以及校名的独立。那些长期承担民校教学与管理工作的名校教师和管理人员，必须真正从公办机制中退出，与其他民办学校的教师和管理人员享受同样的待遇。只有做到这一点，公办学校参与举办民办学校"不得影响公办学校正常的教育教学活动"，才能真正落到实处。也只有如此，名校所办的民校才能具有令人信服的立足基础。

对于民校收取的各种费用、名校在办民校过程中获得的合理回报，必须实施严格监管。民校收取的各种费用必须全部用于民校的发展，名校通过联合办学获得的合理回报，应当统一纳入公办学校的经费管理序列，用于公办学校的事业发展。名校办民校，绝不能成为公办学校设租、寻租的工具，更不能成为个别人谋取私利的手段。

从拓展优质教育资源的角度看，由于名校自身的社会信誉度高，相对于一般的民办学校而言，名校所办民校易于更快地为社会大众所认可、所接受，放大优质教育资源的效应更为明显。但从体制改革的长远发展来说，创造一种公平竞争的市场环境和政策环境，是政府管理和制度选择必须直面的一个重要问题。

名校可以办民校，但对名校办民校的具体行为必须予以规范和约束，以避免应一时之需，留下体制和制度的长久缺陷。

本文发表于《光明日报》2005 年 8 月 10 日第 5 版

民办教育的发展困境不容忽视

历经 10 余年的发展，我国部分地区民办教育已经步入良性、健康的发展轨道，但总体而言，我国民办教育发展仍然面临诸多困难和问题，内外部环境不容乐观，部分地区在经历了短暂的快速发展后，逐渐陷入困境，下面具体分析一下原因。

1. **定位不清晰：民办教育仅仅被视作公办教育的补充**。

尽管民办教育是国家教育体系中不可缺少的组成部分，已经逐渐成为教育界和全社会的共识，但部分地方在政策执行过程中，往往将民办教育视作在扩大教育资源上对公办教育的补充，而定位于"补充地位"所衍生出的相关政策难免有所偏颇。事实上，不管一个地方财力如何，经济发展速度或快或慢，政府和教育行政部门都必须学会用市场机制的办法发展当地的教育事业。民办教育发展到今天，其意义也绝不仅仅在于弥补教育资源的不足，而是致力于形成教育的竞争机制，通过竞争促进教育的效率提高和水平提升，促进教育的多样化、丰富性，增加教育者的选择性。

2. **"管理不到位"：政府管理民办教育的职能没有得到有效体现**。

从全局和长远角度看，无论政府、学校还是社会，都体会到有一个公平、公正、透明的竞争规则的重要性，也就越来越迫切地需要创设依法行政、依法治教、依法办学的良好环境。《中华人民共和国民办教育促进法》及其实施细则虽然已经颁布，政府管理民办教育的职能也有了明确约定，但部分地区的落实情况不容乐观。突出表现为：一是政府管理"缺位"，政府没有很好地履行自己应当承担的职责，特别是在民办教育发展的战略规划、规模调控、信息提供和经费支持等诸多方面无所作为；二是政府管理"越位"，政府对本应由学校自主决定的事务干预过多，尤其是在民办学校招生比例设置、收费标准制定和中外合作办学决策权等问题上，政府主导作用过大，学校缺乏自主权。"无所作为"或"事无巨细"的治理方式，都不利于民办教育事业的健康发展。

3. "竞争不公平"：民办教育与公办教育共同发展的环境尚未形成。

公办学校与民办学校应当在公平竞争原则下优势互补、共同发展。但由于界限与功能定位不清晰，公办教育与民办教育的相互竞争与依存的关系，一直没有得到很好地解决，也使得鼓励、促进民办教育发展的相关政策难以真正得到落实。例如，今天的绝大部分办学体制改革学校，同时占有了公办与民办两方面的优势，它们既可获得政府的实物和财政资助，又可向学生收取不菲的费用，成了学校系统中的一个"特殊阶层"。它们的办学起点比较高，与从"零"起步的一般民办学校之间形成明显的不公平竞争，一定程度上阻碍了民办教育的健康发展。进一步规范公办学校的办学行为，逐步创建公办教育、民办教育公平竞争的良好环境，是促进民办教育事业健康发展的重要保障。

4. "办学不规范"：民办教育的市场机制发育不完善。

在建立社会主义市场经济体制过程中，民办教育或多或少经历了一个体制交替、规则不清、规范程度较低的阶段。直到今天，部分地区的民办教育仍然呈现粗放型发展态势，很多民办学校没有完全摆脱自发性发展和相互无序竞争的模式。其中，"规模扩张"与"质量保障"的协调始终是困扰民办教育发展的重要问题。比如，民办高校如果没有一定的数量规模，就难以降低成本，甚至难以维持生存；但如果一味追求数量与规模，长期忽视质量，学校的竞争力就会下降，最终可能面临被淘汰的厄运。在公办高校持续扩招的现实背景下，今天的民办高校已经出现了明显的分化趋势，因生源不足造成的学校难以为继，甚至倒闭的现象屡见不鲜。此外，民办教育机构办学层次究竟应当如何定位？目前，很多民办高校都有强烈的升本科层次的愿望，但应当特别防止出现不顾质量、盲目追求学历升格的现象。

5. "监督不得力"：对民办教育的管理监督制度不完善。

随着《中华人民共和国民办教育促进法》及其实施条例的颁布，我国的民办教育进入一个新的发展时期。特别是关于民办学校"合理回报"问题的提出，是我国民办教育政策上的一个突破。但如何评判民办学校是否"营利"？学校每年的收益是多少？怎样的回报才称得上合理？这一系列问题的破解，不能仅凭办学者的自行陈述，也不能单靠管理者的主观臆断，而需要以学校公开、透明和可靠的财务数据为依据。建立起一套科学的管理监督制度，特别是建立起完善的学校财务管理监督制度，是确保我国民办教育良性、健康发展的重要前提，而这一点，恰恰是我国民办教育发展中明显缺失之处。

6. "发展不平衡"：民办教育发展水平在不同地区存在明显差异。

一个地区民办教育的发展主要取决于三个方面因素：一是教育需求比较旺盛；二是社会支付能力足够强大；三是当地政府的政策支持真正到位。由于我国地区发展很不平衡，不同地区的经济发展水平、公办教育基础和人民群众的教育需求不尽相同，促进民办教育发展的相关政策，在具体执行过程中也存在一定差别，直接导致民办教育发展水平在不同区域之间存在明显差异。20世纪90年代以来，浙江、广东的民办教育得以迅猛发展，可以说是上述三方面因素综合作用的结果，政府给予民办教育的政策支持，则是民办教育得以健康、快速发展的核心。反之，一些地方尽管同时兼备前两个要素，但由于地方政府对民办教育支持力度不足，民办教育发展仍然步履艰难。

本文发表于《教育信息报》2005年7月26日第3版

六、加强教师队伍建设

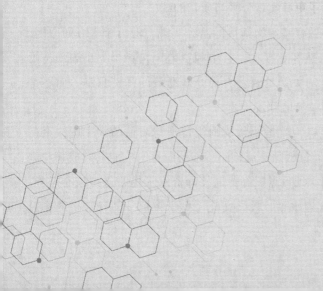

教师交流轮岗要明方向抓重点

不久前，北京市将大比例促进干部教师交流轮岗的消息发布，引发社会关注。作为缩小校际差距、促进义务教育均衡发展的重要举措，教师交流轮岗已在各地探索多年，也积累了一些经验。此次北京市的改革做法覆盖面更广、涉及教师更多，并力求常态化、制度化，更具探索价值和示范效应。

结合近年来各地实践看，确保教师交流轮岗工作精准务实，防止为交流而交流、为轮岗而轮岗，要进一步明确方向、抓住重点，尤其是要把牢立足点、把住关键点、把好支撑点。

一是要把牢"促进优质均衡"这一立足点。立足点不同，具体做法就会有所差别。把牢教师交流轮岗的立足点，应当基于以下两个视角：一是公平视角，通过教师交流轮岗，均衡学校师资，实现校际均衡；二是质量视角，通过教师交流轮岗，带动区域教育整体发展水平在原有基础上进一步提升，实现区域内学校共同发展。在笔者看来，两者并不矛盾，在致力于建设高质量教育体系的今天，义务教育显然不能停留于低水平均衡，有质量的公平才是根本的追求目标，促进优质均衡发展就是为了更好实现公平与质量的统一。

从当前现实看，各地义务教育基本均衡目标已经实现，但由于多方面原因，普通校和优势校的办学差距依然客观存在，其中师资差距是一个突出表现，亟须解决。当然，缩小师资差距的关键是要着力提升普通校的师资水平，而不是以拉低优势校的师资水平来简单换取师资均衡。

推动教师交流轮岗的立足点，就是要紧紧围绕公平与质量两大主题，聚焦"促进优质均衡"这一目标，通过教师交流轮岗，带动所有学校的共同成长与进步。从这一立足点出发，我们必须重点抓好普通校师资水平提升这一核心任务，同时最大限度确保优势校的管理水平、校园文化、办学特色、师资水平的相对稳定，做到填谷而不削峰。

二是要把住"骨干教师"这一关键点。校际师资差距与"骨干教师"数量密不可分，推动教师交流轮岗，不断提升普通校师资水平，必须持续增加学校"骨干教师"比例。

优势校在谋划教师交流轮岗时，要重点保证一定比例"骨干教师"向普通校流动，同时兼顾以"骨干教师"为龙头的团队流动，以利于更好发挥骨干及团队的带动作用，之前各地的教师交流轮岗恰恰在这方面存在明显不足。至于优势校中"骨干教师"交流轮岗的数量多少为宜，时间多长合适，则需要合理平衡，把握好"度"，前提是能够保障优势校教育教学水平相对稳定。既要保证一定数量"骨干教师"交流轮岗，又要保持自身教育教学水平的稳定，这是教师交流轮岗对优势校的基本要求，同时也是一个现实挑战。

普通校在谋划教师交流轮岗时，要积极为流入的"骨干教师"创设和谐宽松的工作环境，提供施展教育教学才能的机会和平台。在交流轮岗实践中，不能仅仅满足于这些"骨干教师"带好一个班级、教好一门课程，更要注重发挥这些"骨干教师"的优势与特长，通过师徒相传、共同教研、建立工作室等多种途径和方式，发挥好骨干教师"酵母"作用，进而带动普通校教师的快速成长。

三是要把好"激励保障"这一支撑点。少数教师交流轮岗所带来的问题，可以个别解决；而大比例的教师交流轮岗，则需做好相应的激励保障工作。

由于交流轮岗给教师工作、生活所带来的影响是全方位的，教师自身需要逐步适应这种变化，但从管理层面需要提供相应的政策保障。就不同交流轮岗方式而言，在学区范围内的教师交流轮岗，空间距离变化不大，生活层面的影响相对较小，更多是新的教学环境和人际关系适应问题；而在区县范围内的教师交流轮岗，除了新的教学环境和人际关系适应问题，还会涉及交通、子女上学等一系列生活层面的问题，需要统筹考虑。

对于教师而言，未来的职业发展是他们的最大关切。尽力为交流轮岗教师在职称晋升、绩效考核和荣誉认定等方面提供激励保障，有利于更好激发他们的内在动力，调动他们的工作积极性，确保教师交流轮岗工作取得实效。

本文发表于《中国教育报》2021年9月23日第2版

乡村教师是乡村振兴智力之源

实施乡村振兴战略，是决胜全面建成小康社会、全面建设社会主义现代化国家的重大历史任务。乡村教师是实现乡村振兴的智力之源，既是农村教育的支撑者，也是乡村文明的传承者和乡村社会进步的促进者。

乡村教师是农村教育的支撑者。实施乡村振兴战略，必须优先发展农村教育事业。教师是立教之本、兴教之源。目前我国有 3280 多万名乡村中小学生、290 多万名乡村教师。许多满怀教育理想的人长期奋斗在贫困偏远的教学点，他们根植于脚下的一片热土，用知识点燃农家子弟的梦想。

乡村教师对于农村教育的支撑，一方面来自其"乡土性"，他们能够基于乡村生活经验和认知经验开展有效教学，帮助学生将知识及其所处环境互动融合；另一方面来自其"现代性"，乡村教师的眼界、见识和思维相对先进，能够利用网络等教育资源，为学生打开视野、增强能力，将莘莘学子送往梦想彼岸。乡村教师是村学的脊梁、农家孩子的圆梦人。

乡村教师是乡村文明的传承者。乡村是炎黄子孙几千年来耕作劳动、繁衍生息的地域，许多传统美德历经世代传承，形成了别具特色的乡风。历史上，乡村教师则被看作乡村社会的知识分子，推进着乡村文明的传承。随着工业化、城镇化的发展，农村人口大量迁移，乡村学校的"文化教育中心"地位有所下降，甚至有些乡村学校成了乡村"孤岛"。走中国特色社会主义乡村振兴道路，必须立足乡村文明，弘扬中华优秀传统文化，吸取城市文明及外来文化优秀成果，创造性转化、创新性发展。习近平总书记强调，教师是人类灵魂的工程师，是人类文明的传承者。乡村教师作为乡村社会的知识分子代表，需要担负起传承发展乡村文明的历史重任。

乡村教师是乡村社会进步的促进者。新时代的乡村振兴是全面振兴，要加强党的建设，要统筹谋划农村经济建设、政治建设、文化建设、社会建设和生态文明建设，从而推动农业全面升级、农村全面进步、农民全面发展。在这一进程中，必须充分挖掘乡村多种功能和价值，实现农村教育与乡村社会深度融合。乡村教师之于农村，不应只是教育者，更应是名副其实的建设者；不应再是传统意义上的教书匠，而要更多承担起促进乡村社会进步的重要职责，在农村大地播种文明与科学的火种。

推进乡村绿色发展、繁荣兴盛农村文化、构建乡村治理新体系、塑造美丽乡村新风貌等，都与教育的影响和作用密不可分。可以说，充分发挥乡村教师的教书育人作用，对于乡村社会进步有着极大的促进作用。

本文发表于《中国教育报》2020年5月7日第6版

编制缺口要靠机制创新来补

化解编制困扰，解决师资短缺问题，需要直面现实，创新思路。要在教师管理机制上寻求新突破。也就是要进一步探索教师"县管校聘"的新机制，加大县域范围内的统筹力度。

近日，李克强总理在参加山东代表团审议政府工作报告时指出，"山东在解决教育民生问题上走在了前列，解决教师编制问题是稳定教师队伍的重要举措"。其实不只是在山东，目前师资短缺问题在全国具有一定普遍性，其中既有总量短缺，也有结构性短缺，还有一些临时性短缺，而造成短缺的最大困扰是编制。

在编制困扰下存在师资总量短缺。目前很多地方在计算教师编制时，并不是按照学生的实际人数，即使学生数量有了明显增长，教师编制也无法相应增加，从而形成总量缺口。此外，还有一些特殊情况导致师资总量短缺，比如按照单一的"生师比"标准配备教师，难以满足农村小规模学校和寄宿制学校的师资需求。

在编制困扰下存在师资结构性短缺。很多地方和学校师资虽然满编甚至超编，但存在明显的结构性短缺。一是部分学科师资短缺问题突出，如音乐、体育、美术、通用技术等学科；二是部分学段师资短缺问题突出，有的学段超编，有的学段严重缺编；三是部分学校师资短缺问题突出，一些学校中老年教师所占比重较大，部分教师因身体等方面原因难以承担一线教育教学工作。

目前，各地除了师资总量短缺和结构性短缺，临时性短缺问题已开始显现，突出表现为学校女教师生育二孩、一线教师外出培训等所造成的临时性短缺，这种短缺具有明显的阶段性，由于集中出现，使得一些学校难以招架。

师资的总量短缺、结构性短缺和临时性短缺，都对当前中小学教育教学产生了巨大冲击。按实际需求增加编制固然是一个最有效的解决办法，但在现实条件下难以做到，目前基层编制改革有一个明确边界，就是实施"总量控制"。也正因如此，化解编制困扰，解决师资短缺问题，需要直面现实，创新思路。

在教师编制管理上，在实施"总量控制"的总体要求下，需要对农村小规模学校和寄宿制学校，化解大班额背景下的新建、改扩建学校，新高考改革背景下实施"选课走班"的普通高中学校，给予一定的特殊政策支持。如对于农村小规模学校，在按照生师比标准配备教师的同时，引入"班师比"，这也是创新教师编制管理的应有之义。

同时，要进一步加强对教师编制使用的管理。一些地方虽然已经按照编制标准核定编制，但管理上的漏洞造成师资短缺。如受地方财力所限，没有真正把编制用足，存在"有编不补"的情况；还有一些地方虽然编制已经用足，但并未真正用在教师身上，编制被挤占或挪用。解决这些教师编制管理中的老问题，也要有一些新的思路和办法。

此外，要在教师管理机制上寻求新突破。也就是要进一步探索教师"县管校聘"的新机制，加大县域范围内的统筹力度。在县域范围内有的学校超编，有的学校则严重缺编，学科教师的配备需求在不同学校间也存在较大差异，但在"校管校聘"的管理模式下，不同学校间的教师配备缺乏统筹。实施教师"县管校聘"后，县级教育行政部门拥有了更多教师调配的自主权。可以通过建立县域内中小学教职工编制"总量控制，动态调控"机制，实现在县域范围内统筹规划教师配备的目标。从制度创新的要求看，化解编制困扰还需解决好教师的"出口"问题，如果没有一种合理的教师退出机制，教师资源的盘活依然会困难重重。

在教师补充渠道上，探索建立"教师临时周转编制专户"是山东省近年来的一种有益尝试。山东省在各县（市、区）编制总量内，利用精简压缩和事业单位改革回收的编制，建立了中小学教师临时周转编制专户，专门调剂给那些已经满编、超编，但依然需要补充专任教师的区县。还有一些地方通过设立"编外教师资源库"、采取政府购买服务等方式，积极化解师资短缺问题，这些改革探索和尝试值得期待。

本文发表于《中国教育报》2017 年 3 月 13 日第 2 版

别让编制捆住教师聘任手脚

"两会"期间，有代表委员指出，受制于编制，在很多地方和学校，教师不能及时引进和流动，结果成为影响教育发展的一块"绊脚石"。如果这个格局不打破，就无法形成灵活的师资调动调配机制。一方面是中小学教师缺编，另一方面是难以形成灵活的师资调动。问题的症结何在？教师编制这个结，到底该怎么解？

为什么说教师资源统筹问题很重要？因为中小学教育阶段教师缺编问题越来越凸显。比如，义务教育学校和高中学校"大班额"问题当前非常突出，化解"大班额"已成为提高教育质量和普及高中阶段教育的一项紧迫任务，而师资短缺问题将会进一步显现。此外，为了适应新高考要求，目前很多高中学校开始尝试"走班制"，而"走班制"的实施，对于教师数量提出了新的要求，按原有的教师编制标准配备教师，显然远远不够。在笔者看来，要解决教师资源统筹问题，还需找到问题的症结所在，才能对症施策。

教师资源统筹问题首先出在教师编制标准上。比如，原有的城乡教师编制标准不统一，教师编制标准出现明显的"城乡倒挂"。但这一问题已经开始得到扭转，逐步实行城乡统一的中小学编制标准，并对村小和教学点予以倾斜等原则，已经在国家相关文件中得以明确。再比如，目前的教师编制标准只采用了"生师比"这个单一指标，在实践中有着明显的不适应性。在以"生师比"为主的基础上，引入"班师比"有助于缓解小规模学校师资总量短缺问题；引入"科师比"有助于缓解大部分农村学校师资结构性短缺问题。事实上，在核算教师编制时，需要在重点考虑学生数量的基础上，兼顾学科课程类别、学校类型特点、班级数量等因素，保障学校的师资需求。

从进一步完善教师编制标准的角度看，教师编制标准应当以公平、均衡和弱势补偿为基本价值取向，要保证基本的教育教学需求；要因地制宜、区别对待，不搞"一刀切"；同时还要考虑经济发展水平和财政承受能力。

中小学一线专任教师数量不足，难以实现有效统筹，既有编制标准本身的原因，也有教师编制管理不规范的因素。在一些地方，挤占、挪用和截留教师编制问题仍比较突出，"在编不在岗""吃空饷"等情况也时有发生，必须进行规范清理。要进一步完善学校编制管理办法，健全编制动态管理机制，把有限的教师编制真正用实用好。

应该看到，面对一系列新情况，一味地希望增加教师编制恐怕也不现实。在编制暂时遇到困难的情况下，地方和学校不能削足适履，一味迁就、回避现实，不能让编制捆住教育发展的手脚。比如，可以进一步创新教师补充机制，通过建立区域内教师编制动态调配机制，让教师真正流动起来，通过招聘"无编教师"或实行"教师走校制"等多种方式，逐步化解矛盾、解决问题。

本文发表于《中国教育报》2016年3月10日第2版

"音乐教师代上语文课" 是道教改题

近日有媒体报道，陕西榆林市实验小学一（5）班的家长们称，教了10多年音乐的一位老师，现在却给孩子们上起了语文课。家长们因为担心孩子成绩受到影响，要求学校更换该班级语文老师，并多次与校领导交涉。在笔者看来，这样的事例并非个案，家长的担心也不无道理。音乐课教师代上语文课让人纠结，但其背后所折射出的教师安排使用和教师培养等深层次问题更值得思考。

如何看待教师短缺问题？音乐课教师代上语文课，首先让人想到的是教师短缺问题。教师短缺既有总量短缺，又有结构性短缺。目前我国很多中小学，从编制上看往往是满编甚至超编，但因为各种原因，一些在编教师不能正常上课，导致学校在教师安排使用上依然捉襟见肘。我们也常常会听到一些校长抱怨，目前学校对于年轻女教师的生育计划要通盘考虑，否则学校正常的教育教学活动难以开展。对于类似原因造成的教师短缺问题，同样需要引起重视。

解决阶段性、结构性的教师短缺问题，一味地寄希望于增加编制恐怕并不现实。除了学校在教师使用方面需要统筹安排之外，在教师编制机制上增加一定的弹性与灵活性，也是一个重要的解决思路和办法。针对中小学教师的结构性短缺问题，近日山东省提出建立中小学教师临时周转编制专户，专户编制不计入中小学编制总额，由机构编制管理部门单独管理。设立临时周转编制专户，按照教师"退补相当"原则，解决总体超编但学科结构性缺员问题，保证开齐国家规定课程。在解决中小学教师结构性短缺问题上，山东省这种务实的做法值得借鉴。

如何看待教师的跨学科教学现象？对于榆林市实验小学音乐课教师代上语文课，家长和学校争执的焦点在于，这位教师能否胜任代课任务。在家长看来，这位老师发音不准、字迹潦草、布置的作业看不清楚，因而断定他难以胜任。

而学校方面则认为,尽管这位老师是音乐专业毕业,且教了 10 多年音乐,但校方对其教学能力表示认可。从表面上看,家长和学校陈述的理由都不无道理,但对于教师跨学科教学能力的认定,应当有一个更加客观的标准,真正做到有章可循,而不是过分依赖主观评判,这或许是化解矛盾的一个根本办法。

由榆林市实验小学音乐课教师代上语文课的这一案例,笔者联想到近一段时间有关"全科教师"问题的讨论。事实上,"全科教师"在中外教育中都不是一个新名词,在实践中也不乏成功的案例。但不得不承认,培养"全科教师",是当前我国师范教育改革面临的一个新课题,需要打破现行的师范教育培养体系和模式。"全科教师"要有新的培养模式,但培养出来的"全科教师"是否真的能够胜任"全科教师"岗位,则需要有相应的资格认定办法。否则,今后难免还会出现类似榆林市实验小学这种"校方认可,家长并不买账"的情形。

"音乐课教师代上语文课"个案的解决或许并不困难,而要化解其背后隐含的深层次矛盾和问题,则需要从制度建设层面多想一些办法。

本文发表于《中国教育报》2015 年 10 月 1 日第 2 版

定期注册制有利于教师队伍专业化

近日，教育部发布通知，决定今年进一步扩大中小学教师资格考试和定期注册改革试点范围，在浙江、湖北等 15 个省（区、市）试点基础上，新增 13 个省（区、市）为试点省份。新增试点省份原则上选择 1 个至 2 个地级市开展中小学教师资格定期注册试点。自此，中小学教师资格考试和定期注册的改革试点可谓全面开花，试点工作已经覆盖全国 28 个省（区、市）。

那么，开展中小学教师资格考试和定期注册改革试点的用意究竟是什么？总体而言，就是要通过严把教师队伍的"入口关"，畅通教师队伍的"出口关"，扩大优质教师资源的增量，盘活现有教师资源的存量，促进教师队伍质量和水平的提升。

开展中小学教师资格考试改革试点，严把教师队伍的"入口关"，是建设高素质专业化教师队伍的首要条件。如何能够吸引高素质人才进入教师队伍，是中小学教师队伍建设的一个核心问题，在实践中也经历了长期摸索的过程。在实施教师资格考试制度之前，教师"入门"相对简单，没有统一的国家"准入"标准，只要是师范类专业学生，毕业时就能拿到教师资格证，做一名教师也是顺理成章的事。而非师范类专业学生及社会人员需到当地教育部门报名申请，通过教育学和教育心理学考试后发证。改革后将不再分师范生和非师范生，想要做教师都必须参加全国统一的教师资格考试。应当说，实施全国统一的教师资格考试，使得教师"入门"有了统一标准，操作也更加规范，有利于提高教师队伍的整体素质；为非师范生提供了平等的竞争机会，有利于吸引更多优秀人才加入教师队伍。

虽然有了国家统一的教师资格考试，使得教师资格的获得更加规范，但如何使这种资格考试更加科学，还需从改进考试内容入手。从教师资格考试改革看，这一点变化非常明显。在考试科目方面，从教育学、心理学变成了综合素质、教育教学知识和能力、学科教育知识和能力。之前的考试以知识性考题为主，试点后则以实践能力题为主，重点考查考生运用所学知识分析和解决教育教学实际问题的能力。应当承认，中小学教师需要有专业知识和教育理论知识，这一点毫无疑问，但能够将所学知识转换为中小学的教育教学实践，则是对教师的一个基本要求。教师资格考试注重能力考查，恰恰体现了这样一种理念。这一变化对于今天的高等院校，特别是师范院校的培养模式改革，具有积极的引领和导向作用。

开展中小学教师定期注册改革试点，畅通教师队伍的"出口关"，是建设高素质专业化教师队伍的重要保障。改革前，只要通过教学能力测试就可获得教师资格证，证书终身有效。改革后，中小学教师资格每5年注册一次，注册条件以师德表现、年度考核和培训情况为主要依据。定期注册不合格或逾期不注册的人员，不得从事教育教学工作。开展中小学教师定期注册改革试点，对于激励教师不断学习和进取，促进教师职业生涯发展有着积极意义。更为重要的是，使教师真正做到能进能出，有了更加客观的标准和依据。当然，对于教师的师德表现、年度考核和培训情况还需进一步明确标准和要求，相关实施细则也有待细化，同时要有严格的规章和流程，使教师定期注册的意义和价值真正得到体现，避免流于形式、走过场。

教育部推出这一改革试点，是建设高素质专业化教师队伍的一个重要手段，为中小学教师队伍注入了活力。但毕竟改革尚处于试点阶段，制定好本省（区、市）试点实施细则至关重要，要使广大教师理解、支持并参与到改革中来，为改革的顺利推进营造良好的社会氛围。同时，对于试点工作的积极效应及可能产生的矛盾和问题也要有准确把握，并及时化解，这是改革试点取得成功的重要保障。

本文发表于《中国教育报》2015年8月7日第2版

"全科教师"培养是师范教育改革新课题

近年来我国乡村教育有了长足发展，但乡村教师职业吸引力不强、补充渠道不畅、优质资源配置不足、结构不尽合理、整体素质不高等问题依然突出，国务院办公厅印发的《乡村教师支持计划（2015—2020年）》，正是着力解决乡村教师队伍建设中的这些瓶颈问题。

对于目前的乡村小学和教学点而言，教师短缺问题非常普遍，音体美等小学科专业师资缺乏问题更为突出。应对和解决这一问题，需要多种方式齐头并进，定向培养"全科教师"是一种有益的探索和尝试。由于乡村小学和教学点学生数量少，按照现行的师生比配备标准，学校很难配齐各科专任老师，直接影响了乡村学校教学质量。事实上，目前很多乡村小学和教学点的教师实际已经充当着"全科教师"的角色，一个教师身兼多个学科教学任务的情况非常普遍。然而，这些"全科教师"由于没有经过专业培养和训练，在实际教学中往往显得力不从心。从严格意义上讲，这些"全科教师"并不是真正合格的"全科教师"，不过是解决教师短缺的无奈之举。

定向培养"全科教师"对于乡村小学和教学点的发展有着积极意义和作用。美国、日本、韩国等国家为了扶持乡村小规模学校，往往会增加乡村教师资格条件的弹性，以利于小规模学校教师胜任多个学科的教学任务。就我国乡村教育的现实而言，抓紧培养一批经过专业培养和训练的真正的"全科教师"，无疑是一个好的改革思路。近年来，浙江、重庆、河北、广西等地积极开展定向培养"全科教师"的探索，积累了一定经验。

围绕定向培养"全科教师"，各地采取了免学费、免住宿费、提供生活补助等一系列优惠政策，同时签订培养使用协议，规定服务年限。对于不履行培养使用协议的，要按规定退还已享受的免费教育费用并缴纳违约金。这些做法都是为了确保"全科教师"能够"下得去""留得住"。但"全科教师"的培养在我国尚处于探索初期,是我国师范教育改革面临的一个新课题,如何打破师范教育传统的培养体系和模式,量身打造培养"全科教师"的课程体系和教育教学方式,注重教学技能和教师素养的全面培养,是从源头上保证他们能够"教得好"的核心环节,有待深入探索和实践。

鼓励地方政府和师范院校根据当地乡村教育实际需求加强本土化培养,采取多种方式定向培养"一专多能"的乡村教师,是拓展乡村教师补充渠道的重要方式。应当看到,"全科教师"为乡村教育注入了活力,是一种积极有益的探索和尝试,但解决农村小学和教学点的教师短缺问题,还需多种方式齐头并进。其中,统一城乡教职工编制标准;村小学、教学点编制按照生师比和班师比相结合的方式核定;通过调剂编制、加强人员配备等方式进一步向人口稀少的村小学和教学点倾斜,重点解决教师全覆盖问题,确保乡村学校开足开齐国家规定课程等,都不失为积极有效的举措。

本文发表于《中国教育报》2015 年 8 月 1 日第 2 版

"县管校聘"是教师管理体制重大变革

作为教师管理体制的一项重大变革，近日，教育部对全国首批义务教育教师队伍"县管校聘"改革示范区进行公示，19个改革示范区包括全国东、中、西部共15个省份。按照计划，"县管校聘"模式首先在示范区试行，2020年将在全国落实推广。

对于教师"县管校聘"究竟该如何理解？事实上，教师"县管校聘"是基于现行的教师"校管校聘"提出的，教师由"校管"走向"县管"，一字之差，体现的是教师管理体制的重大变革。"县管"要求县级教育行政部门按照职能分工，依法履行对中小学教师的公开招聘、职务评聘、培养培训、调配交流和考核等管理职能。"校聘"则要求学校依法与教师签订聘用合同，负责教师的使用和日常管理。这一变革对于统筹县域内义务教育教师资源，推进县域内教师交流轮岗，化解县域内教师资源配置矛盾，促进县域内义务教育均衡发展有着积极作用。

根本上说，"县管校聘"成为推进县域内教师交流轮岗的制度保障。促进县域内义务教育均衡发展，办学条件是基础，师资配置是关键，而师资合理配置的有效手段是推动教师的交流轮岗。2014年，教育部等下发文件，对推进校长教师交流轮岗工作作出了全面部署，提出全面推进义务教育教师队伍"县管校聘"管理改革，使教师由"学校人"变为"系统人"，打破教师交流轮岗的管理体制障碍。但在实际推进过程中仍然面临诸多困难，其中教师的固有身份就是一个明显制约。

从学校层面看，由于担心教师参加交流轮岗影响学校自身的教育教学工作，部分学校对教师交流轮岗，特别是对骨干教师交流轮岗持谨慎态度；从教师层面看，实施教师"县管校聘"后，由县级教育行政部门主导教师交流轮岗，淡化了教师身份管理与教师校籍，使教师交流轮岗不受所属学校的限制，利于对编制核定、岗位设置、职务（职称）晋升、聘用管理、业绩考核、培养培训、评优表彰进行统筹考虑。

另外，"县管校聘"也有助于化解县域内教师资源配置矛盾。现行的教师"校管校聘"的做法，使教师身份界定较为清晰，教师对学校的归属感较强。教师是"学校人"，导致学校间的教师资源调配非常困难。通过实施教师"县管校聘"，由县级教育行政部门会同有关部门统一管理教师人事关系和聘任交流，有助于化解这一矛盾。

从教师编制看，在县域范围内有的学校超编，有的学校则严重缺编，学科教师的配备需求在不同学校间也存在较大差异，在"校管校聘"的管理模式下，不同学校间的教师配备缺乏统筹。实施教师"县管校聘"后，县级教育行政部门拥有了更多教师调配的自主权，通过建立县域内中小学教职工编制"总量控制，动态调控"机制，实现在县域范围内统筹规划教师配备的目标。从教师职称晋升看，由于受学校名额所限，目前教师职称晋升难问题比较突出，许多教师的工作积极性也因此受到影响，甚至出现一定的职业倦怠。实施"县管校聘"后，可打破学校之间的界限，将县域内教师职称名额在学校间统一调配，使符合条件的教师能够及时得到晋升。

实施"县管校聘"是教师管理体制的一个重大变革，其意义和价值不言而喻，但改革毕竟仍处于试行阶段，因而需要认真面对并及时化解改革中出现的各种矛盾和问题。目前很多地方正在探索学区化管理改革，推进教师在学区内统一管理是其中的一项重要内容，这一改革对于教师"县管校聘"有着积极借鉴意义。但随着教师"县管校聘"的逐步推进，学区化管理改革中对教师统一管理与未来县级教育行政部门对教师统一管理，需要进行职责方面的重新界定，防止多头管理现象的出现。

此外，教师由"校管"走向"县管"，使得原有的学校与教师的固定隶属关系发生变化，由此是否会影响到学校对教师培养的积极性，这一问题也值得关注。

本文发表于《中国教育报》2015年4月17日第2版

为教师减负这根弦要时刻绷紧

在教育领域谈减负，人们首先想到的是为中小学生减负。事实上，中小学教师减负问题同样不可忽视。

教师忙上课教学，忙学生管理，忙论文写作，忙职称评定，忙学校布置的各项任务，期末临近，还要忙工作总结。但多数时候，众多的事情让教师感觉忙而无效、忙而无实，没有获得应有的成长。

既然谈中小学教师减负问题，就要有一个基本的事实判断，现在的中小学教师工作量究竟如何？是否存在负担过重问题？一项对福建、河北、吉林等省1154名中小学教师的问卷调查显示，目前绝大多数教师每周工作时间在54小时以上，实际工作时间超过法定工作时间25%，教师不得不将大量的个人时间奉献给工作。实际上，许多非教学的"隐形工作"耗费了教师大量的时间和精力，而实际用于课堂教学的时间不足总工作时间的1/4。

如此强度的工作对教师有何影响？事实上，超负荷工作会直接影响教师的家庭和个人生活，工作与生活之间的平衡被打破，教师感到身心疲惫。对此，相关部门和学校应该高度重视，为中小学教师减负这根弦一定要时刻绷紧，而且要切实付诸行动。具体而言，可以从以下几方面推进。

教育观念要不断更新。要切实转变地方政府的教育政绩观、教育行政部门和学校的教育质量观，从根本上扭转中小学存在的"唯升学率""唯考试分数"的倾向。从表面上看，过度地追求升学率，过分地看重考试成绩，会导致中小学生学业负担加重。但实际上，与此同时，教师的工作负担也会加重。毕竟在比拼升学率和考试分数的这场战役中，教师和学生是一个"战壕"里的"战友"，教师不敢有丝毫的松懈和怠慢。如果这种政绩观和质量观不能从根本上扭转，为中小学生减负难以真正落地，为中小学教师减负恐怕也只能成为一句空话。

教育改革要有序推进。随着教育改革的不断推进，教师扮演的角色越来越重要，肩负的责任也越来越重大。特别是面对课程、教育教学等一系列改革新举措，教师需要不断地去学习、去实践，工作量的增加在所难免。在改革中教师付出一定的努力和心血是应当的，但避免过分地增加教师的工作负担，同样是改革推进过程中需要认真关注的问题。以推进学生综合素质评价工作为例，做好学生成长记录是其中的一项重要工作，如何把这项工作做得既科学，又不过多地增加教师工作量，还有待在实践中不断探索。需要强调的是，教育教学改革的推进过程要稳步有序，不可急于求成，也要避免相关规定反复变化。

教师管理要科学规范。很显然，中小学教师负担过重，与教师管理工作不科学、不规范有一定的关系，因而，促进教师管理工作的科学化、规范化，是中小学教师减负的一个重要保障。当前，上级部门应该认真审视教师工作量，明确教师工作时间，保证教师有充足的时间用于备课、专业发展和学生评价；明确教师的重点任务，减少教师的额外工作；改进教学管理，使之能够真正体现教师职业特点和工作性质，充分激发教师的主观能动性，而不是用一些"土政策"和"硬性规定"，给教师增加不必要的工作负担。

本文发表于《中国教师报》2015 年 2 月 11 日第 3 版

教师编制城乡统一要落地"有声"

据《中国教育报》报道，湖南省长沙市日前出台了《关于进一步加快农村义务教育发展的若干意见》，拟进一步改革农村中小学教师编制的配备方式。实行城乡统一的中小学编制标准，对农村寄宿制学校、村小学和教学点人员的编制单独核算并适当增加。保证每所完小以上规模学校有 1 名以上音、体、美和计算机教师。这一改革思路和做法，对于提高农村义务教育办学水平，特别是对于提升村小学和教学点的教育教学质量至关重要，因而值得期待。

一直以来，在中小学教师编制标准上的"城乡倒挂"严重制约了农村义务教育的发展。2001 年，中央编办、教育部、财政部《关于制定中小学教职工编制标准的意见》提出，根据高中、初中、小学等不同教育层次和城市、县镇、农村等不同地域，按照学生数的一定比例核定。这一编制标准，在一定程度上满足了特定历史时期精简多余编制的需要，但存在明显的"城乡倒挂"问题。在当前义务教育改革发展的新形势下，"城乡倒挂"的教师编制标准面临一些新的挑战。一方面，随着城镇化进程的不断加快，农村义务教育学生数量总体回落。按照原来的教师编制标准，虽然农村教师总量可能富余，但结构性短缺问题难以解决。另一方面，随着农村义务教育布局调整的逐步规范，村小学和教学点等农村小规模学校数量有所回升，按照原来的教师编制标准，小规模学校的教师数量不足问题比较突出。

近年来，各地一批村小学和教学点得以恢复和重建，这无疑是一个好消息。但仅仅满足于数量的增加还远远不够，原来那种低水平运行状态也必须改变。也就是说，新形势下恢复和重建村小学和教学点，需要在办学水平和教育教学质量上有新的突破。要实现新突破，必须加强村小学和教学点的教师队伍建设。从现实看，目前村小学和教学点在师资配备上既存在总量不足问题，同时也存在结构性短缺问题，因而相对于其他农村中小学校，村小学和教学点在师资配置上面临的挑战更为严峻。

针对农村义务教育出现的新情况、新变化，农村中小学教师配置标准的调整势在必行。2012年颁布的《国务院关于深入推进义务教育均衡发展的意见》明确提出，各地逐步实行城乡统一的中小学编制标准，并对村小学和教学点予以倾斜。合理配置各学科教师，配齐体育、音乐、美术等课程教师。重点为民族地区、边疆地区、贫困地区和革命老区培养和补充紧缺教师。虽然教师编制"城乡统一"政策已经明确，但各地执行情况并不平衡，落实进度相对缓慢，对此要引起重视。

教师编制标准的调整思路需进一步明确。教师编制标准应当以公平、均衡和弱势补偿为基本价值取向，要将教师编制标准的"城乡倒挂"转变为"城乡统一"，并向农村倾斜。中小学教师编制标准的调整要遵循以下原则：一是要保证基本的教育教学需求；二是要因地制宜、区别对待，不搞"一刀切"；三是要考虑经济发展水平和财政承受能力。

教师编制标准的核算方法需更加科学。在进行教师编制标准核算时，要统筹考虑总量需求、结构性需求（不同学科课程需求）、差异性需求（走读学校与寄宿制学校的不同需求，一般学校与小规模学校的不同需求）。在核算教师编制时，需要在重点考虑学生数量的基础上，兼顾学科课程类别、学校类型特点和班级数量等因素，切实保障农村学校的师资需求。

此外，以单一的生师比作为标准的教师配置方式，在一定程度上加剧了中小学教师编制的"城乡倒挂"问题。从今后的改革趋向看，在以生师比为主的基础上，引入"科师比"有助于缓解大部分农村学校教师结构性短缺问题，引入"班师比"有助于缓解村小学和教学点等小规模学校教师数量不足问题，因而值得探索。

中小学教师编制的动态管理机制需进一步完善。健全编制动态管理机制，已经引起各地的重视。在一些地方，通过设立附加编制，对解决学校在教师配置中面临的一些新情况、新问题，满足一部分学校的特殊需求，具有积极意义。但在当前教师编制总量控制的情况下，附加编制还只是完善教师配置的一种补充手段。从长远看，健全编制动态管理机制，既要解决好"入口"问题，满足一部分学校的特殊需求，又要解决好"出口"问题，逐步完善教师退出机制。

本文发表于《中国教育报》2014年12月2日第2版

尊重关心教师须从落实福利做起

近日，《中国教育报》以"老师的这些福利，您享受过吗?"为题进行了一个小调查，这些福利包括"出行优惠""旅游优惠""学术假""购房福利""医保福利"等选项，其中的一些福利是国家法律政策之规定，还有一些福利则是地方和学校的创新之举。从调查情况看，目前教师享受这些福利的比例都很低，特别是随着社会经济的发展变化，有些福利在实际操作中可能会面临一些新的挑战。也正因如此，落实好教师福利这根弦始终不能松，这也是对教师尊重关心的体现。

落实福利是尊重教师的具体体现。尊师重教是中国的优良传统，传道授业解惑的教师被人们誉为人类灵魂的工程师。今天，我们把"教师节"视作送给教师的一份特殊礼物，其深层的寓意就是要弘扬尊师重教的传统，让教师赢得全社会的尊重。

在今天的社会环境下，还要不要尊重教师，可能在一些人的心中产生了些许疑惑。应当承认，近年来出现的个别教师师德败坏、违规违纪的事件，确实对教师队伍形象造成了损害，但害群之马毕竟只是教师队伍中的极个别人。广大教师兢兢业业、勤勤恳恳地工作在教育教学第一线，足以赢得全社会的尊重。从这个角度看，今天给教师提供的福利不是多了，而是很不够。让教师更好地享受福利、享受更多的福利，恰恰是尊重教师的一项实实在在的行动。

落实福利是关心教师的现实要求。对教师的关心可以体现在方方面面，其中对教师健康的关注和对教师工作生活的关心尤为重要，教师福利也应当在这些方面有更多体现。前不久，有媒体刊登了一份部分地区中小学教师工作状态的调查报告。该调查报告显示，绝大多数教师每周实际工作时间都在 54 小时以上，很多教师由于超负荷工作身心疲惫。因而，对教师健康的关注，需要教育

318

行政部门和学校的高度重视，一方面要科学合理地安排教师的教育教学工作，切实减轻他们的工作负担；另一方面，需要通过落实相关法律法规，切实为教师的健康保驾护航。为了保护教师身体健康，《教师法》明确规定，要对教师进行定期健康检查，并因地制宜地安排教师进行休养，医疗机构应当对教师的医疗提供方便。

此外，对教师工作生活的关心，也应当成为教师福利的重要内容。目前很多地方的教师还比较清苦，特别是农村基层小学的教师收入较低，生活比较困难。对这些教师的关心，首先应当致力于提高他们的工资标准，切实改善他们的生活待遇。除此之外，《中国教育报》调查所涉及的一些福利，很多是地方和学校的创新，同样体现出一种对教师的人文关怀。如北京市率先建立中小学教师学术休假制度，凡申请到市级以上课题的中小学教师，每年除了享受寒暑假，还可以休1—3个月的"学术假"。2010年，上海市的一些小学也开始试点"学术假"，鼓励骨干教师、学科带头人外出访学。尽管这种做法的实际效果还有待观察，但其关心教师的初衷值得肯定。

落实教师福利，不仅有利于在职教师们安心于自己的工作岗位，更有利于吸引优秀的人才加入教师队伍，意义重大。尊重教师、关注教师的健康、关心教师的工作生活，让他们能够以饱满的精神状态投身于教育教学工作。在这方面，各级政府、教育行政部门、学校和全社会都应主动承担起相应的责任。

本文发表于《中国教育报》2014年10月31日第2版

该为"独自坚守"的乡村教师做点什么?

在今年全国"教书育人楷模"的评选中,黑龙江省铁力市工农乡中心校兰河教学点教师仲威平光荣当选。仲老师默默无闻、尽职尽守,带给了我们一连串令人震撼的数字:在"一人一校"的状况下,一干就是 20 多年,为了不让孩子们失学,她每天骑车近 20 公里,往返在乡间小路上,走过了近 10 万公里的"送学路",骑坏了 4 辆自行车。就是这样一个看似普普通通的乡村教师,正是因为有了她的这份"独自坚守",给乡村孩子带去了一份希望。在今天的广大乡村地区,像仲威平这样"独自坚守"的乡村教师还有许许多多,是他们撑起了中国乡村教育的一片天地。

据报道,今年 9 月 1 日,在湖北恩施土家族苗族自治州的大山里,只有一位老师和一名学生的恩施市龙凤镇大龙潭村杉树湾教学点和其他学校一样迎来新学期,6 岁新生刘欣怡在这所空旷的学校开始了一年级的学习生活。随着附近村子进城务工的年轻人增多,子女大多随父母进城上学,这所学校的学生越来越少。从 2008 年起,这所学校的学生不到 10 人,从教 36 年、今年 53 岁的谢世魁老师独自承担起所有的教学任务,一直坚守到今天。

同样是在今年 9 月 1 日,广西侗乡只有 2 名教师、28 名学生的"麻雀小学",在一栋简陋的两层小木楼内开学。坚守 30 年的黄开亮老师说:"条件简陋不重要,孩子有书读比什么都重要。"目前,县里为该校新建的教学楼已经封顶。

面对这些"独自坚守"的乡村教师,除了送上一份荣誉、表达一份敬意,还该为他们做点什么?从各级政府和教育行政部门自身的职责出发,给乡村小学和教学点多一点扶持,给乡村教师的生活多一点关照,实际就是对他们的最大支持。

要给乡村小学和教学点多一点扶持。近年来，随着农村义务教育布局调整的逐步规范，在我国很多乡村地区，一批教学点得以恢复和重建，这也就意味着会有更多的乡村教师坚守在乡村小学和教学点，给乡村小学和教学点多一点扶持，实际也是对这些乡村教师的最大激励和支持。从现实出发，对于这些乡村小学和教学点，应当实施特殊的保护与扶持政策，尤其要在经费投入、教师编制和业务培训等方面给予倾斜。通过加大扶持力度，促进学校教学质量的提升，势必会让广大农民对身边的乡村小学和教学点充满希望，让乡村儿童能够就近"上好学"，也让乡村教师的辛勤付出得到最好的回报。

要给乡村教师的生活多一点关照。近年来国家鼓励各地采取在绩效工资中设立岗位津贴等有效措施支持优秀教师到乡村小学和教学点工作。去年9月，国家出台了连片特困地区乡村教师生活补助政策，旨在改善贫困地区乡村教师的生活待遇。这一政策实施至今，中央财政已拨付21.14亿元资金，惠及403个县的55.26万名乡村教师。另外，从各地出台的政策看，许多省份的补助政策不只针对连片特困地区县，而是进一步扩大了覆盖面，使更多的乡村教师从中受益；很多县市结合本地实际，制定了较高的补助标准。可以说，改善乡村教师待遇，既是加强乡村教师队伍建设的突破口，也是促进乡村教育发展的催化剂，但要让相关的扶持政策进一步落到实处，发挥其应有效应，各地还须花更大气力，做更多深入细致的工作。

本文发表于《决策探索（下半月）》2014年10月28日第42页

让优秀乡村教师"留得住"
要从源头想办法

　　人民网刊发的一封"优秀的乡校成了城市学校的'教师培训基地',正常吗?"的教师来信,再次将人们的目光聚焦于乡村教师群体。如何让优秀的乡村教师能够"留得住",不仅是事关乡村教育的大事,也是事关中国教育的大事。

　　长期以来,城乡二元结构导致我国城乡生活环境、学校条件、教师待遇存在较大差异,优秀乡村教师源源不断地从乡村流向城市,从条件艰苦地区流向相对发达地区,似乎已经成为一种常态。这种看似正常的人才流动,其中所蕴藏的危机以及对乡村教育的冲击不可小视。让优秀乡村教师真正能够"留得住",需要从源头上想办法、找出路。人们常说,要想留住优秀人才,关键是要"感情留人、事业留人、待遇留人",对于乡村教师而言,又何尝不是如此?

　　要想留住优秀乡村教师,应当让他们在生活上有满足感。针对乡村教师工资低、待遇差的现实,教育部、财政部于2013年9月出台了乡村教师生活补助政策,决定对集中连片特困地区义务教育乡、村学校和教学点工作的教师给予生活补助,政策实施一年多来取得了很好的效果。但应当看到,乡村教师工资低、待遇差在全国农村是一个普遍现象,因此,这一政策的覆盖面应当逐步扩大。改善乡村教师待遇从集中连片特困地区做起,要逐步扩展到其他贫困地区,再进一步扩展到所有农村地区。同时,要进一步提高补助标准。改善乡村教师待遇,不能过分看重它的象征意义,不能小修小补,制定的补助标准要真正能够让乡村教师的生活有实质性改善。虽然实现这个目标需要时间,但必须一步一步向前推进。让人欣喜的是,湖南泸溪等地通过大力改善乡村教师待遇,使乡村教师职业吸引力明显增强,乡村教师收入水平高于城镇教师收入水平,城镇教师申请赴乡村任教的情形逐步开始出现,优秀乡村教师"留得住"在当地已不再是一种奢望。

要想留住优秀乡村教师，应当让他们在事业上有成就感。目前大部分乡村教师教学任务重、工作强度大，在忙于日常教育教学工作的同时，如何让他们看到个人成长的前景和希望至关重要。相对于城市教师，目前乡村教师的培训进修机会少、职称晋升难度大，个人成长和进步的空间较为有限，这也是优秀乡村教师留不住的一个重要原因。从政策层面看，应当为乡村教师的培训进修、职称晋升提供一定倾斜，这不仅是留住优秀乡村教师的现实需要，也是提高乡村学校教育教学水平的迫切要求。

要想留住优秀乡村教师，应当让他们在情感上有归属感。"以情留人"并非一句空话，给优秀乡村教师更多人文关怀和应有尊重，才能使他们更加安心工作。在我国广大乡村地区，"一人一校"，一个教师教几个学生的情况并不少见，这些教师之所以能够选择"坚守"，很大程度上源于他们对乡村、对孩子的一份朴素情感。要想留住优秀乡村教师，要想让他们对乡村有一份真切的归属感，需要地方政府、相关部门和乡村学校给予他们更多关心和照顾，帮助他们解决在周转房、医疗、交通、子女就学等方面所面临的困难，切实解除他们的后顾之忧。

对待优秀乡村教师的流出，简单阻止可能不是一种根本的解决之策。当前亟须做的是，继续为乡村学校引进优秀人才开辟各种渠道，让优秀人才"进得来"；同时还要多管齐下为他们安心工作提供保障，让优秀乡村教师"留得住"。在这些方面，既要有相应的政策倾斜，还需要地方政府、教育行政部门和乡村学校为之付出不懈的努力。

本文发表于《基础教育改革动态》2014 年第 20 期第 19—20 页

化解教师招考之困需把握关键环节

在当前中小学教师招考过程中，地方教育行政部门和学校遇到不少困扰，其中最大的困扰是想招的教师进不来、招来的教师不合意，这让教育行政部门和学校在教师招考过程中的地位颇显尴尬。何以造成这种局面？教师招考之困如何化解？

事实上，造成这种局面的原因并不复杂，其实质就是教育行政部门和其他相关职能部门的权力职责划分不清，教育行政的权力配置失衡。由于权力职责划分不清，直接诱发教师招考的后续实施过程不科学、不合理问题。当前，亟须从制度层面对此加以审视，并从关键环节入手，对该局面切实加以扭转。

首先，教师招考的权力边界需要进一步明晰。在教师招考过程中，"以教育行政部门为主，人社部门为辅"的教师招考机制需要加以明确，这既是教育事权与人权相统一的要求，也是明晰教师招考权力边界的核心所在。

其次，教师招考的组织实施需要进一步统筹。地方人社部门和教育行政部门双方各自所应承担的任务同样需要加以明确。一是招聘岗位和资格条件确定。目前，通常是由学校向教育行政部门提出具体的招聘计划，教育行政部门将学校的招聘计划一并汇总到当地人社部门，由人社部门统一向社会发布招考信息。二是组织招考工作。从规范的角度看，考试的组织实施，应当采取"以教育行政部门为主，人社部门为辅"的机制。

从考试内容方面看，很多地方将招考普通公务员或事业单位人员的考试内容简单移植到教师招考中，明显缺乏针对性，甚至给学校招考教师带来极大困扰。为了能够更好地照顾到教师职业的特殊性，考试内容的确定应当依据教师职业和岗位特点，在注重综合能力测试的同时，尤其需要强调教师专业素养和专业能力测试，突出实践环节的考核。

　　最后，教师招考的监督机制需要进一步完善。严格把好教师准入关，一方面要严格执行教师资格制度，另一方面要加强对教师招考工作的监督。值得注意的是，为了防范学校在教师招考中把关不严，近年来各地在招考教师中对学校权力进行约束，此举固然非常必要，但将学校完全排除在教师招考工作之外，从某种程度上讲是一种追求简单公平的做法。即使是在促进义务教育均衡发展，推动义务教育学校教师从"学校人"向"系统人"转变过程中，学校在教师招考中的相关权力仍然应当得到尊重，这也是体现学校人事管理自主权的一个重要方面。

　　完善教师招考监督机制，确保面试环节公平公正至关重要。在由教育主管部门主导的面试考核中，参加面试考核的成员既可包括本地专家，也可吸收外地专家；既可包括学科领域专家，也可吸收教育领域的其他专家，同时还可吸收相关学校的人员参与面试。

　　从深层次来看，目前教师招考工作的不科学、不合理问题之所以如此引人关注，是因为它直接关系一个地区、一所学校教师队伍的合理构建。从进一步加强教师队伍建设的视角看，除了需要注重顶层设计，从关键环节入手，尽快化解教师招考中的种种困扰，还要将健全教师编制动态管理机制、完善教师退出机制等问题提上日程，认真研究解决。

本文发表于《中国教育报》2014 年 7 月 14 日第 1 版

改善乡村教师待遇要花更大气力

李克强总理在十二届全国人大二次会议所作的政府工作报告中强调，"加强农村特别是贫困地区教师队伍建设"。加强农村教师队伍建设需要精心谋划，采取多种办法和举措。当前，要想真正改变农村教师"下不去、留不住、干不好"的状况，改善乡村教师待遇是一个重要突破口。

围绕改善乡村教师待遇，教育部、财政部于去年9月出台了乡村教师生活补助政策，决定对集中连片特困地区义务教育乡、村学校和教学点工作的教师给予生活补助。这一政策主要按照"地方自主实施，中央综合奖补"的原则实施，因此地方政府改善乡村教师待遇的决心，会在很大程度上决定政策的实施效果。也许有人会说，改善乡村教师待遇要立足于当地的经济发展水平，经济落后地区受到财力所限，在这方面难有大的作为，而事实并非完全如此。况且在目前的集中连片特困地区，"中央综合奖补"政策能够发挥其应有的作用。

作为一个山区县、库区县和国家级贫困县，湖南省泸溪县在改善乡村教师待遇上力度不可谓不大。从2009年起，泸溪县给村小教师每人每月发放岗位津贴1200元，加上农教补贴，村小教师一年收入比城区教师要高1.6万多元，有的村小教师年收入达到5万元。由此看来，在改善乡村教师待遇的问题上，关键不是有没有实力做，而是有没有决心做；不是能不能做，而是想不想做。

改善乡村教师待遇，应在现有政策设计的基础上，进一步扩大补助的覆盖面，让更多乡村教师从中受益。乡村教师工资低、待遇差在全国农村是一个普遍现象，只是在集中连片特困地区表现得更加突出。改善乡村教师待遇从集中连片特困地区做起，逐步扩展到其他贫困地区，再进一步扩展到所有农村地区，应当成为一个基本方向。中央和省级财政应当重点对贫困地区改善乡村教师待遇给予扶持，同时调动地方积极性，鼓励各地在改善乡村教师待遇上多想办法，多出实招。近日媒体报道了广东省的做法，引起了人们的关注。自 2013 年起，广东省对非山区县农村边远地区和山区县义务教育学校实施教师岗位津贴制度，其中经济欠发达地区 71 个县（市、区）由省财政给予资金补助。据统计，全省有 33 万多名教职工享受岗位津贴，月人均岗位津贴 565 元，今年有望将补助标准的基数提高至人均 700 元/月。广东省通过加大省级财政支持力度，为改善乡村教师待遇提供了强有力保障，这一做法值得借鉴。

改善乡村教师待遇，应在现有政策设计的基础上，进一步提高补助标准。改善乡村教师待遇不能小修小补，制定的补助标准要真正能够让乡村教师的生活有实质性改善，虽然实现这个目标需要时间，但必须一步一步地向前推进。改善乡村教师待遇，不能过多地看重它的象征意义，更应看重其实实在在的效果。毕竟在条件相对艰苦的广大农村地区，要想让教师安心工作，仅靠他们有志于投身农村教育的一腔热情是远远不够的，需要切实帮助他们解决生活中的实际困难，加大改善乡村教师待遇的力度就是一个实实在在的行动。

改善乡村教师待遇，应在现有政策设计的基础上，进一步延长补助时限。按照现行政策，生活补助是针对教师工作岗位的补助，不计入五险一金和退休金的计算基数，教师在岗时享有，离岗后自然消失。这样的政策设计有其合理性，且与目前各地的财力相匹配。但从农村教师队伍建设的长远发展看，让乡村教师安心扎根农村，真正解除他们的后顾之忧，应当同步对其退休后的生活待遇有所考虑，如对终身或超过一定年限在偏远农村教学点和村小从教的教师，有必要把生活补助延伸到退休之后。也就是说，既要关注到他们在岗时的待遇，也要关注到他们退休之后的待遇。

改善乡村教师待遇，将使农村教师职业吸引力进一步增强，乡村教师收入水平高于城镇教师收入水平，城镇教师申请赴乡村任教的情形会在各地不断出现；改善乡村教师待遇，将使教育投入结构更加合理，各地教育投入会由原先侧重于硬件建设，逐步向侧重于教师队伍等软件建设转变；改善乡村教师待遇，将使城乡教育发展更趋均衡，以农村教师队伍整体素质的提升，带动农村教育水平的提高和城乡教育差距的缩小。从这个意义上讲，改善乡村教师待遇，既是加强农村教师队伍建设的突破口，也是促进农村教育发展的催化剂，需要花更大气力做实做好。

本文发表于《中国教育报》2014 年 3 月 11 日第 2 版

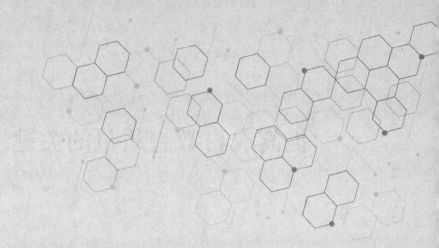

七、推动乡村教育发展 与学校合理布局

提高农村教育质量的关键环节

提高教育质量是"十三五"时期教育发展的主题词，也是中国教育进入新发展阶段的历史要求。作为提高教育质量的一个重要组成部分，提高农村教育质量，不仅有利于我国基础教育整体质量的提高，而且有利于我国人力资本素质的提升，具有重要战略意义。

农村教育要有新的质量观

在义务教育全面普及、高中阶段教育基本普及的新形势下，不仅要让农村孩子"有学上"，还要让农村孩子"上好学"。因为升学无望、升好学校无望而导致的学生辍学现象，在今天的农村地区并不少见。

农村教育不能没有升学目标，但也不能只是盯着升学率。衡量农村教育质量的高低，必然要回归促进学生全面发展和健康成长这一目标，既要关注学生的学业发展，还要关注学生的品德发展和身心健康；既要关注学生的共同基础，又要关注学生的兴趣特长；既要关注学生的学习结果，又要关注学生的学习过程和效益，引导农村中小学校自觉主动地践行素质教育要求，促进学生全面发展和健康成长。

相对于城市学校而言，农村学校受到办学条件和师资等方面的局限，基础还相当薄弱，这样的教育质量标准和要求对于农村学校无疑是一个挑战。但应当看到，与城市学校一样，农村学校如果只是一味地关注升学，只在学生考试成绩和学校升学率上做文章，而不能更多地关注农村学生综合素质的提升，农村教育的发展之路可能会走得比较艰难，这也是在提高农村教育质量过程中，需要高度关注的问题。

改善条件与师资为支撑

提高农村教育质量，相应的办学条件与师资必须跟上，否则提高农村教育质量便会成为一句空话。目前一些农村学校缺乏基本办学条件，教学设施设备难以满足日常的教育教学之需，对提高农村教育质量形成明显制约。与此同时，目前县镇学校大班额问题非常突出，反映出农村教育资源不足、优质教育资源短缺的现实。从这个意义上讲，进一步加大农村教育投入，切实改善农村学校办学条件，加快解决县镇学校大班额问题，是提高教育质量的一个重要前提。

提高农村教育质量的最大制约因素是师资。当前农村教师职业吸引力不强、补充渠道不畅、优质资源配置不足、结构不合理、整体素质不高等问题依然突出。一方面，要从改善教师的初次配置入手，让优秀人才"进得来"。要继续采取有效措施鼓励新招聘的优秀大学毕业生到农村任教。新增高级岗位指标优先安排农村学校，吸引动员一批高素质人才应聘农村教师岗位。与此同时，还要促进校长、教师在一定区域内合理交流，建立和完善城区校长、教师到农村学校任职、任教机制。

另一方面，要从增强教师的满足感、成就感和归属感入手，让优秀乡村教师"留得住"。首先，要让他们在生活上有满足感。改善乡村教师待遇不能小修小补，制定的补助标准要让乡村教师的生活有实质性改善。值得关注的是，一些地方通过大力改善乡村教师待遇，乡村教师收入水平高于城镇教师收入水平，城镇教师申请赴乡村任教的情形开始出现。优秀乡村教师"留得住"，在这些地方已经不再是一种奢望。

其次，要让他们在事业上有成就感。目前，乡村教师的培训进修机会少、职称晋升难度大、成长和进步空间有限，这也是优秀乡村教师留不住的一个重要原因。从政策层面看，应当在培训进修、职称晋升方面向乡村教师倾斜，这不仅是留住优秀乡村教师的现实需要，也是提高农村教育质量的迫切要求。

最后，要让他们在情感上有归属感。要想留住优秀乡村教师，要想让他们对乡村有一份真切的归属感，需要地方政府、相关部门和乡村学校给予他们更多关心和照顾，帮助他们解决在周转房、医疗、交通、子女就学等方面所面临的实际困难，切实解除他们的后顾之忧。

推动改革与创新赢机遇

农村教育的改革步伐要加快，创新力度要加大。课程和教育教学的改革、信息化手段的运用、教师管理机制的创新尤为重要。提高农村教育质量，势必要求进一步深化课程和教育教学改革，创新农村学校育人模式。

农村有着独特的教育资源，以课程为例，农村基础教育课程必须满足国家基础教育的整体要求，同时，课程应体现农村的特点，在一定程度上反映当地的生产、生活、文化实际，在教学环节则要充分利用农村的优势资源。

在信息化方面，要创新教育资源共建共享机制。目前各地大力推进农村学校"校校通""班班通"工程，建成集教学、教师研训、教育资源库、办公自动化、信息发布为一体的现代远程教育平台，取得了积极效果。此外，"一师一优课、一课一名师"活动充分利用数字教育资源开展信息化教学，并在教学过程中发现、汇聚、形成优质数字教育资源。这种优质数字教育资源对农村教育的辐射带动作用非常明显，有利于农村教育质量的整体提升。

此外，农村中小学教师结构性短缺问题非常突出。尽管教师编制城乡统一，并向农村倾斜的政策逐步付诸实施，但编制总量依然难以满足实际的编制需求，师资结构性短缺问题在短时期内难以得到根本性解决，因而必须在教师管理机制上有所突破和创新。

山东省计划建立中小学教师临时周转编制专户，用于满编、超编的中小学补充紧缺的专任教师。专户编制不计入中小学编制总额，由机构编制管理部门单独管理。该制度按照教师"退补相当"原则，解决教师总体超编但学科结构性缺员问题。这一改革尝试对于保障农村学校的实际师资需求、缓解农村教师结构性短缺问题具有积极意义和作用。

本文发表于《人民教育》2016 年第 1 期第 31—33 页

"全面二孩"来了，教育要提前布局

党的十八届五中全会公报指出，"促进人口均衡发展，坚持计划生育的基本国策，完善人口发展战略，全面实施一对夫妇可生育两个孩子政策"。新的"全面二孩"政策受到人们的普遍欢迎。与此同时，教育可能面临的新挑战也引发热议。

2008 年前后，我国进入了第四个人口出生高峰期，特别是在实施"单独二孩"政策后，每年增加近百万名新生儿。而随着"全面二孩"政策的实施，新生儿数量还会在此基础上继续上升，随之带来的教育需求也会明显增加，教育的提前布局成为一个战略课题。

事实上，学龄人口波动是一个正常现象，但对于学龄人口波动所作出的教育应对，则是对各级政府教育治理能力的考验。以往那种在学龄人口大幅减少时大规模撤并学校，在学龄人口急剧增加时大规模兴建学校的情况，从表面上看是一种顺势而为的选择，但这种应急性做法也使一些地方陷入"资源不足"与"资源过剩"的恶性循环。面对"全面二孩"政策的实施，如何做好教育提前布局？提前布局应当充分考虑哪些因素？这些都值得认真研究。

"全面二孩"政策的实施，对教育的规模提出新的挑战。近年来，一些地方由于受到周期性生育高峰和外来人口持续增长双重因素的影响，已经进入小学入学人数迅速增长期，教育承载能力不足的问题开始显现，保证孩子"有学上"一时间成为困扰地方政府的一件难事。如何在现有的教育资源配置基础上新建和改扩建学校，是新的教育规划布局面临的一项重要任务。

"全面二孩"政策的实施，对教育的质量结构提出新的挑战。应当看到，人们不会仅仅满足于让孩子"有学上"，让孩子"上好学"是一个最根本的诉求。因此，面对"全面二孩"政策的实施，特别是在当前中小学大班额现象仍然非常突出的情况下，除了要通过新建和改扩建学校来保证学位，包括师资队伍建设在内的内涵建设也要同步跟上，这是保证让孩子"上好学"的一个关键要素。

"全面二孩"政策的实施，对随迁子女教育提出新的挑战。对于流入人口集中的地区而言，除了"二孩政策"可能带来的户籍人口出生率回升，还会面临新型城镇化背景下随迁子女就学需求的持续增长，多重因素叠加将使得这些地区教育资源不足的问题更加突出。而防患于未然的最好办法，就是这些流入人口集中的地区在教育规划布局时，将随迁子女的教育需求纳入考虑。

"全面二孩"政策的实施，对教育的需求和挑战是多方面的，对学龄人口预测、学校规划布局和教育资源扩充提出了新的更高的要求，只有做到精心规划、未雨绸缪，才能赢得主动权。当然，学龄人口增长引发的教育需求会呈现逐级向上传递的趋势，不同教育阶段的需求存在一定时间差。在"全面二孩"政策启动之初，如何满足新增的学前教育需求，这一问题已经实实在在地摆在了我们面前。特别是面对当前学前资源相对短缺、公办幼儿园数量明显不足的现实，做好学前教育的提前布局和相关准备，是一项首要任务。

虽然实施"全面二孩"政策所带来的学龄人口增长可能没有预期的那么多，还会呈现出城乡差异和地区差异，但增长是一个必然趋势；虽然这种增长所带动的教育需求具有滞后性，但教育的提前布局是一个现实要求，也唯有如此，才能更好地应对可能出现的入园难、上学难问题。

本文发表于《中国教育报》2015 年 11 月 2 日第 2 版

乡村学校布局进入"微调时代"

9 月 16 日，新学期开学已过半月，有着 87 年历史的重庆云阳县全心小学，没能等来一名学生。

这里曾经有 12 位教师和 500 多名学生，还被当地政府评为农村义务教育的标杆，而近年来随着生源逐年减少，教师或分流或退休。与地处乡村的全心小学面临同样窘境的学校不在少数，即便是条件稍好的院庄中心校，生源也大幅减少。虽然这不是一个新问题，但生源减少的乡村学校究竟该何去何从，仍然值得认真探讨。

生源减少的乡村学校，不外乎面临撤并与坚守两种选择。在经历 10 多年大规模撤点并校之后，人们对乡村学校的撤并依然心有余悸，继续撤并难免让人心生困惑。然而，虽然由政府主导的大规模农村义务教育学校布局调整基本结束，但区域性、局部性的布局调整并不会就此停止。

基于学龄人口变化、城镇化推进和教育发展的现实需求，布局调整始终与农村义务教育发展相伴相随，撤并部分生源减少的学校依然在所难免。但需要注意的是，撤并应当非常慎重，对于乡村学校，教育行政部门应当有一个通盘考虑，毕竟学龄人口还会出现波动，眼下看上去可行的撤并，对于将来则未必是适宜的。这也恰恰是在撤并之前需要进行充分考察、调研和论证的一个重要原因。

如果说对部分生源减少的乡村学校进行撤并尚在情理之中，那么当面对区域内一大批生源减少甚至没有生源的乡村学校时，可能更需要做的是对自身办学与定位的反思。撤并与坚守的选择也要非常审慎，毕竟这关系到乡村学校的整体布局，更关系到乡村教育的未来发展。当前，乡村学校生源减少有多重原因，一方面，随着学龄人口数量减少，农村义务教育学生人数总量有所下降。

同时，大量随迁子女进入城市学校就读，客观上也导致乡村学校生源减少。另一方面，出于让孩子接受更加良好教育的考虑，家长主动放弃乡村学校的就读机会，送孩子进入城镇学校就读。学生离开本土导致的乡村学校"空壳"现象，既有劳动力流动的原因，也有教育自身的原因。哪里的教育质量高，学生就会流向哪里，这恰恰是城乡教育不均衡的一种真实写照。

乡村学校的办学质量与水平和城镇学校存在较大差距，这是一个不争的事实，也是导致乡村学校生源减少的一个重要原因。从这个角度看，选择基于重振乡村教育、办好乡村学校的坚守，更多体现的是一种责任担当，因而弥足珍贵，毕竟撤并不是改变乡村教育面貌的根本之策。虽然基于重振乡村学校的坚守会面临巨大困难和挑战，但下更大气力办好乡村学校，使之逐步缩小与城镇学校的差距，才是乡村教育发展的责任和使命所在，毕竟乡村教育不能永远是低水平、低质量教育的代名词。

让更多乡村学校摆脱生源减少所带来的窘境，做强乡村学校是一种切实可行的办法，而打破乡村教师队伍建设的瓶颈，亦是一条重要的解决路径。当前乡村学校的教师队伍普遍存在人员短缺、学科结构失衡、年龄结构老化、学历层次偏低和职称比例失调等诸多问题，而解决这些问题亟须从政策和制度层面提供保障。2015年初，国务院办公厅印发了《乡村教师支持计划（2015—2020年）》，无疑为改变乡村教育面貌提供了强有力的支撑。包括进一步拓展乡村教师补充渠道、提高乡村教师待遇、职称（职务）评聘向乡村学校倾斜等在内的政策，对于重新打造乡村教师队伍、改变乡村教育面貌具有积极的意义和作用。国家政策已经明确，如何不折不扣加以落实，需要地方政府、相关职能部门和学校的共同努力。

从长远来看，在加快推进新型城镇化进程中，乡村社会不会就此消亡，乡村教育也仍将长期存在。规范布局调整，重振乡村学校不能只是停留于口头，也不能重走低水平发展的老路，而要有实实在在的振兴之策，否则乡村学校难以重新赢回家长的信任，乡村教育面貌也难有根本改观。

本文发表于《中国教育报》2015年10月14日第1版

农村寄宿制学校"短板"如何补齐?

近日,《经济参考报》以"农村寄宿学校现状调查:建学校的钱要从牙缝里抠"为题,对部分地区农村寄宿制学校的情况进行了报道,并表示了对寄宿生住宿条件、精神状况的担忧。报道所反映的情况在农村地区具有一定普遍性,记者的担忧也不无道理。那么,当前困扰农村寄宿制学校的突出问题是什么?解决的出路在哪里?

从总体上看,寄宿制学校面临的主要困难有以下三个方面。

第一,寄宿条件相对较差。农村寄宿制学校的寄宿用房与配套设施投资没有纳入当地政府教育经费预算,学校在建设寄宿用房和购置设施时,只能自行筹措或用一定办法吸纳社会资金。由于资金相对有限,建设的房舍简陋,有的寄宿制学校无浴室,无水冲式厕所,无饮用热水,给寄宿生的生活造成不便。

第二,学生的心理健康问题较为突出。由于寄宿学生中有很大一部分是留守儿童,他们远离父母,缺少亲情关爱,缺少家庭教育的配合,学生又正值发育期,心理容易出现问题。有的学生出现性格内向、封闭、不爱与人交流、与家长感情疏远等情况。大部分寄宿制学校没有校医和心理教师,学生的心理和医疗保障成为盲点。

第三,学校的生活管理和后勤服务质量缺乏保障。寄宿制学校的生活管理和后勤服务人员不在学校编制之列,学生的生活管理主要由一线教师分担,这造成教师负担过重,身心疲惫。而大部分后勤服务人员为临时聘用人员,由于待遇不高、流动性大,服务水平和质量难以得到保障。

农村寄宿制学校存在的问题由来已久,虽然各级政府为此付出了巨大努力,然而从现实看,从根本上化解农村寄宿制学校的困境,还需进一步加大扶持力度,完善政策保障。

农村寄宿制学校的硬件建设需要专项投入。随着农村寄宿制学校建设工程、中西部农村初中校舍改造工程、农村义务教育薄弱学校改造计划等工程和项目的实施，农村寄宿制学校的办学条件有了很大改善，但硬件建设滞后问题仍然比较突出，继续加大专项投入力度至关重要。

2014年，教育部、国家发展改革委、财政部联合印发了《全面改善贫困地区义务教育薄弱学校基本办学条件底线要求》，提出"全面改薄"20项底线要求。其中，直接涉及寄宿制学校的项目包括："寄宿学生每人1个床位，消除'大通铺'现象""寄宿制学校或供餐学校具备食品制作或加热条件""寄宿制学校应设置淋浴设施"等。作为改善贫困地区薄弱学校基本办学条件项目，这些项目应当在"改薄工程"中优先予以保障，这也是贫困地区农村寄宿制学校补齐短板的新机遇。

农村寄宿制学校的服务保障需要政策倾斜。对于农村寄宿制学校而言，用原有的教职工编制标准来配备教职工，显然难以适应。出于对寄宿制学校特殊性的考量，应当建立一套相对独立的寄宿制学校教职工编制标准，以保障寄宿制学校在生活管理和后勤服务等方面的特殊需求，也有利于将寄宿制学校教师从生活管理等方面的事务中解脱出来，使他们能够专心致志地从事教育教学工作。

农村寄宿制学校的建设，有利于解决义务教育学校布局调整所带来的孩子上学不便的问题，也有利于帮助解决农村留守儿童缺乏照料的问题。但上述目标的达成，需要建立在寄宿制学校真正能够办好这一基本前提之下，否则可能只是解决了一些表面问题，却同时诱发了很多新问题。在新形势下，加强农村寄宿制学校建设绝非权宜之计，从农村义务教育布局调整的需要和关爱留守儿童的需求出发，农村寄宿制学校亟须补齐短板，这也是当前农村教育改革发展的一项重要任务。

本文发表于人民网教育频道，2015年8月4日

教育科学布局应从纸上走到地上

近日，青岛市政府发布《青岛市教育设施布局专项规划（2014—2020年）》，提出 6 年规划 4099 处教育设施，其中现状保留 2190 处、规划建设 1909 处，做到教育设施布局及规划"全市一盘棋"。

区域教育规划是一幅勾画区域教育未来的蓝图，各地对此都给予了高度重视。然而在一些事关区域教育发展的核心问题上，不重规划、不抓落实的情况仍然存在，在教育设施布局方面表现得尤为明显。由于不重规划，部分地区学校布局明显不合理，难以满足当地儿童的入学需求；由于不抓落实，该建的教育设施没能及时建好，教育设施不足直接导致了一些地区和学校的大班额问题，给区域教育发展带来极大困扰。

尤其需要关注的是，目前很多地方的义务教育学龄人口急剧增加，做好教育设施布局规划，着力解决教育设施紧缺问题，已经成为当前推动区域教育发展的一项紧迫任务。此次青岛市制定教育设施布局专项规划，体现了在教育设施布局上重规划、抓落实的决心。

教育设施布局要重规划。区域教育设施布局应当基于对学龄人口状况的科学预测，并在此基础上进行系统规划。考虑到学龄人口的动态变化，教育设施布局的规划应当具有一定的前瞻性。然而现实情况并非如此，我们能看到的更多情形是，当学龄人口数量回落时，大量撤并学校；而当学龄人口数量回升时，则大量新建学校。从表面看，这似乎是一种顺势而为的选择，但或多或少地反映出教育设施布局的规划缺乏前瞻性。而这种缺乏前瞻性的布局规划，会带来教育资源的巨大浪费。

本着既要满足眼前需求又要着眼长远提前布局，既求增量又调布局的原则，一些地方开展了积极有益的探索。在"推动新型城镇化"和"消除大班额"的共同影响下，当前河南省义务教育学位紧张的状况非常突出。如何进一步做好教育设施布局规划？河南省规划，预计到 2018 年，全省城镇拟新建小学约 1500 所、改扩建小学约 765 所，小学新增学位 190.1 万个；新建初中约 720 所、改扩建初中约 360 所，初中新增学位 125.9 万个。

教育设施布局要抓落实。原建设部发布的《城市居住区规划设计规范》，明确了房地产开发商在开发房地产项目时，必须同时规划配套教育设施，并规定了配建标准，配套教育设施应与住宅同步规划、同步建设和同时投入使用。虽然相关规定非常明确，但由于执行不力，一些地方的配套教育设施建设仍存在不建、缓建、少建、建好了不交付或质量不合格、规划不科学等问题，需要引起重视。可作为参照的是，安徽省淮北市建立了教育设施配套建设工作联动机制。市规划委在审议新建住宅项目时，须严格提出教育设施配套工作的落实要求；市国土资源局在新出让住宅地块的补充合同中，要限定教育设施委托建设资金缴纳的数额和时间；市教委在办理项目验收及市房管局在办理商品房预售和产权证时，要把教育设施配套落实情况作为验收的必要条件。由于联动机制不再是纸面上的要求，实现了和各相关职能部门的责任挂钩、考评挂钩，对开发商形成了有效约束。

从地方改革实践看，教育设施布局的规划意识正在逐步增强，这无疑是一个好的开端，然而要真正将规划落到实处，使相关规定不折不扣地得到执行，各地还需为之付出不懈努力。

本文发表于《中国教育报》2015 年 1 月 15 日第 2 版

小区配套学校走向考量决策智慧

近日，财新网以"公办民助学校的命运"为题，对广州市白云区一批承办合约即将到期的小区配套学校的现实处境进行了报道。据记者了解，白云区的黄石中学、黄石小学等 5 所学校因合约到期将被收回办学场地，而类似的小区配套学校在白云区共有 46 所，教育局将采用公开招投标的方式重新确定举办者。既然合约到期，教育局重新确定举办者本身无可厚非，但为何会引来如此大的争议？其实，争议的焦点在于：是否该对举办者收取国有资产有偿使用费？用招投标方式确定举办者是否妥当？

在回应上述争议之前，需要对这些合约即将到期的小区配套学校的未来走向进行探讨。从严格意义上讲，这些小区配套学校具有政府与举办者合作办学的性质，因而将其界定为改制学校可能更加准确，而对于改制学校的规范则需要有相应的政策依据。针对义务教育形势的发展变化和公办中小学办学体制改革中出现的诸多问题，近年来国家进行了相应的政策调整，从 2006 年开始全面停止审批新的改制学校，并对已有的改制学校进行清理规范。2008 年《教育部关于进一步做好义务教育阶段改制学校清理规范工作的几点意见》提出，要在明晰学校资产属性、学校办学性质和确保公共教育资源不流失的前提下，广泛听取有关方面的意见，确定改制学校的走向，依法加以规范，或改为公办学校，或改为民办学校。

将白云区这些合约即将到期的小区配套学校改为公办是否可行？据观察，当地政府和教育行政部门目前并没有这样的打算，其主要理由有二：一是全部改成公办，地方财政难以承担；二是由于户籍学生人数持续下降，需求明显不足。据了解，目前白云区带有改制性质的 46 所小区配套学校大多存在户籍学生少、非户籍学生多的问题，有些学校户籍学生甚至不到 10%。

应当承认，将全部46所小区配套学校改为公办学校，对于当地财政而言，压力确实非常大。但对于需求不足问题，则需要科学分析。就广州这样一个进城务工人员数量庞大的城市而言，在研判当地义务教育需求时，除了需要关注户籍学生，对进城务工人员随迁子女接受义务教育的需求也应当同步考虑。虽然民办学校也是随迁子女接受义务教育的一个途径，但"以全日制公办中小学为主"的政策仍然应当坚持。相对于目前公办教育承载力明显不足的其他一些特大城市而言，广州在这方面拥有独特的优势。从地方财政出发，结合随迁子女接受义务教育的现实需求，将一部分小区配套学校改为公办学校，或许也是地方政府和教育行政部门的一个决策视角。

对这些合约即将到期的小区配套学校继续采用民办思路是否可行？如果继续采用以往的民办思路，需要对国有资产的使用进行明确界定。基于民办学校的办学属性，学校举办者在使用国有资产时支付相应的有偿使用费，是一种规范的做法。但如何确定国有资产有偿使用费标准，还需仔细斟酌。从政府鼓励扶持的角度看，如果将这些小区配套学校定位为低收费、普惠性民办学校，也就不能简单用市场化手段确定国有资产有偿使用费标准。

此外，采取招投标方式确定举办者，也是目前存在较大争议的问题。如果简单按照"价高者得"的标准进行招投标，从表面上看似乎很公平，但用这种纯粹的市场化运作模式确定学校举办权的归属，确实存在一定风险。与其进行简单化的招投标，不如在完善遴选机制上多下点功夫，尤其需要对举办者的办学资质、实际办学能力等因素进行综合考察，以保障学校的办学水平和教育教学质量。

本文发表于《中国教育报》2014年10月29日第2版

莫让"搬迁"伤了学校"元气"

近日，中国青年报以"安徽两所历史名校'被搬迁'引发争议"为题，对黄山市休宁中学、屯溪一中将要整体迁建的情况进行了报道。据了解，屯溪一中、歙县中学的建校史已有70多年，而休宁中学的建校史超过100年，这三所历史老校都先后遭遇了"被搬迁"的现实困境。今天，除了歙县中学已无搬迁之忧，改为原校址扩建外，另外两所学校的整体搬迁似乎已成定局。为此，远在北京的休宁中学毕业多年的校友们联合发出了一封公开信，呼吁当地政府审慎考虑休宁中学校园搬迁问题。

搬迁对于一所学校可能造成的影响确实不可低估，因为搬迁伤了学校"元气"的情况并不鲜见。从这个角度看，休宁中学的校友们对此表示担忧也在情理之中。近年来，出于各种原因的学校搬迁在各地非常普遍，要想保证学校搬迁工作顺利实施，应当重点把握好以下三个环节。

其一，学校搬迁要有正当理由。目前很多地方的学校搬迁，有的是因为城市重新规划布局的需要，学校不得已搬迁；还有的是因为现有校园规模难以支撑学校的持续发展，学校主动寻求搬迁。但不论是被动也好，主动也罢，都需要一个让人信服的理由。就休宁中学而言，学校既不受城市重新规划布局之需的影响，且本身的校园占地面积达108亩，也无占地面积不足之忧，其搬迁的理由究竟是什么？目前官方对此的解释与当地群众的说法并不一致。从当地教育行政部门的解释看，学校搬迁主要出于整合教育资源、调整学校布局的需要。但据了解，休宁中学的搬迁与该县城区一处新校区长期空置有关。屯溪一中的搬迁也更像是一种"填坑"式搬迁，虽然相关情况尚待核实，但在为何搬迁这一问题上，仍然留下了一连串疑问。

其二，学校搬迁要有充分论证。不论出于什么原因搬迁学校，在正式启动之前都需要进行充分论证，主动听取各方面人士意见，尤其要听取家长和教师的意见。事实上，进行充分论证，既有利于保证搬迁工作更加科学合理，也有利于在更大范围内赢得理解和支持。在现实中我们经常看到这样的情形，尽管学校搬迁非常必要，但由于缺少民主程序，而更多体现的是行政意志，因而往往得不到家长、教师的理解和社会各方的支持。因此，在作出一些关乎群众切身利益的教育决策时，能够更多地听取群众的意见，本身就是教育决策科学化、民主化的客观要求，学校搬迁理应遵循这一基本要求。

其三，学校搬迁要有缜密操作。近日，媒体报道了某地的一批中小学校因为城市改造导致学生被迫"流浪"，实际就是学校搬迁的操作环节出了问题。由于这些被列入拆迁范围的学校很难再回到原址，多数是异址重建，因此建设周期相对较长，如果同步的安置措施不够缜密，学生的"流浪"似乎也就难以避免。可以说，避免搬迁规划与具体实施脱节，确保操作环节更加缜密，也是学校搬迁工作得以顺利推进的重要保障。

本文发表于人民网教育频道，2014 年 9 月 9 日

乡村小规模学校建设需全面加强

乡村小规模学校作为农村义务教育的重要组成部分，在服务农村最困难群体、巩固提高义务教育普及水平方面发挥了重要作用。进入新时代，如何更好地加强乡村小规模学校建设？近日，国务院办公厅印发了《关于全面加强乡村小规模学校和乡镇寄宿制学校建设的指导意见》（以下简称《指导意见》）。《指导意见》聚焦破解城乡义务教育发展不平衡不充分的突出矛盾，切实解决乡村小规模学校发展滞后问题，对全面加强乡村小规模学校建设作出部署，并提出努力为乡村学生提供公平而有质量的义务教育，意义十分重大。

从现实看，一些地方对办好乡村小规模学校信心不足，甚至还在继续加快撤并步伐，其中既有认识问题，也与目前乡村学校整体发展状况存在一定关联。眼下很多乡村学校虽然硬件设施条件很好，但就是招不到学生，成了一个个"空壳"。如果说以前是过度撤并，现在则是自动消亡。乡村学校特别是乡村小规模学校真的还有前景和希望吗？办好乡村小规模学校还有无基本的支撑条件？关于这些担心和疑虑，需要进行理性的分析和判断。

乡村学校生源萎缩是由多种原因造成的。农村学龄人口减少导致义务教育学生总量有所下降；一大批随迁子女进入城区学校就读；很多农村家长为了更加优质的教育资源而让孩子离开乡村学校。可以说，乡村学校生源萎缩既有人口结构的原因，也有劳动力流动的原因，还有城乡教育发展不平衡的原因，是教育内部和外部多种因素共同作用的结果。有了这样的基本认知，我们对乡村小规模学校的未来走向就会更加清晰。应当保留的必须保留，而且一定要在"办好"上下功夫，真正让农村孩子不出家门也能接受良好教育。对部分学生数量极少的乡村小规模学校，虽然可能还需撤并，但要避免简单化。

乡村小规模学校究竟是保留还是撤并，需从义务教育学校整体布局出发进行科学统筹。如在人口较为集中、生源有保障的村单独或与相邻村联合设置完全小学；在地处偏远、生源较少的地方，一般在村设置低年级学段的小规模学校，在乡镇设置寄宿制中心学校，满足本地学生寄宿学习需求。在布局时既要为学生提供公平、有质量的教育，又要尊重未成年人的身心发展规律，方便学生就近入学；既要防止过急过快撤并学校导致学生过于集中，又要避免出现新的"空心校"。

地方义务教育学校布局规划中涉及乡村小规模学校撤并的，不能简单化地一撤了之，必须做好相关配套工作，避免造成学生上学困难甚至辍学。对于如何做好撤并及其后续工作，《指导意见》提出了明确要求。一是要按照"科学评估、应留必留、先建后撤、积极稳妥"的原则从严掌握。学校撤并原则上只针对生源极少的小规模学校，并应有适当的过渡期，视生源情况再作必要调整。二是要严格履行撤并方案制订、论证、公示等程序，切实做好学生和家长的思想工作。三是对已经撤并的小规模学校，由于当地生源增加等原因确有必要恢复办学的，要按程序恢复。

对于必须保留的乡村小规模学校，一定要在"办好"上下更大的功夫。长期以来，乡村小规模学校由于规划布局不合理、办学条件相对较差、师资保障不到位、校园文化建设相对滞后等问题，成了"低质量"的代名词，有的地方因此"一刀切"地撤并了所有小规模学校，给农村教育发展带来负面影响。办好新时代的乡村小规模学校，一定要加大改革创新力度，不断提升学校办学水平和教学质量。

如何办好乡村小规模学校？从完善办学标准方向看，要保障小规模学校信息化、音体美设施设备和教学仪器、图书配备，设置必要的功能教室，改善生活卫生条件。从完善编制岗位核定方面看，对小规模学校实行编制倾斜政策，按照生师比与班师比相结合的方式核定编制。从提高乡村教师待遇方面看，进一步落实和完善乡村教师工资待遇政策，核定绩效工资总量向乡村小规模学校适当倾斜。从改革教师培养培训方面看，要适应一些乡村小规模学校教师包班、复式教学需要，注重培养一批职业精神牢固、学科知识全面、专业基础扎实的"一专多能"乡村教师。从加大经费投入方面看，要切实落实对乡村小规模学校按100人拨付公用经费和对乡镇寄宿制学校按寄宿生年生均200元标准增加公用经费补助政策，中央财政继续给予支持。

实施乡村振兴战略离不开农村义务教育的支撑，同样离不开乡村小规模学校的发展。如果说部分乡村小规模学校的撤并是客观所需，办好一批乡村小规模学校则是乡村振兴的希望所在。有了这样的认识，乡村小规模学校才会有前景、有希望，才有可能真正办好。

本文发表于《光明日报》2014 年 8 月 18 日第 4 版

14万人社区无公办校折射布局缺陷

近日有媒体报道，深圳新安街道部分区域紧邻宝安中心城区，占地面积135万平方米，常住人口超过14万，作为这样一个大型社区，承担片区学位任务的只有民办的翻身实验学校小学部开设的2个公办班约100个学位，远远满足不了当地适龄儿童的入学需求。出现这种现象确实耐人寻味，我们不禁要问，当地的学校布局是如何规划的？出现这种缺陷究竟又该如何弥补？

对一个大型社区适龄儿童入学问题进行统筹考虑，认真做好学校布局规划，是地方政府和教育行政部门的职责所在。然而就是在这样一个大型社区，居然没有一所公办小学。是不是这个社区配套建设学校的任务原本并不突出，只是随着近年来社区人口的急剧增加，才诱发了社区适龄儿童就读公办学校难的问题？事实并非如此。据前去采访的记者了解，该片区小学公办学位紧张的状况早已存在，以至于一些家长为了让孩子能够顺利接受义务教育，不得不采取虚假租赁合同等方式到其他片区就读。也就是说，学校布局规划不到位的问题事实上早就存在。退一步讲，即便这是一种新出现的情况，政府和教育行政部门也应对当地学校布局重新进行审视，并及时采取相应的补救办法。

然而，目前当地的补救办法也颇受家长质疑。当地教育部门在答复家长时表示，片区内已无新建学校用地，该区决定从2014年秋季开始，由公办安乐小学在翻身实验学校设立分校区，并将小一公办班招生计划从原计划的2个班增加到4个班，并且准备加快周边其他几所公办学校的改造建设步伐。但这些举措是否能够化解眼下的入学难问题，仍需要打上一个问号。类似情况，是否在其他地方不同程度地存在着，也需要引起足够重视。

在学龄人口动态变化的情况下，究竟该如何做好学校的布局规划？从科学规划的角度看，学校布局规划的一个重要依据是学龄人口的变动情况，考虑到学龄人口会发生动态变化，布局规划应当具有一定的前瞻性。然而现实情况并非如此，我们能看到的更多的情形是，当学龄人口数量回落时，大量撤并学校；而当学龄人口数量回升时，则大量新建学校。从表面看，这似乎是一种顺势而为的选择，但或多或少地反映出在学校布局规划中缺乏前瞻性。而这种缺乏前瞻性的布局规划，会带来巨大的教育资源浪费。

面对学龄人口出现快速增长的情况，学校布局该如何及时作出调整？目前很多地方已经出现学龄人口急剧增长的情况，解决教育资源匮乏、调整学校布局成为一项紧迫任务。从义务教育的性质和特点出发，通过新建公办学校增加学位是目前各地的一种普遍做法。在公办学校一时难以满足需求的情况下，通过政府购买学位的方式，也不失为一种补充手段，但单纯依靠购买民办学校学位的方式显然远远不够，毕竟公办学校在义务教育中的主体地位仍然应当得到尊重。

此外，由义务教育学校布局规划引申出了规范办学行为问题。从 2006 年开始的清理规范义务教育改制学校，为当时的改制学校提供了两种选择途径：或转为民办学校，或回归公办学校。因此，当地具有改制性质的翻身实验学校选择转为民办学校并非不可。但问题的关键是，在当地公办义务教育资源严重匮乏的情况下，选择转为民办学校而不是回归公办学校，显然很不妥当。

本文发表于《中国教育报》2014 年 4 月 25 日第 2 版

扶持贫困地区教育是政府职责所在

3月25日，中央电视台《新闻1+1》栏目以"大凉山：别让教育着凉"为题，对四川凉山彝族自治州农村义务教育学生辍学打工问题进行了报道。据报道，在凉山州美姑县四季吉村，120多名学龄儿童中，有一半多处于未读书的状态，这一现象值得深思。

近年来国家不断加大对贫困地区义务教育的扶持力度，出台了一系列倾斜政策。把这些扶持政策落到实处，让像凉山州这样的广大贫困地区的儿童真正从中受益，是当前发展贫困地区义务教育重中之重的战略任务，也是化解贫困地区适龄儿童辍学问题的根本之策。

我们要通过一系列扶持政策，让贫困地区儿童看到未来的前景和希望，激发他们内心的求学愿望。从凉山州反映的情况看，儿童辍学外出打工，既有现实的经济原因，也有对未来前景的失望。当地老百姓之所以对教育持怀疑态度，是因为当地高中比较薄弱，考上大学的学生也是寥寥无几。而恰恰是这种对未来前景的不看好，在一定程度上左右着贫困地区儿童是否继续求学的最终选择。在我国普及九年义务教育进程中，积累了"防流控辍"的诸多宝贵经验，然而今天的教育内外部形势发生了巨大变化，让贫困地区辍学的儿童重新回归学校，需要一些前瞻性、引领性的政策举措，让农村儿童看到未来的前景和希望。同时，要进一步加大贫困地区薄弱高中的改造力度，不断提高教育质量，为贫困地区儿童提供更多的升学机会。

我们要通过一系列扶持政策，让贫困地区儿童能上学、上好学，防止辍学现象的发生。从凉山州反映的情况看，当地现有的村小学和教学点办学条件差、师资水平弱，乡中心学校难以满足学生寄宿的需求。

让贫困地区儿童能上学、上好学，防止辍学现象的发生，须着力做好义务教育学校的布局规划。2012 年，国家出台了规范义务教育学校布局调整的政策。在各地新一轮义务教育学校布局规划中，盲目撤并学校的做法得以遏制，但仍有一些做法需要引起关注。从一些地方的规划看，恢复和新建的教学点数量有了明显增加，但村小学的数量仍然在减少，其主要原因是，很多新建的教学点是由原来的村小学转换而来的，原村小学将高年级学生转到乡镇中心学校就读，留下的校舍变成教学点，供低年级学生就学之用。这样的做法与凉山州的做法基本相同。由此是否会引发新的上学难问题需要引起高度重视。从规范的角度看，在乡镇中心学校难以满足住宿需求而走读的路途又比较远的情况下，各地不宜简单地将村小学转为教学点。此外，在各地新一轮义务教育学校布局规划中，不能将办好村小学和教学点仅仅当作权宜之计，也不能只是采取一些过渡性办法和措施，应当有长远规划和配套政策，并且不断加大扶持力度。

让贫困地区儿童能上学、上好学，防止辍学现象的发生，须着力化解制约村小学和教学点发展的师资瓶颈。事实上，此情此景并非凉山所独有，在我国很多贫困地区也都不同程度存在着。

从扶持村小学和教学点的相关政策看，国家鼓励各地采取在绩效工资中设立岗位津贴等有效措施支持优秀教师到村小学和教学点工作，研究完善符合村小学和教学点实际的职称评定标准，职称晋升和绩效工资分配向村小学和教学点专任教师倾斜。同时，国家出台了连片特困地区乡村教师的生活补助政策，旨在改善贫困地区乡村教师的生活待遇。要想让这些扶持政策落到实处，发挥其应有作用，各地还须花更大气力，做更多深入细致的工作。

本文发表于《中国教育报》2014 年 3 月 28 日第 2 版

"改善薄弱校条件" 意义何在?

近日,教育部、国家发展改革委、财政部等三部门发布《关于全面改善贫困地区义务教育薄弱学校基本办学条件的意见》。如何看待新型城镇化背景下的农村义务教育,如何缩小义务教育均衡发展背景下的学校办学条件差距,如何化解义务教育学校标准化建设背景下的"非标准化"办学问题,是当前加强农村义务教育,特别是加强贫困地区农村义务教育不容回避的问题。

一是在推进新型城镇化背景下,进一步加强农村义务教育是教育发展的战略选择。在推进新型城镇化的进程中,农村义务教育的重要地位不可动摇。近年来,尽管我国城镇化进程在不断加快,但我国仍然是一个农业大国。正因如此,在推进新型城镇化、促进城乡一体化发展的进程中,仍应把加强农村义务教育放在整个教育的优先位置,对农村义务教育予以倾斜照顾,用更多的精力、更大的财力、更优惠的政策,办好农村中小学。

二是在促进义务教育均衡发展背景下,改善贫困地区义务教育薄弱学校基本办学条件是促进均衡的重要途径。虽然近年来促进义务教育均衡发展的力度不断加大,扶困济弱的态势逐步形成,但义务教育办学条件的城乡差距依然较大。义务教育学校教学仪器设备配置水平不断提升,但城乡差距仍然非常明显。在"软件"方面,尽管义务教育教师的学历合格率保持在较高水平,城乡差距并不明显,但在义务教育教师学历层次提升方面,城乡差距依然较大。

改善贫困地区义务教育薄弱学校办学条件,须切实加大各级财政经费投入力度。同时,要大力加强农村教师队伍建设,整体提升农村中小学教师收入,完善农村中小学教师补充机制,提高农村中小学教师培训的针对性和有效性。特别是对于保留、新建和恢复的教学点,各地应在经费投入、师资队伍建设等方面给予必要倾斜,切实保障教学点的教育教学质量。

三是在加强义务教育学校标准化建设背景下，化解农村学校"非标准化"办学是提升质量的有效手段。当前，除了学校基本办学条件和师资状况之外，"非标准化"办学还有一个突出表现就是校均规模和班额过大。农村小学、初中的大班额现象，突出反映了农村义务教育布局规划和义务教育资源配置不科学、不合理的现实。

化解农村学校"大班额"问题还需标本兼治。一方面，要进一步明确义务教育学校办学条件标准并严格执行，重点解决超大班额问题，逐步消除大班额现象，真正为农村孩子接受义务教育创设良好的环境和条件。另一方面，在各地新一轮义务教育学校布局规划中，应当坚持因地制宜、实事求是的原则，扭转"小学进镇、初中进城"的简单化做法。在撤并乡村小学，新建和恢复镇区、县城小学的过程中，特别是在撤并镇区初中、新建和恢复县城初中的过程中，要合理规划学校的办学规模，防止校均规模和班额过大影响教育教学质量。

本文发表于《中国教育报》2014年1月10日第2版

新建小区周边学校须整体规划

近日，一则有关某房地产开发公司引某小学入驻却遭抗议的消息见诸报端。报道中说，北京房山区某地块，某开发商引进了某公立小学，房山区教委等承诺其业主有入学优先权，而在此地块的另一个开发商业主认为，公立小学是公共资源，自己的小区距离更近，应该享有上学的权利，双方争执不下，导致矛盾激化。

此事件的具体细节尚待考证，但出现纠纷反映了当前新建小区周边学校因入学权问题引发的矛盾和冲突，这值得深思。随着各地新建小区的大量出现，周边学校的建设与发展问题被提上议事日程。新建小区周边学校应当如何定性定位、如何规划布局、如何引进资源、如何划分片区，这些问题都事关群众的切身利益，需要地方教育主管部门精心谋划、科学决策。

学校的办学性质应当更加明确。在过去很长一段时期，新建小区周边学校建设，通常采取的是办学体制改革的运行模式，这些学校名为公办学校，但实际按民办学校机制运行，按民办学校标准收费。随着近年来国家对改制学校的清理规范，这样的运行模式已经淡出人们的视线。从长远看，新建小区周边学校建设，特别是义务教育阶段的中小学校建设，必须强化政府责任，加大政府投入，进一步明确学校的公办性质。虽然在一些学校建设过程中，房地产开发企业付出了自身的努力，但这并不会改变这些新建学校的公办性质。况且，规划建设小区配套教育设施，也是房地产开发企业本身应尽的责任。

学校的规划布局应当更加精细。地方教育主管部门应当对本区域的新建住宅规划、新建小区规模和入住人口数量进行预判，进而对新建小区周边学校的总体布局、办学规模和服务半径进行统筹规划。针对一些教育设施空间布局不合理、配建规模不足的区域，需要加强资源整合。总之，新建小区周边学校建设一定要跟上新建小区建设的步伐，防止出现小区已经建成，而适龄儿童却不能就近入学的尴尬局面。与此同时，也要避免因新建一个小区而建设一所学校的简单化做法。立足长远，统筹规划，既要满足儿童就近入学的需求，也要最大限度地防范教育资源的闲置和浪费。

学校的资源引进应当更加科学。作为一种探索和尝试，各地一批新建小区周边学校，以政府为主导，引进名校合作办学。这种合作能否真正发挥名校的辐射带动作用，进而推动新建小区周边学校的健康发展，在实践中既有成功的经验，也有失败的案例。但有一点可以肯定，在合作办学过程中，名校必须充分考虑不同区域的不同特点，并在传承的基础上有所创新，简单移植的做法难以取得好的效果。从地方教育主管部门的角度看，对于合作办学可能出现的不规范问题需要引起足够重视。如果合作办学名不副实，极易引发社会的质疑，招致家长的不满。

学校的片区划分应当更加合理。应当看到，当前义务教育学校的办学差距仍然客观存在，在这样的现实情形下，如何合理划分片区，始终是就近入学政策推进过程中遇到的一大难题。很显然，在今天的新建小区中，这一问题同样非常突出。作为政府举办的公办学校，新建小区周边学校在进行片区划分时，应当对周边区域进行统筹考虑，真正使适龄儿童在就近入学的原则下拥有公平的受教育机会。一所新建的公办学校只招收某一新建小区的适龄儿童，或者给予其所谓的入学优先权，不符合公办学校的划片原则，也有违教育公平的初衷，这样的做法受到质疑也就在所难免了。

本文发表于《中国教育报》2013年7月26日第3版

扶持村小和教学点是政府职责所在

作为一个典型的山区县，同时又是国家扶贫开发工作重点县，湖南省泸溪县 12 年来没有强撤一所小学，并从政策上对村小和教学点给予保护和扶持，这样的一种思路和做法值得深思。

为何要办好一批村小和教学点？从泸溪县的情况看，其主要目的就是确保学生能够就近入学，防止因为撤并导致学生辍学，这也是政府的职责所在。

从构建农村中小学合理布局的视角看，满足学生"就近入学"和"接受高质量教育"两方面的需求时常会发生冲突，这在一些贫困偏远的农村地区尤为突出。基于这样的现实，构建农村中小学的合理布局，应当从两个方面予以统筹考虑。一是下大力气办好农村中小学，特别是要办好那些地处偏远、交通不便地区的村小和教学点，真正让学生在家门口也能够接受高质量的教育；二是为了让学生接受高质量教育，对农村中小学进行适度的调整与撤并。在一时难以兼顾就近的情况下，必须切实保障学生上学的安全与方便，安全的交通工具、良好的寄宿条件等后续配套措施必须同步跟进。否则，有可能会牺牲部分家庭经济困难学生的入学机会，还会给学生的人身安全和身心健康造成一定损害。

如何为村小和教学点提供保护与扶持？这是在构建农村中小学合理布局过程中需要认真关注的问题。从世界范围看，很多国家在改革中逐渐认识到，学校合并不应作为解决乡村小规模学校问题的唯一途径。针对乡村小规模学校的扶持和帮助，美国、日本、韩国等国家采取的一些做法值得借鉴。如向小规模学校提供额外资金补助；增加农村教师资格条件的弹性，以利于小规模学校教师担任多个学科的教学任务。同样，泸溪县在扶持村小和教学点方面付出了巨大努力，通过实施岗位津贴、评奖评优、职称评审向农村教师倾斜政策，对整个教师队伍的稳定起到了重要作用。

在今后相当长的一段时期内，一批村小和教学点仍将在我国农村教育的发展进程中发挥不可或缺的作用。加大扶持力度，促进质量提升，让老百姓对身边的学校充满希望，让乡村儿童能就近"上好学"，是各级政府和教育主管部门的职责所在。从现实出发，对于这些村小和教学点，应当实施特殊的保护与扶持政策。一是在经费投入方面给予倾斜，提高生均公用经费标准，通过多渠道筹资改善办学条件。二是在教师编制方面给予倾斜，在统一标准基础上适当增加编制，实行相对灵活的弹性教师编制。三是在教师待遇方面给予倾斜，提高绩效工资标准，同等条件下优先评定职称和解决周转住房。四是在教师培训方面给予倾斜，设立培训基金，为城镇优秀教师与村小和教学点教师拜师结对搭建平台。

应当说，保留村小和教学点只是一种手段，办好村小和教学点才是根本目的。如果说泸溪县没有强撤一所小学，是基于当地实际的一种务实做法，那么近年来给予村小和教学点的保护与扶持，则是一项具有开拓性的举措，也是履行政府职责实实在在的体现，无疑将为其他地区办好村小和教学点提供有益的借鉴。

本文发表于《中国教育报》2013 年 7 月 4 日第 3 版

学龄人口波动 教育如何应对？

近日，一则北京市迎来小学入学高峰，政府部门将着力解决好"有学上"问题的消息，引起了社会关注。从解决"有学上"到关注"上好学"是近年来教育的一大进步。而今天我们重提解决"有学上"问题，并不意味着教育在走回头路，而是当前学龄人口规模变化对教育提出了新挑战。

从北京的情况看，受到户籍人口出现周期性高峰和外来人口持续增长双重因素的影响，未来几年将是小学入学人数迅速增长的时期。事实上，全国很多城镇地区，特别是一些大城市、特大城市可能会陆续出现类似情况。《北京市中小学建设三年行动计划（2012—2014年）》的颁布实施，正是根据这一变化所制定的积极的应对举措。

就全国的情况而言，从1998年起，小学校数、招生数和在校生数开始全面回落；从2004年起，初中校数、招生数和在校生数也出现同步下降。在今后的30年中，义务教育学龄人口数仍将继续下降。但值得注意的是，这种下降过程较为复杂，小学、初中学龄人口减少并不同步，在减少过程中伴有很大波动起伏，城镇和乡村学龄人口规模变化的方向恰好相反。随着城镇化进程的加快，城镇学龄人口数将呈现逐渐增长的趋势，而乡村学龄人口数将呈现逐渐减少的趋势。学龄人口规模变化的这种复杂性，无疑对学龄人口预测、学校规划布局和教育资源扩充都提出了新的更高的要求。

首先，学龄人口预测应当更具科学性。学龄人口规模变化的复杂性，决定了准确把握区域学龄人口规模的变化趋势并非易事。从区域看，对于学龄人口规模变化的总体趋势预测、波动情况预测和城乡差异预测，都要充分考虑区域经济社会发展、城镇化进程和人口流动等因素，并在此基础上作出全面客观的分析。当前，在一些城镇地区，需要对小学学龄人口规模变化之后将会出现的初中、高中学龄人口规模的变化进行预判，为及时调整相应的学校规划布局提供科学依据。

其次，学校规划布局应当更具前瞻性。在制定学校规划布局时，要充分考虑一些不可预知的因素，体现一定的前瞻性。一般而言，在学龄人口低谷期撤并学校，在学龄人口高峰期新建学校，可以被视作一种顺势而为的举措。但值得注意的是，任何过度撤并、过度新建的做法都不可取。昨天的过度撤并容易诱发今天的资源不足，而今天的过度新建可能导致明天的资源闲置。因此，无论是在学龄人口的低谷期还是高峰期，撤并学校与新建学校都要始终把握好一个"度"，为后续发展留有一定的迂回空间，这是学校规划布局具有前瞻性的重要体现。

最后，教育资源扩充应当更具灵活性。在教育资源相对紧缺的情况下，扩充资源既可以采取新建学校的方式，也可以采取改扩建现有学校的方式。即便是新建学校，也应当采取更加灵活多样的方式。一是新建学校可以依托现有的优质教育资源。通过与优质学校联合办学、举办分校等多种方式，使新建学校在办学初期就得到社会的认可，在较短时间内达到较高的办学水平。二是新建学校可以借助民间资本和社会力量。作为基本公共教育服务的重要内容，发展义务教育应当强化政府责任，但并不意味着所有的学校都必须由政府举办。在学龄人口大幅增长的背景下，扩充教育资源更应强化政府与民间资本、社会力量的协同配合。近年来的实践表明，政府购买服务、支持和扶持民办学校等方式，对于满足不断增长的入学需求具有重要作用。

本文发表于《中国教育报》2013 年 1 月 30 日第 3 版

农村教育办学重心要适当下移

近年来，广大农村家长和学生对于接受高质量教育有着强烈的渴求，农村学生选择进入县城、进入城市学校就读，农村家长陪读现象的大量涌现，都是这种诉求的最直接反映。各级政府和教育行政部门要关注这种诉求，正视农村中小学质量水平与家长需求之间的差距，下更大力气办好农村中小学。

当下，各地针对农村中小学现状推出的一系列改革举措，在提升农村中小学的办学条件和水平方面取得了明显成效，但其中的一些认识和做法也值得商榷。目前一种最具代表性的观点是，在加快走向城镇化的进程中，农村中小学必然经历一个同步改革的过程，由此引发了农村教育发展中的新矛盾和新问题。

主要表现为以下两个方面。一是办学重心逐级上移。当前，很多地方在布局调整过程中出现了"村无小学、乡无初中"的现象，即使在一些没有出现这种现象的地方，也正在努力将其设定为"十二五"时期的工作目标。更有地方甚至将小学向乡镇集中、初中向县城集中、高中向城市集中作为农村教育发展的战略，全力加以推进。二是学校规模日趋膨胀。农村中小学布点多、分布散、规模小、质量低，制约了农村教育的整体发展水平。对农村中小学的适度整合与调整是必要的，但大幅削减学校数量，举全镇、全县之力集中办好一两所学校，导致农村中小学规模日趋膨胀，也不符合农村教育的实际，更无法满足农村群众的入学诉求。

下大力气办好农村中小学，就应当遏制这种无视农村教育生态的实际"一刀切"，避免办学重心上移、办学规模过于集中等现象，将办学重心适当下移，构建不同类型、不同规模学校合理并存的农村教育格局，提振农村中小学的精气神。

优质教育资源不足始终是困扰农村教育发展的核心问题。而有效扩大农村优质教育资源的关键，在于加大对农村教育的投入和支持力度。应坚持农村教育的重中之重地位，逐步完善农村教育经费管理机制，着力解决投入政策落实不到位，资金使用管理不规范，抽回、挤占、挪用教育经费等制约农村中小学健康发展的核心问题，切实加大农村中小学资源投入。

在义务教育阶段，就近入学的原则应当坚持，在此基础上给群众提供选择机会。基于县、乡、村的不同特点，基于学校服务半径、服务人群和学生上学单程时长等因素的综合考虑，不同类型、不同规模学校的合理并存不失为一种现实的选择。要进一步加强对村小、教学点等农村小规模学校的扶持帮助，在教育成本和教师编制等方面建立特殊保护政策。

此外，还应大力加强农村中小学教师队伍建设。优先提高农村中小学教师待遇，设立农村教师专项津贴，创新农村中小学高素质教师补充机制，使优秀教师在农村能够进得来、留得住、用得好，促进农村中小学师资均衡。

本文发表于《中国教育报》2012年2月13日第2版

中小学应怎样布局？

发生在江苏丰县的重大校车事故，包括最近在甘肃、云南、广东发生的一连串校车事故，引发了全社会对校车安全问题的关注，也引发了人们对中小学布局调整工作的反思。为何要推进布局调整工作？怎样的调整才是科学的？什么样的布局才是合理的？这一连串的问题需要我们的职能部门和干部认真分析。

其一，为何要推进布局调整工作？为了实现普及九年义务教育的目标，20世纪八九十年代，广大农村兴办了大量中小学校，满足了学龄人口高峰期的"普九"之需，但布点多、分布散、规模小、质量低的问题始终制约着农村教育的整体发展水平。进入21世纪，随着"普九"目标的基本实现，人民群众对义务教育提出了更高的要求，特别是随着学龄人口高峰回落，农村劳动力流动导致大量学龄人口外流，中小学布局调整成为顺应教育内外部环境变化的一种必然选择，整合资源、提升质量也将会是一个持续不断的过程。历经10多年的布局调整，在中小学办学条件的改善、师资配置水平的提升、教育质量和效益的提高等方面取得了积极成效，对此我们应当有一个客观清醒的认识。

从今后30年的人口变化趋势看，我国义务教育学龄人口规模及各阶段学龄人口规模都将有所下降，但中间伴有波动，小学、初中学龄人口规模减小的过程并不同步，城镇和乡村学龄人口规模的变动方向也不相同。因此，在规划中小学整体布局时，既要针对义务教育不同阶段学龄人口下降的特点和城镇化进程来调整教育资源，同时也要充分考虑学龄人口的波动。可以预见，中小学布局调整工作仍将会是一个持续不断的过程，但同时也应当是一个推进有序的过程。

其二，怎样的调整才是科学的？从2001年颁布的《国务院关于基础教育改革与发展的决定》，直至后续的一系列与布局调整有关的政策文件，都强调了

"因地制宜、实事求是"的原则，但在具体执行过程中，有些地方确实存在简单化的问题。简单化突出表现为四个方面。一是把推进布局调整的目标简单化。布局调整是一个资源重新配置的过程，并非简单的"撤"与"并"。二是把推进布局调整的标准简单化。不顾地方实际，对于达不到一定规模的学校一律视作撤并对象。三是把推进布局调整的手段简单化。缺乏必要的论证，缺乏透明的程序，忽视了老百姓的诉求。四是把推进布局调整工作的配套措施简单化。要么是学校已经撤并但相应的配套措施没有跟上，要么是认为只要有了寄宿制学校，有了校车，学生上学远就不成问题，殊不知寄宿制学校、校车同样也会面临种种新的问题。

最近有的地方提出，没有寄宿制学校、没有校车，布局调整工作就应当暂缓实施。把健全配套措施当作一项重要工作提上议事日程，这样做是推进布局调整工作的一大进步。但什么样的寄宿条件、什么样的校车真正能够让人放心？在全国1.3亿名农村中小学生中，有3000多万人每日三餐食宿在学校，如果没有良好的住宿条件、用餐条件作保障，学生的营养和健康也就无从谈起。近来各地频发的校车事故，引发了人们对校车安全问题的高度关注。校车的安全使用包括了车况、路况、驾驶员和乘车人的安全意识等诸多环节，只强调某一方面，都难以真正保障学生的安全。

我们必须清醒地看到，我国农村经济条件相对落后，教育资源相对短缺，任何一种脱离实际的简单化做法，都会直接损害农村家长和学生的利益。事实上，在同一时期，城市中小学的布局调整，包括撤并学校的工作也在同步进行，中小学校减少的数量也相当可观，但在教育资源相对充裕的城市，这一做法并没有引起人们更大的争议。由此看来，科学推进农村中小学布局调整工作，必须从农村的实际出发，真正做到目标明确、标准合理、手段完善、配套措施健全。也只有这样，布局调整工作才能真正赢得民心。

其三，什么样的布局才是合理的？在义务教育阶段，"就近入学"的原则应当坚持，在此基础上给老百姓提供选择机会。针对"就近"要求，各地虽然设定了不尽一致的标准，但对于学校服务半径往往缺乏切合实际的科学认定。虽然也有农村学生放弃"就近"，选择到远一点但条件更好一些的学校就读，但他们"就近入学"的权利不应被剥夺。基于县、乡、村的不同特点，基于学校服务半径、学校服务人群和上学单程时长等因素的综合考虑，不同类型、不同规模学校的合理并存不失为一种现实的选择。

当前，一些地方在布局调整中出现了"村无小学、乡无初中"的局面，即使在一些没有出现上述情形的地方，也正在努力将其设定为"十二五"时期的工作目标，更有地方甚至把它当作形象工程、政绩工程不遗余力地加以推进。"村无小学、乡无初中"注定会成为中国农村教育的未来格局吗？中国农村教育究竟应当朝什么方向发展？应当承认，当前农村学校出现的"空壳"现象是中小学布局调整的一个重要诱因。而导致学校"空壳"的原因是多方面的，既有学龄人口减少和劳动力流动的原因，也有学校自身的原因。老百姓对身边的学校不满意，希望自己的孩子接受更好的教育，所以选择将他们送到县城学校、城市学校就读，这也在一定程度上加剧了农村学校的"空壳"现象。

从这个意义上讲，加强对农村学校，特别是加强对偏远地区农村小学、教学点等小规模学校的扶持，已经成为一项紧迫的任务。要在经费投入和师资配备等方面给予一定的政策倾斜，并充分利用现代远程教育手段传送优质教育资源，努力促进学校办学质量和水平的提高，真正让老百姓对身边的学校充满希望。

本文发表于《学习时报》2012年1月2日第6版

学校布局调整要稳步推进、留有余地

当前，国家和地方正在抓紧制定教育事业发展"十二五"规划纲要，义务教育学校布局调整工作也将进入一个新的规划与实施阶段。在此背景下，客观分析近 10 年来义务教育学校布局调整的成效与问题，进一步明确义务教育学校布局调整的思路与对策，对于推动新形势下义务教育的健康发展至关重要。

不容否认的是，义务教育学校布局调整带来了义务教育内部结构的明显变化，并形成了一定的积极效应，同时也带来了一些负面影响。与调整同步出现的一些积极效应和负面影响，有的确实是调整带来的，有的则是综合因素影响的结果。因此，仅从局部或个案中得出的结论，如调整提高了学校的办学效益，调整促进了教育教学质量的提高，或调整导致了辍学人数增加等，尚不足以形成对布局调整成效的全面认识与客观评判。

对于近年来学校布局调整过程中出现的一些矛盾和问题，我们也不需要回避。尽管国务院和教育部出台的一系列与学校布局调整有关的政策文件，都一再强调"因地制宜、实事求是"的原则，但在部分地方的具体执行过程中，确实存在着简单化和"一刀切"的情况。如脱离当地实际撤销了一些交通不便地区的村小和教学点，造成新的"上学难"问题；过分追求调整的速度，造成一些学校大班额现象严重，教学质量难以保证；寄宿制学校建设滞后，学生食宿条件较差，生活费用超出当地群众的承受能力。

归结起来，产生这些矛盾和问题的症结在于以下两个方面。一是决策有误，如部分地方过分强调小学向乡镇集中，初中向县城集中，撤并了一些不该撤并的学校。二是决策无误，但执行不力。包括宣传不力、组织不力和后续的配套措施不力。避免决策有误，需要从当地实际出发，对义务教育学校整体布局进行科学规划，制定调整的基本标准，在此基础上因地制宜、实事求是，不搞

"一刀切";而避免执行不力,需要把工作做细,切忌"行政命令式"地推进布局调整工作,对于配套措施一时难以跟上的地方,应当暂缓实施。

今后 30 年,我国义务教育学龄人口规模及各阶段学龄人口规模都会有所下降,但这个过程并不是直线式的,而是呈现波浪式起伏。因此,在规划义务教育学校整体布局时,既要针对义务教育不同阶段学龄人口下降的特点和城镇化进程来调整教育资源,同时也要充分考虑学龄人口的波动,布局调整工作一定要稳步推进、留有余地。

以农村义务教育学校布局为例,在普及九年义务教育的目标下,农村教育曾经呈现出"村村办小学""乡乡办初中"的布局形态,顺应了当时教育发展的需求。在义务教育实现全面普及的今天,针对这种局面的调整完全合乎规律,但是,部分地方在调整中出现的"村无小学、乡无初中"的局面,显然不应成为未来农村义务教育布局的基本形态。

2010 年教师节,温家宝总理在河北省兴隆县六道河中学与教师座谈时指出:"要提高我国整体教育水平,必须加强农村教育这个薄弱环节。……早在上世纪二三十年代,一些有识之士就十分关心乡村教育。他们认为,学校是乡村的中心,而教师则是学校和乡村的灵魂,乡村教育对启迪民智必不可少。"温总理的这一番谈话引人深思。在今后一段时期内,如何加强对农村学校,特别是加强对包括村小、教学点在内的农村小规模学校的扶持帮助,促进学校办学质量和水平的提高,而不是任由其"自行消亡",这是需要认真关注的问题。

本文发表于《中国教育报》2011 年 8 月 28 日第 1 版

多管齐下补齐农村教育"短板"

城乡分割的二元结构，导致我国城乡教育存在明显差距。缩小城乡教育差距，实现城乡教育一体化，是当前教育改革与发展的一个重大命题。湖南省岳阳市岳阳县通过推进学校布局调整，努力缩小城乡差距的探索实践值得关注。

从现实看，城乡教育差距体现在诸多方面，缩小城乡教育差距需要多管齐下。

首先，要切实加大农村教育投入，推进农村学校标准化建设。近年来，各地相继颁布了中小学办学条件标准，对学校的生均经费、校舍建设和教育教学设施配置等提出了明确要求。这一要求是面向区域内所有城乡中小学的。推进农村学校标准化建设，必须切实加大农村教育投入。中央财政要继续加大转移支付力度，地方各级政府要进一步明确经费保障责任。

其次，要合理规划农村学校布局，提升学校办学质量和水平。新一轮的学校布局调整工作，对于提升农村中小学办学质量和水平成效显著。但应当看到，个别地区简单撤并的做法也带来了一些负面影响。因此，加强对农村学校特别是农村小规模学校的扶持与帮助，促进学校办学质量和水平的提高，是今后推进学校布局调整需要认真考虑和关注的问题。

最后，要不断加强农村教师队伍建设，促进城乡学校教师交流。城乡教育条件的差距突出体现在师资的差距上。要解决这一差距，需要不断创新农村教师补充机制，完善制度政策，吸引更多优秀人才从教。要积极推进师范生免费教育，实施农村义务教育学校教师特设岗位计划。要进一步建立和完善城区学校教师到农村任教服务期制度，促进城乡学校教师相互交流。

本文发表于《中国教育报》2011 年 1 月 7 日第 2 版

农村民办中小学要靠特色求发展

近年来，我国民办中小学发展总体呈现平稳态势，民办学校数量有所下降，2006 年、2007 年的民办小学的数量分别较上一年减少 81 所和 363 所，民办普通初中的数量分别较上一年减少 58 所和 68 所，而民办小学和民办普通初中的在校生数逐年增加。

值得注意的是，义务教育阶段民办学校出现明显的城乡分化，城市民办学校数量和在校生数逐步减少，而农村民办学校数量和在校生数有所增加，这一现象在部分以农业为主导的地区表现得尤为明显。以农业大省河南为例，2006 年全省共有民办普通中小学 1031 所，其中县及县以下农村的民办普通中小学 896 所，占民办中小学总数的 86.9%；民办中小学在校学生共计 77 万人，其中在县及县以下民办中小学就读的共计 67.1 万人，占 87.14%。

农村民办中小学的发展历程，在欠发达地区有其必然性和合理性。20 世纪 90 年代农村民办中小学的兴起，大大缓解了当时农村小学、初中学龄人口高峰带来的学位紧张状况，为 20 世纪末基本普及九年义务教育目标的实现，作出了重要贡献。今天，农村民办中小学所面对的机会需求仍然在一定程度上存在着。如针对学校布局结构调整带来的就学不便，很多民办学校发挥了重要的补缺作用；农村民办中小学的发展，对于缓解当前公办中小学普遍存在的大班额问题发挥了重要作用。

但这种满足机会需求的学校发展定位，到了义务教育实现全面普及的今天已经发生了明显变化。可以说，大多数的农村民办中小学已经更多地从满足机会需求向满足特色需求转变。目前我国有大约 2000 万以上的农村留守儿童，针对这样一个父母不在身边、缺乏亲情呵护、亟待生活照料的庞大群体，农村寄宿制民办中小学应运而生。也正是顺应了这样一种特色需求，一大批农村民办中小学得以生存和发展。

为了更好地适应基础教育发展的新形势、新要求，农村民办中小学需要在战略定位和发展路径上作出适时调整，当前尤其需要根据农村基础教育不同学段的实际状况、不同人群的选择需求，确立发展目标和方向。

第一，农村民办中小学必须明确发展定位，探寻可持续发展的切入点和突破口。义务教育应当以公办学校为主体，但并不意味着义务教育阶段只能是公办学校一枝独秀，民办学校同样拥有自己的生存与发展空间，只是义务教育阶段民办学校必须找准自身的切入点。如当前为农村留守儿童提供的民办教育将是一个值得重点关注的领域，并可被视作一个特殊的民办教育类型予以政策扶持。在农村中小学布局结构调整之后，对于实施"撤点并校"的偏远地区而言，民办学校的发展有着一定的生长空间。此外，我国高中阶段学龄人口从 2005 年开始下降，"十一五"期间，我国高中阶段教育规模扩张的任务与"十五"期间相比有了明显缓解。从国家政策导向看，民办普通高中教育要适当控制发展节奏，重在提高办学质量；同时要加快民办中等职业教育的发展速度。也就是说，农村民办高中阶段教育应当重点从民办中等职业教育中寻求发展空间。

第二，随着农村义务教育经费保障机制、国家事业单位收入分配制度改革的实施，农村民办中小学将会面临一些来自公办学校的竞争压力，迫切需要加快学校的内部改革。实施新的农村义务教育经费保障机制以来，农村公办中小学的办学条件得到明显改善，这必然要求农村民办中小学同步改善自身办学条件，求得与公办学校的共同发展。此外，农村民办中小学必须同步建立一种合理的薪酬机制，以吸引优秀教师加盟，这是农村民办中小学持续健康发展的根本保证。

第三，与公办学校一样，农村民办中小学要继续在内涵发展上下功夫，不断提升教育质量，逐步形成办学特色。质量是基础教育发展的生命线。我国基础教育整体上已经从数量发展进入了以提高质量为主的新阶段。当农村公办中小学教育质量普遍得以提升时，民办中小学应当确立什么样的质量观，值得每一所学校深入思考。一所有特色的农村民办中小学，并不意味着学校的硬件条件有多好，但它一定是一所充满生机与活力的、有生命力的学校。如何真正做到学校有特色、教育有特点、学生有特长，是每一所农村民办中小学必须面对的一个严峻考验。

本文发表于《中国教育报》2008 年 10 月 20 日第 2 版

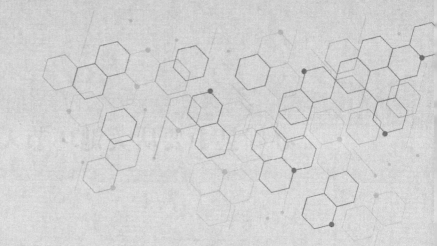

八、提升高中阶段教育质量

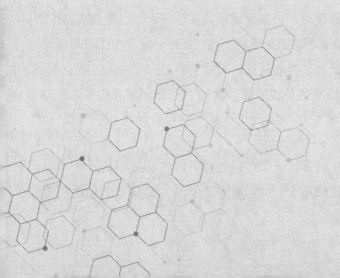

办好县中要从关键环节入手

近年来，人们对于县域普通高中（以下简称"县中"）发展问题非常关注，对一些地方县中办学条件薄弱、教师和生源流失、教育质量下滑等现象表示担忧，对如何化解"县中困境"积极出谋划策。在我国已经实现普及高中阶段教育目标、正在深入推进普通高中教育高质量发展的今天，进一步加强县中建设，着力化解县中面临的困难，是新时代赋予教育的责任与使命。

从县中的地位和作用看，其重要性不言而喻。县中是我国普通高中教育的重要组成部分，是城乡教育的重要纽带，是县域教育和经济社会发展的重要支撑，也是当地百姓接受高质量教育的希望所在。可以说，办好县中不仅关乎我国高中教育事业发展，关乎县域教育和经济社会发展，而且与百姓的切身利益息息相关。然而，在我国城镇化进程加速推进的背景下，人们对于是否需要办好县中或多或少存在一些疑虑，对于办好县中也显得信心不足。因此，进一步筑牢办好县中的认识根基，增强办好县中的信心和动力，是一项至关重要的任务。

办好县中应当强化问题意识，抓住关键环节。既要找到问题，也要找准问题背后的深层原因；既要找到普通高中教育面临的共性问题，也要找准县中面临的特殊困难；既要找到解决问题的宏观思路，也要找准办好县中的具体策略。从总体上看，经过近年来的努力，大部分县中的办学条件有了明显改善，但县中在学校布局、经费保障、师资水平和生源状况等方面仍存在一些突出问题，县中自身提升内涵品质的任务也很艰巨，办好县中亟须从解决这些关键问题入手。

科学规划县中的布局与规模。目前一些地方县中的规划布局不合理，突出表现为学校数量不足、校均规模偏大，很多县中动辄四五千人，有的甚至近万人。举全县之力办好一两所高中，成为很多地方发展普通高中的基本策略，造成部分县中规模急剧膨胀，明显不符合教育发展的特点与规律。加快扭转这种局面，亟须根据县域高中阶段学龄人口数量与分布，并在充分考虑普通高中办学效益、高考综合改革需要等因素基础上，科学规划县中布局，确定县中适宜规模，保证新建普通高中学校规模不超过 3000 人。

不断完善县中的管理与投入。我国普通高中管理主体具有多重性，普通高中学校有的属县（区）管学校，有的属地市管学校，还有个别学校属省管学校，这在一定程度上造成办学水平存在差距。从长远发展看，需要完善普通高中教育管理体制，在加强省级统筹基础上，积极探索以地市为主的普通高中管理体制，以强化地市级政府管理职能，进一步提升县中的管理和保障力度。在经费投入方面，各地要科学核定普通高中办学成本，既要落实全国统一的普通高中生均公用经费拨款标准，也要加快建立生均公用经费拨款标准的长效增长机制。通过建立规范的财政转移支付制度，进一步加大省、市两级财政扶持力度，解决经济欠发达县（市、区）的普通高中教育经费短缺问题。

积极稳定县中的教师与学生。在稳定优秀教师方面，要加强地级市教育行政部门对师资的统筹管理，对抢挖优秀师资的无序竞争进行治理，严禁城区学校到县中抢挖优秀教师。同时要继续加大定向师范生培养等政策扶持力度，持续吸引优秀师范毕业生进入县中。加强县中骨干教师培训，不断促进他们的专业成长。就县中自身而言，要想留住优秀教师，既要从改善教师待遇入手，又要积极营造良好的教育教学环境，让教师有获得感、幸福感和成就感。在稳定优质生源方面，关键是要严格落实高中阶段学校的招生规定。近年来，部分普通高中学校"掐尖"招生问题比较突出，而这种生源争夺对县中发展造成很大伤害。进一步科学划定招生范围，强化学籍管理，加大对违规跨区域招生的治理力度，有利于更好保持县中生源的总体稳定。

除了提供相应的政策保障，办好县中要大力激发学校发展的内生动力，树立科学办学理念，找准学校特色定位，深化课程教学改革。只有不断提高学校的教育教学质量，才能推动县中发展的良性循环，从而更好赢得师生信赖和百姓认可。

本文发表于《中国教育报》2021 年 10 月 15 日第 2 版

高中 "全人培养" 的时代来了

国务院办公厅日前印发《关于新时代推进普通高中育人方式改革的指导意见》（以下简称《指导意见》），引发高度关注。

围绕教育的首要问题和根本任务，
致力于构建全面培养体系

普通高中教育是国民教育体系的重要组成部分，在人才培养中起着承上启下的关键作用，高中育人方式改革必须紧紧围绕教育的首要问题和根本任务。《指导意见》就普通高中构建全面培养体系提出了具体要求。一是突出德育时代性。坚持把立德树人融入思想道德教育、文化知识教育、社会实践教育各环节。积极培育和践行社会主义核心价值观，深入开展中华优秀传统文化教育，加强学生品德教育，养成良好个人品德和社会公德。二是突出强调综合素质培养。如：强化综合素质培养，改进科学文化教育，强化体育锻炼，加强美育工作，重视劳动教育；拓宽综合实践渠道，健全社会教育资源有效开发配置的政策体系，因地制宜打造学生社会实践大课堂，建设一批稳定的学生社会实践基地等。

抓住关键环节和重点领域，
致力于统筹推进新课程改革和高考综合改革

推进高中育人方式改革，既要发挥好课程在人才培养和选拔中的统领作用，又要发挥好高考综合改革对高中课程改革的正确导向作用。一方面，随着新修订的高中课程方案和课程标准的发布，进一步优化课程实施显得尤为重要。《指导意见》提出，要完善学校课程管理，依照普通高中课程方案，合理安排三年各学科课程，开齐开足体育与健康、艺术、综合实践活动和理化生实验等课程。加强学校特色课程建设，严格学分认定管理，加强课程实施监管。另一方面，高考综合改革的深入推进，对于高中创新教学组织管理、加强学生发展指导等都提出了新的要求。《指导意见》提出，按照学科人才培养规律、高校招生专业选考科目要求和学生兴趣特长，因地制宜，有序实施选课走班，要深化课堂教学改革，优化教学管理。高考综合改革的最大特点就是给予学生充分选择权，如何让学生学会选择，加强学生发展指导至关重要。《指导意见》就进一步加强学生发展指导，注重指导实效、健全指导机制提出了要求，各地各校要加强对学生理想、心理、学习、生活、生涯规划等方面指导，省级教育行政部门要制定学生发展指导意见。

从进一步完善考试招生制度层面看，既要规范学业水平考试、深化考试命题改革，又要稳步推进高校招生改革，特别是要真正把综合素质评价作为招生录取的重要参考，这既是高考综合改革的新要求，也是推进高中育人方式改革的关键环节。

聚焦改革目标，致力于强化师资和条件保障

高中育人方式改革的目标已经明确：到 2022 年，推动德智体美劳全面培养体系进一步完善，立德树人落实机制进一步健全。普通高中新课程、新教材全面实施，适应学生全面而有个性发展的教育教学改革深入推进，选课走班教学管理机制基本完善，科学的教育评价和考试招生制度基本建立。要想顺利实现这一目标，强化师资和保障条件是关键。

《指导意见》提出，2020 年底前完成普通高中教职工编制核定，适应选课走班教学需要。创新教师培训方式，重点提升教师新课程实施、学生发展指导和走班教学管理能力。推进高中育人方式改革，改善学校校舍条件，完善经费投入机制是重要的条件保障。一方面要改善学校校舍条件，另一方面要完善普通高中建设经费投入机制。

育人方式改革事关高中培养质量，极为重要；育人方式改革涉及高中教育

的方方面面，非常复杂。《指导意见》为这项重要而复杂的改革指明了方向，明确了任务和要求。我们有理由相信，随着《指导意见》的逐步落地，随着高中育人方式改革的不断深化，高中培养质量将会得到显著提升。

本文发表于《光明日报》2019 年 7 月 16 日第 14 版

县域高中的发展根基仍需夯实

近日有媒体报道，谈及一些县域高中教师留不住、生源被抽走等问题，引发人们思考。

教学质量不高，造成教师和学生流失，而随着教师和学生不断流失，教学质量也就更加难以保证。一些地方县域高中所面临的困难，与诸多乡村学校、城市薄弱学校的情况较为相似。面对这一局面，既要有促进县域高中发展的战略思维，也要有推动县域高中发展的有效策略。

夯实县域高中的发展根基，是推动我国高中阶段教育发展的战略之需。虽然我国县域高中分布不平衡，有的县有多所高中学校，有的县只有一两所，还有个别人口较少的县没有高中学校，但县域高中对我国高中教育发展的支撑作用非常明显。县域高中的质量提升是巩固高中阶段教育普及水平的关键所在，也是促进我国高中教育健康发展的重要保障。

夯实县域高中的发展根基，需要采取积极有效的应对之策。促进县域高中发展，既要立足我国高中阶段教育发展的整体战略，同时也要紧密结合地方实际。近年来，随着农村学龄人口数量减少，农村教育的办学重心逐级上移，撤并乡镇高中、重组县城高中是一种现实之需。而与之相伴的是，举全县之力办好一两所高中成为一种常态，县域高中规模急剧膨胀。

如果对县域高中布局没有科学定位和准确认知，简单认为县域高中"一校独大"是一种必然选择，必须通过这种办法比拼高考升学率、"一本率"，会使县域高中的整体发展面临风险和挑战。或许有人认为，集中力量办好县域高中尚不能保证高升学率，分散办学也就更无竞争力可言。这不过是一种单一的升学思维，县域高中发展当然需要满足升学需求，但不能只是盯着升学率。各地在谋划区域高中教育发展时，应当树立科学的高中发展观，办好县域高中切不可急于求成，更不能急功近利。

夯实县域高中的发展根基，需要营造积极健康的教育教学环境。媒体报道的县域高中教师留不住现象，有一定代表性。县域高中教师留不住，既有通常所说的待遇方面的原因，也有教师对县域高中办学缺乏信心、事业上缺少成就感等因素。因此，让县域高中留住好教师，既要从改善待遇入手，也要让他们有成就感。而成就事业的根本就是要营造良好的教育教学环境，而不是一味地将升学压力传递给教师。

夯实县域高中的发展根基，需要坚持依法依规办学。媒体所指的生源被抽走，实际反映的是当前高中招生中的无序竞争问题，而这种生源争夺对县域高中发展的冲击非常明显。

我国高中教育管理主体的多重性，使得高中招生区域划定也具有多样性。高中学校有的属县（区）管学校，有的属市管学校，还有个别学校属省管学校，因而有的学校在县域范围内招生，有的学校在市域范围内招生，还有的学校可以跨地市招生。管理主体的多重性和招生区域划定的多样性，对于县域高中招生有一定的负面影响，需要重新加以审视。当前一些地方所存在的激烈的生源争夺，根源在于各种未经批准的跨区域招生。

提高质量是"十三五"时期教育改革发展的重要任务，也是高中学校发展的生命线。要提高质量，苦练"内功"方为正道。一味通过争抢生源来提高升学率，虽然"兴旺"了个别学校，损害的却是一大批高中学校，破坏了区域高中教育的健康生态，因此，进一步规范高中招生必不可少。

本文发表于《中国教育报》2017 年 9 月 29 日第 2 版

高中发展还需扩大优质资源

近日，媒体以"教育格局大洗牌"为题，对广州市将在未来 3 年新建一批示范性普通高中的消息作了报道。到 2020 年，广州市将新建 32 所市示范性普通高中（含 3 个原有广东省国家级示范高中新建校区），全市示范性高中从 41 所增加到 70 所。在办学规模基本稳定的情况下，增加示范性高中学位 5.5 万个，全市示范性高中学位占普通高中学位的比例从 56% 增至 85%。

加快普及高中阶段教育，是"十三五"期间我国高中教育发展的一项重要任务。对于尚未实现普及的地区而言，亟须加大普及攻坚力度，进一步提高普及水平；而对于已经实现普及的地区而言，提升办学水平和教育教学质量，扩大优质教育资源，同样是一项紧迫任务。

示范性普通高中建设，有助于拉动学校的硬件建设，增加普通高中教育的经费投入。对于普通高中发展而言，经费投入不足始终是主要瓶颈。加快制度创新步伐，建立完善普通高中生均经费拨款制度和学费动态调整机制，是促进高中教育健康、可持续发展的重要制度保障。与此同时，以建设示范性普通高中为契机，推动地方加大对普通高中教育的经费投入，也是缓解经费投入不足的积极之举。广州市政府在确定建设示范性普通高中的同时，进一步明确了示范性高中建设的内容、经费来源、步骤和保障措施，为示范性普通高中建设的顺利推进奠定了重要基础。

示范性普通高中建设，有助于拉动学校的软件建设，进一步提升教育教学质量。随着高中阶段教育普及水平的提高，人民群众对优质教育的需求日益扩大，优质教育需求与供给之间的矛盾日趋突出。用更高的教育质量来吸引初中毕业生，让他们愿意接受高中教育，而且能够学得好，这是普及高中阶段教育的现实要求。

虽然建设示范性普通高中是扩大优质教育资源的一条重要途径，但要想真正把这项工作做好，需要在一些关键问题上有清醒认识、准确定位和科学把握。

示范性普通高中建设，要引领高中学校朝着多样化、有特色方向发展。示范性普通高中究竟"示范"什么？从满足人民群众对优质教育资源的诉求看，示范性普通高中当然需要在质量上有所示范，但质量并不只体现在学生的考试分数和学校的升学率上。如果单纯瞄准考试分数和升学率去推动示范性普通高中建设，则与今天的教育质量观和高中发展观并不完全匹配。即便是从适应新高考的要求看，随着高考综合改革所带来的学生选择权的扩大，学生的选择需求日趋多元，推动高中学校多样化、有特色发展势必会更加受到关注和重视。因此，如何能够在学校特色发展上起到示范引领作用，是示范性普通高中建设面临的一个新课题。

示范性普通高中建设，要引领高中教育朝着布局合理、健康有序的方向发展。解决高中优质资源不足问题，亟须增加示范性高中的数量，从这个角度看，当然是多多益善。但把一所普通高中办成示范性高中，需要付出巨大努力。相对于单纯追求数量的增加，建设示范性普通高中更需考虑优质资源的合理布局。从广州市及其各区县建设示范性普通高中的具体规划看，其对此已有较为充分的考虑，一些区县计划将示范性普通高中建在城乡接合部、建在普通高中教育薄弱区域，这符合合理布局优质教育资源、打造区域高中健康生态的需要。

需要注意的是，当前建设示范性普通高中切忌追求超大规模，这不仅仅是对新建学校的要求，同样也是对改扩建学校的要求。在一些学校看来，示范性普通高中建设是一次难得的发展机遇，因此新建和改扩建学校一定要把规模做足做大。但事实上，建设"超大规模学校"并不符合办学规律，本身就是一个不良示范，也有悖于建设示范性普通高中的初衷，需要切实加以防范。

本文发表于《中国教育报》2017 年 8 月 22 日第 2 版

办好高中教育必须坚持正确方向

在素质教育的轨道上推进普及攻坚，这是日前召开的全国高中阶段教育普及攻坚工作会议上传递出的重要信息。这既是对办好高中教育的方向引领，也是对当前部分地区、学校应试倾向突出所作出的正面回应。

前不久，衡水第一中学进驻浙江引发了社会的热烈讨论，其中不乏一些真知灼见，但也明显存在一些似是而非的观点。有的试图阐释应试教育的"现实合理性"，还有的则大谈应试教育的"政治正确性"，这种偏颇主要源自对素质教育的片面理解。似乎一谈素质教育，学生就不再需要刻苦、勤奋，学校也不再需要升学率。对学生而言，学习当然需要付出努力和心血；对学校而言，升学率是衡量教育质量的指标之一，实施素质教育也从来不排斥升学率。一些高中学校在推进素质教育过程中升学率得到明显提升，就是很好的例证。那种简单地把抓教学管理、抓教育质量与推进素质教育对立起来的行为，本身就很荒谬。升学率只是一个结果而已，而不是教育目标，更不是教育的全部。

素质教育的核心就是要面向全体学生，促进学生全面发展。这也意味着，办好高中教育必须办好每一所学校，关注每一个学生成长，促进学生全面而有个性地发展。把高中教育办成只关注一两所学校，甚至"一校独大"；只关注一部分学生，甚至只是少部分优秀学生；只关注考试分数和升学率，甚至以牺牲学生的身心健康为代价，这显然不是好的高中教育。

在推进素质教育过程中，我们究竟应该反对什么？实质上就是反对片面追求升学率。"片面"的表现之一，就是为了追求升学率，学校的一切活动都围着考试分数和升学率转，甚至不惜违背学生身心发展特点和教育教学规律，把学生变成学习和考试的机器，当成流水线上的产品。"片面"的表现之二，就是为了追求升学率，采取各种不正当手段抢夺生源，扰乱招生秩序，破坏教育生态。

通过正常的招生渠道，招收优质生源本无可厚非，但一些超级中学之所以频频受到质疑，关键是其招生手段不正当。

需要重视的是，一些超级中学所存在的违规办学行为和招生行为，背后是片面追求升学率在作怪。为了追求升学率，一些超级中学采取了不正当的招生手段，如擅自提前招生、违规跨区域招生、超计划招生、以高额物质奖励和虚假宣传手段争抢生源。如果对这样的做法熟视无睹，就是地方教育主管部门的失职。

此外，目前跨区域招生主要集中在一些民办学校，一些超级中学所办"民校"的跨区域招生行为是否合规，需要根据其办学行为是否规范进行认定。如果办学"五独立"没有真正落实到位，或者公办、民办学校师资长期混用，这样的情况显然不符合民办学校的办学要求，其所实行的跨区域招生也就不具有合法性。当前规范高中招生行为，亟须从规范这些民办学校的办学行为做起。

围绕衡水第一中学进驻浙江所引发的讨论，不能只是刮一阵风。对于所暴露出的种种不规范行为，需要由点及面，进一步加大规范和治理力度。全国高中阶段教育普及攻坚工作会议已经对此提出了明确要求，规范学校招生行为和办学行为，维护正常的招生秩序和良好的教育生态。地方教育主管部门不能无动于衷，无所作为，不能对辖区内长期存在的失范现象听之任之，任其蔓延，殃及他地。

教育是一项面向未来的事业，办好高中教育切不可急于求成，更不能急功近利。虽然受到教育内外部多种因素的制约，当前推进素质教育步履依然艰难，但这不是否定素质教育的理由，而恰恰应当成为不断深化改革的动力。

真正让素质教育硬气起来，从中央到地方、从教育行政部门到学校都要为之付出不懈努力。我们有理由相信，随着课程改革、教育教学改革、考试评价制度改革的不断深化，推进素质教育的环境会变得越来越好，科学的政绩观、质量观、教育观和成才观也会逐步建立起来。

本文发表于《中国教育报》2017 年 5 月 10 日第 2 版

普及高中阶段教育并非延长义务教育

普及高中阶段教育是"十三五"期间我国教育事业发展的重要目标任务。日前，教育部等四部门联合印发关于《高中阶段教育普及攻坚计划（2017—2020 年）》（以下简称《攻坚计划》），对如期实现 2020 年普及高中阶段教育的目标进行了部署。需要注意的是，普及高中阶段教育并非延长义务教育，两者有着本质区别，将高中纳入义务教育的条件目前还不具备。

一方面，基于我国九年义务教育的发展现实，夯实基础比将高中纳入义务教育更切实际。由于义务教育总体发展水平还不高，中西部地区面临的困难和问题更突出，促进城乡一体化发展和均衡发展也还有很长的路要走。相对于将高中纳入义务教育，当前的重中之重是巩固提高九年义务教育水平，推进义务教育均衡发展。

另一方面，基于我国高中教育的发展现实，推进普及比将高中纳入义务教育更切实际。围绕"实现更高水平的普及教育"这一战略目标，进一步加大普及攻坚力度，是高中教育面临的紧迫任务。如果要将高中纳入义务教育，则意味着高中教育要同时实现强制、免费和普及，目前显然不具备这样的条件。

第一，从"强制"的要求看，将高中教育作为强制教育的条件还不具备。义务教育是国家统一实施的所有适龄儿童、少年必须接受的教育。如果将高中纳入义务教育，则要求初中毕业生在完成初中学业后必须接受高中教育。从高中教育发展的整体情况看，经费保障水平较低，一些地方高中教育资源严重不足的问题仍需付出巨大努力去解决。值得关注的是，即使高中教育资源已经非常充足，初中毕业生是否可以在升学与就业上进行自主选择，而不受强制性约束，这本身也是一个值得深入研究的问题。世界上大部分国家没有将高中纳入义务教育，就有这方面因素的考虑。

第二，从"免费"的要求看，实现高中教育全面免费的条件还不具备。目前我国高中教育经费普遍短缺，任务仍然十分艰巨，所需投入经费的地方还很多。如高中学校公用经费普遍不足，部分地方甚至出现难以维持学校正常运转的情况，学校债务负担较重，等等，高中教育发展依然面临较大困难。也正因如此，《攻坚计划》提出：各地要完善财政投入机制，抓紧建立完善中等职业学校生均拨款制度和普通高中生均拨款制度。要按照非义务教育阶段受教育者合理分担教育成本的要求，确定学费标准，严格学费标准调整程序，建立动态调整机制。各地要制定普通高中学校债务偿还计划。就高中免费而言，从国家层面推进高中免费不可能一蹴而就，需要整体设计、分步实施。在"十三五"期间，率先对建档立卡的家庭经济困难学生实施普通高中免除学杂费，正是体现了这样一种思路。将有限的教育经费用于最困难、最急需的群体和领域，也是一种实事求是的选择。

即便目前一些地方实行了高中免费教育，也不等同于将高中纳入了义务教育，因为延长义务教育年限需要经过立法程序。同时，从地方层面推进高中免费也要本着实事求是的态度，不可急于求成。正如陈宝生部长在十二届全国人大五次会议新闻中心举行的记者会上所说的，现在我国还处在社会主义初级阶段，办任何事情都要从初级阶段这个最大的国情出发来考虑，不办那些超越发展阶段的事情。是不是要免费，要从实际出发，量力而行，精准发力，保障公平。

第三，从"普及"的要求看，实现普及高中阶段教育目标仍需攻坚克难。虽然近年来高中阶段教育的普及水平不断提高，但普及任务依然艰巨，突出表现为：部分地方高中阶段教育普及程度依然较低，很多地方与达到有质量的普及仍存在较大差距。如期实现普及高中阶段教育目标，真正实现有质量的普及，必须找准突出问题，聚焦薄弱环节，集中力量保基本、补短板、促公平。《攻坚计划》就如何做好普及攻坚工作作出具体部署，并要求在扩充资源、优化结构、提高质量和完善机制等方面取得新的突破。

总之，普及教育与义务教育不能画等号。推进普及高中阶段教育，并非延长义务教育；经过攻坚克难如期实现普及目标，高中也不会因此就成了义务教育，对此要有清醒认识和把握。

本文发表于《中国青年报》2017年4月7日第4版

打好高中阶段教育普及攻坚战

普及高中阶段教育是党中央作出的战略部署，也是"十三五"时期我国教育事业发展的重要目标和任务。2016 年，我国高中阶段毛入学率为 87.5%，2020 年要实现 90% 的目标，全国层面只需增加 2.5 个百分点，并且目前全国三分之二以上省（区、市）的高中阶段教育毛入学率已经达到 90% 以上。在此背景下，高中阶段教育是否还要打普及攻坚战？又该如何攻坚克难？日前，教育部等四部门联合印发《高中阶段教育普及攻坚计划（2017—2020 年）》（以下简称《攻坚计划》），对此作出了明确回答。

从当前高中阶段教育的发展现实看，亟须打好普及攻坚战。近年来我国高中阶段教育的普及水平不断提高，但高中阶段教育发展仍面临一些突出困难和问题。其中，有的属于共性问题，有的则主要反映在部分地区和部分学校，在中西部贫困地区表现得尤为突出。如教育资源短缺，普及程度较低；普职结构不合理，中职发展滞后；学校师资短缺，教育质量不高；经费投入机制不健全，债务负担较重；等等。这些困难和问题既直接影响普及目标的实现，也严重制约高中阶段教育的健康和可持续发展。如期实现普及高中阶段教育目标，并实现有质量的普及，亟须打好高中阶段教育普及攻坚战。

打好高中阶段教育普及攻坚战，要聚焦难点、把握重点，做到精准发力。普及的难点就是攻坚的重点，打好高中阶段教育普及攻坚战需要牢牢把握重点，紧紧瞄准困难地区和特殊群体，提高困难地区普及水平，扩大特殊人群接受高中阶段教育的机会。《攻坚计划》明确将"教育基础薄弱、普及程度较低的地区，特别是集中连片特殊困难地区；家庭经济困难学生、残疾学生、进城务工人员随迁子女等特殊群体"作为普及攻坚的重点。

为了更好地体现全面、科学的普及观，真正实现有质量、有保障、可持续的普及，显然不能简单追求数量和规模的增加，还应当着力解决普通高中大班额比例高、职业教育招生比例持续下降、学校运转困难等突出问题，这也是《攻坚计划》确定的攻坚重点。

打好高中阶段教育普及攻坚战，要立足现实着眼长远，进行整体谋划。到2020年实现普及高中阶段教育目标，需要从扩充教育资源、优化结构布局、提升教育质量、形成保障机制入手，进行整体谋划，为实现有质量、有保障、可持续的普及奠定扎实基础。

要扩充教育资源，让学生进得来、有学上。提高高中阶段教育普及水平，资源和条件保障必不可少。《攻坚计划》提出，职业教育比例较低的地区要重点扩大中等职业教育资源。在没有普通高中的县，根据人口变动趋势和实际情况，因地制宜新建或改扩建普通高中学校，方便学生在当地上学。有了资源和条件保障，学生才能进得来，这是普及的最基本要求，也是普及攻坚的一项主要措施。

要优化结构布局，让学生有选择、方便上。实施普及攻坚亟须优化高中阶段教育结构布局，为学生在接受普通教育和职业教育、民办教育和公办教育上提供充分选择机会，同时要为学生就读提供便利。《攻坚计划》提出，统筹普通高中和中等职业教育协调发展，提高中等职业教育招生比例。同时还要积极扶持民办教育，促进公办民办共同发展。要合理规划学校布局，有效利用高中教育资源，方便学生在县域内就学。

要提升教育质量，让学生愿意来、学得好。如何用更高的教育质量来吸引初中毕业生，让他们愿意接受高中阶段教育，还能够学得好，这是普及攻坚面临的一个重要课题，而提高教育质量关键是要改革人才培养模式。《攻坚计划》提出，增强普通高中课程选择性，满足学生多样化需求。提高中等职业教育专业吸引力，加强技术技能培养和文化基础教育，实现就业有能力、升学有基础。

要形成保障机制，让发展更良性、可持续。实现高中阶段教育的可持续发展，制度和机制建设至关重要，要建立健全经费投入机制、教师补充机制、督导评估机制。当前，经费投入机制不健全是高中阶段教育面临的一个突出问题，抓紧建立完善中等职业学校生均拨款制度和普通高中生均拨款制度，事关高中阶段教育的可持续发展，需要给予高度重视。

本文发表于《中国教育报》2017年4月7日第2版

"普职融通" 让选择之路更畅通

"普职融通" 基于人才培养的要求，旨在为普通教育和职业教育架起一座相互连通的"立交桥"。虽面临很多实际困难和挑战，但致力于促进学生适切而全面发展的改革实验值得期待。

近年来，一些地方的学生在填报中考志愿时发现，除了普通高中和中职学校之外，多了一个普通高中和中职学校合作举办的普职融通实验班的选项，进入实验班的学生可获得普职"二次分流"机会。据媒体报道，2016年青岛首次试点普职融通实验班，在6所中等职业学校和4所普通高中开展试点。报考普职融通实验班的学生，注册职业中专学籍。学生在高一下半学期，可以参加普通高中学校组织的测试考核。达到相关要求的学生，报市教育局审批后转入普通高中并注册普通高中学籍，学生在原学校获得的学分按照有关规定予以认定。

同样，河北省石家庄市从2016年起，在市属9所中职学校开设普职融通实验班。经过学期末的统一测试考核，在普职融通实验班中选拔不超过15%的优秀学生到其所申报的普通高中就读，注册普通高中学籍。类似的改革实验在一些地方已经探索多年，那么该如何看待各地开展的普职融通改革实验？其实际意义和价值是什么？

从我国教育结构体系看，普通高中侧重于升学教育，中职学校注重技能训练，在人才培养方式上两者泾渭分明，但这样的功能划分也存在一定局限。普通高中学生缺乏专业技能，中职学校学生文化基础薄弱，尤其是对于那些读了普通高中而没能升学，念了中职而渴望升学的学生而言，这种局限性就更加突出。《国家中长期教育改革和发展规划纲要（2010—2020年）》提出，推动普通高中多样化发展，鼓励有条件的普通高中根据需要适当增加职业教育的教学内容。在此背景下，各地推进普职融通的改革实验日趋多样，改革步伐也不断加快。

从本质上讲，推进普职融通旨在打破普通高中教育和中等职业教育的割裂状态，融通两种教育的课程体系和管理机制。很显然，这种融通应当是双向的，普通高中增加职业教育的教学内容，中职学校加强文化基础课教学，普通高中和中职学校之间允许学生互相选修课程，这都是近年来地方开展的一些探索尝试。虽然建构普通高中和中等职业学校之间"学分互认，学籍互转"的新体系，探索创设普职融通的"综合高中"，都还面临很多实际困难和挑战，但致力于促进学生全面发展的改革实验值得期待。

从现实角度看，推进普职融通也为学生"二次选择"提供了机会。从青岛、石家庄等地的改革实验看，凡进入附设在中等职业学校的普职融通实验班，学生在高一年级下半学期还有一次分流选择的机会。那么，这样的"二次选择"是否会偏离中职学校的办学方向？"二次选择"是否只是一种单向通道？在笔者看来，这种普职融通实验班有别于一些中职学校单纯瞄准升学而开设的"普高班"，其改革探索的重点是"提供选择"，并没有偏离中职学校的办学目标和方向。

从很多地方的改革实验看，"二次选择"并不只限于单向的中职转普高或普高转中职，"双向互转"已经成为一种现实。2016年无锡市运河实验中学和无锡广播电视中等专业学校、无锡市堰桥高中和惠山中等专业学校联合举办的普职融通实验班，便是一种"双向互转"。

目前，普职分流的主要依据是中考，一些希望接受普通高中教育的学生，可能因几分之差被挡在了普通高中的大门之外；还有一些学生虽然进入普通高中，但实际上接受职业教育可能对其今后的升学或就业更有利。开展普职融通的改革实验，就是要让一部分学生通过一段时间的高中学习体验，特别是在增加对自身了解的基础上，对接受普通教育和职业教育再进行一次选择，这样的"二次选择"不失为一种务实之策。

推进普职融通应是普通高中和中职学校的"双向互动"，"二次选择"也是两者之间的"双向互转"，但由于这种方式对课程、师资和学分互认等方面的融通提出很高要求，因此改革亟须完善配套政策和措施，并在试点基础上逐步推广。

本文发表于《中国教育报》2016年8月17日第2版

办好乡镇高中并非权宜之计

我国普及高中阶段教育已进入攻坚阶段，需要统筹规划、精准发力，优化高中学校布局是其中一项重要任务。然而，在当前"县中独大"的态势下，是否该为乡镇高中留有"一席之地"，乡镇高中又能否真正办好，人们一直存有很大疑虑。近日，《中国教育报》以"办好乡村高中的'商城实践'"为题作了报道，一定程度上打消了人们的这种疑虑。

据报道，商城地处河南东南部，是国家扶贫开发工作重点县，经济条件薄弱，但"农村高中不能丢"已在当地形成共识，政府在规划、经费和师资等方面向6所乡镇高中倾斜，为乡镇高中赢得良好发展机遇。从商城的实践看，办好乡镇高中，认识要到位，相应的政策支持也要跟进，两者缺一不可。在优化高中学校布局时，给乡镇高中定好位，对普及和发展高中阶段教育至关重要。

近年来，乡镇高中发展遭遇不少困难，招生、升学情况都不容乐观。从客观上讲，随着高中阶段学龄人口数量回落，乡镇高中生源质量明显下降，同时随着群众接受高质量高中教育的需求不断增强，一些乡镇高中生源流向城市。招收不到优质生源，留不住优秀教师，乡镇高中走向衰落似乎在所难免。然而不得不承认，乡镇高中的衰落也与一些地方发展基础教育的理念和思路直接相关。在过去10多年农村中小学布局调整过程中，很多地方出现了小学向乡镇集中，初中、高中向县城集中的态势，有的地方甚至出现县城不办高中，高中向当地较大城市集中的情形。与义务教育阶段学校有所不同的是，因为高中教育没有"就近入学"的要求，一些地方整合撤并乡镇高中也就变得更加任性。对于乡镇高中的整合撤并问题，我们还应持有实事求是的态度，任何简单化、"一刀切"的做法，都会给高中教育发展带来不利影响。

在优化高中学校布局时，需要对不同地区的情况进行客观分析。在一些适龄人口数量相对较少的乡镇地区，对乡镇高中进行整合撤并不可避免，因为单纯依靠帮扶，难以从根本上化解这些乡镇高中的发展困境。但整合撤并要做好充分论证，并广泛征求群众意见，以赢得理解和支持。而在一些人口大镇，高中阶段学龄人口数量较大，接受高中教育需求比较强烈，应当花更大气力把乡镇高中办好，这不仅是普及和发展高中阶段教育的现实需要，也是建设新农村的战略需要。

乡镇高中办学难，难在质量保障上，如果没有质量保障，学生升学无望，也就难有吸引力，而没有吸引力的乡镇高中必然难以为继。相对于县城、市区的高中学校而言，乡镇高中由于长期得不到财政扶持，办学条件普遍较差，因而加大经费投入、改善办学条件是首要任务。从国家层面看，要扩大实施教育基础薄弱县普通高中建设项目，落实普通高中改造计划，积极改扩建高中校舍、配置图书和教学仪器设备及建设体育运动场等附属设施，并对乡镇高中予以必要倾斜。地方财政也要加大支持力度，增强乡镇高中培养能力，改善办学条件。

相对于县城、市区的高中学校而言，乡镇高中教师队伍比较薄弱，如何能让教师安心于教育教学工作，既是难点也是重点，毕竟没有一批优秀教师，乡镇高中的发展将举步维艰。一些地方帮助乡镇教师优惠购买保障性住房，修建教师公寓，解除他们的后顾之忧，这是支持乡镇高中发展的一个有力举措。当前，各地正在加大对乡村教师的支持力度，这种支持既要覆盖乡村义务教育阶段教师，也要惠及乡镇高中教师，要切实增强乡镇高中教师的满足感、成就感和归属感，让优秀教师能够"留得住"，以夯实乡镇高中的发展根基。

当然，乡镇高中也要基于自身办学条件和生源特点，找准发展定位，在学校内涵发展、特色发展上下更大功夫，从单纯比拼升学率的竞争中，闯出一条适合自身特点的发展之路。

本文发表于《中国教育报》2016 年 7 月 22 日第 2 版

补上贫困地区高中阶段教育短板

习近平总书记在近日召开的中央扶贫开发工作会议上强调，治贫先治愚，扶贫先扶智，国家教育经费要继续向贫困地区倾斜、向基础教育倾斜、向职业教育倾斜，帮助贫困地区改善办学条件。

高中阶段教育是基础教育的重要一环。虽然我国已经基本普及高中阶段教育，但从全国范围看，高中阶段教育发展不平衡、资源不足、经费短缺等问题依然存在，尤以贫困地区最为突出。《中共中央关于制定国民经济和社会发展第十三个五年规划的建议》提出要提高教育质量，推动义务教育均衡发展，普及高中阶段教育。要实现这个目标，亟须加大对贫困地区的扶持力度，重点和难点也在贫困地区。只有补上贫困地区高中阶段教育的短板，才能最终实现普及高中阶段教育的目标。

高中阶段教育毛入学率是衡量普及水平的重要指标。从统计看，2014 年全国高中阶段教育毛入学率达到 86.5%，已经实现基本普及目标，但不同地区之间的毛入学率存在较大差距。其中，大部分省（区、市）超过全国平均水平，而且近 21 个省（区、市）的高中阶段教育毛入学率在 90% 以上。但是，部分中西部省（区、市）的高中阶段教育毛入学率在全国平均水平之下，最低的只有 70% 左右。即便是已经超过全国平均水平的部分中西部省（区、市），省（区、市）域内的高中阶段教育毛入学率差距也依然明显。

以四川省为例，全省高中阶段教育毛入学率已经达到 88.0%，超过了全国平均水平。但甘孜州、凉山州、阿坝州的毛入学率较低，分别只有 32.1%、38.5%、45.9%。在普及高中阶段教育的进程中，对于部分中西部省（区、市），特别是这些省（区、市）域内的贫困地区，如何提升普及水平需要给予重点关注。

普及高中阶段教育，除了要进一步提升高中阶段教育的毛入学率，如何实现有质量的普及同样值得关注。因此，按照扶贫开发工作会议的要求，"帮助贫困地区改善办学条件"就显得尤为重要。而实现有质量的普及，办学条件、师资、经费等方面的条件保障必须同步跟上，这对贫困地区而言是一个巨大挑战。以普通高中的经费和班额为例，2014 年全国普通高中生均公共财政预算教育事业费支出平均为 9024.96 元，部分中西部省（区、市）仅有 6000 多元，最低的不足 6000 元。全国普通高中生均公共财政预算公用经费支出平均为 2699.59 元，部分中西部省（区、市）仅为 1700 元左右。虽然近年来全国普通高中大班额（56 人及以上）所占比例逐年下降，但中西部近 10 个省（区、市）的大班额所占比例达 50%以上。中西部地区特别是中西部贫困地区，高中教育资源不足问题、师资和经费短缺问题非常突出。

全面普及九年义务教育的历史经验告诉我们，提高贫困地区教育普及水平，必须加大扶持力度。如果没有对贫困地区普及九年义务教育的一系列倾斜政策，很难想象义务教育能够取得今天这样的成就。对于高中阶段教育的普及来说，同样如此。

未来 5 年，还应继续加大对贫困地区普及高中阶段教育的扶持力度，要基于普通高中和中等职业教育协调发展这一基本战略，对普通高中和中等职业教育进行统筹考虑，实现"两条腿走路"。在一些普通高中教育资源明显短缺的贫困地区，扩充高中教育资源，新建和改扩建一批高中学校。同时，提升高中学校设施设备配备水平，使一批办学条件不达标的学校尽快达标，并加强高中师资队伍建设，补充一批紧缺学科教师。

还应当看到，中等职业教育的普及对扶贫开发也有着特殊意义。目前中等职业教育发展是明显的短板，切实提高中等职业教育质量，增强中等职业教育吸引力，对于实现普及高中阶段教育目标至关重要。而加大对贫困地区中等职业教育的扶持力度，要紧紧围绕提高中等职业教育质量这一核心，优化学校布局，调整专业设置，充实专任教师，加大经费投入，积极发挥中等职业教育在普及高中阶段教育中的重要作用。

本文发表于《中国教育报》2015 年 12 月 1 日第 2 版

高中先从贫困生免除学杂费是务实之策

党的十八届五中全会提出，普及高中阶段教育，逐步分类推进中等职业教育免除学杂费，率先从建档立卡的家庭经济困难学生实施普通高中免除学杂费，实现家庭经济困难学生资助全覆盖。这一战略目标的提出，为我国高中阶段教育的未来发展指明了方向。

逐步实施高中免除学杂费政策是一项民生工程，是缩小教育差距、促进教育公平的现实需要，也是实现全面建成小康社会目标的客观要求，具有重大战略意义。但实施高中免除学杂费政策需要整体设计、分步实施，不可能一蹴而就。"十三五"时期，率先从建档立卡的家庭经济困难学生实施普通高中免除学杂费，正是体现了这样一种战略思想。将有限的教育经费用于最困难、最急需的群体和领域，也是一种实事求是、科学合理的选择。

中国之声《新闻晚高峰》记者调查发现，虽然我国部分地区已经实施了高中免除学杂费政策，但高中教育仍然面临诸多困难和挑战。在笔者看来，记者的报道在一定程度上反映了当前我国高中教育发展的现实，需要在实施高中免除学杂费政策时加以关注。

事实上，高中免除学杂费政策已经在部分地区先行探索，记者所报道的河南新郑就是一个代表。新郑是河南省首个尝试高中免学杂费的地区。2011年公布的《新郑市人民政府关于推行十二年免费教育的公告》中提到，具有新郑市户籍的中招考生，达到当年中招考试录取分数线的，全部录取为免费生。同河南新郑一样，全国很多地区都已实施高中免除学杂费政策，有的是国家层面支持实施，有的是在省级层面实施，有的是在市县层面实施，还有的是在村镇层面实施。这些先行先试的地区积累了很多好的经验，但部分地区也存在一些问题，这为逐步实施高中免除学杂费政策提供了借鉴。

实施高中免除学杂费政策需要整体设计、分步实施，这是基于我国高中教育发展的一种务实考虑。从记者所报道的情况看，河南普通高中学校通过银行贷款、教职工集资等方式自筹经费建设发展。就是在那个时期，不少高中积累下沉重的债务包袱。截至 2010 年底，河南省公办普通高中的债务总额已经达到了 93 亿元，学校还本付息压力巨大。此外，河南公办普通高中学费标准偏低，省辖市区每生每学期 150 元到 200 元，县城、农村地区每生每学期 100 元到 150 元，加之没有明确的生均拨款标准，高中办学经费不足问题比较突出。类似河南省的情况，在全国具有一定普遍性。按照目前低标准的学杂费标准实施免学杂费政策，大多数群众的获得感并不会很强，而学校发展可能会面临更多困难。

从当前普通高中保障水平低、学费标准差距大、债务负担沉重等情况看，实施高中免除学杂费政策要基于财政支撑能力和教育发展实际，不断完善相关配套措施。首先，要加快制定和落实普通高中生均经费拨款标准，这是普及高中阶段教育的一项重要制度保障。在进行办学成本核算的基础上，建立普通高中经费投入保障机制，明确各级政府的投入责任，并纳入公共财政体系予以保障。

其次，要逐步化解普通高中债务。在 20 世纪末普通高中教育发展和建设过程中，各级地方政府投入了大量财力、物力、人力，高中教育规模大幅提升，学校办学条件有了很大改观。但同时也产生了一些债务，这些债务随着时间的推移，虽然一直在偿还，但并未有实质性的减少。对"普九"债务和高校债务，国家曾出台过具体的债务化解办法，义务教育阶段和高校的债务基本得到偿还和解决。从这个角度看，普通高中债务问题也应明确具体的化解方法和步骤，应当在地方政府性债务化解工作中优先安排。

最后，要确保高中教师的工资待遇。在一些普通高中教师收入中，津补贴占有较大比例，有的还是通过收费渠道解决的。为了确保高中教师的工资待遇，实施高中免除学杂费政策，相应的财政投入需要同步跟上。同时，要进一步完善教师绩效工资制度，完善教师激励机制。

本文发表于《中国教育报》2015 年 11 月 11 日第 2 版

"因富辍学"之困该如何化解?

前不久，一则题为"云南西双版纳教育调查：'因富辍学'之困"的报道，引发了人们的关注。在西双版纳傣族自治州的勐海、景洪等地，最令人头疼的就是辍学问题，"控辍的最大敌人不是贫穷，而是富有"。

实际上，化解"因富辍学"之困，不仅仅是勐海、景洪等地需要面对的，也是其他一些相对富裕地区面临的挑战；不仅仅是巩固义务教育普及水平需要面对的，也是当前普及高中阶段教育面临的挑战。

在我国普及九年义务教育的进程中，控辍保学始终是一项艰巨的工作，为了让孩子能够回归学校，降低适龄儿童、少年辍学率，各方都付出了巨大努力。然而，要想真正解决好孩子辍学问题，"对症施策"至关重要。相对于很长一段时期以来的"因贫辍学""因厌学辍学"，眼下存在的"因富辍学"问题，解决起来似乎难度更大。虽然难度大，且单单依靠教育自身难以很好解决，但教育仍须主动作为。

据前去采访的记者了解，勐海县是普洱茶的主要产区，当地人靠种茶、采茶、卖茶，已经过上富足的生活。对很多村民来说，读书不是必需品，和内地偏远山区的人相比，这里的人没有走出大山的冲动，因为这里是一座"金山"。同样，对于主要从事割胶生意的景洪人来说，只要不做个文盲，能看懂农具的说明书就可以了，这是很多胶农对孩子上学的全部希望。因为割胶并不需要什么复杂的技术，胶价高的时候，镇上很多年轻人就辍学了。

对于勐海和景洪的村民来说，读了十几年书，最后还是种茶叶、割橡胶，读书到底图个啥？这恐怕也是解决当前"因富辍学"需要回答的问题。毕竟对于"因富辍学"的家庭和孩子而言，上学读书似乎已经满足不了他们改善生活、改变命运的需求。

值得关注的是，除了"因富辍学"群体，目前很多乡村地区"读书无用论"也有抬头之势，这恐怕不能简单归结于人们观念的倒退，或者是对教育的不重视，关键是他们没有看到上学读书所能带来的变化，没有看到未来和希望。从现实看，让孩子上学读书的收益，可能还没有辍学打工的收益高，这是导致"因富辍学"的一个重要原因。

对于"因富辍学"的家庭而言，他们对孩子将来读大学、读好大学没有信心。从现实看，这些地区的高中办学条件相对落后，师资相对薄弱，能够考上大学的孩子寥寥无几，这是他们希望破灭的一个重要诱因。

也许有人会说，对于这些教育相对落后的地区而言，升学本不该成为高中教育的主要目标。高中教育固然不可唯升学，但也不可没升学，畅通学生的升学之路同样不可忽视。改善这些地区普通高中的办学条件，提高办学质量和水平，是破解"因富辍学"之困的重要手段。否则只可能是周而复始、恶性循环，高中教育越薄弱，初中教育也就越缺乏吸引力，导致辍学率增高；而初中辍学率不断增高，会使初中教育、高中教育越发丧失内生的发展动力，进而成为一个无解的难题。

对于"因富辍学"的家庭而言，他们对孩子通过求学掌握一技之长没有信心。高中阶段教育既有升学目标，也有就业目标，让孩子通过上学读书，能够真正掌握一技之长，这也是促进高中阶段教育发展的应有之义。因此在这些地区，除了关注普通高中的发展，更要关注中等职业教育的发展。结合当地的产业结构和市场需求，优化专业布局，注重办学特色，不断提高中等职业学校的办学质量和水平，是这些地区的重要课题。以勐海和景洪为例，结合当地茶叶和橡胶的产业优势，使中等职业教育更具适切性，是让当地孩子回归学校的重要途径。

出现在云南西双版纳的"因富辍学"现象，虽然主要集中在初中阶段，但相应的化解工作不能仅仅局限于改善初中阶段教育，更需要向高中阶段教育延伸。也就是说，真正构筑起一个合理的高中教育结构体系，促进普通高中和中等职业教育学校的协调发展，是化解"因富辍学"之困的实实在在的举措，也是当前普及高中阶段教育需要攻坚克难的一项重要任务。

事实上，不论是在经济落后地区还是在经济发达地区，不论是在义务教育阶段还是在高中教育阶段，化解辍学之困须放眼社会改革发展的大环境，推进包括劳动人事制度在内的全方位制度变革。即便是从教育内部看，观念转变固然重要，但只讲观念转变，只谈教育对人一生成长的重要性也远远不够，还是要让家长和孩子真切感受到上学读书的前景和希望。接受过良好教育的人，即便是在当地从事农业生产，也能比别人做得更好，而做到这一点需要不断深化教育改革。

本文发表于《中国教师》2015 年 10 月下半月刊第 2 页

扭转高中"应试倾向"需综合施策

"应试倾向"突出是困扰我国高中教育发展的一大难题。在 2015 年全国"两会"上,将高中学制从三年改为两年的建议一经提出,立刻引发了人们的热议。事实上,笔者对简单化地缩短高中学制并不赞同,但联想到近一段时期社会上力挺"超级中学"的种种声音,及其对高中学校片面追求升学率所表达出的种种无奈,觉得此建议直指的高中"应试倾向"突出问题,确实需要进一步引起重视。

扭转高中"应试倾向"突出问题,简单化地缩短高中学制可能并非良策。也就是说,倘若相关改革没有同步跟进,只是将高中学制从三年缩短至两年,可能的结果是很多学校仅用一年半甚至更短的时间让学生完成所有高中课程学习,而将剩下时间用作复习和备考。这样一来,非但高中"应试倾向"突出问题没有改变,而且有可能进一步加重学生的学习负担。因而,简单化地缩短高中学制,可能无助于扭转高中"应试倾向"突出问题。

但缩短高中学制的建议也足以引发我们的思考。尽管当前高中"应试倾向"突出问题在不同地区、不同学校存在一些程度上的差异,但将高三一整年的时间用作复习和备考,已是一种普遍现象。当前的高中教育究竟应该是两年还是三年?高中的课程设置和教学安排是否科学合理?扭转高中"应试倾向"突出问题究竟该从何入手?

制度变革谓"治本"。扭转高中"应试倾向"突出问题,须加快推进制度变革。事实上,高中"应试倾向"突出的成因并不复杂,与地方政府的教育政绩观、学校的教育质量观和家长的成才观紧密相关。从现实看,高考升学率成了地方政府教育政绩的核心指标,高考成绩成了衡量高中学校教育质量的唯一标准,能否考上大学或考上名牌大学被视作孩子成才的最直观标尺。当然,简单地将这些责任推到地方政府、教育行政部门、学校和家长的身上，或许并不公正，毕竟制度本身的问题我们不能漠视。要想从根本上扭转高中"应试倾向"突出问题，除了要转变地方政府的政绩观、学校的质量观和家长的成才观，更需要加大改革力度，加快改革步伐，尤其要下决心在高校考试招生制度、高中教育质量评价制度和高中学校育人模式等方面作根本性变革。从国家、地方和学校层面看，相关的改革已经启动，但推进这些改革将会是一个异常艰难的过程，对此我们要有信心和耐心，要坚持不懈、持之以恒。

规范办学谓"治标"。扭转高中"应试倾向"突出问题，须进一步加大依法治校、规范办学的力度。特别是要对当前一些高中学校违背教育教学规律、损害学生身心健康的做法予以纠正，不可视而不见，也不能任其蔓延。这既是引领高中教育健康发展的需要，也是保障高中学生健康成长的要求。同时还要强化各方自律，这种自律既是对地方政府和教育行政部门的要求，也是对高中学校自身的要求。在制度变革艰难推进之时，地方政府、教育行政部门和高中学校都不应再为本已突出的"应试倾向"推波助澜，而是应该多做一些有助于扭转高中"应试倾向"突出问题的改革探索。目前北京市十一学校等国内一批高中学校，真正从学生的成长需求入手，致力于创新育人模式，积极推进课程改革、课堂教学改革和管理改革，使学生逐步走出"应试"怪圈，学生高中三年的学习生活也变得更加丰富和充实，这些好的做法和经验值得认真总结和汲取。

同时应当看到，目前一些"超级中学"通过军事化、封闭式管理手段，继续将高中"应试倾向"推向极致，并且呈现向外蔓延之势。一些外地高中学校纷纷上门到这些"超级中学"求教，竭力效仿"超级中学"的做法。而这些"超级中学"也通过到外地开办分校、与地方政府合作办学等方式，主动向外"传经送宝"。近一段时期以来，围绕"超级中学"的争议始终没有间断，认真反思"超级中学"存在的土壤确有必要，这也是根治"超级中学"现象的一个重要前提。对于目前"超级中学"将所谓的"优质资源"和"先进理念"不断向外拓展和传播的做法，则需要引起高度警觉。这些"优质资源"果真"优质"？"先进理念"果真"先进"？这种拓展和传播又会给我国高中发展带来何种影响？需要认真思考。当前，亟须对"超级中学"的种种不规范招生行为、办学行为进行重点整治，为扭转高中"应试倾向"突出问题创造一个良好环境。

高中"应试倾向"突出问题由来已久，它与教育观念、考试评价制度和育人模式密切相关。要想从根本上扭转这一现象，需要在转变观念、深化改革、规范办学和强化自律等方面下更大功夫。

本文发表于《中国教师》2015年5月下半月刊第13页

化解高中负债需综合施策

据中国之声《央广夜新闻》报道，河南省开封市祥符区某中学校长，在到任的第一天，高额的欠债就给了他一个下马威，从 2002 年起学校积累的债务连本带息高达 8000 多万元。而事实上，这所中学所面临的窘境并非个案。据调查，河南公办普通高中负债超 93 亿元，而全国普通高中负债规模达 1600 亿元。

近年来，高中负债问题引起了社会各方关注。在 2014 年全国"两会"上，中国民生促进会《关于尽快化解普通高中债务的提案》也专门将目光聚焦于此。当前，高中负债实际已经成为制约普通高中发展的一个瓶颈，如果旧债得不到化解，而新债继续增加，势必将普通高中发展拖入恶性循环的怪圈，对此需要高度重视。

高中负债的原因究竟何在？对此需要客观分析。在 21 世纪初，为了加快普及高中阶段教育，扩大高中优质教育资源，各地开始大规模新建和改扩建高中学校。而与此同时，地方财政资金投入不足，高中教育的财政拨款和收费收入主要用于教师工资及维持学校的基本运转，学校基本建设资金没有来源，"吃饭靠财政，运转靠收费，建设靠贷款"的情形非常普遍。从实际看，普通高中的债务绝大部分用于学校基本建设支出和购置教学仪器设备。

也应当看到，不仅高中负债面比较大，而且一批优质高中学校负债金额较高。武汉市的一项调查显示，省市级示范高中负债金额占全市公办高中负债总额的 88.09%。这也在一定程度上说明高中负债既由扩大优质教育资源驱动，也是一些优质高中学校过度扩张的结果。近年来，一些优质高中学校过分追求超大规模和超高标准，动辄几千万乃至上亿元的建设资金投入，导致地方政府和学校债务负担沉重，对此确需认真反思并切实加以规范。

如何化解旧债？这是地方政府和高中学校需要面对的一个紧迫课题。地方政府要在全面掌握本地区高中负债情况的基础上,将高中债务纳入地方政府性债务管理范围内统筹考虑,通过设立专项经费,根据负债情况、债务性质,分步骤、分项目逐步化解。学校应通过获取收费收入、盘活闲置资产等方式承担相应化债责任。此外,地方政府和相关部门举债用于高中学校建设的,应由举债主体按照协议约定,积极筹措偿债资金。

如何严控新债?由于近年来高中收费日趋规范,择校生逐步缩减直至取消,使得高中学校偿债能力有所下降,出现新债的风险也有所加大。为了防范新债的出现,需要对高中学校的基建行为进行严格约束。一方面要加强项目审批管理,严格控制高中学校基建项目,对于一些非急需、非必上项目不予立项;另一方面要合理确定高中学校建设上限标准,杜绝超标准、超规模和超预算建设。

鉴于高中负债面较大,不论是化解旧债还是严控新债,仅依靠"治标"手段显然远远不够,更需要从"治本"的角度出发,不断完善高中教育经费保障机制。首先,要不断加大财政投入。各地要切实履行政府举办高中教育的责任,完善公办普通高中以财政投入为主、其他渠道筹措经费为辅的投入机制。同时,要加快制定普通高中学校生均经费基本标准和生均财政拨款标准,确保学校基本建设、教学仪器设备和教职工工资等经费投入。

其次,要适度调整学费标准。一直以来,各地根据一般普通高中和省市级示范高中的不同标准,学费每学期少则二三百元,多则一千多元,学费标准相对偏低。在当前普通高中经费普遍短缺的情况下,进一步健全政府、社会和家庭的成本分担机制,适度调整普通高中学费标准非常必要。各地应根据当地的经济社会发展水平、居民收入水平和普通高中发展实际,核定教育成本,合理确定收费标准。与之相配套,要建立健全普通高中家庭经济困难学生资助政策,不断加大资助力度,为家庭经济困难学生的就学提供制度保障。

化解高中负债任务艰巨,既要化解旧债,又要严控新债,而标本兼治、综合施策才是根本的解决之道,也唯有如此,高中教育才能持续健康地发展。

本文发表于《中国教育报》2014 年 11 月 18 日第 2 版

面对高考改革，高中教育如何应对？

随着《国务院关于深化考试招生制度改革的实施意见》的正式发布，上海、浙江两地考试招生制度改革试点方案的出台，新一轮考试招生制度改革的总体思路逐步清晰，改革重点逐步明确。面对高考改革所带来的一系列新变化，高中教育究竟该如何应对？高中教育该做好哪些相应的准备？

其一，新一轮考试招生制度改革取消文理分科，势必要求高中教育理念有较大转变。高中教育要从过于偏重文理向全面打好文理基础转变，切实促进学生全面而有个性的发展。但取消文理分科，全面打好文理基础，并不意味着学生回到以往所有学生都学同样课程的老路上去。按照高考改革的总体思路，学生在高中学业水平考试的基础上，选择三门符合自己兴趣特长的学科计入高考总分，也就是从原先基于文理分科的"3选1"变为如今的"6选3""7选3"，兼顾了学生全面发展和个性成长的需求。

高中教育理念的这种转变应当得到全方位体现，既要渗透到高中课程方案和课程标准的修订之中，也要落实到高中教育的整体教学安排之中，还要直接反映在学生的学习过程和教师的教学过程之中。为了配合高考改革，目前上海市正在对高中课程方案和各学科课程标准进行调整，重新设计高中各学科基础性课程与拓展性课程内容及其相应课时，这意味着高中各学科基础型和拓展型课程的内容可能会减少，学习难度可能会适当降低，这也是顺应高考改革的一种现实要求。可以说，高中教育理念的转变最终要落实到具体的教育教学实践活动之中，使高考改革带动高中教育朝着促进学生全面而有个性发展的方向发展。

其二，新一轮考试招生制度改革将高中学业水平考试作为高校招生录取的重要依据，势必要求围绕高中学业水平考试的相关改革同步跟进。此次高考改革之所以强化高中学业水平考试，主要是为了引导学生认真地学习每一门课程，避免严重偏科，也是为高校科学选拔人才创造条件。学生在高中学业水平考试的基础上，选择三门符合自己兴趣特长的学科计入高考总分，学业水平考试要求每门课程学完即考，"一门一清"，同时鼓励为学生提供每一个科目考试两次的机会。遵循这样的改革思路，高中教育势必需要做好相应准备。

一方面，伴随着学生选择权的扩大，要求进一步深化高中课程改革，逐步构建多层次、多类型、可选择的课程体系。尤其要进一步优化课程结构，合理确定必修、选修课程比例，增强课程的选择性，给学生提供更多自主发展的空间。毕竟打下良好的"选课"基础，学生的"选考"才能够更加得心应手。

值得关注的是，不论是三门学业水平考试科目的选择，还是考试时间的选择，都在一定程度上考验着学生自身的选择能力，而学生选择能力的培养，对高中课程改革也提出了新的要求。一直以来，高中学生填报高考志愿、选择专业主要依据考试分数，"高考无意识"问题始终困扰着高中毕业生。对于今天的高中课程改革而言，增加"生涯教育"的内容也就显得非常必要。高中"生涯教育"应当基于学生对职业的认知、对自身的认知，使学生逐步形成生涯规划的意识和能力，但"生涯教育"并不是一种简单的专业或职业定向，也与当前普通高中渗透职业教育内容的意义不同。对于高中学校而言，如何将"生涯教育"与心理健康教育、德育和学生发展指导有机融合和渗透，有待深入探索和实践。

另一方面，伴随着学生选择权的扩大，要求不断创新教学方式，积极推进分层教学和走班制。在高考改革的新形势下，不同学生选择的学业水平考试科目会有所不同，同一科目需要有难易程度不同的教学班级可供选择，实施分层教学和走班制势必成为高中教育面临的一个新的改革课题。应当看到，实施分层教学和走班制对高中学校的课程设置、教学安排和师资等都提出了很高要求，也提出了一些新的挑战。如短期内一些高中科目的选课人数激增，可能产生教学场地和师资不足的问题。因此，各高中学校需提前做好教学方式改革的相关准备，其中包括教学场地和师资的准备，地方教育行政部门也可在鼓励高中学校做强特色学科的基础上，探索区域内紧缺学科教师"走校教学"，即不同学校的教师进行置换、交流，实现教师资源共享。

其三，新一轮考试招生制度改革将综合素质评价作为高校招生录取的重要参考，势必对高中学生综合素质评价的实施提出了很高要求。在高考改革的新形势下，开展综合素质评价至关重要，毕竟除了考试分数之外，价值观、批判性思维、实践能力和社会责任感等对人的成长成才有着重要影响。综合素质评价突出强调对学生成长过程中的表现进行综合评价，有利于学生综合素质的培养；将综合素质评价情况作为高校招生录取的参考，有利于改变用考试分数简单相加作为招生录取的唯一标准。

同时应当看到，实施高中学生综合素质评价面临较大困难，其主要难点在于如何保证综合素质评价的科学性、客观性和透明度。从实际操作看，由于高中学校发展水平差异较大，使用高中学校各自提供的学生综合素质评价，存在着可比性不强的问题。特别是在目前诚信意识相对薄弱的社会环境下，将综合素质评价作为高校招生录取的参考，极易受到种种不诚信行为的干扰，影响高校招生录取的公平公正。因此，推进高中综合素质评价工作，并使之成为高校招生录取的参考，需要增强高中学生综合素质评价工作的科学性、客观性和透明度。在考查内容上，重点看学生的思想品德、学业水平、身心健康、兴趣特长和社会实践等方面；在考查方式上，重点看学生成长过程中能够集中反映其综合素质的一些具体活动和相关事实，如学生参加公益活动、志愿服务情况，强化事实性材料、写实性评语在高校招生录取中的作用。

此外，为了保证高中学生综合素质评价的真实可靠，强化监督机制至关重要。如对活动记录和事实材料进行公示，做到阳光透明；通过建立省级统一的学生综合素质评价的电子管理平台，切实加强监督。

本文发表于《中国教育报》2014 年 11 月 4 日第 7 版

用改革引领高中教育健康发展

近日，《中国青年报》聚焦衡水中学，刊发了两篇不同观点的文章，体现了人们对衡水中学办学的不同认识和看法。客观而言，这样的讨论有助于引发教育界和全社会反思如何推动高中教育深层次改革，如何促进高中教育健康发展，这也正是讨论的意义和价值所在。那么，当前到底该用怎样的思路和方式引领高中教育的改革发展呢？

笔者认为，首要是用育人模式创新引领高中教育健康发展。高中学校办学模式趋同、育人模式单一、应试倾向突出等问题尚未根本解决，在很大程度上制约着高中教育的健康发展。推进素质教育，促进学生全面而有个性的发展，依然是当前高中教育发展面临的一项紧迫任务。实现这一目标，需要不断创新育人模式，深化高中课程和教育教学改革。

从高中课程改革角度来看，要逐步构建学生发展的核心素养体系，进一步明确高中及其各学科的育人目标和任务。同时优化课程结构，合理确定必修、选修课比例，增强课程的选择性，为学生提供更多自主发展的空间。从课堂教学改革角度看，要切实改变"以应试备考为目标、以反复训练为手段"的教学格局，重视对学生能力和素质的培养，激发学生的学习热情和积极性。从教学管理改革角度看，要积极完善走班制和学分管理，建立学生发展指导制度，加强选课和生涯规划指导，为满足学生个性化的课程学习提供保障。

其次，还要用综合评价改革引领高中教育健康发展。一直以来，用学生考试成绩、高考升学率评价学校教育质量是一种普遍做法。考试成绩、高考升学率固然是评价学校教育质量的指标，但绝不是唯一指标，单纯用高考升学率评价一所高中学校的教育质量失之偏颇。

从过度追求学科成绩转向追求人的全面发展，是推进高中教育质量综合评价改革应当遵循的一个重要原则。尽管目前的评价体系和标准尚待完善，评价方法和工具尚待进一步探索和开发，但改革的方向应当坚定不移。推进综合评价改革，有利于扭转长期以来单纯以考试成绩衡量高中学生发展、以高考升学率评价学校教育质量的倾向，引导学校树立正确的教育质量观，引导地方政府树立正确的教育政绩观。

再次，应借助考试招生制度改革引领高中教育健康发展。高考改革在很大程度上左右着高中改革的方向和步伐，对于引领高中教育健康发展的作用不可低估。日前，《国务院关于深化考试招生制度改革的实施意见》提出，探索基于统一高考和高中学业水平考试成绩、参考综合素质评价的多元录取机制。也就是说，除了统一高考和高中学业水平考试成绩之外，将综合素质评价作为高校招生录取的参考，势必会成为高中学校推进素质教育的一个新契机。

综合素质评价主要反映学生德智体美全面发展的情况，是学生毕业和升学的重要参考。在实际操作中，要建立规范的学生综合素质档案，客观记录学生成长过程中的突出表现，注重学生的社会责任感、创新精神和实践能力，主要包括思想品德、学业水平、身心健康、兴趣特长、社会实践等内容。尽管将综合素质评价作为高校招生录取的参考，还会面临很多实际困难，也将有一段艰难的探索历程，但这一改革思路顺应了教育发展方向，体现了素质教育要求，因而值得期待。

最后，用依法治校、规范办学保障高中教育健康发展，也是关键一环。高中教育健康发展需要改革引领，同时需要通过依法治校、规范办学予以保障。近年来，一些高中学校的办学行为有失规范，超标准建设大规模学校，大班额、超大班额问题突出，债务负担沉重；一些高中学校的教育教学行为有失规范，随意加课补课问题突出；一些高中学校的招生行为有失规范，违反规定的跨地区、超计划招生问题突出；一些高中的收费行为有失规范，乱收费问题突出。这些都对高中教育的健康发展造成极大损害。在新形势下，进一步加大依法治校、规范办学的力度，对于保障高中教育健康发展至关重要，地方政府、教育行政部门和高中学校需要对此足够重视。

本文发表于《中国教育报》2014年10月27日第2版

增加学生选择权亟须高中配套改革

新一轮高考改革呈现出很多亮点，增加学生选择权是其中的亮点之一。据《钱江晚报》报道，浙江省高考改革试点方案出台后，记者对部分高中学生进行了调查，针对"给考生更多选择"的新政，学生却显得有点纠结，52%的学生表示"会根据自己的兴趣"选择三门考试科目，但同时有80%的学生坦承，自己目前还没找到感兴趣的专业，就更别提对未来的职业规划了。

可以说，在推进高考改革的新形势下，围绕让学生"会选择""能选择""愿选择"等方面进行改革创新，对高中教育而言既是机遇也是挑战。

要让学生"会选择"，亟须补上生涯教育这一课。让学生"会选择"，实质就是让学生由原来的"被动选择"向今后的"主动选择"转变。开展生涯教育就是要让学习和成长成为一种主动的过程，学生通过了解产业变迁趋势，体会职业工作意义，认识职业素质要求及其个人的兴趣潜能，逐步形成升学和就业选择的主动意识和科学态度，为未来的专业知识技能学习和职业生涯发展作好准备。

事实上，通过生涯教育增强学生的选择能力，不仅有利于学生适应高考的变化，而且有利于学生今后职业生涯的发展。从这个角度看，生涯教育从高中阶段做起显然远远不够，应当把它当作贯穿整个基础教育阶段的一项重要内容，围绕其定位、性质、功能及其与心理健康教育、德育、学生发展指导有机融合和渗透等问题，进行系统规划和整体设计。

要让学生"能选择"，亟须深化课程和培养方式的改革。高考选考科目要满足学生多样化的选择需求，与之相适应，课程和培养方式的改革势在必行。一方面，要致力于构建多层次、多类型、可选择的课程体系，尤其是要进一步优化课程结构，合理确定必修、选修课程比例，增强课程的选择性，给学生提供更多自主发展的空间。另一方面，要不断创新培养方式，通过落实选修制度，积极推进分层教学、走班制和学分管理，满足学生个性化的课程学习需求。

在课程和培养方式的改革方面，北京市十一学校的做法值得借鉴。近年来，十一学校构建了一套分层、分类、综合、特需的课程体系。以265门学科课程、30门综合实践课程、75门职业考察课程、272个社团、60个学生管理岗位，为学生提供选择。

要让学生"愿选择"，亟须加强和改进学生综合素质评价。在新一轮高考改革中，综合素质评价是高校招生录取的一个重要参考。因此，学生自主选择的结果，不仅仅体现在学业水平考试科目的选择上，还应当充分反映在学生综合素质评价之中。也只有这样，学生才会愿意更加充分地进行选择。

学生综合素质评价需要从内容和形式两个方面进行深入探索。在考查内容上，要注重学生德智体美全面发展的情况，重点包括学生的思想品德、学业水平、身心健康、兴趣特长和社会实践等方面；在考查形式上，要注重学生成长过程中能够集中反映其综合素质的一些具体活动和相关事实。通过实施学生综合素质评价，特别是让学生的个人爱好、探究创新和发展潜能等方面的情况得以全面记录，并作为高校招生录取的重要参考，为学生更加充分地进行自主选择提供有力保障。

本文发表于《中国教育报》2014年9月26日第2版

打造 "特色高中群" 绝非一日之功

据媒体报道，石家庄市教育局近日出台了《普通高中多样化发展三年行动计划（2014—2016 年）》，决定用三年时间培养学科建设项目类、职普融通项目类、中外合作办学项目类、拔尖创新人才早期培养项目类等四大类 "特色高中群"。同样，作为国家普通高中多样化办学改革的试点地区之一，南京市早在2011 年就提出在未来十年重点建设 "综合改革高中" "学科创新高中" "普职融通高中" "国际高中" 等四种模式的普通高中。

可以说，石家庄、南京两地的改革思路和做法比较相近，这也是当前各地推动普通高中多样化发展的一个重要突破口，值得深入探索。但就一个地区而言，打造 "特色高中群" 应立足实际、面向长远，注重点面结合，基于内在动力，依靠日积月累，推动配套改革。

从打造 "特色高中群" 的类别设定看，各地紧扣 "学科特色" "普职融通" "创新人才培养" "国际化" 等核心概念和要素。这样的思路契合了普通高中改革发展的总体方向，也利于不同学校的准确定位。但就一个地区而言，既要对 "特色高中群" 进行整体设计，还要基于当地学校实际，寻求重点突破，力求做到点面结合，毕竟打造特色对今天的高中学校而言并非易事。以打造 "国际化特色高中" 为例，虽然目前很多高中学校开设了国际部、国际班，在开展国际理解教育、引进国际课程方面进行了探索与实践，但真正具有国际化特色的高中学校仍然屈指可数。此外，打造 "学科特色高中"，要求学校在数理、人文、科技、体育、艺术等方面形成明显的学科优势，而学科优势的形成对学校而言绝非一日之功。

目前各地大多以项目推动的方式打造 "特色高中群"。项目推动的最大好处是利于调动学校自身积极性，激发学校的内在动力，让学校真正从自身的基础和条件出发，找准定位，避免简单依靠行政力量推动而导致学校为了特色而特色，甚至出现学校"被特色"的尴尬局面。在目前的环境和条件下，打造"特色高中群"应当让学校自愿参与，不应强求所有学校进行"特色定位"，也不必人为地进行"特色归类"，而是要让一些条件和基础比较好的学校先行先试，待积累经验后再行推广。在推动普通高中多样化发展的过程中，鼓励所有高中学校办出特色，并不意味着要让所有高中学校都成为特色高中，从办出特色到真正成为一所特色高中会有很长的一段路要走。

从打造"特色高中群"的节奏看，有的地方在时间要求上比较紧迫，而有的地方在时间要求上相对宽松。区域"特色高中群"的打造，可能会因为不同地区的基础和条件的差异，在推进节奏上有快有慢。但总体而言，"特色高中群"的打造需要有一个日积月累的过程，不可急于求成。毕竟学校特色是学校在相应理念引导下长期实践的结果，因此，找寻学校特色发展的路径，必须强化实践探索，也只有在实践中才能逐步形成稳定的、个性化的办学特色。没有时间的延续、经验的积累和文化的积淀，就难以真正形成学校的办学特色。从这个角度看，打造"特色高中群"将会是一项长期任务而非短期行为。

虽然地区和学校可能有创办特色高中的需求和动力，然而要想真正取得实效，还需要有一系列配套改革作保障，否则推动普通高中多样化发展、打造"特色高中群"很可能只是流于形式。从政府管理的角度看，当前要给予高中学校在办学模式、育人模式和课程设置等方面更多自主权，允许并鼓励地方和学校积极开展特色办学的改革实验。同时，要逐步建立多样化的普通高中办学水平评估办法，突出对学校特色的评价，引导学校从单纯追求升学率转向办出学校特色，这些改革都是当前打造"特色高中群"、鼓励高中学校办出特色的基础性条件。

在推动普通高中多样化发展、扭转"千校一面"局面的过程中，打造"特色高中群"是一个重要突破口，也是深化改革的一个良好开端，但改革不能仅仅流于形式。创新育人模式，深化课程和教育教学改革，是今后一段时期推动普通高中多样化发展的核心所在。打造"特色高中群"必须紧扣这一主题，从而带动区域内高中学校办学水平和教育质量的整体提升。

本文发表于《中国教育报》2014年7月16日第2版

普通高中"办学活力"如何释放？

释放普通高中"办学活力"，要从完善体制机制入手。当前，亟须扩大高中学校办学自主权，推动学校依法自主办学；同时，要进一步深化普通高中办学体制改革，激发学校的内在活力。

一直以来，普通高中缺乏"办学活力"备受诟病，其中既有办学体制单一的原因，也有管理机制僵化的问题。释放普通高中的"办学活力"，必须从完善体制机制入手，多管齐下。《中共中央关于全面深化改革若干重大问题的决定》明确提出"深入推进管办评分离"，为释放普通高中的"办学活力"提供了重要机遇。

任何一项事业的科学发展，都需要科学的分工和责任权利相统一的制度安排，普通高中的发展也不例外。不可否认的是，长期以来相对僵化的管理体制，束缚了普通高中学校的"手脚"，制约了普通高中教育的发展。在现实中，普通高中学校在教师聘用、课程设置、教材选用、经费使用、教学改革、招生录取等方面缺乏相应的自主权，尤其是招生部门代替学校招生，人事部门代替学校招聘教师，导致学校的自主空间非常有限。同时，普通高中的办学体制过于单一，缺乏竞争机制和内在活力。释放普通高中"办学活力"，需要从管理体制改革和办学体制改革两个层面同步推进。

释放"办学活力"，需要不断深化普通高中管理体制改革。近年来各地围绕调整政府职能，赋予学校更大自主权，在深化管理体制改革的层面进行了积极探索与实践。其中，加快教育管理职能转变，向地方政府和学校放权，是激活地方政府和学校"办学活力"的关键。当前，深化普通高中管理体制改革，应当按照推进教育治理能力现代化的总体要求，深入推进管办评分离，切实把握好政府与学校的权力边界。在政府与学校之间，由单纯的隶属关系向行政权与自主权相互协调、相互制约的关系转变；由传统的行政管理向提供服务的方向转变，是构筑政府与学校责权关系的核心。依法确保普通高中学校的办学自主权（包括人事管理自主权、自主招生权、财政教育经费和合法募集的教育经费的自主使用权等），是深化普通高中管理体制改革的重要任务。

以推动普通高中多样化发展为例，一方面要加大市级教育行政部门的统筹管理力度，通过推动区域内高中多样化发展，促进市县之间、区县之间高中的错位发展、有序竞争。另一方面要真正落实学校的办学自主权，给学校提供自主设置课程、自主开展教育教学的空间，激发学校的办学潜能。此外，推进高中考试招生制度改革，同样需要进一步扩大学校自主权，真正把招生录取的权力交给学校。如由学校依据办学水平、培养目标、办学特色等自主制定招生录取方案，自主综合考查学生学业成绩和综合素质发展状况，择优录取。对于综合素质突出的学生，教育行政和招生部门应当允许学校在一定分数区间内或等级相同的情况下自主录取，这样的改革思路在部分地区已经取得了一些经验，也应当成为今后高中考试招生制度改革的一个政策取向。

释放"办学活力"，需要不断深化普通高中办学体制改革。释放"办学活力"，仅靠管理体制层面的改革远远不够，还需要从办学体制改革层面寻求突破。当前，进一步完善优惠政策，扶持办好一批高水平的民办普通高中，形成多元办学格局，满足学生多样化选择需求，仍然是深化普通高中办学体制改革的重要内容。同时，随着清理规范改制学校工作的逐步完成，公办高中办学体制改革究竟应当如何推进，成为人们关注的焦点。从改革目标上看，以往那种旨在缓解教育经费不足的改革思路应当扭转，公办高中办学体制改革的最终目标是要增强学校办学活力，扩大优质教育资源，满足人民群众多样化教育需求。积极鼓励行业、企业等社会力量参与公办高中办学，扶持薄弱学校发展，扩大优质教育资源、增强办学活力，提高办学效益，是今后公办高中办学体制改革的基本方向。在改革的具体方式上，既可以开展公办学校联合办学的探索，也可以开展委托管理的试点。

积极开展公办学校联合办学、委托管理的试点，不断深化公办高中办学体制改革，是普通高中发展的一项重要任务，也是扩大优质教育资源、增强办学活力的一条重要途径。从地方实践看，有的依托名校举办分校，扩大优质教育资源；有的借助民办校托管公办校，增强公办学校"办学活力"；有的通过举办中外合作办学项目，既满足部分学生出国留学的需求，又满足高中课程改革的需求。这些探索和尝试都为公办高中办学体制改革开辟了新的思路。如何在办学体制改革领域寻求新突破，如何使办学体制改革更加规范有序，仍将是释放普通高中"办学活力"、促进普通高中教育持续健康发展需要认真面对的课题。

本文发表于《中国教育报》2014 年 4 月 29 日第 6 版

高中"提前录取"应坚守改革初衷

近日，上海中学、华东师范大学第二附属中学、复旦附属中学、上海交通大学附属中学等 4 所上海知名高中，同时举行提前招生录取活动，引起了人们的关注。对于这种已经实施多年的做法，社会看法不一，有人认为这是扩大高中学校招生自主权的一种有益尝试，也有人认为，"提前录取"不过是多了一个"掐尖"战场，没有实际意义和价值。

谈及上海高中"提前录取"的做法，人们会很自然地将其与高校自主招生作比照，而实际上它与高校自主招生的做法确有诸多相似之处。"提前录取"需要经过学校推荐或学生自荐的程序；需要学生参加招生学校的统一测试；测试合格者在参加统一招生考试后降分录取。事实上，不论是上海高中的"提前录取"还是高校的自主招生，都以学校招生自主权的扩大为主要特征。

要不要扩大高中学校招生自主权，人们对此存在着不同看法。有人认为在目前的招生录取中，高中学校不是权力太小了，而是权力过大了，应该进一步加强权力约束才是。现实果真如此吗？其实，在高中的招生录取过程中，基本是由地方招生主管部门根据学生报考志愿和考试成绩统一划线投档，学校并没有实际的招生录取权力。从长远看，逐步扩大高中学校招生自主权，真正给初中学生和高中学校提供"双向互选"机会，促进学生的个性化成长和学校的特色发展，应当成为高中考试招生制度改革的一个重要方向。

当前扩大高中学校招生自主权的条件和时机是否成熟？扩大高中学校招生自主权，需要有一个良好的制度环境作基础。在很多人看来，目前社会诚信体系还不健全，扩大高中学校招生自主权的条件和时机尚不成熟，因此要慎谈扩大高中学校招生自主权。即使在教育系统内部，教育主管部门对扩大高中学校招生自主权也存有顾虑，担心改革造成混乱。很多高中校长因为担心来自社会的干扰、压力和质疑，对招生自主也是望而生畏。然而，制度环境的建设并非一朝一夕的事，当前不妨鼓励部分地区和学校先行先试，待条件和时机成熟后再行推广。

如何扩大高中学校的招生自主权？由高中学校依据学校定位、培养目标和办学特色，自主制定招生录取工作方案和学生综合素质认定办法，类似的改革尝试在一些地方已经取得比较好的效果，而上海"提前录取"的做法也与此有着相同的意图。凡纳入"提前录取"的高中学校，可以结合学校特色发展需要，自主制定招生录取方案，在初中学校推荐或学生自荐的基础上，由高中学校根据学生综合素质评价情况和推荐或自荐意见自主择优预录取。这一做法的主要意图就是要给予高中学校更大的招生自主权，更好地服务于学生个性化成长需求和学校特色发展需要，从这个角度看，"提前录取"具有积极的改革意义和探索价值。

当然，"提前录取"是否会变成又一个"掐尖"战场，这种担心并非没有道理。如果参与"提前录取"的学校缺乏鲜明的办学特色，招生录取的标准和要求大同小异，难免会落入争抢优质生源的困局。"提前录取"应当始终瞄准学生个性化成长需求和学校特色发展需要，也唯有如此，"提前录取"的改革之意方能得以彰显，扩大高中招生自主权的探索也才有实际意义和价值。

值得注意的是，今年上海市参与"提前录取"的 4 所高中学校，安排在同一天进行测试，意味着学生只能选其一而不能兼报。就学校而言，这样的安排便于将优质生源锁定，避免因为学校之间的竞争造成优质生源流失。对于这种做法，有人称其为"掐尖"进入白热化的体现。在笔者看来，单单从形式上作此判断可能并不全面，关键还要看"提前录取"是否坚守了改革的初衷。也就是说，学生是否能真正依据自身个性化成长需求选择学校，学校是否能真正依据自身的特色发展需要选择学生。不然的话，所谓的"双向互选"确实有可能沦为择校与"掐尖"。

当前，扩大高中学校招生自主权的改革在各地逐步展开，"提前录取"的做法也已经在很多地方出现，如何使各地的改革探索更加良性有序，坚守"提前录取"的改革初衷至关重要。

本文发表于《中国教育报》2014 年 4 月 15 日第 2 版

普通高中"千校一面"如何扭转？

当前普通高中"千校一面"，办学特色不够鲜明，既难以满足学生多样化的发展要求，又难以满足社会多样化的人才需求，已经成为普通高中教育发展面临的一大难题。推动普通高中学校特色发展，正是致力于从源头上扭转普通高中"千校一面"，为全面推进素质教育，不断提高教育质量，促进学生全面而有个性的发展奠定基础。从实践层面看，办学特色可以源自学校教学与管理的不同层面，学校的办学理念、管理模式、教育环境、课程体系、培养方式、教育评价等都有可能成为办学特色的重要内容。当前推动普通高中学校特色发展，创新育人模式将是一个重要突破口，普通高中课程和教育教学改革需要不断深化。

深化课程改革是扭转普通高中"千校一面"，推动普通高中学校特色发展的一条重要途径。课程是最重要的教育载体，学生有差异、个性化的发展主要通过学习丰富多彩的课程来实现。推动学校特色发展，需要进一步深化普通高中课程改革，优化课程结构，合理确定必修、选修课程比例，增强课程的选择性，为学生提供更多自主发展的空间。而深化教育教学改革同样也是扭转普通高中"千校一面"，推动普通高中学校特色发展的一个重要环节。在正视学生之间存在事实上差异的基础上，可以通过落实选修制度，积极完善走班制、学分制和导师制，满足学生个性化的课程学习需求。近年来，北京市十一学校在实施新课程过程中，让学生全部选课走班的方式值得关注。这种方式没有了传统模式下的固定教室，取而代之的是，学生按照自己选择的课程表，携带学习资料和用品，按时到相应的学科教室上课。实行全面走班制，是一项富有挑战且意义深远的改革尝试。

扭转普通高中"千校一面"，推动普通高中学校特色发展，应当致力于创新人才培养模式，深化课程和教育教学改革，这一点已逐渐成为共识。围绕这一目标，近年来各地开展了积极有益的探索尝试。例如，浙江省通过构建丰富且富有特色的学校课程体系，以及相应的选课制度、学分制度、弹性学时制度和评价制度，以课程特色彰显学校特色，满足学生全面而有个性发展的学习需要和经济社会发展对多样化人才的需求。《浙江省深化普通高中课程改革方案》提出的改革思路包括：必修课没有全省统一课表、将原来的会考转为学业水平考试、加强选修课程建设、完善选课走班制、实行弹性学制、按学分收费（按照谁提供课程谁收费的原则，实行按学分收费制度，即将原学期学费分为注册学费和学分学费）。这些改革探索为推动普通高中学校特色发展奠定了重要基础。

扭转普通高中"千校一面"，推动普通高中学校特色发展，除了需要创新育人模式，还要有一个良好的外部环境。从政府管理的角度看，要给予学校在办学模式、育人模式和课程设置等方面更多自主权，允许并鼓励地方和学校积极开展特色办学的改革实验。同时，要逐步建立多样化的普通高中办学水平评估办法，突出对学校特色的评价，引导学校从单纯追求升学率转向努力办出特色。

扭转普通高中"千校一面"，推动普通高中学校特色发展，需要防范简单化倾向。特色就是要创造适合每个学生发展的教育，特色发展的目标应当牢牢锁定学生，不可过分专注于学校品牌打造而忽视学生发展需求。特别需要指出的是，推动普通高中学校特色发展，并不意味着要让所有学校都成为特色学校，特色发展与创建特色学校不能简单地画等号。对于一些传统的艺术类、外语类特色学校固然应当鼓励，但特色发展远不止于此，当前尤其要注重以课程多样化促进学校的特色发展，实现学校的"规范+特色"，学生的"合格+特长"。虽然不能希望所有学校都成为特色学校，但应当鼓励所有学校都大胆追求自身的办学特色。

扭转普通高中"千校一面"，推动普通高中学校特色发展，需要防范急躁情绪。办学特色的形成是一个渐进的过程，不可能一蹴而就。办学特色是学校在相应理念引导下长期实践的结果，因此，找寻学校特色发展的路径，必须强化实践探索，只有在实践中才能不断丰富并发展学校特色的内涵。寄希望于在短时间内打造出学校特色品牌，或过度依赖行政力量推动，都不免有点简单化。可以看到，扭转普通高中"千校一面"，推动普通高中学校特色发展，是一项长期任务而非短期行为，是一项系统工程而非局部改革，需要从长计议、科学谋划，防止因为急功近利而采取一些不切实际的做法。

本文发表于《中国教育报》2014年4月1日第7版

普通高中"超大规模"如何治理？

　　保持学校的"适度规模"，是确保普通高中健康发展的重要前提。但一直以来，由于对普通高中学校的"适度规模"缺乏清晰界定和严格要求，导致实际办学过程中随意性较大，学校规模扩张不受约束，"超级中学"数量不断增加。从现实看，"超级中学"对普通高中的发展环境造成一定破坏，所引发的学校管理中的诸多问题也备受社会质疑。因此，保持普通高中学校的"适度规模"，对"超级中学"进行治理，已成为当前普通高中发展面临的一项重要任务，应当尽快提上日程。

　　"超级中学"的病因究竟在哪里？普通高中布局不合理、扩大优质教育资源方式单一无疑是重要原因，部分地方政府和学校的办学思想、办学行为存在偏差，也在一定程度上助长了"超级中学"现象。在21世纪初大力发展普通高中的背景下，人民群众对接受优质教育的期盼越发强烈，优质教育资源不足成为制约普通高中学校发展的一个瓶颈。一时间，扩大优质高中办学规模，成为各地化解这一难题的主要途径。应当承认，目前的这些"超级中学"，前身大多是当地的示范高中或"高升学率"学校，因而这些学校也就很自然地成为扩大规模的主要对象。

　　同时，由于对学校教育质量缺乏科学的评价机制，考试成绩和升学率成为评价学校教育质量的唯一标准，直接导致学校陷入升学率竞争不能自拔。一些学校为了追求高升学率，无视教育规律，热衷于抢夺优质生源，使得学校规模不断膨胀。可以说，在地方政府和学校追求高升学率、家长期盼优质教育的共同作用下，这些学校的超常规模扩张也就变得顺理成章。当前治理"超级中学"，需要从宏观着眼、从微观入手，寻求切实可行的解决办法。

　　从宏观层面看，需要进一步深化评价制度和考试招生制度改革，从根本上扭转唯考试成绩、唯升学率的考试评价方式。当前，随着中小学教育质量综合评价改革的逐步推进和考试招生制度改革的不断深化，这一局面将会有所改变。同时，需要在普通高中规模布局和探索扩大优质资源方式上下更大功夫。一方面，要科学规划普通高中的规模布局。在县（市、区）范围内，特别是在"超级中学"与"超大班额"现象比较突出的地区，必须及时对普通高中的规模布局重新进行规划，对于供给明显不足的地区，需要改扩建、新建一批普通高中学校。毕竟依靠一两所"超级中学"支撑县（市、区）范围内普通高中发展的做法不可持续。另一方面，要积极探索扩大优质教育资源的多种方式。如何扩大优质教育资源，依然是当前普通高中发展面临的一个难题。从地方实践看，扩大优质教育资源，既可以通过跨区域的政府间合作，也可以通过政府与学校间的合作，还可以通过学校间的合作。单纯依靠优质学校的规模扩张，或通过优质学校举办分校等方式扩大优质教育资源，其负面效应同样非常突出。

从微观层面看，需要从明确办学标准、规范招生行为和强化收费监督等方面入手加强管理。首先，通过明确办学标准，让学校有参照执行的依据。什么样的办学规模是适宜的？虽然教育管理者和学校举办者心知肚明，但相关的政策规定并不清晰。即便有办学规模标准，实际执行力度也非常有限。因此，进一步明确办学规模标准并严格执行，是治理"超级中学"的一个基本手段。

其次，通过规范招生行为，消除学校规模扩张背后的"高升学率诉求"。一些"超级中学"不惜采取各种手段，到处争抢优质生源，超计划招生，对区域教育生态造成严重损害，甚至造成"超级中学"一枝独秀、其他学校默默无闻的局面。当前有必要从规范招生做起，严格执行招生计划，对于违反规定的跨区域招生应当立即叫停，真正做到有令必行、有禁必止。这样的做法，不仅有利于治理"超级中学"，而且有利于营造良好的区域教育生态环境。

最后，通过强化收费监督，消除学校规模扩张背后的"经济利益诉求"。随着高中"三限生"（限分数、限人数、限钱数而录取的学校）政策的逐步退出，高中收费将得以进一步规范。通过规范收费，学校大规模扩张背后的经济利益被斩断，有助于遏制这种无视教育规律的做法继续蔓延。

总之，保持普通高中学校的适度规模，既要科学、可持续地扩大普通高中优质资源，又要保障优质资源在区域、城乡和学校间得到公平分配，这是当前发展普通高中亟待解决的难题。就治理"超级中学"而言，应当本着"标本兼治"的原则，进一步加大政策监管力度，严格规范办学行为。

本文发表于《中国教育报》2014 年 3 月 25 日第 7 版

普通高中"经费困局"如何破解？

就普通高中而言，在今后的一段时期内，既要肩负普及高中阶段教育的使命，也要承担提高学生综合素质的任务，还要履行促进学生多样化发展的责任。实现普及和发展的目标，经费保障必不可少。但现实是，由于普通高中的经费投入机制和成本分担机制不健全，各地财政预算内拨款占普通高中教育经费的比例大多在50%以下，学费标准相对偏低，债务负担较为沉重，"吃饭靠财政，运转靠收费，建设靠贷款"的状况尚未得到根本改观，经费短缺成为当前制约普通高中发展的一个瓶颈。

以普通高中负债为例，截至2010年底，全国普通高中负债规模已达1600亿元，负债现象在各地普遍存在。宁夏现有公办普通高中64所，据不完全统计，这些普通高中工程债务就达20亿元。到2012年底，黑龙江省共有80多所普通高中负债，债务规模约12亿元。浙江省审计厅通过对2012年省内300多所普通高中的债务审计调查发现，部分学校的债务规模已远远超过了学校自身的偿还能力。沉重的债务负担给普通高中教育持续健康发展带来的不利影响，引起了社会广泛关注。

事实上，普通高中负债问题是长期积累而成的，普通高中要发展而建设资金无来源，是其中的一个重要原因。一方面，普通高中亟待发展。21世纪初，各地普通高中办学规模不足、优质教育短缺问题非常突出，改善办学条件，新建和改扩建一批学校成为当时普通高中发展的一项紧迫任务。另一方面，经费投入严重不足。普通高中的财政拨款和收费收入主要用于教师工资及维持学校的基本运转，学校基本建设没有资金来源。在此背景下，通过举债发展普通高中，似乎也就成了一种不得已的选择。普通高中的债务绝大部分用于学校基本建设支出，主要包括银行贷款、欠施工单位款和向单位及个人借款。与此同时，一些地方政府和学校由于办学思想存在偏差，过分追求学校的超大规模和超高标准，动辄投入几千万元乃至上亿元的建设资金，导致普通高中的负债规模不断扩大。

当前，除普通高中负债问题较为突出之外，随着普通高中办学行为的逐步规范，普通高中招收"三限生"政策的逐步退出，势必导致部分地方和学校出现经费缺口，普通高中经费短缺的态势有可能进一步加剧。破解普通高中的"经费困局"，实现加快普及高中阶段教育，全面提高普通高中学生综合素质，推动普通高中多样化发展的目标任务，必须进一步完善普通高中的经费投入机制和成本分担机制，加大普通高中债务化解的力度。

一是要不断加大财政投入。加大财政投入是完善普通高中经费保障机制的核心环节，需要各级政府作出不懈努力。省级人民政府要科学核算高中教育办学成本，合理确定各级财政的经费分担比例，逐步提高高中阶段教育占财政性教育经费的比重。各地要抓紧制定普通高中的生均拨款标准和生均公用经费标准，确保学校基本建设、教学仪器设备和教职工工资等经费投入。同时，要积极拓宽经费来源，完善其他渠道筹措经费的机制，通过制定财政、税收、金融、土地等优惠政策，鼓励和引导社会力量捐资助学、出资办学，为普通高中发展吸引更多社会资金。

二是要适度调整学费标准。一直以来，各地根据一般普通高中和省市级示范高中的不同标准，学费每学期少则二三百元，多则一千多元，学费标准相对偏低。在当前普通高中经费普遍短缺的情况下，进一步健全政府、社会和家庭的成本分担机制，适度调整普通高中学费标准非常必要。各地应根据当地的经济社会发展水平、居民收入水平和普通高中发展实际，核定教育成本，合理确定收费标准。为防范学费标准调整可能带来的不利影响，要配套建立健全普通高中家庭经济困难学生资助政策，不断加大资助力度，为家庭经济困难学生的就学提供制度保障。

三是要妥善化解高中债务。应当按照"防控新债、锁定旧债、分清责任、分类处理"的原则，尽快启动普通高中债务化解工作。地方政府要在全面掌握本地区普通高中负债情况的基础上，将普通高中债务纳入地方政府性债务管理范围内统筹考虑，通过设立专项经费，根据负债情况、债务性质，分步骤、分项目逐步化解。中央财政安排部分资金，重点支持中西部地区普通高中的债务化解工作。同时要建立健全普通高中新债的稳定机制，合理确定学校建设上限标准，杜绝违反规定的超标准、超规模、超预算建设，规范和约束普通高中学校的盲目借贷行为。

本文发表于《中国教育报》2014 年 3 月 18 日第 7 版

"普高"内涵发展锁定多样化

如何更好地适应我国经济社会发展对人才多样化的客观要求，更好地满足学生多样化的教育需求，是当前普通高中改革发展面临的一个突出问题。正视并解决好这一问题，必须大力推动普通高中多样化发展，必须不断深化普通高中的全方位改革。应当说，"多样化"是普通高中内涵发展的必然要求。

推动普通高中多样化发展，需要牢牢把握人才培养模式改革这一核心，不断深化课程、培养方式、评价和考试招生制度等一系列改革。一是要坚持以课程建设为核心，致力于构建多层次、多类型、可选择的课程体系。当务之急是要减少必修课，增加选修课，进一步提高课程的选择性，给学生更多自主发展的空间。作为全国高中课程改革试点地区之一，浙江省为了进一步深化普通高中课程改革，推动普通高中多样化和特色化发展，专门制定了《浙江省深化普通高中课程改革方案》，力求为每个学生提供适合的教育，满足不同潜质学生的发展需求。其核心内容是"调结构、减总量、优方法、改评价、创条件"，明确提出了"减必修、增选修"的目标，必修的学分从116降为96，选修的学分从28增为48。二是要不断创新培养方式，通过落实选修制度，积极推进走班制和学分管理，满足学生个性化的课程学习需求。同时，要加强创新人才的协同培养和对学习困难学生的扶持帮助。三是要深入推进评价和考试招生制度改革。高中学校是否真正促进了学生的健康成长，高中学生是否真正实现了全面发展，需要有一个科学的评判标准，当前要切实改变单纯以升学率、考试成绩来评价学校和学生的做法。同时，要深入推进中考和高考制度改革，完善学业水平考试和综合素质评价制度，为高中学校和高等学校招生录取提供更加科学的依据。改革要有利于具有学科特长和创新潜质的学生脱颖而出。

推动普通高中多样化发展，需要进一步深化办学体制改革，不断增强办学活力。通过促进民办高中的发展，通过公办学校的联合办学、委托管理等探索试验，扩大优质教育资源，增强办学活力。同时，要进一步加强普职融通，发展综合高中，探索普通高中与中等职业学校学生双向流动的机制。进一步完善相关政策，支持有条件的普通高中学校与国外知名高中的交流与合作，加强对高中中外合作办学、中外合作办学项目以及国际课程引进的规范管理，以利于更好地适应和满足学生的多样化需求。

推动普通高中多样化发展，需要加强学校特色建设，实现以特色促发展。对于不同的学校而言，一定要办出自身的个性与特色，也就是说必须注重学校的特色建设。从显性层面看，传统意义上的特色（如：外语、音乐、体育、美术等）仍然应当鼓励，以满足人民群众的需求；从隐性层面看，应当注重以课程多样化促进学校特色建设，进而实现学校的"规范+特色"、学生的"合格+特长"。特别需要强调的是，注重学校特色建设与传统的特色学校建设并不完全相同，传统的特色学校建设只针对一小部分学校而言，而鼓励学校办出个性与特色，则是对所有高中学校提出的要求。只有真正注重了学校的特色建设，当前普通高中的同质化现象才有望逐步得以解决。

推动普通高中多样化发展，需要以制度和资源支持为依托，创设良好的改革环境。推动多样化发展对于经费投入、师资配备和资源整合等提出了更高的要求。因此，加大经费投入、加强师资队伍建设、加快教学资源平台建设等都是必不可少的保障手段。值得一提的是，进一步落实和扩大学校办学自主权，对于推动多样化发展尤为重要。当前，可先行支持一些学校结合自身实际和办学特色，有计划地整合国家课程和学校课程，自主开设课程。同时，鼓励普通高中学校探索自主制定招生录取工作方案，自主确定录取标准、自主选拔和录取学生的办法。

推动普通高中多样化发展，需要树立科学理念，谨防在改革实践中走入误区。一是推动多样化发展是手段而不是目的，不应为了多样化而多样化，防止因为追求形式多样而忽视内在改革；二是推动多样化发展的要求是针对所有学校而非个别学校，要鼓励所有学校立足自身实际办出特色，防止因为专注于个别特色学校的打造而忽视了大部分学校的发展；三是推动多样化发展是一项系统工程而非局部改革，需要日积月累稳步推进，防止因为急功近利而出现一些不切实际的做法。

本文发表于《中国教育报》2013 年 12 月 5 日第 6 版

解决投入不足方可根本化债

"冰冻三尺非一日之寒"，高中债务是长期积累而成的，高中教育要发展而建设资金无来源，无疑是一个重要原因。21 世纪初，高中教育亟待发展，2001年我国小学、初中、高中毕业生升入高一级学校的比例分别为 90%、53% 和58%，呈现两头高、中间低的格局，高中教育成为各级教育协调发展的瓶颈。为了解决高中办学规模不足和优质资源短缺等问题，改善办学条件，新建和改扩建一批高中学校成为当时高中发展的一项紧迫任务。另一方面，高中教育投入严重不足。长期以来，各地财政预算内拨款占普通高中教育经费的比例在 50%以下，高中教育的财政拨款和收费收入主要用于教师工资及维持学校的基本运转，学校基本建设资金没有来源。在此背景下，通过举债发展高中教育，似乎也就成了一种不得已的选择。

同时也应当看到，确有一些地方政府和学校由于办学思想存在偏差，过分追求学校的超大规模和超高标准，动辄投入几千万元乃至上亿元的建设资金，导致地方政府和学校债务负担沉重，对这样的做法需要有所反思。

高中学校举债办学的做法，在一定程度上带动了高中教育的整体发展，但也留下了诸多隐患。一些高中学校因为每年需要支付高额利息，背上了沉重的经济负担，面临着较大的财务风险；一些学校因为举债，不得不压缩学校的日常运行开支，影响了正常教育教学活动的开展；还有一些学校因为举债，被债权人堵门封校的事情时有发生，严重影响了学校的教学秩序。

加大高中教育投入，逐步化解高中债务，是推进高中教育发展的一项紧迫任务，亟须尽快提上日程。首先，要积极寻求化债之策。地方政府要在全面掌握本地区高中负债情况的基础上，将高中债务纳入地方政府性债务管理范围内统筹考虑，通过设立专项经费，根据负债情况、债务性质，分步骤、分项目逐步化解。高中学校举借的债务，相关学校应通过收费收入、盘活闲置资产等方式承担相应化债责任；地方政府和相关部门举债并用于高中学校建设的债务，由举债主体按照协议约定，积极筹措资金偿还。

其次，要坚决防控新增债务。要加强项目审批管理，严格控制高中学校基建项目，对于一些非急需、非必上项目不予立项；要合理确定高中学校建设上限标准，杜绝违反规定的超标准、超规模、超预算建设。

最后，要努力健全保障机制。各地要切实履行政府举办高中教育的责任，完善公办普通高中以财政投入为主、其他渠道筹措经费为辅的投入机制。同时，要加快制定普通高中学校生均经费基本标准和生均财政拨款标准，确保学校基本建设、教学仪器设施设备、教职工工资等的经费投入。只有从源头上解决高中教育投入不足问题，高中教育才能持续健康地发展，高中学校举债办学问题也才能从根本上得以解决。

本文发表于《中国教育报》2013 年 11 月 8 日第 2 版

农村普通高中如何逆势突围？

近年来，在勾勒农村普通高中发展场景时，"县中独大""二中突围"这些词语常常被提及。在这些现象的背后，蕴含着我国农村普通高中所面临的一系列挑战。

当前，农村普通高中的规模布局不够合理、保障机制不够完善、培养模式相对单一，其中的一些问题在我国普通高中发展过程中带有普遍性。应对这些挑战，既要从我国普通高中发展的全局着眼，又要从农村普通高中发展的实际入手，不断加大改革力度。

农村普通高中的规模布局应当科学规划。当前，"县中独大"已经成为各地农村普通高中发展的一种常态，包括"二中"在内的很多农村高中学校规模急剧萎缩。而基于县域内普通高中需求与数量是合理规模布局的核心，在此基础上还要充分考虑到高中阶段普职分流的现实，考虑到进城务工人员随迁子女的上学需求。从供给看，普通高中学校数量是关键，同时必须对学校的适度规模予以充分考虑，那种依托一两所超大规模学校支撑县域内普通高中发展的做法不可持续，"县中独大"的局面应当加以扭转。

在县域内，如果供给明显大于需求，特别是那些普通高中学校分布过广、数量过多的地区，对于现有资源的整合将不可避免。单纯依靠帮扶，难以从根本上化解一部分基础薄弱高中的发展困境。反之，在需求明显大于供给的情况下，特别是在超大规模学校与大班额问题比较突出的地区，则需要对县域内普通高中的规模布局重新进行规划，下大力气对现有农村普通高中学校予以扶持，有的地方还需要改扩建、新建一批普通高中学校，最大限度地满足人民群众接受普通高中教育的需求。

农村普通高中的保障机制应当逐步完善。在"县中独大"、优质资源高度聚集的同时，包括"二中"在内的很多农村高中学校却是另外一番景象：教育经费紧张、债务负担沉重、优质生源流失、优秀教师短缺，学校只能在夹缝中求生存。要解决这一问题，除了各级政府要切实履行举办普通高中教育的责任、加大对农村普通高中经费投入的力度，普通高中教育的管理机制也亟待完善。高中学校之间优秀教师和优质生源的争夺已是司空见惯：在"一般高中""县城示范高中""城区示范高中"之间的抗衡与较量中，大部分农村普通高中学校肯定处于劣势。因而，当前尤其要进一步加大地（市）级教育行政部门的统筹力度，通过推动区域内普通高中多样化发展，促进市县之间、县与县之间高中的错位竞争、特色发展，才有助于从源头上化解普通高中学校之间优秀教师和优质生源的无序争夺。

农村普通高中的培养模式应当不断创新。在"县中独大"、升学率独占鳌头的情形之下，包括"二中"在内的很多农村高中学校尽管在升学率上苦苦拼杀，却常常难有收获。在培养模式上进行积极探索和创新，是当前城乡普通高中发展需要面对的共同命题。从各地的改革实践看，可以借鉴、推广的做法包括：深化课程改革，积极构建多层次、多类型、可选择的课程体系；落实选修制度、走班制、学分管理，最大限度地满足学生个性化的学习需求；推进教育质量综合评价改革，努力改变长期以来单纯以考试成绩衡量学生发展、以升学率评价教育质量的做法。这些都是探索创新普通高中培养模式的重要举措，也是农村普通高中学校推进素质教育、提高学生综合素质的现实选择。但由于受到客观条件的制约，相对于城市学校而言，在探索创新培养模式的过程中，农村普通高中学校将会面临更大的困难和挑战，改革将会是一个逐步推进的过程，不可急于求成，更要防止流于形式。

当前，农村普通高中学校要基于自身办学条件和生源状况，找准发展定位，在学校内涵发展、特色发展上下更大功夫，从单纯比拼升学率的竞争中闯出一条适合自身特点的发展之路。在这一点上，包括"二中"在内的很多农村高中学校的探索和实践值得肯定。从表面上看，这些学校转变观念、苦练内功的做法，似乎是一种在困境中求突围的被动之举，但这其实也是顺应当前普通高中内涵发展的一种必然要求。

本文发表于《中国教育报》2013 年 4 月 18 日第 5 版

理性看待高中毕业生出国留学

透过各类媒体我们不难发现，如今国外大学的招生推介活动接踵而至，留学服务的广告宣传声势浩大，各地高中学校的 A-Level（英国课程）、AP（美国课程）、SAM（南澳大利亚州课程）、IB（国际文凭课程）等国际课程班招生非常火爆，这一切似乎在告诉我们，高中毕业生出国留学开始升温。

出国留学正在成为今天高中毕业生升学的一种新选择。尽管各地教育主管部门对高中毕业生出国留学情况没有专项统计，但从部分地区、部分学校反映的情况看，高中毕业生出国留学呈现出一些新的特点和趋势。

从总体上说，高中毕业生中的出国留学人数占毕业生总量的比例并不高，在一些示范高中校，该数量约占应届高中毕业生总数的 5% 至 10%，但正呈现逐年递增的趋势；优秀学生出国留学人数增加、赴国外名校就读的学生人数增加更为明显，在全国许多示范高中校，每年都有相当一批学生考取世界排名前 50 位的国外名校；各地外国语学校成为高中毕业生出国留学的重要输出方，外国语学校由于其自身的办学特点，在输送学生出国留学方面有着明显优势；高中毕业生出国留学的国家由原来的以澳大利亚、新西兰、英国、日本、加拿大为主逐步转向以美国、加拿大为主，到西班牙语国家留学的人数也有所增加；出国留学的高中毕业生的家庭背景更趋多元，最初主要集中在富裕家庭，家长多为民营企业主、跨国公司高管等；而目前除富裕家庭子女外，国家公务员、各类专业技术人员、教师和部分工薪阶层家庭的子女也成为留学人员的组成部分；出国留学目的更加明确，选择更加趋于理性，早期家长关心的大多是国外大学的学费情况和签证情况，现在家长更加关心的问题是孩子是否适合出国留学，出国留学适于读什么类型的学校，什么专业更有利于孩子将来的升学和就业。

尽管随着经济水平的发展，高中毕业生出国留学的人数在总体上呈现逐年增加的趋势，但具体到每一个学生个体，选择出国留学的原因却各不相同。概括起来主要包括以下几个方面。

一是规避国内激烈的高考竞争。尽管家长对于我国基础教育的质量水平大多持认同态度，但对于目前中小学生课业负担过重、学习压力过大问题普遍较为忧虑。选择让孩子出国留学，也是出于规避国内高考竞争的无奈之举。二是认为国内高等教育质量水平与国外名校存在差距。国内优质高等教育资源不足，且与国外一流大学相比存在较大差距，这也是家长选择送孩子出国留学的一个重要原因。三是对于未来就业状况的担忧。国内大学毕业生的就业压力越来越大，用人单位对毕业生的要求也越来越高，不仅表现在对学历的要求上，而且表现在对学生综合素质的要求上。很多家长认为，通过出国留学可以增加孩子在国际视野、学校品牌、英语能力和个人经历方面的竞争优势，有利于增强孩子未来的就业能力。四是出于一种盲从的心态。看到周围越来越多的家长送孩子出国，一些家长也盲目跟风效仿。

上述各不相同的留学动因，可以引发我们对于涉及高中毕业生出国留学诸多问题的深层次思考。从国际视角看，高中毕业生出国留学人数增加是亚洲各国在经济发展到一定阶段所呈现的共同趋势，日本、韩国、马来西亚、新加坡、菲律宾等亚洲国家和地区都不例外。随着改革开放的深入和人民群众生活水平的不断提高，我国目前也在经历这个历史阶段。对此，我们应当理性面对，并为那些有出国留学需求的学生提供切实的关心和帮助。与此同时，透过这一现象也有必要对我国的人才选拔制度、人才培养体制和高等教育竞争力提升等问题进行深度思考，在此基础上寻求相应的改革之策。

要全面系统地推进我国教育的改革和发展。针对高中毕业生出国留学现象的相关思考既涉及基础教育、高等教育等不同教育阶段，还涉及考试招生等相关制度。当前，深化中小学教育教学改革，全面推进素质教育，以及突出办学特色，提升办学质量，不断增强高等教育的国际竞争力，是全面系统地推进教育改革和发展的应有之义。同时，要切实解决当前我国高考制度"一考定终身"的弊端，逐步形成分类考试、综合评价、多元录取的考试招生制度。

要规范管理高中阶段中外合作办学机构和项目、国际课程班。目前，我国高中阶段的中外合作办学机构和项目的审批数量较为有限，但实际运行中的国际课程班等却呈快速增加的态势，规范和监管处于明显滞后的状态。同时，国际课程引进也缺乏统一的规范和管理，引进的课程种类繁多，由此可能出现的问题需要引起重视。当前，在进一步推进高中阶段中外合作办学机构和项目审批工作的同时，要加快制定国际课程引进的规范性意见，对高中阶段引入国际课程适时加以引导，使引入的国际课程真正能够适应和满足学生的实际需求，促进高中教育课程的多样化和选择性。

要加强对高中毕业生出国留学的具体指导和帮助。出国留学虽然是家长和学生的一种自主行为，但也是社会需求的一种客观反映，学校有义务提供必要的指导和帮助。目前通过中介机构出国留学的学生占有一定比例，部分中介机构的误导性宣传使得一些高中毕业生出国留学带有很大的盲目性，存在一定的留学风险。因此在加强中介机构规范管理的同时，学校提供必要的指导和帮助显得尤为重要。

本文发表于《中国教育报》2010 年 11 月 8 日第 2 版

韩国"高中平准化"政策及其反思

20 世纪 70 年代以来，韩国政府以机会均等的人文主义思想为基础，推行旨在促进高中发展的"高中平准化"政策。这一政策以教师、学生、教育设施的均衡化为前提，采取把公立和私立高中划定学群抽签分配学生的方式，追求教育机会的均等化和教育课程的平等化。

经过一系列精心准备，"高中平准化"政策从 1974 年起开始在汉城和釜山推行，并于 1975 年推广到仁川、大邱、光州等三个城市。与此同时，在政策的推进过程中，因韩国私学财团联合会和大韩私立高中校长会的反对，暂时保留了把政策普及全国的计划，但包括大城市在内的大部分地区，都实施了这一政策。2003 年，韩国实施"高中平准化"政策的高中学校占韩国高中学校总数的56.9%；在校生占高中在校生总数的 71.8%。

韩国"高中平准化"政策取得了明显成效，缓和了学校之间产生差距、课外补习热、复读生累积、中等教育非正常运营等问题，并为缓解社区、社会各阶层之间的矛盾作出了贡献。同时，"高中平准化"政策也带来了一些实际问题，如剥夺了学生接受教育的选择机会，出现了学习指导的困难，学群之间仍然存在教育设施的差距，学历的向下均衡，私立学校独立性的丧失而引起的自律性、多样性的损坏，等等。

关于"高中平准化"政策的基本走向

韩国"高中平准化"政策，立足于谋求四个方面的均等，即学生安排均等、教育设施均等、教师配置均等、学校教育财政均等。从上述四个方面考察，"高中平准化"政策在包括大城市在内的大部分地区得以实施，并取得了实效。因此，对于已经普及高中义务教育的韩国来说，坚持"高中平准化"的方向是正确的。现阶段全面取消"高中平准化"政策并不现实，这是目前韩国教育界的主流观点。但也有一种观点认为，"高中平准化"政策的实施，并没有完全解决城乡之间、学校之间的差距，也难以真正保证高质量教育，并可能导致私人教育费用逐年增加。此外，从国家经济发展和优秀人才培养的角度看，"高中平准化"政策的实施使教育的灵活性受到了挑战。因此，建议废止这一政策。

关于"高中平准化"政策与教育选择权的关系

针对"高中平准化"政策的实施是否会损害学生的教育选择权的问题，一种观点认为：在中等教育方面，全球都正朝着普及化的方向发展，"个性教育""精英教育"正在成为一种趋势。"高中平准化"政策的实施，实际上剥夺了学生按照能力接受教育的权利。而与此相反的观点则认为：韩国高中入学率已经达到99%，"高中平准化"政策并不会损害学生的教育选择权，并完全可以通过政策调节来弥补可能带来的缺陷。

关于"高中平准化"政策与私立教育发展的关系

韩国是世界上高中阶段私立学校规模最大的国家之一。根据2003年的统计数据，韩国共有高中学校1623所，私立高中学校数占韩国高中学校总数的48.32%（私立小学、初中的比例占对应学段学校总数的比例分别为1.42%、23.88%），私立高中的数量远远高于私立小学、私立初中的数量，私立高中在校生数占高中在校生总数的52.7%，私立教育在推进韩国教育发展中的作用非常显著。

自1974年起实施的"高中平准化"政策过多地依赖私立学校，而私立学校在财政上又过多地依赖政府，出现了大批"政府依存型"私立学校，导致"高中平准化"政策推进与私立教育发展关系非常紧密。很多人认为，由于"高中平准化"政策不仅局限于入学考试，且与教育财政、教师工资、教学内容紧密相关，把"高中平准化"政策一揽子用于私立学校，实际上剥夺了私立学校的学生选拔权与学校经营权，而没有学生选拔权和学校经营权的私立学校，很难称得上是真正意义上的私立学校，也限制了私立学校本身固有的发展优势。但从现实情况看，尽管很多学校对推进"高中平准化"政策颇有微词，让私立教育还原其本身面貌的呼声始终很高，但由于不愿失去因实施"高中平准化"政策所能享受的政府财政补贴，大部分学校都没有放弃"高中平准化"政策。据统计，韩国50%左右的私立学校主张取消"高中平准化"政策，但实际仅有50所学校真正停止实施"高中平准化"政策。

关于"高中平准化"政策与学生学习能力的关系

针对"高中平准化"政策的实施是否会导致学生学习能力下降的问题，有的观点认为，"高中平准化"政策的实施确实导致了学生学习能力的下降；但也有人对此提出不同意见，他们认为，学生学习能力的下降，究竟是"高中平准化"政策导致的结果，还是教育内部本身固有的弊端和家长经济能力等因素造成的，目前尚不能简单作出结论。

关于"高中平准化"政策的推进策略

"高中平准化"政策应当如何推进？有的观点认为，不能采取完全划一的推进策略。因为有的地区的高中学校之间差距并不大，基本能够满足社会和家长的需求，尽管并未推行"高中平准化"政策，但这些地区的高中教育发展是健康的、良性的；但在另外一些地区，由于学校之间的差距较为明显，某一所学校的优势比较突出，在这样的地区，不推进"高中平准化"政策，有可能给教育平等、公平带来挑战。总之，实施"高中平准化"政策是高中教育发展的基本趋势，但在具体推进过程中，应当充分考虑中、小城市的不同情况，采取不同的实施策略，着力于营造良好的教育环境，提高教育的整体发展水平。

本文发表于《人民政协报》2005年7月6日第2版

发展高中阶段教育若干对策

全面建设小康社会，造就数以亿计的高素质劳动者、数以千万计的专门人才和一大批拔尖创新人才，必须大力发展高中阶段教育。党的十六大明确提出了"基本普及高中阶段教育"的战略目标，标志着我国高中阶段教育将迎来一个机遇与挑战并存的崭新发展时期。

从学龄人口变动趋势看，2004年和2005年，我国高中学龄人口将达到7500万人左右的峰值，以后逐年下降，2010年将回落到5600万人左右。从高中阶段教育发展的现实看，2002年，我国高中阶段的在校生人数约为2900万人。按照"十五"计划的要求，2005年高中阶段教育的毛入学率应达到60%左右，则高中阶段教育的在校生将达到4500万人左右，比2002年净增1600万人左右。由此可见，"十五"计划后期，我国高中阶段教育规模扩张的任务十分艰巨。同时，由于优质高中教育资源短缺，扩大优质高中教育资源供给、满足人民群众对高质量教育需求的任务也非常紧迫。

在现有条件下，仅仅依靠增加政府投入，难以满足高中阶段教育发展的实际需要。只有依靠体制创新和机制转变，才能顺利实现高中阶段教育的规模扩张与质量提升，为突破教育发展瓶颈、实现基本普及高中阶段教育的目标奠定坚实的基础。

首先，在不断加大政府投入的同时，积极利用政策调控手段，充分调动各方的积极性，实现高中阶段教育投资主体多元化。"用明天的钱办今天的事，用社会的钱办教育的事"，是发展高中阶段教育的新理念，也是发展高中阶段教育的现实选择。

要逐步完善政府投入为主，社会多方参与，受教育者合理分担的机制，通过采取"政府投入为主，盘活现有资源，争取社会支持，科学利用贷款"的手段，充分调动政府、学校、银行、企业和个人的办学积极性。目前，各级政府积极发挥统筹主导作用，在不断增加投入的同时，通过出台相关的优惠政策，大力支持和促进高中阶段教育的快速发展，如：鼓励用收购或以租代购的形式将社会闲置建筑改建成校舍，对部分高中建设用地实行无偿划拨，利用土地置换差价盘活现有资源，减免学校建设配套费，采取拨款与贷款相结合和政府贴息方式解决办学资金问题。2002年，中央财政从国债中拿出15亿元，支持扩大全国的优质高中教育资源，加上地方的配套资金，经过三年建设，预计可增加60万名学生入学。

其次，在坚持以政府办学为主的同时，通过办学体制改革的大胆探索与实践，逐步形成适合社会需要的、灵活多样的高中阶段教育的办学格局。随着我国城镇化进程的加速，在今后一段时期，新型城市和大部分县镇的高中阶段学校数量短缺将十分明显，从一定意义上说，这将为民办高中的发展提供广阔的空间。认真落实土地、税收等一系列鼓励民办高中发展的优惠政策，将民办高中纳入当地示范性高中的评审范围，对办学成绩突出的民办高中给予物质奖励，这些做法无疑是缓解高中教育资源短缺、扩大优质高中教育资源、促进民办高中发展的积极举措。近年来，浙江瑞安市通过实施"教育凭证"制度，切实加大了对社会力量办学的扶持力度。截止到2002年底，全市17所民办高中已吸引社会投资3亿多元，有效发挥了民办高中在发展高中阶段教育中的重要作用。

同时，应当积极探索多种形式的高中办学体制改革。新建高中通过转制，采取"财政拿一点，社会集一点，银行贷一点，学生收一点"的办法进行建设；鼓励优质高中以资产置换异地建校、兼并弱校等方式，扩大办学规模；对部分布点散、条件差和质量低的学校，通过布局调整和资源整合，提高学校的办学水平。各级政府对民办学校、办学体制改革试验学校的监管应由过程管理转向结果监控，重点是教育质量监控和财务审计。

再次，在不断扩大优质高中办学规模的同时，坚持将扩大优质高中教育资源与改造薄弱学校相结合，提升高中阶段教育的整体水平。通过示范性高中建设，努力扩大优质高中教育资源，已经成为发展高中教育的一项积极有效的举措。但示范性高中建设关键不在给予多少特殊的资源配置，而是通过建立自主发展的内在机制，推动学校不断追求新的发展。发挥辐射、带动作用是示范性高中的主要标志。当前，在规范示范性高中建设的过程中，特别应当防止学校在办学硬件上的相互攀比现象。

在现有优质高中尚不可能完全容纳所有高中在读学生，仍有一大批学生在相对薄弱的学校就读的情况下，如何提升这些薄弱高中的办学水平显得尤为重要。要对这些薄弱高中实施相应的倾斜政策，包括经费投入、硬件设施和教师资源配置等方面的政策倾斜，同时注重提升学校内部管理水平，切实增强学校的办学活力。

最后，在努力满足普通高中发展需求的同时，坚持普通高中与职业高中协调发展，不断加大中等职业教育的改革力度。发展高中阶段教育，必须坚持普高与职高并举的方针，同时满足适龄人口的升学目标和就业目标。事实上，在我国产业结构战略性调整的过程中，各行各业对中等职业教育毕业生的需求仍然比较旺盛，特别是第三产业的迅速成长，将有可能为中等职业教育提供大量的就业岗位，从而拉动以就业为导向的中等职业教育的发展。

通过中等职业教育的深化改革，进一步调整专业结构和人才培养结构，使受教育者能够适应劳动力市场竞争。当前，应当积极拓宽办学空间，加强联合办学力度，特别应当鼓励依托一些有实力、有影响力的企业集团举办与企业专业对口的中等职业学校，在经济欠发达的中西部地区，通过加强教育适切性，切实解决技能型人才的短缺问题。同时，通过普通高中开设职业教育课程、开展综合高中模式的试验等手段，构建普通高中教育与中等职业教育相互沟通、相互衔接的高中阶段教育体制。

本文发表于《光明日报》2004 年 1 月 29 日

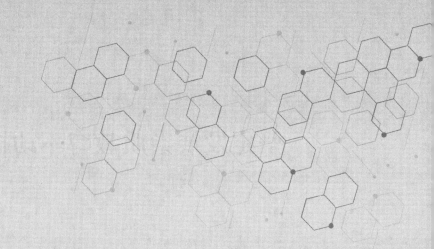

九、积极发展素质教育

坚定发展素质教育不动摇

最近南京一中高考成绩引发的争议耐人寻味。先是家长对"高分进校，低分高考"表达不满，有家长认为是素质教育惹的祸；接下来，南京一中发布改进教学和管理的消息，又被很多人看作向应试教育低头。在笔者看来，靠考分高低、学校改进措施来辨别素质教育和应试教育，本身就是一种"穿靴戴帽"的做法，太过简单化。

关于素质教育和应试教育的争辩由来已久，但很多争辩简单粗暴，学生的考分低了就归罪于素质教育，考分高了就归功于应试教育，便是一个突出例证。除此之外，把素质教育简单理解成吹拉弹唱、蹦蹦跳跳，把潜心复习、认真备考统统归结为应试教育，凡此种种，实际已经失去了素质教育和应试教育争辩的根基，也就是没有从根本上搞清何谓素质教育、何谓应试教育。

素质教育的核心要义，就是要面向全体学生，使每个学生全面发展，使每个学生主动地生动活泼地发展。对迈入新时代的中国教育来说，培养什么人、怎样培养人、为谁培养人是一个重大命题，素质教育应当被赋予更加丰富的内涵。坚持立德树人，面向全体学生，促进学生德智体美劳全面发展，是新时代教育改革发展的应有之义。从这个意义上讲，素质教育不仅要坚定发展，而且应当做得更好。具体到每一所学校，所有学生都应当是我们的培养对象，每个学生都要得到发展；培养的学生应当德智体美劳全面发展，而不能单一强调智育。这既是我们的培养目标，也是教育的内在规律。从素质教育的内涵和界定看，素质教育从来不反对智育、不反对重视考试和分数，很多质疑和批评素质教育的观点，没有搞清甚至曲解了素质教育的本意。

相比照而言，所谓应试教育，就是只问分数、只问升学率，不问其他，学校的所有工作都围绕考试这个指挥棒转。重视分数和升学率本没有错，错就错在"唯分数""唯升学率"，一个"唯"字不仅破坏了教育生态、扭曲了培养宗旨，也阻碍了学生成长。在现实中，有的学校为了挣得升学率面子，眼睛只盯着一部分"好学生"，到处争抢生源；有的学校为了升学指标好看，减小考生分母，擅自进行考前分流，劝退"差学生"；有的学校只关注文化课，音体美等学科课程不开或少开，让学生反复刷题备考……这些片面追求升学率的做法，是典型的应试教育在作怪。如果学校只是关注一部分学生，只是关心学生的考试分数，这还是培养人的教育场所吗？至多只能算是一个"备考机构"或"分数加工厂"。

家庭、学校和社会是一个教育共同体，培养学生的责任需要三方共同承担，发展素质教育也离不开三方的共同努力。但学校有学校的办学理念，家长有家长的成才观念，社会有社会的价值认同。站在各自不同的立场，即便是一个共同体，也难免会出现这样或那样的矛盾冲突，由南京一中高考成绩引发的家校间的矛盾冲突，似乎也就不难理解。而解决矛盾冲突的最好方式是加强沟通，寻求共识。南京一中发布的改进教学和管理的消息是认真的分析反思，而不该被简单地理解为一种妥协，更不该被视作向应试教育低头。

在相关回应中，学校提出了一系列改进措施：研究新高考，做好明年新高考应对；加强对学生学习的要求与管理，比如延长晚自习到10点；加强尖子生培优，比如分层教学，组建尖子生团队；等等。针对学生的高考情况进行分析研判，发现存在的问题，提出教学和管理的改进措施，这是每一所学校都应认真做好的分内工作。

就其中的一些改进措施而言，本身无可厚非。一是对于即将进入新高考的地区，分析研究新高考对高中教育教学提出的新要求，提前做好相关准备，做到未雨绸缪，这是所有学校必须做好的功课；二是加强对学习的要求和管理，即便是延长晚自习时间，也不足以成为素质教育和应试教育的分水岭——晚自习时间延长了就是回归应试教育，这本身就是一种简单化思维；三是加强尖子生培优，更准确的说法是注重因材施教，通过分层教学，让优秀学生能够"吃得饱、吃得好"，而不是简单化地"齐步走"，这与实施素质教育还是应试教育并无直接关联，更不必就此"穿靴戴帽"。

家长对学校的高考成绩不满意、学校对高考成绩进行分析和反思，都在情理之中，切不可臆想为素质教育失意了，应试教育才是"政治正确"。新时代的中国教育，必须坚定发展素质教育不动摇。

本文发表于《中国教育报》2020年8月8日第1版

着力排解复课学生的"三重焦虑"

随着疫情防控形势持续向好，各地中小学生陆续开始返校复课。针对复课后中小学校疫情防控、中小学生学业衔接，教育行政部门和学校做了大量精心准备。除此之外，抓紧做好复课学生的心理调适，也是一项重中之重的工作。

在疫情期间，我们倡导用"心"战"疫"，做好学生的心理疏导；在复课之际，同样需要用"心"复课，高度重视复课学生的心理调适。学校要全面了解学生的心理状况，及时发现学生的心理问题，科学有效地做好心理危机干预，着力排解学生对疫情、对学业、对亲子关系的"三重焦虑"。

通过科学引导，排解学生对疫情的焦虑。虽然目前已进入常态化疫情防控新阶段，学生似乎应该不再那么焦虑和恐慌，但其实并不尽然。在过去的四五个月时间里，学生基本宅在家中，很少出门。复课后的学生走进校园，他们一方面会很兴奋，另一方面，家长的反复叮嘱，学校的严密防控，戴着口罩上课，反复测量体温，这些场景难免会让学生的内心产生不安。因此，加强对复课学生的防疫知识宣传教育，让他们对疫情、对科学防控都能有正确认知，有利于排解各种心理上的困扰。

通过平稳过渡，排解学生对学业的焦虑。疫情之下，中小学生的学习主要在线上，由于线上学习与线下学习存在一定差异，对学生自律能力、有效分配时间的要求更高，对家校配合的要求也更高。受多种因素影响，学生线上学习的效果不尽相同，那些自律性不强、学习效果不佳的学生，会有明显的焦虑感。复课之后，为了检验线上学习效果，做好线上线下学习的有效衔接，学校通常会组织一些摸底性的考试测试，诊断学习效果，掌握每个学生的具体学习情况。这样的考试测试虽有必要，但考虑到大规模线上学习尚处于摸索阶段，不必过分在意和强调效果，更不必在学生中分出三六九等，给学生造成不必要的学业焦虑和压力。从复课后的教学组织看，对前一阶段没有开展新课程线上教学的，要坚持实施零起点教学；对已开展新课程线上教学的，要认真进行串讲复习，在确保每一名学生都较好掌握所学知识基础上，再进行新课程学习。这种做法有利于学生放松心情，也有利于线上线下学习的有效衔接。

通过家校沟通，排解学生对亲子关系的焦虑。经历此次疫情，家庭成员之间的距离更近了，家庭关系和亲子关系都会产生一些新的变化。父母与孩子的人际距离缩短，各自生活空间交集增多，有利于增加交流、增进感情，但同时也难免会产生一些矛盾和冲突。在作息时间安排方面，孩子希望自主，家长希望服从，加之孩子看电视、玩游戏等带来的直接冲突，都会造成彼此关系的紧张。很多孩子期盼早一点返校复课，一方面是想念学校大家庭的生活，另一方面也是希望能够摆脱从早到晚在父母眼皮底下学习的处境。对学校而言，要善于成为疫情之下亲子关系的调和剂，主动与家长和学生沟通，化解双方的矛盾和冲突，推动营造良好的家庭教育环境，这本身也是家校合作、协同育人的重要内容。

对于今天的中小学校而言，心理健康教育的受重视程度已经有了显著提升，并逐步形成了一支专兼职教师队伍，但对于疫情防控之下的中小学生心理调适工作，仅仅靠心理辅导教师这支队伍显然远远不够。复课后的中小学生心理调适工作，离不开学校的全员参与，包括班主任、学科教师、心理辅导教师等。同时还要善于用好家校社协同育人机制，尤其要加强学校与家长的沟通联络，及时交流学生的情绪状况和心理变化，寻找问题的症结所在，进行协同干预，确保学生身心健康。

复课学生的"三重焦虑"，是疫情带来的新挑战，也是做好心理调适的重要指向。虽然"三重焦虑"并不危及所有学生，但在部分学生身上会有明显反映，有的甚至还比较严重，需要早发现、早干预。因此，做好心理调适工作既要面向全体，如进行广泛的防疫知识宣传、开展全员的心理普查等，更要面向个体，对于一些苗头性、倾向性问题，开展有针对性的心理辅导和必要的心理危机干预，包括适时的转介治疗，切实做到防患于未然。

本文发表于《中国教育报》2020 年 5 月 19 日第 2 版

学校和家庭教育要齐步走

近日，家庭教育的话题引人关注，改革教育要从家长教育开始的观念，也引起了人们的共鸣。家庭教育的重要性不言而喻，但教育的发展不能坐等家庭教育的改变，在积极改进家庭教育的同时，学校教育也要加快改革步伐，主动谋求新发展。

教育中出现的很多问题，绝不单单是学校教育的问题，仅仅靠学校教育也难以从根本上加以解决，这一点已越来越为人们所认同。把孩子的教育一股脑儿地推给学校，有了问题就把责任都归咎于学校，显然失之偏颇。但我们也要看到，当前教育中的很多问题根源也不全在社会和家长身上，学校教育自身需要改进的地方同样不少，改革仍有很大空间。

就减负工作而言，目前有一个比较流行的观点，就是学校已经做了足够努力，之所以效果不明显，主要责任在家长和社会培训机构，是他们给"减负"增加了难度。从表面上看的确如此，家长的教育观念需要转变，社会培训机构的办学行为也必须整顿，但学校层面的"减负"是否抓住了关键环节，同样需要审视。不得不承认，要让学校、家庭和社会在"减负"目标上达成一致，必须有相应的制度改革作保障。如果义务教育招生中的违规选拔依然存在，"唯分数"录取方式不改变，情况恐怕依然不会乐观，这也正是教育问题的复杂性所在，推进教育综合改革势在必然。

要想改变中小学生负担过重的现实，必须要有科学的教育理念引领，从学校教育层面推进减负同样如此。美国学生快乐背后的竞争无处不在，日本三十年"宽松教育"带来种种不良后果，这一切似乎都让人们对减负产生了疑虑。他国的经验和教训需要引以为鉴，我国中小学生的负担现状及其原因需要深入分析，如何科学减负需要进一步探索，但这都不足以成为动摇学校减负的理由。

进一步增强做好减负工作的信心，更加科学地推进减负，恰恰是当前学校教育亟须做好的一项工作。

学校教育要注重改革创新。学校教育主动谋求新发展，离不开改革创新，如果说直面问题是谋求发展的前提，改革创新就是引领发展的动力。

目前学校层面对于改革创新的两种倾向需要防范，一是对改革创新抱有抵触情绪，认为学校教育只要坚守常识、遵循规律就已经足够了。但坚守常识、遵循规律不是墨守成规，它与打破常规的改革创新并不必然矛盾。近年来学校层面的很多改革创新做法，恰恰是遵循教育教学规律的一种新探索，如上海市江宁学校针对学生学习特点的群体差异以及学习内容的差异，重新划分课堂教学时间，打破每节课35分钟的固定安排，进行了课时重组，这是学校教学管理改革的一种有益尝试。二是对改革创新抱有盲目热情，往往是为了改革而改革，为了创新而创新。从表面上看学校改革轰轰烈烈，创新层出不穷，其实不过是制造了一些新概念、置换了一些新词汇，内容上并无实质变化。学校教育的改革创新一定要有明确的目标引领，同时要切合实际，稳步推进，不能好高骛远，也不可急于求成。

学校教育要主动增进融合。虽然学校教育、家庭教育和社会教育有着各自的独特功能和定位，但就学生个体成长而言，必然是学校教育、家庭教育和社会教育共同作用的结果，因此三者之间的相互配合至关重要。

学校教育要主动推动与家庭教育和社会教育的相互配合，最大限度地发挥自身作用。对于教育中出现的问题，家长不能把责任完全推给学校，学校也不能完全把责任推给家长和社会。在学生教育问题上，在促进学生健康成长和德智体美全面发展上，过分强调学校、家长和社会各负其责、各管一块多少有点简单化，只有三者之间相互配合，增进融合，形成合力，才能真正把教育工作做好。

本文发表于《中国教育报》2017年6月14日第2版

"家长作业"折射走偏的教育观

近日，某媒体调查机构对 2033 人展开的一项调查显示，80.3%的受访者认为学校教育对学生家庭的依赖严重，75.6%的受访者认为此种依赖已经给家庭造成了较重负担，64.7%的受访者认为"全能家长"不是"全能宝宝"的必要条件。

那么，家长的这种感受源自何处？调查显示，74.3%的受访者遇到过学校要家长帮忙检查、批改孩子作业的情况，71.9%的受访者曾经历过学校要求家长帮孩子准备校内活动用品，71.9%的受访者会亲自辅导孩子功课，68.2%的受访者学校要求父母和子女共同参与活动，64.8%的受访者表示学校会布置必须由家长参与完成的作业任务。在笔者看来，与其说是"学校教育对学生家庭依赖严重"，不如说在学生作业方面家长被动参与的程度过高。事实上，学生作业并不是学校教育的全部内容，在让家长更多参与学校管理、共同关注学生成长等方面的工作短板同样需要关注。

从家长所参与的活动看，虽然不可一概而论，但学校的有些要求和做法确实不大妥当，例如布置必须由家长参与完成的作业任务。现实中类似的作业并不少见，要求低年级小学生做电子模型、要求高年级小学生完成论文，这些作业与学生能力明显不相匹配，导致家长不堪重负。在家庭教育专家孙云晓看来，当家庭变成第二课堂，当父母变成老师的助教，当家庭教育变成以文化学习为主的教育，这样的家庭教育是不是有利于孩子的成长，是一个值得反思的问题。

针对学校布置作业中存在的问题，一些地方教育主管部门已经有所意识并主动作为。浙江省教育厅专门下发《关于改进与加强中小学作业管理的指导意见》，规定不得布置超越学生能力的作业，不得布置要求家长完成或需要家长代劳的作业，不得要求家长批改教师布置的作业或纠正孩子的作业错误，不得要求家长通过网络下载并打印作业。辽宁省沈阳市教育局提出，教师不得布置超越学生能力的作业，不得布置要求家长完成或需要家长代劳的作业，不得要求家长批改教师布置的作业等。通过行政手段改进和加强中小学作业管理固然重要，但如何更好地满足课程和教育教学改革的需求，如何科学推动家庭教育和学校教育的结合等问题，还有待深入研究。

中小学作业的诸多改进和创新，是基础教育课程和教育教学改革带来的新变化，应当给予肯定。相对于以往过分专注于课本内容，专注于简单记忆、机械重复的练习，目前很多中小学作业更加注重学生观察能力、思考能力和实践能力的锻炼与培养。当然，注重学生能力培养也要遵循学生的身心发展规律，充分考虑学生的实际，给学生过多地布置那种靠自身能力难以完成的作业，非但达不到预期效果，还会给家长增加很大负担。与其过分要求家长和学生的共同参与，不如强调学生之间的合作，毕竟同伴合作本身也是一项重要的教育内容。

开展家校合作，推动家庭教育和学校教育的结合，对于学生的健康成长至关重要，但前提是家庭和学校都要有科学的教育观，否则在实践中难免会出现这样或那样的偏差。目前，在家庭与学校的相互理解、配合和支持方面，仍存在一些认识和实践的误区。从家长层面看，有的家长过度依赖学校教育，采取全盘撒手的做法，认为孩子只要进了学校，有关学习的事就应由学校全权负责；有的家长则过分排斥学校教育，采取大包大揽的做法，置学校教育于不顾，类似"虎妈""狼爸"的教养方式并不少见。从学校层面看，有的学校认为教育是一件专业的事情，而学校是专业机构，对学生的教育问题，学校最有发言权，家长是否参与并不重要；有的学校则认为，家长不仅要参与学生的教育，还应当事事参与，大量"家长作业"的出现与这样的认识不无关系。

改革需要满足各种新的需求，推动家校合作有多种方式，但不能离开科学观念的引领。让家长参与学校教育不能只盯着作业，更不能一味地在作业上给家长"增负"。

本文发表于《中国教育报》2017年1月19日第2版

国际教育供给侧还需加快改革步伐

据媒体报道，过去两年，深圳可谓经历了"国际学校大跃进"，越来越多的"国际学校"亮相，仅记者粗略统计就有十几家。有的"国际学校"一位难求，有的学校却没有挺过一年的"新人"期，以被收购告终。

提供国际教育的民办学校数量急剧增加，确由需求拉动。有机构调查显示，目前全国外籍子女学校 122 所，民办国际学校 321 所，公办学校国际部 218 所，其中提供国际教育的民办学校数量增加明显。近几年包括深圳在内的一些地方出现大量提供国际教育的民办学校，与旺盛的国际教育需求直接相关，而这种国际教育需求受到多方面因素的拉动。有的家长属于主动出击，为将来孩子赴国外求学深造打好基础，这是家长选择提供国际教育的民办学校的主要动因。当然也有的家长是出于无奈，希望孩子在公办学校接受高质量教育，但由于种种原因难以如愿，不得已选择提供国际教育的民办学校。

近年来，因受户籍或学籍限制转而选择国际教育的家庭不在少数。调查发现，深圳公办普通高中学位紧缺，而进入深圳优质高中更是难上加难。除此之外，提供国际教育的民办学校大量出现，也与近年来各地收紧公办学校"国际班"有着一定关系。一些省市相继出台政策，停止审批各类公办学校"国际班"。在此背景下，提供国际教育的民办学校迎来了新的发展机遇。

正是国际教育需求的日趋旺盛，使得提供国际教育的民办学校大量出现，但管理工作明显滞后，突出表现为准入门槛较低。一些举办者在申办提供国际教育的民办学校时，更多关注的是资本运作，而相应的专业准备明显不足，尤其是在学校规划、课程建设、师资选聘等方面准备不足，质量难以保证。在庞大的需求面前，有的提供国际教育的民办学校"一位难求"，还有的学校匆匆上马，最后草草收场。其中既反映出举办者的相关准备不足，也凸显管理部门把关不严、管理滞后，应引起重视并加强监管。

提供国际教育的民办学校要实现持续健康发展，亟须适应新变化。随着提供国际教育的民办学校数量急剧增加，学校个体间的竞争难以避免，优胜劣汰、质量取胜成为一种必然。但从总体上看，提供国际教育的民办学校也面临一些共同挑战，当前亟须面对的是相关教育法律政策的调整与变化。一方面，修改后的《民办教育促进法》规定："民办学校的举办者可以自主选择设立非营利性或者营利性民办学校，但是，不得设立实施义务教育的营利性民办学校。"对于一些既包括义务教育又包括高中的提供国际教育的民办学校而言，如果"非义务教育部分"为营利性民办学校，可能会涉及学校"义务教育部分"和"非义务教育部分"的拆分，包括财产分割、债务剥离等，对此需要做好相应准备。

另一方面，目前提供国际教育的民办学校，在高中课程设置上包括以国际课程为主模式、国际国内课程整合模式、以国际考试课程为主模式。加强对提供国际教育的民办学校引进国际课程、引入境外教材的审核管理，注重国际课程与国内课程的融合，确保达到国家规定的基本质量要求，是一个重要的政策取向，提供国际教育的民办学校需要顺应这一趋势和方向。

本文发表于《中国教育报》2016 年 12 月 29 日第 2 版

健康教育还需抓好政策落实

中共中央、国务院近日印发的《"健康中国2030"规划纲要》提出，要加大学校健康教育力度，将健康教育纳入国民教育体系，把健康教育作为所有教育阶段素质教育的重要内容。

增进学生健康与建设健康中国息息相关。2014年国民体质监测公报中有关全国学生体质与健康的调研结果显示：我国中小学生身体素质继续呈现稳中向好趋势。与2010年相比，在7至18岁学生中，除少数组别外，多数组别学生的速度、柔韧性、力量、耐力等身体素质指标呈现出稳中向好的趋势。在学生身体发育方面，城乡学生的身高、胸围等继续提高，学生营养不良检出率也进一步下降，且基本没有中度或重度营养不良。但在学生体质健康状况总体有所改善的同时，还存在视力不良检出率居高不下且呈现低龄化倾向，以及肥胖检出率持续上升等突出问题。

这份体质监测公报所传递的信息有喜有忧。虽然中小学生身体素质总体呈现稳中向好的趋势，但进一步增进学生健康的任务依然繁重，需要全社会的共同努力，学校教育同样责任重大。教育行政部门、中小学、学生和家长尽管对于增进学生健康的重要性都有所认识，但迫于考试升学的竞争压力，往往会不自觉地将其摆到一个次要位置。因此，增进学生健康要有相应的机制建设和制度保障，而建立学校健康教育推进机制无疑是一项重要任务。为此，要构建相关学科教学与教育活动相结合、课堂教育与课外实践相结合、经常性宣传教育与集中式宣传教育相结合的健康教育模式。除此之外，发挥教育质量评价和考试招生制度改革的引领和导向作用同样至关重要。

一直以来，评价中小学教育质量通常只是以升学率作为衡量标准。这种单一化的评价标准导致一些学校只关注学生的文化课学习，为了求得一个好的结果，不惜加班加点。学生睡眠时间难以保证，挤占体育课课时和课外体育活动时间的情况也较为普遍。随着中小学教育质量综合评价改革的推进，这种局面有望逐步得到改变。"绿色评价"强调评价指标的多元化，特别是将学业负担状况作为评价的一项重要内容，有利于扭转只重结果不重过程的评价方式，对于增进学生健康有着积极的促进作用。

考试招生制度改革如何朝着有利于增进学生健康的方向推进，同样值得重视。从中高考改革看，招生录取或结合或参考学生综合素质评价，是一个重要改革方向。而作为学生综合素质评价的一项重要内容，学生身心健康势必更加受到重视。在不久前教育部发布的《关于进一步推进高中阶段学校考试招生制度改革的指导意见》，对于将体育科目纳入中考提出了明确要求。特别是在录取计分科目的改革试点中，体育与语文、数学、外语一样，成为必选科目，这对于初中学校加强学校体育工作发挥了积极的导向作用。

国务院办公厅印发的《关于强化学校体育促进学生身心健康全面发展的意见》也明确提出：严禁削减、挤占体育课时间，有条件的地方可为中小学增加体育课时；学校要将学生在校内开展的课外体育活动纳入教学计划，列入作息时间安排，与体育课教学内容相衔接，切实保证学生每天一小时校园体育活动落到实处；中小学校要组织学生开展大课间体育活动，寄宿制学校要坚持每天出早操。从现实来看，这些规定若落到实处，除了需要认识到位、制度保障到位，还要在科学实施上下更大力气，实施的效果将决定学生的身心健康水平。

本文发表于《中国教育报》2016 年 10 月 28 日第 2 版

重体育强体魄要有"硬"要求

　　国务院办公厅日前印发的《关于强化学校体育促进学生身心健康全面发展的意见》（下文简称《意见》）指出，强化学校体育是实施素质教育、促进学生全面发展的重要途径，对于促进教育现代化、建设健康中国和人力资源强国，实现中华民族伟大复兴的中国梦具有重要意义。当然，推动学校体育改革发展，强化学校体育工作，需要有一些实实在在的举措。

　　强化学校体育要有一些硬性规定和要求。应当看到，目前体育课和课外锻炼在中小学依然非常薄弱，受重视程度远远不够。尽管出现这种情况有来自考试升学等多方面因素的影响，而消除这些因素的影响并非一朝一夕的事情，但学生的健康问题却等不起。因此，在加强中小学体育课和课外锻炼方面，作出一些硬性的规定和要求非常必要。《意见》就此提出：严禁削减、挤占体育课时间，有条件的地方可为中小学增加体育课时；学校要将学生在校内开展的课外体育活动纳入教学计划，列入作息时间安排，与体育课教学内容相衔接，切实保证学生每天一小时校园体育活动落到实处；中小学校要组织学生开展大课间体育活动，寄宿制学校要坚持每天出早操。这些要求看似并不高，但要真正落地仍需付出巨大努力，加强监督检查也必不可少。

　　强化学校体育要增强学生对体育课和课外锻炼的兴趣。要调动学生的主动性和积极性，要让学生真正喜欢体育课和课外锻炼。为了增强学生对体育课和课外锻炼的兴趣，近年来各地想了很多方法，也取得了一些积极效果。

　　2012年，上海市在17所高中学校开展"体育专项化教学改革"试点，打破行政编班，让学生按自己的兴趣选择项目"走班上课"；将每天一节体育课整合为每次两节连上的80分钟大课，以便有充裕的时间参加所选项目的系统学习。2014年，一份对上海市17所高中学校学生及体育教师的问卷调查显示，81.5%

的学生喜欢专项体育课，教师接受度也达到 89%。上海市从 2015 年起扩大高中"体育专项化教学改革"试点范围，并正式启动小学体育兴趣化、初中体育多样化的体育课程改革试点工作。

强化学校体育要用科学的方式加以引导。目前，全国大部分地方已经将学生体育成绩纳入中考总成绩，这种做法对于学生重视体育起到了促进作用。但将体育科目纳入中考重在"引领"，淡化甄别筛选，而且要在分值确定、成绩构成上做得更加科学，包括对学生出勤、课堂表现、健康知识、运动技能、体质健康、课外锻炼、参与活动情况等方面进行全面评价，成绩不是由一次考试所决定的。近日有媒体报道，随着中考临近，很多家长把注意力投向日益火爆的中考体育训练班，家长的这种心情可以理解，参加体育家教训练也确实会对提高孩子的体育测试成绩有所帮助。但从促进学生身心健康、体魄强健的角度看，如果将体育纳入中考，最终将体育引向了简单应试，家长和学生对体育的重视也只是出于应试目的，这样的结果并不符合推动学校体育改革、强化学校体育工作的宗旨，需要在改革实践中加以预防。

强化学校体育是一项系统工程，除了要强化体育课和课外锻炼，还要注重教体结合，完善训练和竞赛体系；增强基础能力，提升学校体育保障水平；加强评价监测，促进学校体育健康发展。

本文发表于《中国教育报》2016 年 5 月 11 日第 2 版

告别"贴标签"是教育对个体的尊重

禁止给学生贴上"心理疾病"标签，是近日教育部印发的《中小学心理辅导室建设指南》的规范要求。在笔者看来，这一条规范要求至关重要，再怎么强调都不为过。毕竟中小学心理辅导室重在提供心理辅导和心理健康服务。通过向学生提供发展性心理辅导和心理支持，培养他们积极乐观、健康向上的心理品质，而简单化地给学生贴上"心理疾病"标签，并不符合这样的目标定位。

在日常教育过程中，给学生个体和群体贴标签的做法并不少见。在谈及中小学心理健康教育时，往往会把它与"心理疾病"联系在一起；在谈及"留守儿童""独生子女"的培养教育时，也往往会把一连串的弱点和问题与他们相挂钩，这些弱点和问题甚至可能成为群体的代名词。这种贴标签的做法，明显不够科学和严谨，对学生发展非但没有正向促进作用，反而会带来很多负面影响。

还是以中小学心理健康教育为例，目前很多学校都设有类似的心理辅导室，只是名称各有不同，但从实际情况看，有的受欢迎，有的则不大受欢迎。除了软硬件条件不足等方面的原因，很多学生不愿到心理辅导室寻求帮助，主要是怕被别的同学指指点点，心里有所顾忌。可见，不保护学生的隐私，随意给学生贴上"心理疾病"标签，不仅无法为学生提供实质性帮助，还会误导学生，带来精神负担和压力。在开展中小学心理健康教育的过程中，如何让学生放松心情，让心理辅导室真正成为学生心灵的港湾，还有许多工作要做，其中禁贴"心理疾病"标签无疑是一项重要内容。

除了不可给学生个体随意贴标签，给学生群体随意贴标签的做法同样需要加以防范，要避免将个体的弱点和问题无限放大，并冠之于整个群体。近年来，"留守儿童"成为社会广泛关注的一个群体，因为他们远离父母，缺少家庭关爱和照料，出现了各种各样的问题。出于关爱和保护的目的，将目光聚焦于"留守儿童"本身是一件好事。但值得注意的是，当前给"留守儿童"随意贴标签的做法较为普遍，动辄将"留守儿童"与性格孤僻、不合群、感情冷漠、行为习惯差等特征联系在一起，不免有点以偏概全。真正剥离出"留守儿童"群体所独有的特征，需要有科学严谨的调查作支撑。事实上，重视"留守儿童"的特殊性，并不意味着把这一群体视作特殊群体，更不能把"留守儿童"与"问题儿童"完全等同起来，这是关爱和保护"留守儿童"的一个基本立足点。否则，非但不能很好地为"留守儿童"提供帮助，反倒会对他们的身心健康造成不利影响。

同样，人们对于独生子女群体的认识和判断，也或多或少带有一些主观臆断的成分。人们往往会基于一些个案事实，对独生子女的群体特征进行描述，贴上各种标签，比如以自我为中心、难与人相处、抗挫折能力差等等。笔者通过对独生子女与非独生子女的对比研究发现，独生子女在很多方面的发展不具有独特性，即便在个性品质、行为习惯上与非独生子女存在一些差异，这种差异随着年龄的增长也会逐渐缩小。从总体上看，独生子女与非独生子女在发展上共性大于差异，独生子女的发展特点反映了社会变化对整个新一代学生的影响，不同时期学生之间的差异大于独生子女与非独生子女之间的差异。不难发现，人们对独生子女群体的一些主观认知，包括给独生子女群体所贴的各种标签，很多与实际并不相符。如果一味将这些主观认知强加给独生子女群体，对独生子女的培养教育没有任何益处。

不论是给学生个体还是给学生群体贴标签，从本意上看，似乎都是为了更好地找到病症，然后对症施治。但如果没有科学性作支撑，所找的病症不准确，在施治过程中也就难免不对症。更为重要的是，随意给学生贴标签，会让他们背负莫名的压力，甚至成为众矢之的。从关心爱护学生的角度出发，还是应当少贴一点标签，多一些深入细致的分析研究，只有这样，对学生的认知才更准确，培养教育才更有效，对学生的发展也才更有利。开展心理健康教育需要这样做，对"留守儿童""独生子女"的培养教育同样需要这样做。

本文发表于《中国教育报》2015年8月22日第2版

停奖高考优胜者折射理念之变

以往每年 8 月，苏州市高考考生含金量最高的奖项——"李政道奖学金"的颁发总是备受关注。该奖项由美籍华裔物理学家、诺贝尔物理学奖获得者李政道于 1985 年在家乡苏州设立，每年嘉奖高考"三甲"。30 年来，苏州市共有 29 所中学的 202 名学子获此殊荣。记者近日从苏州市教育局获悉，已连续颁发 30 届的高考最高奖学金"李政道奖学金"今年起不再发放。

读完这则报道，笔者眼前浮现出一些地方大张旗鼓奖励高考优胜者的画面，感觉反差甚大。苏州市停发"李政道奖学金"，折射出的是一种教育理念的变化。

如何看待高考优胜者，社会已经变得更加理性，这无疑是一种进步。但不可否认的是，围绕"高考状元"的各种炒作依然存在，炒作手段也还在不断翻新：骑高头大马游街，戴红花走红毯，穿状元服骑马游览景区……不难看出，"唯分是举"的观念依然根深蒂固。理念之变还会面临一个艰难的过程，推动理念之变需要政府、学校和全社会的不懈努力。

推动理念之变，需要地方政府和教育行政部门率先垂范。科学评价学校和学生，要有先进的教育理念作支撑。一直以来，地方政府和教育行政部门评价学校和学生的标准相对单一，升学率、高考成绩往往是唯一指标，因而对高考升学率和高考成绩的看重也就不足为怪。一些地方据此对高中学校和高中学生进行褒奖，有的发去贺信，有的则提供物质奖励。而推动理念之变，对于地方政府和教育行政部门而言，首先应当从停止奖励高升学率学校和高考优胜者做起，在这一点上，苏州市带了一个好头。

推动理念之变，也需要高中学校主动作为。每年高考结束，很多高中学校都会在校内，甚至学校大门外张贴喜报，把当年学校招生录取情况公之于众，考上北大、清华的学生名字牢牢占据喜报之首。在很多学校看来，考上北大、清华和其他"985""211"高校的学生数量，是展示学校教育质量的硬指标。而推动理念之变，对于高中学校而言，不妨从揭下学校的高考喜报做起，虽然在很多人看来这不过是一种形式而已，不必太较真。但不论怎么说，一边在倡导教育质量综合评价改革、推动实施学生综合素质评价，一边却在大张旗鼓宣传学校的高升学率、学生的高分数，多少显得不大和谐。

推动理念之变，更需要全社会积极配合。教育改革如果没有全社会的支持配合，难以取得成功，推动理念之变同样如此。尽管教育行政部门一再呼吁不要炒作"高考状元"，但每年高考成绩一经公布，媒体宣传、企业奖励便会蜂拥而至，营造了一种不良社会氛围。而推动理念之变，社会各界应当承担起各自职责，积极配合教育行政部门和学校推进评价制度改革，为学校发展和学生成长营造一个良好的外部环境。

以评价方式的转变，倒逼学校、家长和社会更新教育与人才培养观念，为实施素质教育创造良好条件，这是苏州市停发"李政道奖学金"的初衷，同样也是当前深化基础教育改革的一项重要任务。正如苏州市教育局局长顾月华所言，如果还是以高考分数来确定奖学金名单，有可能带来另外一种"唯分是举"的负面影响。

本文发表于《中国教育报》2015年8月12日第1版

"社会实践"落地需多方协同配合

每到开学前夕，总会有一拨又一拨的学生和家长拿着社会实践表，到社区请求开个"后门"盖一颗章。为了消灭"盖章族"，今年杭州的不少社区通过各种手段，给同学们搭建起了一个丰富多彩的社会实践平台。

社会实践的重要性不言而喻。教育部《关于加强和改进普通高中学生综合素质评价的意见》将学生综合素质评价内容分为思想品德、学业水平、身心健康、艺术素养、社会实践五个方面。而事实上，走出教室，走向社会，在社团活动中培养兴趣，在社会实践中经受锻炼，全面提升德智体美各方面综合素质，是当今时代对所有中小学生的要求。社会实践是中小学生健康成长的一门"必修课"。

社会实践落地需要学校的悉心指导。社会实践是素质教育的一项重要内容，学校和教师在其中究竟应当扮演什么角色？从表面上看，参加社会实践的学生走出教室、走向社会，学校和教师的作用似乎有所降低，其实不然。对于学生的社会实践，学校和教师的指导必不可少，而且这种指导应当贯穿于学生社会实践的全过程，包括之前的活动设想、之中的问题解决和之后的分析总结。然而在现实当中，我们经常能够看到这样的情形，教师只是把社会实践当作一项作业来布置，但对于这项作业没有明确的目的要求，缺乏具体而有针对性的指导，结果导致学生为了完成作业而去社会实践，处于一种被动应付的状态，使社会实践的效果大打折扣。

社会实践落地需要社会的大力支持。学生参加社会实践，往往会苦于得不到社会的支持。对于学生参加社会实践，社会是否能够搭建平台、提供便利，其影响和作用不可小视。在这方面，杭州部分社区的做法值得借鉴。在朝晖街道华联社区，学生可直接到社区报名，也可以通过电话和微信报名，只要报满5

名学生，就能组成一个实践小组，与社区和实践基地约定时间，直接前去参加实践。应当看到，社会实践的意义不在于一颗公章，而是让孩子们能尽早真切地担起"责任"二字，丰富多彩且有效的实践活动才能让孩子们都"动"起来。杭州市很多社区为学生社会实践所提供的大力支持，使得当地的中小学社会实践活动逐步从形式走向内涵，具有良好的示范效应。

社会实践落地需要家长的积极配合。对于眼下的很多家长来说，寒暑假既是孩子放松休息的好时段，也是孩子补习功课、查漏补缺的好时机，因此各种补习班、辅导班在寒暑假火爆异常。而对于孩子参加社会实践，一些家长却不以为意，甚至觉得是浪费时间，但因为考虑到是学校布置的一项作业，也就不得不应付一下。以往在杭州出现的"盖章族"，既有社区实践活动缺乏的原因，或多或少也有家长不重视的因素。从这个角度看，社会实践落地同样离不开家长的积极配合。

总而言之，社会实践落地需要学校、社会和家长的协同配合，缺少了任何一方的努力，社会实践都可能只是流于形式，难有真正好的效果。

本文发表于人民网教育频道，2015 年 7 月 29 日

传统文化要化成学生"美食"

在今年"两会"上，很多代表委员将目光聚焦于传统文化教育，并就优秀传统文化如何进课堂、进校园发表了许多真知灼见，比如传统文化教育不能"暴饮暴食"等。这让笔者联想到前不久的一则新闻，河南省平顶山某高中不仅要求学生向孔子像下跪磕头，还规定在校学生每天清晨 5 点必须起床诵读《道德经》《孝经》《论语》等经典，结果引发很大争议。

依笔者之见，优秀传统文化并不是一种死的知识和某种固化的仪式，将弘扬传统文化与跪拜联系在一起，不仅是一种形式化、表面化的做法，也是对弘扬传统文化的误读。学校硬性规定"每天早晚两次诵经"，这种强制性做法不仅不利于增进学生对传统文化的认同感，反而会使学生对传统文化产生逆反心理。

平顶山这所高中的做法其实并非个案，针对当前中小学进行传统文化教育过程中出现的类似问题，教育行政部门和学校需要高度重视。当然，由此对中小学进行的传统文化教育产生怀疑甚至予以否定，并不是一种理性科学的态度。当务之急是要对中小学如何更好地进行中国传统文化教育进行深入探索和实践，尤其是要在正确对待中国传统文化、把握中国传统文化的精髓、探索中国传统文化教育的有效方式等问题上理清思路、下足功夫。

对待中国传统文化既不能采取全盘否定的历史虚无主义态度，也不能采取盲目崇拜的保守主义态度，而应采取唯物辩证的分析态度。中小学在进行传统文化教育时，需要有鉴别、有扬弃，去粗取精、去伪存真，而不能不加鉴别地简单照搬甚至全盘吸收。

注重思想道德建设是中国传统文化的重要特征。当前，中小学在进行传统文化教育时，要真正从形式走向内容，牢牢把握中国传统文化的精髓；要以社会主义核心价值观为根本，弘扬中华民族精神和优秀传统文化，让中小学生在传统文化的滋养中建立道德行为规范，提高文明素质，形成正确的世界观、人生观和价值观。

应当承认，今天的中小学在弘扬中国传统文化、教导学生文明礼仪等方面存在一定缺失。笔者认为，要着力将传统文化教育寓于校园环境之中，纳入日常教育教学活动之中，融入课程和教材之中。要不断创新传统文化教育教学方法，用学生喜闻乐见的方式，用润物细无声的方法，用潜移默化、循序渐进的步骤，真正让传统文化的精髓走进学生的内心深处，落实到学生言行举止之上。进行传统文化教育，要力戒做表面文章、搞形式主义，力戒强制灌输，力戒功利化倾向。

本文发表于《中国教育报》2015年3月13日第2版

"偏科"与"退学"都须谨慎为之

近日，一则"偏科退学，济南 10 岁女孩一年写了两本童话书"的消息见诸报端，引发人们热议。有人对 10 岁女孩取得的成绩表示赞赏，也有人就此提出了一些质疑，其中，"偏科"与"退学"是人们议论和关注的焦点。

从报道看，2012 年这个女孩因偏科成绩太差退学后，母亲为女儿精心安排了课程——故事、探索和数学，每天让孩子在家上 8 小时的课。今年，母亲又决定停掉令孩子"头疼"的数学课，也没有让孩子接触英语，而专攻故事、探索和孩子喜欢的手工泥塑。从中不难发现，孩子本身的偏科问题比较突出，家长通过不断调整学习内容助推孩子的偏科，从表面看是为了扬长避短，然而对于这样一个低年龄段的孩子，目前她的长处和短处的显现真的可靠吗？孩子所表现出的兴趣是否真的能够持续？此时过分强调"避短"是否为时过早？

事实上，促进孩子全面发展，并不意味着让孩子在所有学科平均发展。挖掘孩子的潜能、培养孩子的兴趣特长确实非常重要，但对于一个低年龄段的孩子，兴趣特长的养成还是应当基于全面打好基础这一前提，过早偏科对于孩子的后续发展会带来一些不利影响，对此家长需要引起一定重视。

对于"打好基础"与"特长发展"的关系究竟应当如何看待？取消文理分科，是新一轮高考改革的一个重大变化，其主要意图在于让学生普遍打好文理基础。将语文、数学、外语三门学科纳入统一高考，突出体现了这三门学科的基础性和工具性特点。在强调打好文理基础的前提下，新一轮高考改革也关注到了学生个性与特长的培养，学生可以在高中学业水平考试的基础上，选择 3 门符合自己兴趣特长的学科计入高考总分，这将有利于学生的特长发展。从推进高考改革的视角看，注重"打好基础"与注重"特长发展"在制度设计层面并非不可兼顾。同样，在孩子的培养过程中，两者也并不是一对不可调和的矛盾。

此外，报道中所涉及的让孩子退学"在家上学"的做法，也是近年来出现的一个新现象，并且逐步呈现增加的趋势。"在家上学"反映了家长的个性化教育诉求，在一定程度上有它的合理性。但我国《义务教育法》对实施义务教育有着明确的时间限定、质量限定和实施主体要求，采取"在家上学"的做法与《义务教育法》存在一定冲突。同时，现代学校教育的课程设置，主要基于不同学科的内容体系、教学特点和学生的身心发展规律。而从一些"在家上学"孩子的学习内容看，存在一定程度的偏科现象，这样的做法容易顾此失彼。此外，缺失学校教育中的同伴相处，也是人们对于"在家上学"的担忧。

当前一些家长选择让孩子"在家上学"，主要源自他们对学校教育模式和理念的不认同。应当承认，今天的学校教育仍然存在诸多问题，"大班额"现象突出，培养模式单一，难以顾及学生的不同特点与需求，难以真正做到因材施教。从这个角度看，如何规范办学行为，如何创新培养模式，如何根据学生的年龄特点和身心发展规律落实因材施教，是当前学校教育需要认真研究解决的问题。

本文发表于人民网教育频道，2014 年 10 月 20 日

春假要落地 先做好三个衔接

今年，电视节目《爸爸去哪儿》格外引人关注，也引发了观众的强烈共鸣。家长和孩子能够有更多机会一同走进大自然，加强亲子沟通，增进亲子关系，成为人们的一种热切期盼。但现实中由于受到各种条件的限制，包括家长和孩子的放假时间难以对接，常常会让这种愿望落空。近日，国务院发布了《关于促进旅游业改革发展的若干意见》（以下简称《意见》），为解决这一问题提供了一个新的途径。

《意见》提出：切实落实职工带薪休假制度。在教学时间总量不变的情况下，高等学校可结合实际调整寒暑假时间，中小学可按有关规定安排放春假，为职工落实带薪年休假创造条件。随着《意见》的发布，有关中小学放春假的问题成为人们热议的话题，但由于中小学放春假涉及学校、家庭和社会多个方面，而且环环相扣，要让这一政策真正能够落地，加强相关环节的衔接显得尤为重要。

中小学放春假要与职工带薪休假制度相衔接。此次中小学放春假问题的提出，是基于促进旅游业改革发展的视角，希望通过中小学放春假，为职工落实带薪年休假创造条件。应当看到，中小学放春假确实能为家长和孩子共同休假创造条件，但也只有真正为职工落实带薪年休假，中小学放春假的意义和作用才能更好地体现，否则放春假反而有可能成为家长一个新的负担。从现实看，每年寒暑假，孩子照料问题便成为中小学生家长的一大难题，要么带孩子上班，要么请老人照料，要么把孩子送入各类培训班，"孩子放假在家，家长上班在外"似乎成了一个难解的矛盾，要想为孩子安排丰富的假期生活似乎异常困难。在安排中小学放春假时，如何最大限度地规避这一矛盾至关重要，加强中小学放春假与职工带薪休假制度的衔接必不可少。对于如何落实职工带薪休假制度，

《意见》明确提出：强化全社会依法休假理念，将带薪年休假制度落实情况纳入各地政府议事日程，作为劳动监察和职工权益保障的重要内容。虽然相关的政策要求非常明确，但要真正将其落到实处还需要付出巨大努力。可以说，带薪休假离不开地方政府的推动、监督乃至问责。

中小学放春假要与中小学整体教学安排、考试安排、假期安排相衔接。打破寒暑假的集中放假模式，安排中小学放春假，在制度设计层面和实际操作层面都不应存在障碍，一些地方和学校也曾有过灵活安排假期的尝试。但中小学假期调整的整体推进，势必会对现行的中小学教学计划和进度、考试安排等带来一定影响，因此，一部分人会有"放春假会乱了教学进度"的担忧。中小学放春假，看似一个不大的调整，但确实需要对中小学现行的教学安排、考试安排和假期安排进行重新规划，春假放多长时间、什么时候放，是教育行政部门统一安排还是学校自行确定等等，都需要统筹考虑。而整体规划的前提是，不能因为放春假而简单缩短总教学时间。

中小学放春假要与中小学生社会实践、研学旅行相衔接。如今的寒暑假，对很多中小学生来说已经成为"第三学期"，各类培训班是他们假期生活的主要场所，学习成为他们假期生活的主要内容。很显然，春假不应成为寒暑假的翻版，让中小学生真正走进自然、走向社会、开阔视野、增长见识、陶冶情操，这才是放春假的应有之义。

《意见》围绕"积极开展研学旅行"提出，按照教育为本、安全第一的原则，建立小学阶段以乡土乡情研学为主、初中阶段以县情市情研学为主、高中阶段以省情国情研学为主的研学旅行体系。由此不难看出，把研学旅行与寒暑假结合，包括与今后的春假结合，是一项新的教育教学改革实践。如何结合区域特色、学生年龄特点和教学内容组织研学旅行，如何通过研学旅行培养学生的爱国情感、社会责任感、创新精神和实践能力都还有待深入研究。同时，应当加强学校、相关部门和全社会的通力协作，为中小学生的社会实践和研学旅行创造良好条件。

本文发表于《中国教育报》2014年8月25日第2版

零起点教学有助于遏制教育"抢跑"

近日，《钱江晚报》以"零起点教学，家长怎么看?"为题进行了调查。"多学点总是好的"等认识在家长中具有一定普遍性。针对已实施"零起点教学"的学校调查也表明，一个班 30 个学生没有一个零起点。由此看来，推进"零起点教学"，不论是在家长认识层面还是在学校操作层面，仍然面临一定困扰，但就此对改革失去信心大可不必。我们有理由相信，随着"零起点教学"的不断推进，其正面导向作用将会逐步显现，对此我们不妨多一点耐心。

作为减轻中小学生课业负担的一项重要举措，目前上海、太原、成都、杭州和宁波等地都在积极推进小学一年级"零起点教学"。从表面看，这一举措是出于规范学校教学行为、减轻学生课业负担的考虑，而其更深层次的意义是要发挥改革的正面导向作用，转变包括家长、学校和教师在内的全社会的教育观念，改变过于注重学科知识传授的家庭教育和学前教育培养方式，为孩子的健康成长创造一个宽松环境。

推进"零起点教学"，旨在转变家长的教育观念，改变当前家庭教育过于注重学科知识传授的培养方式，推动家庭教育的科学化。"多学点总是好的"实际上是家长对一直以来小学一年级"高起点教学"的一种主动应对，也是"不能让孩子输在起跑线"这一观念的具体体现。对于学龄前孩子，家长究竟应当如何进行培养，其中的认识误区和观念偏差仍然非常突出。随着"零起点教学"的不断推进，原先的这种想法和做法是否科学，是否会给孩子带来不利影响，这些问题势必会引发家长的反思。

推进"零起点教学"，旨在转变学校和教师的教育观念，改变当前学前教育过于注重学科知识传授的培养方式，扭转学前教育"小学化"倾向。把小学的学科内容简单下移到幼儿园，让孩子学拼音、学算术、学英语，似乎已经司空见惯，而这种做法明显违背了教育规律和幼儿身心特点。随着"零起点教学"的不断推进，特别是随着家长教育观念的逐步转变，将会为学前教育培养方式的改革创造更加有利的条件。

推进"零起点教学"，需要以相关的制度规定为基础。如果幼升小仍然设有入学门槛，入学后还要分班，而入学和分班又都是通过考试或各种变相考试来进行的，那么，再怎么强调"零起点教学"，家长也不会甘于让孩子"零起点"。因此，推进"零起点教学"，严格执行幼升小免试就近入学，严禁小学分重点班、非重点班至关重要，即便是民办小学组织的"入学面谈"，也应当禁止各种类型的学科测试。

推进"零起点教学"，需要以相应的监管措施为保障。将"零起点教学"落实到小学一年级的教学之中，关键是要严格按照课程标准开展教学和评价活动，不随意拔高标准，不随意加快进度。面对眼下"抢跑"学生众多的现实，课堂教学是否真正能够顾及每一个学生，特别是那些"零起点"学生？教师的教学行为是否规范？对于这些问题，加强监管很有必要。

推进"零起点教学"，并不意味着孩子在入学之前"零准备"，而是要避免学龄前孩子提前进入以掌握教材知识为目标的学习状态中，因此它与一直以来强调的幼小衔接并不矛盾。而幼小衔接应当重点关注什么、如何才能更好地衔接值得深入研究，学科知识内容衔接显然不是幼小衔接的应有之义。

本文发表于《中国教育报》2014 年 8 月 18 日第 2 版

面对夏令营，家长还需擦亮眼

最近，一则名为"北大清华文化深度之旅"的夏令营广告引发社会关注，10天夏令营收费 29800 元，这个天价夏令营到底有多少"含金量"？人们不免会打上一个问号。如今，夏令营已渐渐成为中小学生假期生活的一项重要内容。每当假期来临，家长也总会通过各种渠道搜寻夏令营的信息，期盼孩子能够借此度过一个快乐而又充实的假期。然而有时却事与愿违，从近期一些媒体的报道看，很多夏令营并没有带给孩子想象中的快乐和满足，以至于有的家长直呼上当。

夏令营从最初的中小学校或官方机构组织到如今的市场化运作，数量呈快速增长之势，但市场监管远远没有跟上。由于操作不规范，一些夏令营出现了宣传与实际不符、收费过高、安全措施不到位等问题。对此，相关部门加强对夏令营的监管必不可少，同时还需家长自身擦亮眼睛，对夏令营的乱象能够明察秋毫。

"名实不副"是夏令营的乱象之一。很多夏令营包装精美，宣传花哨，以能为孩子提供各种综合素质教育甚至精英教育为噱头，而实际与当初宣传时的承诺大相径庭。据媒体报道，有位家长给孩子报名参加了一家培训机构组织的"拓展夏令营"，夏令营把孩子拉到了一个村里的训练基地，尽管宣传中提到了众多新颖的训练项目，可以提高孩子的综合素质，但实际上除了天天走正步、唱军歌之外再也没有别的内容，拓展训练俨然变成了一次再寻常不过的军训。

"价高质次"是夏令营的乱象之二。有的夏令营虽然收费很高，但实际操作时敷衍了事，原本应该寓教于乐的夏令营，有的却变成了"购物夏令营""旅游夏令营"，伙食、住宿、行程等严重缩水的情况非常普遍。据媒体报道，有位家长送孩子参加了一次新加坡"游学夏令营"，一周花费 8600 元，虽然名字叫"游学夏令营"，但实际上行程跟普通旅游并无明显差别。而据业内人士介绍，这种游学的价格往往比成人旅游的费用高出许多，这也是近年来很多机构热心于此类游学项目的一个重要原因。

"主题杂乱"是夏令营的乱象之三。虽然很多夏令营主题鲜明、符合孩子的身心特点，但也有很多夏令营假借"特色夏令营"之名，开展一些并不适宜中小学生的活动项目。据媒体报道，曾经有一个"时尚公主夏令营"，主办方称旨在让小女孩领悟生活真谛、提高生活品位。还有的夏令营教 6 至 12 岁的孩子化妆、减肥、包装自己等，更有甚者带着孩子到庙堂念经。而诸如此类的夏令营，势必会对未成年人价值观的形成带来不利影响，需要特别加以防范。

此外，缺乏安全保障的问题在夏令营中也比较突出。由于中小学生年龄偏小、安全意识相对薄弱，在近年来各地的夏令营当中，各种突发事件、意外事件也时有发生，给孩子及其家庭带来不同程度的伤害。面对当前夏令营中的各种乱象，家长还需擦亮眼睛，努力做到防患于未然。

一是要尽量选择有资质、信誉好的机构组织的夏令营。目前除了学校这一主体组织的夏令营，以及一些政府、事业机构组织的公益性质的夏令营，还有各种教育培训或咨询机构、旅行社、户外拓展类公司、个人组织的夏令营。因此家长在选择夏令营时，对组织机构的资质需要进行认真考察，避免盲目听信广告、迷信价格，事实上也不是广告越响、价格越高就越好。

二是要对夏令营的具体实施环节进行仔细考察，包括活动主题、行程安排、交通路线、安全措施、食宿情况和管理方式等，了解清楚所有细节之后再与组织方签订合同。也只有这样做，才能最大限度地保障自身权益，规避可能存在的各种风险。

三是要充分尊重孩子的意愿。很多家长往往从自身的主观意愿出发，简单武断地认为某一夏令营对孩子有帮助，甚至抱有过高期望，而完全不考虑孩子的兴趣和意愿，其结果往往是孩子奉命行事，很难真正体会到夏令营所带来的快乐和满足。在夏令营的选择上，家长既要给孩子提供指导帮助，又不能完全包办代替。

作为孩子学校生活的重要补充，夏令营对孩子接触社会、开阔眼界、启迪心智和提升素质都有积极作用，家长不必因为目前夏令营中存在这样或那样的问题而顾虑重重甚至退避三舍，只要事先做足功课，夏令营依然值得期待，孩子也一定能够从中受益。

本文发表于《中国教育报》2014 年 8 月 7 日第 2 版

超常儿童培养也应遵循教育规律

今天的家长对于"超常班"表现出如此高的热情，其实原因很简单。一方面，很多家长对自己孩子期待较高，认为孩子很聪明、很优秀，他们把这样的选拔考试视作对孩子的一次科学诊断；另一方面，"超常班"享有特殊的升学通道对家长有较大吸引力，通过考试的孩子可直接进入他们心目中的优质小学，将来还可免去小升初的压力，直接升入初中部。在眼下全面推进义务教育就近入学政策，幼升小、小升初的"择校"空间变得越来越小的情形下，选择"超常班"也不失为一条捷径。当然还应当承认，确有一部分家长希望孩子考入"超常班"，赢得更好的成长环境和空间，让孩子更早地体验成功的喜悦。

不管出于何种考虑，家长对"超常班"表现出极大热情完全可以理解，对家长的做法也无须过多指责，况且绝大部分家长不过是抱着试一试的心态，对结果并没有过高预期。但那些一心想把孩子当作"超常儿童"来进行培养的家长，倒是确实需要静下心来好好想想，对"超常班"不可抱有过高预期。根据心理学对儿童智力的研究结果，大约只有3%的儿童，其智力水平远高于同龄人，可见"超常儿童"只是儿童中极少的一部分。即便自己的孩子是一个"超常儿童"，究竟是选择"常规培养"还是"特殊培养"，也仍然需要仔细斟酌。那些独立设置的"超常班"，虽然可以缩短"超常儿童"的修业年限，但由于速度快、课程深，给孩子带来的负面影响同样非常突出，甚至可能影响孩子社会性的发展，现实生活中因为望子成龙心切最终适得其反的例子并不少见。因此对于家长而言，保持平和的心态，真正从孩子身心发展规律和教育规律出发，理性看待孩子的成长和教育显得尤为重要。

事实上，社会上对于"超常儿童"培养一直存在不同认识和看法，有人认为"超常儿童"培养至关重要，也有人认为，仅仅限于对几个高智商孩子进行集中培养，没有多大意义。依笔者之见，对小学举办的"超常班"不可预期过高，即便是作为一种小范围探索实验，也需要把握好以下环节。

其一，学校对"超常儿童"进行单独培养，需要构建科学的培养方式。针对"超常儿童"的课程调整，不应只是加快学习的速度和加深程度，而是要对课程的整体结构作出改变，涉及具体目标、学习内容、教学方法、评估和师资等多个方面。同时，在培养"超常儿童"时，除了注重培养和发展其智力和学业能力，还应注重培养孩子良好的道德品质、健全的人格、对环境与社会良好的适应能力，促使其身心全面发展，要尽力避免"超常儿童"学业突出、心智落后的状况出现。

其二，学校对"超常儿童"进行单独培养，需要完善进入退出机制，包括科学的选拔认定办法、灵活的退出机制等。针对这些"超常儿童"，学校通常会采取一些特殊的培养方式和手段，甚至在学制上作出调整，教学与管理也是一个相对封闭的自循环系统。如果孩子出现不适应的状况，是否能够通过一种过渡与衔接机制，使其顺利回归常态培养非常重要。否则非但不能使孩子成才，还有可能对孩子成长带来损害。

其三，学校对"超常儿童"进行单独培养，需要合理调配学校资源并维护教育公平。今天的中小学校毕竟是一个面向全体学生的教育场所，不可因为过分关注个别"超常儿童"而忽视了绝大多数孩子。对"超常儿童"进行特殊培养，需要有专门的课程设计、教材设计和高水平的师资队伍。汇聚学校一批高水平教师投入"超常班"，难免会对学校的常规教育教学造成影响，学校在"超常班"的探索实验过程中需要对此特别加以防范。

此外，由于开展"超常班"探索实验需要相应的条件和机制作保障，教育行政部门应当将其控制在最小范围内，并建立严格的审核机制，也应当进行必要的规范和限定。

本文发表于《中国教育报》2014 年 5 月 6 日第 2 版

别急于给"学霸"贴应试标签

　　17岁长沙"学霸"获得美国9所名校录取通知书，合肥一中的"学霸"班学生被国外名校"抢光"……。近来，"学霸"一词不断吸引着人们的眼球。对此，有人认为"学霸热"背后是学历崇拜，有人则认为"学霸"们学习刻苦、成绩优异，是值得学习的榜样。"学霸热"现象背后究竟是什么？这一现象又反映了怎样的教育和媒介生态？

　　"学霸"通常具备两个基本特征：学习刻苦和成绩突出。对一个学生而言，刻苦学习是应当的，成绩突出也是好事，然而人们对"学霸"的态度却显得很纠结，甚至还有些质疑，原因何在？

　　笔者认为，首先是人们习惯于把"刻苦学习"与"负担过重"简单地画上等号。应当承认，对于今天的中小学生而言，学业负担过重是一个客观事实。然而，减轻学生过重的学业负担并不意味着学生在学习上就不再需要刻苦努力。事实上，今天的减负，是要着力减掉那些不必要的负担，那种死记硬背、机械训练的学习方式亟须扭转。人们常说"兴趣是最好的老师"，此话听上去有点老生常谈，但它实实在在是一个教育真谛，当学生真正有了浓厚的兴趣，即使付出再大的辛苦，也乐此不疲。运用科学的教育教学方式，激发学生的学习兴趣和动力，是创新人才培养模式的重要内容，也是解决"负担过重"的必要手段。

　　此外，人们还习惯于把"升入名校"与"应试教育"简单地画上等号。之所以会对"学霸"产生质疑，是因为眼下一些学校浓厚的应试氛围给人们留下了太深的烙印。对时间精确到分钟控制，用"誓师大会"的方式进行考前动员，用"雷人"的标语口号激发学习斗志等行为，在社会上产生了很大的负面影响。也难怪人们在谈及"学霸"时，会很自然地把"学霸"与这样的场景相联系。某一个"学霸"个体可能会与"负担过重""应试教育"等现象存在一定关联，但即便如此，我们也不必大惊小怪，更不要以偏概全，解读"学霸"现象应多一份理性。

当然，也有人认为"学霸"们学习刻苦、成绩优异，应当予以大力宣传，笔者对此倒也不以为然。事实上，持这种观点的人，可能更多是以结果为导向，更加看重的是"学霸"们升入名校的结果。学习刻苦固然值得夸赞，但对于这种结果导向式的夸赞则需要十分谨慎，毕竟鼓励学生刻苦学习，并非只是鼓励学生追求一个升入名校的结果。况且对于今天的广大学生而言，刻苦学习的更深层意义在于为自己今后一生的发展奠定基础，而不必过分在意眼下是否能够升入名校、能够升入哪所名校、该所名校排名如何等。

对"学霸"们进行任何简单化的褒奖或贬损，都不利于给今天的社会环境和教育生态带来良性变化。改变社会环境和教育生态，更大程度上需要不断深化改革，推动制度创新。当今社会，学历崇拜和名校情结确实比较严重，背后的原因有很多，但现行的劳动人事制度无疑是其中的最主要原因。如果当今社会这种只重学历、不重能力的劳动人事制度不改变，学历崇拜和名校情结就难以从根本上得到改变。

本文发表于《中国教育报》2014年4月8日第2版

以改革行动破除"起跑线"谬论

　　"不能输在起跑线"的说法曾经风靡一时，现如今人们大多不予认同。南开大学校长龚克曾谈道："人生不是短跑，是长跑。就像万米跑，不要太看重起跑线，重要的是坚持和耐力。"

　　对于"不能输在起跑线"的重新认识，实质是全社会观念的转变。但观念毕竟只是观念，如果不能转化为家长的自觉行动，其意义和作用就难以放大。在"不能输在起跑线"备受质疑的今天，孩子们却仍在为不输在起跑线而辛苦奔波，现实并没有大的改观，相关改革没能同步跟进无疑是一个重要原因。

　　"不能输在起跑线"的病因何在？有人认为主要在家长，是家长的教育观念过于落后、教育方法不够科学。今年全国"两会"期间，有代表委员直言，是家长把孩子"累死在起跑线"。这听上去不无道理，毕竟让孩子不停穿梭于各种补习班，都是家长的要求。事实上，对于"不能输在起跑线"的说法，家长在观念上未必认同，但眼下让孩子升入一所好学校却是他们实实在在的心愿。因此观念的转变与行动的自觉之间会产生一定反差，中间或多或少地还存在一些制度屏障。

　　一直以来，在各地入幼儿园、幼升小和小升初的招生中，各种考试和变相考试花样繁多，各类特长生享有升入名校的特殊通道，初中升高中、高中升大学的考试同样也是"分分计较"，孩子的升学压力非常之大。在这样一种制度环境和竞争态势下，家长怎能放松心态？又怎能不为孩子的升学早作打算？依笔者之见，只有尽快扭转这种态势，观念的转变才能最终落实到行动之中。扭转"不能输在起跑线"，不能只停留在口头上，还须落实到行动中；不能只跟家长讲道理，还须通过改革为家长的观念转变提供制度保障。教育部最近出台全面推进义务教育免试就近入学政策，明确实行划片就近入学，禁止招生中的各种考试和变相考试，逐步减少特长生招生学校和招生比例。同时，在今后的中高考改革中，将逐步引入综合素质评价，改变单纯以考试成绩录取学生的做法。这些改革举措或多或少会对传统的"升学备战方式"形成一定冲击，等改革推进到一定程度，各种补习班、兴趣班和特长班是否还会像眼下这般火爆，值得细细观察。

严格禁止义务教育学校招生中的各类考试，符合义务教育法的"免试"原则，人们难有过多质疑，但对于逐步减少招收特长生，可能会有不同看法。在很多家长看来，从小培养孩子的兴趣特长，本身不是一件坏事，况且很多特长需要从小培养，国家应当通过相关政策加以鼓励才是。但事实上，在小升初、中高考招生中逐步减少招收特长生，并未否定培养孩子兴趣特长的重要性，关键是兴趣特长的培养不可过于功利，更不能单纯地将其视作升学的"敲门砖"，如果仅仅出于这样的目的，这样的兴趣特长不培养也罢。

对于这一问题的讨论，与前一时期社会上对于奥数的讨论非常相似。奥数可不可以学？当然可以。简单地喊出"打倒奥数"的口号未必理性，但奥数毕竟只适合极少部分在数学方面有特殊兴趣和才能的学生。人人学奥数，并把它视作升学的"敲门砖"，出于此类目的学习奥数，确实不值得提倡。随着奥数与各类招生的逐步脱钩，眼下家长让孩子学习奥数的热情大大降低，我们是不是也可以据此推断：随着特长生招生数量逐步减少，各种兴趣班、特长班可能也会降温。

当然，除了制度的完善，今天的学校教育应当为学生创设一个更加宽松的学习环境。以学前教育为例，把小学课程下移到幼儿园，让孩子背课文、做算术、学外语，已成为一种普遍现象，这样的做法明显违背了教育规律和幼儿身心特点。扭转幼儿教育小学化倾向，已成为当前幼儿教育改革的一项重要内容。同样，在中小学的教育教学实践中，如何避免拔苗助长，真正从学生的个性和特点出发，创造适合每个学生发展的教育，仍需要广大教育工作者为之付出巨大努力。

扭转"不能输在起跑线"的观念，就是要还孩子一个健康成长的空间，它要用先进的教育理念作引领，用科学的培养模式作支撑，用完善的考试评价制度作保障。当前，扭转"不能输在起跑线"的观念，已经逐步从观念引领走向深化改革，尽管相关改革尚待完善，但毕竟有了一个好的开端。

本文发表于《中国教育报》2014年4月1日第2版

"小留学生"增多说明了啥?

"小留学生"话题已经持续多年,对于这群赴国外学习的未成年孩子,社会给予了极大关注。从近几年的情况看,"小留学生"数量呈持续增加之势。2010年我国出国留学生中,高中及以下学历学生人数为7.64万人,占当年出国留学总人数的19.8%。2011年我国高中生出境学习人数为7.68万人,占当年中国留学总人数的22.6%。在2010年,美国260多所寄宿高中当中排名前100的学校几乎全部接受中国学生的申请,很多学校甚至出现人满为患的局面。

针对上述现象,有人对我国基础教育表示了质疑,似乎当前"小留学生"人数增加,是基础教育遭遇了信任危机,是基础教育各种矛盾和弊端的集中反映,也是人们一种无奈和不得已的选择,这样的看法未免有点简单化。事实上,"小留学生"数量的持续增加,真实地反映了当今中国社会的发展现实,它与经济发展水平、对外开放程度和家长教育需求密不可分。对"小留学生"数量持续增加这一现象的审视,应当力求客观全面。

从客观层面看,我国经济发展水平不断提高,居民收入水平不断提升,为孩子出国留学提供了重要经济支撑。虽然目前的"小留学生"群体还主要集中在城市的富裕家庭,毕竟赴英、美等国就读的"小留学生",每学年的学费和生活费等支出少则三四十万元,多则五六十万元人民币。但应当看到,随着我国富裕阶层的逐步形成,具备这种支付能力的家庭在不断增加,因此,"小留学生"数量的持续增加也就成为一种必然。事实上,自费出国留学(包括"小留学生")人数增加是亚洲各国在经济发展到一定阶段所呈现的共同趋势。随着改革开放的深入和人民群众生活水平的不断提高,我国目前也在经历这个历史阶段,对此我们应当坦然面对。

从主观层面看,两个方面的需求直接催生了"小留学生"现象。一是家庭的未来生活定位催生了孩子的低龄留学。有一些准备移民国外的家庭，家长希望尽早让孩子与国外教育接轨；还有一些常年往返于国内和国外的"候鸟式家庭"，为了增强孩子的适应性，也会倾向于把孩子送到国外学习。二是家长的教育需求催生了孩子的低龄留学。为了让孩子能够顺利赴国外接受高等教育，有的家长在高中阶段就送孩子出国留学。毕竟在国外就读高中，会为孩子将来就读国外大学带来很大便利。当然也应当承认，确有一部分家长，出于对当前国内中小学教育应试倾向突出、课业负担过重、升学压力较大的担忧，抱着对国外教育制度的高预期，希望能够尽早送孩子出国留学。

应当说，"小留学生"数量的持续增加，是多种因素合力作用的结果。透过这一现象，正视我国基础教育存在的问题确有必要，但不可夸大其辞，更没必要因为"小留学生"数量的持续增加而哀叹连连。当然，对于家长而言，面对是否选择送孩子出国留学、选择什么时候送孩子出国留学等问题时，一定要从家庭的经济条件和孩子自身的情况出发谨慎抉择，切勿盲目跟风。

本文发表于《人民日报》2013 年 12 月 19 日第 18 版

禁炒"高考状元"应当标本兼治

又到了一年一度的高考季。每年的高考成绩一经公布，对"高考状元"的炒作便大行其道，媒体、学校、社会培训机构和商家都会积极投身其中。即便不是炒作"高考状元"，围绕高考的"成绩排名""升学率统计"也是司空见惯，人们对此往往抱有极大的热情。事实上，对"成绩"和"状元"的推崇，背后蕴含着复杂的原因。当前，不仅炒作"高考状元"不值得提倡，禁炒"高考状元"更要从教育部门自身做起。

禁炒"高考状元"，治标之策不可少。针对"高考状元"的炒作，国家教育主管部门曾经三令五申，要求各地不得对高考考生的成绩进行排名，不得公布"高考状元"。但从历年的情况看，只要高考成绩一出，围绕"高考状元"的炒作依然如火如荼。尽管"禁炒令"的实际效果并不理想，看上去也不过是一个治标之策，但在现阶段依然不可缺少。

治标的关键还是要切中要害。"高考状元"的炒作，看似是媒体、社会培训机构和商家在作怪，但曝料曝料，没有"料"怎么曝？提供"料"的源头一定是在教育内部，这一点难道不需要我们反思吗？有了"禁炒令"，如果是教育行政部门或学校泄露了考生信息，那就应该追究相关人员的责任。如果教育行政部门或学校认为成绩排名、升学率统计不可避免，那么"禁炒令"至多只能算是个号召，全凭公众及媒体自觉自律。设想一下，即使媒体、学校和社会培训机构有了这份自觉自律，企业商家的赞助行为该由谁来监管？网络炒作又该由谁来制约？毕竟他们的影响力同样不可小视。归根结底，防止"曝料"还要管住"料"才是。

禁炒"高考状元"，治本之策不可缺。从源头上看，人们之所以对炒作"高考状元"如此热衷，主要还是因为教育评价体系存在缺陷。一直以来，除了考试成绩和升学率，似乎还没有找到更具说服力的标准，用以对学校的教育质量进行评价。也正因为如此，推进学校教育质量的评价改革，才是禁炒"高考状元"的治本之策。日前，教育部颁布了《关于推进中小学教育质量综合评价改革的意见》，提出了评价改革的一个新思路。其核心是把学生的品德发展水平、学业发展水平、身心发展水平、兴趣特长养成、学业负担状况等方面作为评价学校教育质量的主要内容，其中的每一项评价内容都有细化和可测量的具体指标，增强了评价工作的可操作性。事实上，推进综合评价改革，就是要从根本上扭转那种重考试分数、忽视学生综合素质和个性发展，重最终结果、忽视学校进步和努力程度，重甄别证明、忽视诊断和改进的评价思路和做法。

推动素质教育的全面实施，促进学生的全面发展，是综合评价改革的根本目的，也势必会从源头上给"高考状元"的炒作降温。当然，综合评价观念的树立需要假以时日，综合评价改革的推进还需要有一个过程，不能寄希望于改革立竿见影。但我们有理由相信，考试成绩和升学率并不是评价学校教育质量的唯一指标，这样的认识一旦为全社会所认同，大家恐怕也就不会再像今天这样痴迷于考试成绩，热衷于炒作"高考状元"了。

需要特别注意的是，我们不能把禁炒"高考状元"的矛头指向"高考状元"个人。在围绕"高考状元"的各类讨论中，常常会听到或看到一些数据和实例，主要用来佐证昔日的"高考状元"在日后发展中如何平庸。即便这些数据和实例能够站得住脚，也大可不必以此类推，有意无意地给今天的"高考状元"冠以"日后平庸"的标签。高考毕竟只是一次考试，凭着一次考试成绩就要苛求于人的一生，是不是实在有些不通情理呢？

本文发表于《中国教育报》2013 年 6 月 21 日第 3 版

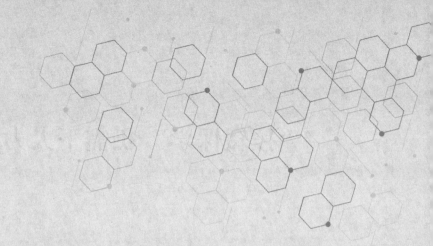

十、解决随迁子女入学
与关爱留守儿童

"控辍保学"仍需下大力气

为进一步防控义务教育学生失学辍学，学籍主管部门和学校除了要做好日常学籍管理工作，对学生学籍信息变化情况也应及时予以更新，确保"控辍保学"工作能够更加精准。

我国已全面普及九年义务教育。2016年，全国小学学龄儿童净入学率达到99.92%，初中阶段毛入学率达到104.0%。但从九年义务教育巩固率来看，2014年、2015年、2016年全国九年义务教育巩固率分别为92.6%、93.0%、93.4%，虽然巩固率逐年提高，但到2020年实现95%的目标仍需付出巨大努力。

为进一步防控义务教育学生失学辍学，近日召开的国务院常务会议要求加强分类指导，因地因人施策，做到"三避免、一落实"，就是要避免因贫失学辍学，避免因上学远、上学难辍学，避免因学习困难或厌学辍学，落实政府及社会各方控辍责任。

"控辍保学"需要因地施策，尤其需要加强贫困地区"控辍保学"工作力度。教育部发布的《2017年春季开学工作专项督导报告》指出：部分农村地区学校仍存在辍学现象，"控辍保学"工作任务依然繁重。当前义务教育学生失学辍学主要集中在农村、边远、贫困和民族地区，而加强贫困地区"控辍保学"工作尤为重要，这是夯实教育脱贫根基、阻断贫困代际传递的一项重要任务。如果贫困地区的失学辍学问题不能得到解决，不仅会使失学辍学家庭难以摆脱贫困命运，而且会极大影响民族的未来。

"控辍保学"需要因人施策，尤其需要加强留守儿童"控辍保学"工作。根据2016年民政部、教育部、公安部联合摸底排查数据，全国共有0—16岁的农村留守儿童902万人，义务教育阶段在读的有588.86万人，占65.3%。其中1/5为寄宿生。学校是留守儿童关爱保护的重要阵地，而强化"控辍保学"是教育关爱的一项重要内容。同时，要提高残疾儿童教育普及水平，按照"一人一案"的要求，依靠特殊教育学校、普通学校特教班、随班就读等多种形式，逐一安排适龄残疾儿童少年接受义务教育。

"控辍保学"需要突出重点，尤其需要进一步提高农村义务教育质量。随着国家对家庭经济困难学生资助力度不断加大，因家庭经济困难而辍学的比例有所下降，因升学和就业前景不好、教育质量不高导致的辍学有所增加。因此，从根本上解决农村学生的失学辍学问题，离不开提高教育质量这一重要前提和保障。

提高农村教育质量，要进一步深化课程和教育教学改革，创新农村学校育人模式。围绕提高农村教育质量目标，不论是课程改革还是教育教学方式改革，都既要遵循城乡教育的共同特点和要求，也要结合农村实际。以课程改革为例，农村基础教育课程必须满足国家基础教育的整体要求，不能靠因陋就简、降低要求来贴近农村。同时，为增强课程的适应性和感染力，课程应体现农村的特点，在一定程度上反映当地的生产、生活、文化实际，在教学环节则要充分利用农村的优势资源。

提高农村教育质量，还要运用信息化手段，创新教育资源共建共享机制。农村优秀教师不足是制约教育质量提高的主要瓶颈，积极引进优秀教师是一条重要途径。同时，要充分利用数字教育资源开展信息化教学，并在教学过程中发现、汇聚、形成优质数字教育资源。这种优质数字教育资源对农村教育的辐射带动作用非常明显，有利于农村教育质量的整体提升。

另外，当前对"隐性辍学"问题也需要关注。例如，个别地方和学校为了提高升学率，同时规避辍学率上升，将有望升学的学生单独组成班级，而其他学生虽然学籍在校，但要么在学校混日子，要么干脆不上学，这一现象会对巩固提高义务教育普及水平造成不良影响，亟须规范和治理。

随着学校布局调整和父母外出务工，乡村孩子的流动明显加剧，因此，借助中小学电子学籍管理系统对学生流动、辍学情况进行动态监控，是一种更加准确便捷的方式。但学籍主管部门和学校除了要做好日常学籍管理工作，对学生学籍信息变化情况也应及时予以更新，确保"控辍保学"工作能够更加精准。

本文发表于《中国教育报》2017年7月25日第2版

教育关爱为留守儿童成长护航

据《中国青年报》报道，2017年以来，各地发生多起引发全国关注的留守儿童恶性事件，留守儿童引发的事件由过去的偶发变为多发。云南镇雄17岁留守少年春节期间喝农药自杀，湖南隆回13岁留守儿童砍杀七旬老人拿走700元，贵州毕节一留守儿童被姑父用火钩打得遍体鳞伤……

应当看到，留守儿童出现的心理健康问题甚至极端行为，遭受的意外伤害甚至不法侵害，在一定程度上折射出留守儿童关爱保护方面的缺失。从宏观层面看，做好留守儿童关爱保护工作，需进一步摸清留守儿童底数，切实构建起家庭、政府、学校、社会齐抓共管的留守儿童关爱服务体系，教育也应主动承担起关爱留守儿童的职责。

摸清底数是做好留守儿童关爱保护工作的重要前提。根据2016年民政部、教育部、公安部联合摸底排查数据，全国共有0—16岁的农村留守儿童902万人。然而具体到地方，特别是县（市、区）政府对本地留守儿童数量是否有清晰准确的把握，直接关系到留守儿童关爱保护工作能否顺利推进。

国务院印发的《关于加强农村留守儿童关爱保护工作的意见》，提出了关爱保护农村留守儿童的"四个坚持"原则，即坚持家庭尽责、坚持政府主导、坚持全民关爱、坚持标本兼治。做好留守儿童关爱保护工作，家庭、政府、学校、社会任何一方都不能缺位，要切实承担起各自职责，形成关爱保护留守儿童的工作合力。

值得注意的是，在全国902万留守儿童中，义务教育阶段在读的有588.86万人，占65.3%，学校无疑是留守儿童关爱保护的重要阵地。在构建家庭、政府、学校、社会齐抓共管的留守儿童关爱服务体系中，教育应当有所作为。当前要重点围绕推动落实留守儿童普查登记制度、强制报告制度、家校联系制度和结对帮扶制度，重点抓好安全保障、心理辅导、控辍保学、困难救助等方面工作，推动制度建设、夯实保障基础、抓住重点难点，筑牢关爱保护底线。

关爱保护留守儿童，需不断强化家庭监护主体责任，但当前留守儿童家长在履行监护能力方面存在很大缺失。增进家校联系，除了需要帮助监护人掌握留守儿童在学校的学习生活情况，为留守儿童与父母之间的情感联系和亲情交流提供便利，更为重要的是，学校要利用自身优势为留守儿童家长提供必要指导，帮助他们提高履行监护的意识和能力，同时不断提升家长的家庭教育能力，这应当成为增进家校联系的一项重要内容。同时，要致力于加强留守儿童的心理健康教育，通过设立心理咨询室和心理信箱等方式，对留守儿童进行心理辅导。要重视做好农村留守儿童的法制宣传和安全教育工作，最大限度地防范各种不法侵害和意外伤害的发生。

由于受多方面因素影响，当前农村小规模学校和寄宿制学校建设仍然是一个薄弱环节，留守儿童的学习生活也受到一定影响。因此需要进一步改善留守儿童受教育条件，优先满足留守儿童寄宿需求、营养需求和上下学交通需求，让他们在学习和生活方面都能得到更好的照料。

要从坚持依法控辍、提高质量控辍、落实扶贫控辍、强化保障控辍、加强领导控辍等方面综合施策，进一步完善义务教育控辍保学工作机制。同时，教育行政部门要进一步完善控辍保学部门协调机制，落实免费义务教育和教育资助政策，确保留守儿童不因贫困而失学。

对留守儿童的教育关爱，还要立足长远，重视源头治理。通过实施消除大班额计划，有序扩大城镇学位供给，积极促进随迁子女在输入地就读，从源头上减少留守现象。

本文发表于《中国教育报》2017年4月12日第2版

"钱随人走"利好随迁子女

切实保障随迁子女接受义务教育，是推动新型城镇化的客观要求，也是促进教育公平的现实需要。然而，随迁子女接受义务教育究竟该以谁为主承担管理职责，在20世纪90年代存在认识上的分歧。一些随迁子女数量较多的地区，在解决随迁子女就学问题上存在畏难情绪，加之义务教育实施以户籍为准的属地管理，使得一些人在实际工作中或多或少存在消极心态。进入21世纪，随着解决随迁子女接受义务教育"坚持以流入地政府管理为主，以全日制公办中小学校为主"的政策逐步明确，该以谁为主承担管理职责的困惑逐步消除。

虽然管理职责明确了，但经费问题如何解决，仍然是一个很大的困扰。由于我国基础教育实行"地方负责、分级管理、以县为主"的管理体制，教育经费拨付以学生户籍为准。学生一旦离开户籍所在地，教育经费并不能做到"钱随人走"。近年来，很多地区积极吸收随迁子女进入当地公办学校就读，保障他们平等接受义务教育的权利，但这些地区，特别是随迁子女数量较多的地区，也感受到了不小的经费压力。

针对保障随迁子女接受义务教育所面临的经费困扰，中央和地方想了很多办法。中央财政采取"以奖代补"的方式，并按照"重点倾斜、集中投入"的原则，为接受随迁子女较多、条件薄弱的城市公办学校提供经费支持，同时扶持接收随迁子女的民办学校，对于缓解经费不足现象起到了积极作用。但这种"以奖代补"的方式仍存在一定局限性，毕竟它不能惠及所有接受随迁子女的地区和学校。围绕如何实现义务教育经费由户籍所在地向非户籍所在地转移，也有地方提出了实施"教育券"的设想和建议，但因为缺乏制度设计，且实际操作难度较大而被搁置。

从去年春季学期开始，财政部会同有关部门建立了城乡统一的义务教育经费保障机制，实现了"钱随人走"，"两免一补"资金和生均公用经费基准定额资金随学生流动可携带，这为更好地保障随迁子女接受义务教育带来新的机遇。

目前在全国范围内实现"钱随人走"，有着得天独厚的条件。全国中小学生学籍信息管理系统的建立，特别是"一人一籍，籍随人走"的学籍管理原则的确立，有利于对随迁子女就学状况实施动态监管和全程跟踪，从而使随迁子女的教育管理工作变得更加规范有序。同时，国务院统一城乡义务教育经费保障机制，强化了学生依据学籍而不是户籍身份，平等享受基本公共教育服务的原则，也为实现"钱随人走"创造了有利条件。当然，由"籍随人走"逐步走向"钱随人走"，实现"教育经费可携带"，还需将操作环节做得更加细致，中小学生学籍信息管理工作也有待进一步完善。如果没有相应的保障机制，特别是经费保障机制，仅凭流入地的积极性和主动性，难以从根本上解决好随迁子女就学问题。反之，有了经费保障机制，实现了"钱随人走"，也不意味着解决随迁子女就学问题就变得顺理成章。如果流入地缺少主动意识和大局观念，这项工作仍可能止步不前。从这个角度看，有了好的保障机制固然重要，同时要适应户籍制度改革要求，加快制定以居住证为主要依据的随迁子女义务教育就学政策，切实简化、优化随迁子女入学流程和证明要求，提供便民服务，依法保障随迁子女平等接受义务教育。也只有这样，"钱随人走"的保障效应才能得以充分体现。

本文发表于《中国教育报》2017年3月10日第2版

关爱保护留守儿童，教育大有可为

　　鼓励输入地充分挖掘潜力，积极吸收随迁子女在当地接受义务教育、学前教育，进一步落实和完善异地中高考政策，无疑是一个重要政策取向。

　　近年来，部分农村留守儿童出现心理健康问题甚至极端行为，遭受意外伤害甚至不法侵害，引发了社会高度关注。为农村留守儿童健康成长创造良好环境，成为一项重要而紧迫的任务。2016 年国务院印发的《关于加强农村留守儿童关爱保护工作的意见》（以下简称《意见》），提出了关爱保护农村留守儿童的"四个坚持"原则，即坚持家庭尽责、坚持政府主导、坚持全民关爱、坚持标本兼治。从教育层面看，应该进一步加大教育部门和学校关爱保护力度。

　　加大关爱保护力度，亟须加强学校与留守儿童监护人的沟通交流。《意见》提出：强化家庭监护主体责任。父母要依法履行对未成年子女的监护职责和抚养义务。不得让不满十六周岁的儿童脱离监护单独居住生活。外出务工人员要与留守未成年子女常联系、多见面，及时了解掌握他们的生活、学习和心理状况，给予更多亲情关爱。

　　强化家庭监护主体责任，对于加强农村留守儿童关爱保护工作至关重要。但农村留守儿童有很长时间在学校度过，加强学校与留守儿童监护人的沟通交流，对于提升监护人的责任意识和教育管理能力有着重要影响。目前很多地方和学校主动作为，通过多种方式搭建起学校和留守儿童监护人之间沟通交流的桥梁，帮助监护人掌握留守儿童学习情况。一些学校还努力创造条件，为农村留守儿童与父母之间的情感联系和亲情交流提供便利，这些做法值得借鉴。

　　加大关爱保护力度，亟须加强农村留守儿童控辍保学工作。农村中小学校要及时了解无故旷课农村留守儿童情况，切实落实辍学学生登记、劝返复学和书面报告制度，保障适龄留守儿童接受义务教育。《中小学生学籍管理办法》的实施和全国中小学生学籍信息管理系统的建立，为全面了解留守儿童学籍变动情况，保障留守儿童按时入学，落实控辍保学任务提供了有利条件。同时，教育行政部门要进一步完善控辍保学部门协调机制，落实免费义务教育和教育资助政策，确保农村留守儿童不因贫困而失学。

加大关爱保护力度，亟须加强农村寄宿制学校建设，这是关爱保护留守儿童的一项重要举措。但由于受到各方面条件限制，农村寄宿制学校建设仍然是一个薄弱环节，留守儿童在寄宿制学校的学习生活也还面临诸多困难和问题。要想真正改变这一局面，需要进一步加大农村寄宿制学校的专项经费投入，并为农村寄宿制学校的服务保障提供倾斜政策。毕竟我们不能只满足于让留守儿童进入寄宿制学校，还要让他们能够在寄宿制学校里学得好、生活得好。

加大关爱保护力度，亟须加强学校心理健康教育和安全教育。虽然各地农村中小学校在加强心理健康教育方面想了很多办法，设立了心理咨询室和心理信箱，对留守儿童进行心理辅导，但心理健康教育仍然是一个薄弱环节。2015年，教育部办公厅印发了《中小学心理辅导室建设指南》，对中小学心理辅导室的建设目标、功能定位、基本设置、管理规范提出了明确要求，心理辅导室至少应配备一名专职或兼职心理健康教育教师，并逐步增大专职人员配比，这些要求对于当前留守儿童数量众多的农村中小学校而言尤为重要。此外，要重视做好农村留守儿童的法制宣传和安全教育工作，以利于更好地防范不法侵害和意外伤害的发生。

立足长远，在加强农村留守儿童关爱保护工作的同时，还需从源头上逐步减少儿童留守现象，而引导扶持农民工返乡创业就业是一条重要途径。从教育层面看，如何更好地为农民工随迁子女在城市接受教育提供保障，同样至关重要。虽然近年来解决随迁子女在输入地就学取得了积极进展，但各地情况尚不平衡。鼓励输入地充分挖掘潜力，积极吸收随迁子女在当地接受义务教育、学前教育，进一步落实和完善异地中高考政策，无疑是一个重要政策取向。

本文发表于《中国教育报》2016年2月17日第2版

留守儿童父母"返巢"非一日之功

在未来很长的一段时期内，留守儿童现象还会继续存在。在引导父母返乡就业的同时，教育关爱也要落到实处。

2015年，贵州省制定了留守儿童、困境儿童关爱措施，帮助其父母返乡创业就业，逐年减少该群体存量，要求每县每年减少人数不低于10%。

近一段时期以来，如何更好地为留守儿童提供关爱备受关注。贵州省制定留守儿童、困境儿童关爱措施，帮助其父母返乡创业就业，便是一个具体行动。实际上，积极引导和鼓励农村劳动力就地就近转移就业，不单单是基于关爱留守儿童的视角，也是带动地方经济发展，促进新农村建设的一条重要途径。然而，实现农村劳动力就地就近转移就业，需要有地方经济发展、小城镇建设和乡镇企业发展作支撑，因此需要从长计议，不可能一蹴而就。

关爱留守儿童要有长远之策。实施长远之策，就要逐步减少留守儿童数量，一是让农村劳动力就地就近转移就业，使其子女不再留守；二是让子女跟随农村劳动力一同进城在流入地就学，使其成为随迁子女。从国家层面看，这两条长远之策应当同步推进，进而实现减少留守儿童数量的目标。贵州省作为农村劳动力流出地，打通第二条途径不是他们自身能力所能企及，因此从打通第一条途径入手，想方设法逐步减少本地农村劳动力外出，让他们能够在本地创业就业，使其子女不再成为留守儿童，这也可视作解决留守儿童问题的一条长远之策。2015年贵州省印发的《关于进一步加强留守儿童困境儿童关爱救助保护工作的实施意见》也正是基于这一考虑，因而有其积极意义。

然而，有了长远之策，能否真正落实非常关键。贵州省为此也想出了一些具体办法，比如结合留守儿童家庭劳动力相关情况，有针对性地开展岗位推荐，组织职业技能、农村实用技术等培训，确保其家庭劳动力优先享受至少1次培训，优先为其家庭提供创业担保贷款、场租补贴、创业补贴等支持。这些引导和鼓励农村劳动力就地就近转移就业的举措，在很多地方都有过探索和尝试，也取得了一些有益经验，但总体而言难度不小，需要开展一系列扎实的工作，需要经过不懈的努力。

此外，从国家推进新型城镇化，深化户籍制度改革，引导人口合理有序流动的政策取向看，避免农村劳动力向大城市、超大城市过度聚集是一个总体方向。然而，一项对农民工打工意愿的调查显示：大约70%的被调查农民工希望去直辖市、省会城市和其他大城市打工。也就是说，寄希望于通过发展地方经济，实现农村劳动力就地就近转移就业，与当前农村劳动力的打工意愿存在一定距离，也意味着长远之策的推进需要经历一个过程，对此我们要有清醒认识。

在未来很长的一段时期内，留守儿童现象还会继续存在。因此，在推进长远之策的同时，现实之举必须同步跟进。对于目前已经存在，并且仍将长期存在的留守儿童群体，如何采取有针对性的关爱举措至关重要。关爱举措既包括宏观层面的制度建设，也包括微观层面的具体关爱行动。在制度建设方面，当前亟须进一步健全儿童监护制度，完善儿童保护工作机制和运行体系，加强面向儿童的公共服务体系建设，这些都是形成关爱和保护留守儿童长效机制的重要基石，也是从源头上为留守儿童提供关爱和保护的有效途径。除此之外，正如贵州省所提出的每个乡镇建成1所标准化农村寄宿制学校，并配套建成1个留守儿童之家和学校少年宫，实现所有县（市、区）儿童福利院全覆盖等，这些措施势必也会产生积极作用。

从实施教育关爱的角度看，近年来根据留守儿童的特点和需求，国家推出了一系列教育关爱举措，各地也制定了很多具体办法。如：优先满足留守儿童的寄宿需求、用餐需求和交通需求；加强留守儿童受教育全程管理，全面建立留守儿童档案；加强留守儿童心理健康教育、法制安全教育；加强留守儿童家校联动组织工作。但要让这些教育关爱举措真正能够落地，需要地方政府、教育行政部门和农村中小学校付出不懈努力。2015年，教育部办公厅印发了《关于开展农村留守儿童教育关爱情况自查工作的通知》，也是力求把教育关爱落到实处的一个具体行动。

值得关注的是，贵州省提出逐年减少留守儿童群体存量，要求每县每年减少人数不低于10%。这种明确而又量化的目标任务显示了地方政府的态度和决心，但在具体实施中还需立足实际，尊重规律，要注意防范基层因为急于完成指令计划而导致工作出现偏差，毕竟鼓励和引导农村劳动力就地就近转移就业，是一项长期而又艰巨的任务。

本文发表于《中国教育报》2015年9月8日第2版

对留守儿童的教育关爱要落到实处

近一段时期以来，留守儿童身心受到伤害，权益受到损害的案件接连发生，如何加强对留守儿童的关爱和保护，引发社会极大关注。虽然目前针对留守儿童的关爱举措，包括教育关爱举措并不少，但落到实处至关重要。2015 年，教育部办公厅印发了《关于开展农村留守儿童教育关爱情况自查工作的通知》，在笔者看来，这也是力求把教育关爱落到实处的一个具体行动。

2014 年全国教育事业发展统计公报显示：全国义务教育阶段在校生中农村留守儿童共 2075.42 万人。其中，在小学就读 1409.53 万人，在初中就读 665.89 万人。目前义务教育阶段留守儿童数量庞大，分布广泛，几乎覆盖所有农村义务教育阶段中小学校。做好留守儿童的教育关爱工作，不仅关乎留守儿童的健康成长，而且关乎农村教育的可持续发展，其重要性不言而喻。

近年来，根据留守儿童的特点和需求，从国家层面推出了一系列教育关爱举措，各地也制定了很多具体办法。如：优先满足留守儿童的寄宿需求、用餐需求和交通需求；加强留守儿童受教育全程管理，全面建立留守儿童档案；加强留守儿童心理健康教育、法制安全教育；加强留守儿童家校联动组织工作。但要让这些教育关爱举措真正能够落地，需要地方政府、教育行政部门和农村中小学校付出不懈努力。

把对留守儿童的教育关爱落到实处，要有促进农村教育发展的全局视野。落实教育关爱举措，必须建立在大力发展农村教育的基础之上，如果农村教育的发展难题不破解，对留守儿童的教育关爱也就难以真正落到实处。以优先满足留守儿童的寄宿需求为例，虽然各地农村寄宿制学校建设有了长足发展，但寄宿制学校建设中的困难与问题仍然非常突出，要想真正改变这一局面，需要进一步加大农村寄宿制学校的专项经费投入，并为农村寄宿制学校的服务保障提供倾斜政策。这既是对留守儿童实施教育关爱的现实需要，也是促进农村教育发展的客观要求。

把对留守儿童的教育关爱落到实处，要与落实基础教育改革新政紧密结合。近年来推出的一系列基础教育改革新政，都与留守儿童息息相关，落实好这些改革新政，有助于推进对留守儿童的教育关爱。《中小学生学籍管理办法》的实施和全国中小学生学籍信息管理系统的建立，为全面了解留守儿童学籍变动情况，保障留守儿童按时入学，落实控辍保学任务提供了有利条件。此外，加强心理健康教育是为留守儿童提供教育关爱的一项重要内容，《中小学心理辅导室建设指南》的发布实施，对农村中小学规范心理健康教育工作，做好留守儿童的心理辅导具有重要指导作用。

把对留守儿童的教育关爱落到实处，要将相关举措逐步规范化、制度化。留守儿童将是一个长期存在的社会现象，留守儿童教育也将是一个长期存在的教育现实。因此针对留守儿童的教育关爱举措，不能被当作权宜之计，必须立足长远，使其逐步规范化、制度化。如：建立留守儿童档案是实施教育关爱的一项基础性工作，对留守儿童父母外出务工情况和监护人变化情况进行登记并及时更新，准确掌握留守儿童信息，才能为有针对性地开展管理服务工作提供支持。因此，建立留守儿童档案并非可有可无，而应当逐步规范化、制度化。

把对留守儿童的教育关爱落到实处，需要地方政府、教育行政部门和农村中小学校主动作为，通过开展农村留守儿童教育关爱情况自查工作，便于及时发现问题，并有针对性地加以解决，因而也是一次改进工作的难得机遇。

本文发表于人民网教育频道，2015 年 8 月 19 日

教育经费可携带 教育公平又进一步

据来自全国财政工作会议的消息，2015 年财政部将以学籍信息管理为基础，探索建立教育经费可携带支持机制，以解决外来务工人员子女异地就学问题。"教育经费可携带"，正是力求从完善机制入手，化解随迁子女异地就学的经费困局，保障随迁子女平等享有受教育权利，这一改革尝试值得期待。

据相关部门统计，截至 2013 年底，全国流动人口为 2.45 亿人。预计到 2020 年，流动人口将达到 2.8 亿人，2030 年将达到 3.1 亿人，其中农村户籍流动人口数量也将持续增加。此外，从流动迁移模式上看，家庭化迁移成为人口流动迁移的主体模式，新生代流动人口表现更为突出。因此，在推进新型城镇化和户籍制度改革的进程中，保障随迁子女平等享有受教育权利，仍将是我国教育事业发展面临的一项重要任务。与之相适应，必须加快建立一系列配套的保障机制，其中建立和完善经费保障机制尤为重要和紧迫。

我国基础教育实行"地方负责、分级管理、以县为主"的管理体制，教育经费拨付以学生户籍为准。学生一旦离开户籍所在地，教育经费并不能做到"钱随人走"，因而随迁子女的教育经费保障问题面临很大困扰。目前随迁子女的教育经费主要由流入地政府承担，而对于接收随迁子女数量较大的地区而言，经费压力非常之大，这也在一定程度上影响了流入地政府解决随迁子女就学的积极性。随迁子女的教育经费困局如何突破，始终是摆在我们面前的一道难题。

从当前现实看，特别是在教育经费可携带支持机制尚未建立的情况下，中央财政和地方财政仍须进一步加大财政投入力度。从中央财政的角度看，目前主要采取"以奖代补"方式，对进城务工随迁子女接受义务教育问题解决较好的省份给予适当奖励。据统计，2008—2012 年中央财政共安排进城务工农民工随迁子女奖励性补助资金 158.3 亿元。各地将中央奖励资金主要用于补充接收农民工随迁子女的城市义务教育阶段学校的公用经费和改善办学条件，重点向接收人数较多、条件薄弱的公办学校倾斜，同时扶持接收农民工随迁子女的民办学校，这些做法对于各地推动随迁子女接受义务教育发挥了积极作用。但中央财政如何逐步从"以奖代补"过渡为专项转移支付，使之成为经费投入分担机制的重要组成部分，仍然值得认真研究。从地方财政的角度看，地方各级人民政府要按照预算内生均公用经费标准和实际接收人数，对接收随迁子女的公办学校足额拨付教育经费。此外，对于一些大城市和特大城市而言，进一步加强随迁子女教育的市级财政统筹至关重要。

从长远发展看，逐步探索建立教育经费可携带支持机制，将会成为解决随迁子女异地就学的一项重要制度变革。在过去的很长一段时期，在探索解决随迁子女异地就学问题时，围绕如何实现教育经费由户籍所在地向非户籍所在地转移，曾经有地方提出了实施"教育券"的设想和建议，但因为实际操作难度较大而被搁置。事实上，从建立随迁子女教育经费投入分担机制的角度看，此次财政部提出的探索建立教育经费可携带支持机制，是着眼于在一定范围内进行教育经费转移的改革尝试，具有制度变革的意义和价值。

可以说，探索建立教育经费可携带支持机制，目前在技术层面有着得天独厚的条件。全国中小学生学籍信息管理系统的建立，特别是"一人一籍，籍随人走"的学籍管理原则的确立，有利于对随迁子女就学状况实施动态监管和全程跟踪，从而使随迁子女的教育管理工作变得更加规范有序。当然，由"籍随人走"逐步走向"钱随人走"，探索建立教育经费可携带支持机制，实现教育经费转移，还需将操作环节做实做细，中小学生学籍信息管理工作也还有待进一步完善。

随迁子女的教育经费转移，虽然主要涉及的是流入地与流出地之间的经费职责分担，但离不开国家层面的顶层设计，由财政部主导探索建立教育经费可携带支持机制的做法，是一种切实可行的办法。解决好随迁子女异地就学问题，经费保障机制的建立固然重要，但这毕竟不是唯一的因素，流入地接收随迁子女就学的主动意识和大局观念同样不可小视。

本文发表于《中国教育报》2015 年 1 月 6 日第 2 版

保障随迁子女受教育权要拿出新举措

近日，国务院印发《关于进一步推进户籍制度改革的意见》（以下简称《意见》），对于推进户籍制度改革的总体要求、调整人口迁移政策、创新人口管理、保障农业转移人口及其他常住人口合法权益提出了明确意见。《意见》从扩大基本公共服务覆盖面的角度，对保障随迁子女平等享有受教育权利提出了新的要求。在新的户籍制度改革背景下，各地有必要制定具体的配套措施，把相关政策落实到行动之中。

将随迁子女义务教育纳入各级政府教育发展规划。从以往的实践看，由于随迁子女存在着"流动性大"的特点，流入流出常常处于无序状态，他们的就学难以纳入流入地政府的教育发展规划之中，给区域基础教育资源的安排带来不可预期性。尤其是从暂住证的办理要求看，绝大多数地方16周岁以下随迁子女不进行人口登记、不办理暂住证，相关部门缺乏对随迁子女进行统计的有效渠道。随着户籍制度改革的推进，特别是随着居住证制度的建立，16周岁以下随迁子女的人口信息统计将会逐步规范，这将为各地把常住人口，包括随迁子女纳入区域教育发展规划之中，对随迁子女的入学进行统筹安排，提供重要保障。

将随迁子女义务教育纳入财政保障范畴。从中央财政的角度看，目前主要采取"以奖代补"方式，按照"重点倾斜、集中投入"的原则，为接收进城务工人员随迁子女较多、条件薄弱的城市公办学校提供经费支持。从近几年的情况看，中央财政的奖励资金有所增加，对于各地推动随迁子女接受义务教育发挥了积极作用，但专项奖励的力度仍须进一步加大。从地方财政的角度看，地方各级人民政府要按照预算内生均公用经费标准和实际接收人数，对接收随迁子女的公办学校足额拨付教育经费。此外，对于一些大城市和特大城市而言，进一步加强随迁子女义务教育的市级财政统筹至关重要。

逐步完善并落实随迁子女接受义务教育后参加升学考试的实施办法。目前很多地方在推进随迁子女接受义务教育后参加升学考试方面力度较大，成效也比较明显，对于破除户籍制度对中考的限制，对于推进城乡统筹发展和促进教育公平具有重要意义。但同时应当看到，在部分大城市、特大城市，目前向随迁子女开放的仅限于中等职业学校，普通高中的大门仍然没有真正向随迁子女打开。

新的户籍制度改革，为逐步完善并落实随迁子女接受义务教育后参加升学考试实施办法提供了新的思路。以建立居住证制度为基础，以连续居住年限和参加社会保险年限等为条件，居住证持有人逐步享有与当地户籍人口同等的中等职业教育资助，同时结合随迁子女在当地连续就学年限等情况，逐步享有在当地参加中考和高考的资格。

值得一提的是，全国中小学生学籍信息管理系统的建立，是基础教育管理科学化的一个重要标志，也为进一步保障随迁子女平等受教育权利提供了重要基础。但对于当前推进学籍管理改革中可能引发的一些新问题，如一人多籍、人籍分离、有人无籍等管理问题应引起重视。同时需要防止将学籍作为随迁子女入学的前置条件，包括在义务教育阶段，把学籍作为升学门槛，一些因各种原因没有建立学籍的随迁子女在流入地升学、返回流出地升学频频受阻的现象，需要认真研究解决。

在新的户籍制度改革背景下，保障随迁子女平等享有受教育权利，观念认识应当更加理性务实，入学政策制定应当更加科学合理，相关管理服务应当更加人本、精细。

本文发表于《中国教育报》2014 年 8 月 5 日第 2 版

畅通入学渠道需要合理的制度设计

河南省教育厅日前下发通知，要求各地畅通入学渠道，简化入学手续，确保进城务工人员随迁子女接受义务教育。通知明确规定：进城务工人员随迁子女由其父母或其他法定监护人持居民户口簿和暂住（居住）证、就业证明，以及原籍所在地乡镇中心学校出具的外出就读证明等材料，即可向流入地县级教育部门提出就读申请。从总体上看，这样的入学条件设定有其合理性，与加强流动人口管理，引导人口合理有序流动等政府责任并行不悖。

从本质上说，户口簿和暂住证，是公安部门对居民及流动人口的一种身份管理，因此这两个证件实际就是一种身份证明。在设定进城务工人员随迁子女入学条件时，将其列为基本的证明材料，是加强流动人口管理的一个必要手段。在设定入学条件时，即便对暂住时限提出一定要求，也有其合理性，有利于保障进城务工人员随迁子女在非户籍所在地就学的相对稳定，也有利于学校管理的规范有序。

将"就业证明"列入进城务工人员随迁子女的入学条件，同样符合相关的法律规定。因为在河南省下发的通知中，所界定的目标人群非常明确，就是以"工作"为特征的进城务工人员的随迁子女，也就是《义务教育法》中所指的"父母或者其他法定监护人在非户籍所在地工作或者居住"两大群体中的"工作"群体。因此，进城务工人员随迁子女在非户籍所在地接受义务教育，要求其父母或者其他法定监护人提供"就业证明"，应当说是于法有据。

至于"原籍所在地乡镇中心学校出具的外出就读证明"，在过去一段时期曾经被很多地方所采用，其目的是加强户籍所在地和非户籍所在地学校之间的有效衔接。值得注意的是，随着全国中小学生学籍管理信息系统的建立，将会逐步实现对已注册学籍的中小学生进行动态管理，在此情况下，是否还有必要将

"原籍所在地乡镇中心学校出具的外出就读证明"作为入学条件，尚有推敲的余地。按照学籍管理"籍随人走"的原则，对于那些从户籍所在地中途转出的学生，户籍所在地学校和教育行政部门要及时做好学籍转接工作，这是一个需要关注的新问题，但学籍转接不应成为学生在非户籍所在地入学的门槛。

在河南省下发的通知中，要求各地教育行政部门加强服务，各接收学校要将进城务工人员随迁子女与城市学生统一管理、统一编班，完善教学管理，这些做法体现了以人为本的服务与管理理念，也是合理的制度设计的组成部分。当前，不论是在特大城市、大城市，还是在一些中小城市；不论是在进城务工人员聚集地区，还是在进城务工人员数量相对较少地区，从引导人口合理有序流动、保障学校正常教育教学秩序的角度看，针对进城务工人员随迁子女接受义务教育，设定相应的入学条件是一种必要手段，但所设定的入学条件是否合理，并与相关的法律法规相契合，有待各地深入研究。以要求提供"计划生育证明"为例，国家现行法律和政策并没有关于义务教育入学与计生问题挂钩的相关规定，因此一些地方采取入学与计划生育证明挂钩的做法，即便是主要针对非本地户籍学生，同样于法无据，应当予以纠正。

本文发表于《中国教育报》2014年7月22日第2版

入学条件设定应与法律法规相契合

按照北京市的相关规定，非京籍学生在北京接受义务教育，需要审核"五证"，包括：父母或其他法定监护人在京暂住证、在京实际住所居住证明、在京务工就业证明、户籍所在地街道办事处或乡镇人民政府出具的在当地没有监护条件的证明、全家户口簿等证明（证件）。从《义务教育法》的视角看，目前所要求的"五证"齐全，其法律依据并不充分。

按照 2006 年修订的《义务教育法》第十二条规定，父母或者其他法定监护人在非户籍所在地工作或者居住的适龄儿童、少年，在其父母或者其他法定监护人工作或者居住地接受义务教育的，当地人民政府应当为其提供平等接受义务教育的条件。很显然，适龄儿童、少年若跟随父母或其他法定监护人到非户籍所在地接受义务教育，父母或法定监护人须具备两个条件之一：在非户籍所在地工作或在非户籍所在地居住。"五证"齐全的要求显然把工作和居住作为同时具备的条件，这与《义务教育法》的规定并不相符。

此外，要求提供"在户籍所在地没有监护条件证明"，其法律依据也不充分。虽然 1992 年发布的《义务教育法实施细则》第十四条规定，适龄儿童、少年到非户籍所在地接受义务教育的，经户籍所在地的县级教育主管部门或者乡级人民政府批准，可以按照居住地人民政府的有关规定申请借读。此条规定虽然有经户籍所在地政府批准的要求，但没有把户籍所在地没有监护条件设定为批准时的衡量标准。

值得一提的是，今年北京市部分区县对"五证"认定增加了细则，其中包括：父母或其他法定监护人不仅要居住在该区，且工作地也要在该区。事实上，在类似北京这样的特大城市，"正式居民"的户籍、居所、工作跨三个区的都不在少数，要求非京籍人员工作和居住在同一个区无疑会增加他们的生活负担，这本身也不是一种以人为本的态度。从科学管理的角度看，解决非京籍学生接受义务教育恰恰应当强化市级统筹，这也符合"义务教育实行国务院领导，省、自治区、直辖市人民政府统筹规划实施，县级人民政府为主管理"的相关规定。

应当说，设置一定的入学条件，是各地解决非本地户籍学生接受义务教育的普遍做法，这样做有利于保障学校正常的教育教学秩序。至于该设定什么样的条件，则须结合相应的人口调控政策，并不得与相关法律规定相违背。

本文发表于《中国教育报》2014 年 6 月 20 日第 2 版

打工子弟无学籍呼唤管理精细化

建立全国统一的学籍管理制度，旨在保障适龄儿童、少年受教育的权利，而学籍管理信息的准确采集无疑是一个重要前提。

媒体报道，北京市部分打工子弟学校学生在办理小升初信息采集时遭遇困难，主要原因是这些学生没有学籍号。由于他们所就读的学校没有办学资质，因此无法办理学籍。

上述情况既反映出打工子弟学校学生的升学处境，同时也折射出当前中小学学籍管理方面存在的缺失。建立全国统一的学籍管理制度，旨在提高新形势下基础教育科学管理水平，保障适龄儿童、少年受教育的权利，而学籍管理信息的准确采集无疑是一个重要前提。

按照相关规定，学生初次办理入学注册手续后，学校应为其采集、录入学籍信息，建立学籍档案，通过电子学籍系统申请学籍号。从目前情况看，及时办理学籍对于绝大部分学生而言并非难事，但对于那些在没有办学资质的打工子弟学校就读的学生，却成了一大难题。在教育主管部门看来，给这些学生办理了学籍，似乎就是认同了学校的办学行为。但不论出于何种考虑，眼下正在就读的一批学生的学籍信息没有正常采集，毕竟是学籍管理的一大缺失。

按照相关规定，义务教育阶段外来务工人员随迁子女辍学的，就读学校的学籍主管部门应于每学期末将学生学籍档案转交其户籍所在地县（区）教育行政部门。而目前在没有办学资质的打工子弟学校就读的学生没有学籍档案，学校如何将辍学的学生学籍档案进行转交显然无从谈起。客观地讲，在没有办学资质的打工子弟学校就读，并不能否定其接受义务教育的现实。在统一的全国中小学学籍信息管理系统下，这些学生如果没有注册学籍，在统计义务教育入学、辍学情况时，他们的信息该如何体现？义务教育统计信息的科学性和准确性如何保障？

承认学生接受义务教育却无法办理学籍，显然是学籍管理的缺失。以那些在没有办学资质的打工子弟学校就读的学生为例，补办他们的学籍，不仅仅是为了更好地解决这一群体的后续就读问题，也是为了确保中小学学籍管理信息的真实、准确和完整。

他们的学籍究竟应当如何补办？目前，打工子弟学校所在地的教育主管部门认为给这些学生补办学籍于法无据，而户籍所在地教育主管部门和学校同样认为，他们没有在当地就读且已错过办理学籍的时限要求，补办学籍的依据也不充分。从现实出发，对于目前正在办理小升初信息采集的学生，如果只是学籍号缺失，而在流入地升学的其他条件要求均符合，流入地教育主管部门应当准许办理相关升学手续，并及时为这些学生建立学籍。同时，对于目前仍在没有办学资质的打工子弟学校就读的学生，应本着流入地政府管理为主的原则，妥善解决他们的学籍问题。

目前学生学籍管理采用信息化方式，实行分级负责、省级统筹、属地管理、学校实施的管理体制。按照相关规定，学生学籍信息发生变化，学籍进行转接或学生毕业（结业、肄业）时，学校应及时维护全国中小学学籍信息管理系统中的有关信息，并将证明材料归入学生学籍档案。学籍主管部门应及时对学生学籍变动信息进行更新。而实际上，要让全国中小学学籍信息管理系统成为一个适时更新系统，对学籍主管部门和学校提出了较高要求，除了要做好日常学籍管理工作，还要对义务教育阶段外来务工人员随迁子女转入转出的情况密切关注，并对学生学籍信息发生变化的情况及时更新。这样既有利于为这些学生在参加异地中考、异地高考时提供基础信息，也有利于实现对义务教育阶段外来务工人员随迁子女就学状况的动态监控。

本文发表于《中国教育报》2014 年 5 月 28 日第 2 版

从"为子读书办假证"中反思什么?

想将儿子送进北京的公办小学,但"五证"中的暂住证达不到时限,且山东老家出具的"无监护人证明"是信纸手写,被指不合格,孩子的借读证明办不下来。为补齐证件,孩子的母亲想到了办假证、买假章,结果交易时被当场抓获。此事一经媒体报道,立刻成为大众热议的话题。

人们的议论集中在对教育资源配置不公的质疑、对农民工子女上学难的忧虑、对相关部门管理服务的不满。尽管这些都不应成为公民触犯法律的理由,但透过这一违法事件,我们确有必要作一些反思。对于非户籍人员子女,包括农民工子女在流入地就读,该如何设定"门槛"?所提供的管理服务是否应当更加人性化?

一方面,设定的条件要求应当更加务实。目前,大部分地方非户籍人员子女的入学手续有所简化,一般需要提供身份户籍证明(身份证、户口簿)、暂住证明、务工就业证明等,而且在实际操作中有一些灵活的做法。但仍有一些地方需要提供更多的证明,如儿童预防接种证、流动人口婚育证明、家长无犯罪证明、户籍所在地无监护条件证明等等。

在孩子入学报名时,要求家长提供身份户籍证明、暂住证明和务工就业证明,既是为了确保其子女在流入地就学的相对稳定,也是着眼于学校管理的规范有序。从这一角度看,大部分地区要求提供这些证件和证明材料并不为过。但类似儿童预防接种证、流动人口婚育证明、家长无犯罪证明等,这些条件与孩子上学究竟有多大关联,则需要打上一个问号。难道因为孩子没有接种疫苗,因为不是独生子女,因为家长受过行政拘留以上处罚,他们在流入地接受义务教育的权利就应当被剥夺吗?这显然不合情理。

此次事件中所涉及的户籍所在地无监护条件证明,是北京市要求非户籍人员子女在京就读须提供的五项证明材料之一，从表面看似乎与孩子的入学存在一定关联，但 2006 年修订的《义务教育法》并没有对此提出明确规定。在当前大量外来人员进城务工的背景下，对于"户籍所在地无监护条件"，户籍所在地的相关部门衡量的标准是什么？实际的管理作用有多大？是否只是流于形式？这些都值得商榷。

另一方面，社会管理部门提供的管理服务应当更加人性化。对于非户籍人员，尤其是农民工群体，他们身处他乡，对于很多管理规定比较陌生，管理服务的人性化显得尤为重要。办证手续烦琐、要求不够明确、服务不够细致，会使很多人对此望而却步。

事实上，在当前劳动用工制度尚不完备、房屋租赁市场尚不规范的情况下，在孩子入学报名时，要求非户籍人员提供务工就业证明和实际住所居住证明，对于很多农民工而言还存在一定难度，为孩子上学而办理各种假证的情况也时有出现。正因如此，一些地方对于证明材料的要求，采取了一些相对灵活的做法，在管理服务上更加人性化。同时，要求农民工户籍所在地出具的证明材料，应当尽可能减少，能简则简。毕竟往返流入地和户籍所在地所需付出的时间成本和经济成本，无形中会给他们增加不小的压力。在管理服务上更加人性化，是对当前社会管理提出的新的更高要求，也需要相关部门更加以群众为本。

本文发表于《中国教育报》2013 年 8 月 20 日第 1 版

清理规范打工子弟校，步子再稳些

正视民办打工子弟学校的存在，其更深层次的意义在于推动办学体制的不断完善，逐步培育公办学校与民办学校之间相互激励、取长补短、有序竞争、共同发展的良好教育生态。

近年来，时常能听到打工子弟学校被关闭的消息，而与之相伴的往往是来自社会方方面面的质疑声。为何要关闭这些学校？地方政府和教育行政部门的最大理由，是希望让这些"流动花朵"进入条件更好的学校就读；而质疑的声音则担心这些孩子的受教育权益受到损害。应该说，双方的出发点都不乏善意，然而对于具体的实施行为却有一些不同的认识，甚至产生激烈的观点碰撞，这一现象值得我们深思。

打工子弟学校出现于 20 世纪 90 年代，伴随外来务工人员子女大量流入城市而产生。这些学校多地处城乡接合部，办学条件简陋、教学水平较差，常常成为"差校"的代名词。但应当承认，这些学校在满足外来务工人员子女的特殊需求方面发挥了独特作用。当然，相对于兴办之初，近年来这些学校的办学条件和教学水平已经有了明显改观。

在新形势下，打工子弟学校该何去何从，已经成为地方政府、教育行政部门、学校举办者乃至社会各界广泛关注的问题。对于目前尚不具有合法办学资质的打工子弟学校的去留问题，各地遵循的思路是根据情况区别对待。对于有一定办学基础和条件的学校，政府给予扶持和帮助，使其成为具有合法办学资质的民办学校；而对于办学条件差、质量水平低的学校，则限期整顿，整顿仍不合格的予以关闭。应该说，这样的政策取向无可厚非，社会各界也不会忍心让外来务工人员子女长期在办学条件差甚至安全都无从保障的学校就读，这违背他们维护农民工子女教育权益的本意。而要让这样的政策能够顺利付诸实施，无疑对地方政府和教育行政部门提出了高要求。

一方面，对民办打工子弟学校应有一个客观认识。民办打工子弟学校是否有存在的必要，涉及观念问题，直接影响到政策的制订与执行。应当承认，义务教育作为基本公共教育服务，必须强化政府责任，但并不意味着义务教育阶段只能是公办学校一枝独秀。近年来的实践表明，政府通过购买服务的方式为民办打工子弟学校提供扶持帮助，同样能够使义务教育的政府责任得以彰显。当前，解决农民工子女就学强调"以输入地政府管理为主，以全日制公办中小学为主"，并没有排斥解决农民工子女就学的多种形式和多条途径。正视民办打工子弟学校的存在，其更深层次的意义在于推动办学体制的不断完善，逐步培育公办学校与民办学校之间相互激励、取长补短、有序竞争、共同发展的良好教育生态。从这个意义上说，在清理规范打工子弟学校的过程中，我们的胸襟应当更开阔一些，不妨在扶持帮助上多下一点功夫，使一些学校能够改善办学条件，提高教育教学质量，逐步达到相应的办学标准和要求。

另一方面，在政策的具体实施过程中切忌简单化。对于那些办学条件差、教学水平低、存在一定安全隐患的学校，关闭显然是一种必要的手段，但所要关闭的学校是不是确实属于此类情况，需要认真甄别。在具体操作过程中，需要做好周密的组织和安排，避免随意性过大，更不能因为这些学校没有合法办学资质就采取简单粗暴的手段。在清理规范打工子弟学校的过程中，除了需要考虑区域教育的整体规划之外，不妨也多倾听外来务工群体的声音，关注他们的利益诉求，而不要简单地将一番善意强加于他们的头上。真正从群众的现实需求出发，因地制宜、实事求是地推进相关政策，这是在政策实施过程中应当遵循的一条重要原则。

本文发表于《中国教育报》2012 年 8 月 9 日第 3 版

流入地升学制度创新是关键

事实上，大部分进城务工人员与城市孩子父母一样，对孩子的未来寄予了很高期望，对普通高中学校的开放充满了强烈期待。进城务工人员随迁子女在流入地接受普通高中教育的需求不容忽视。

解决进城务工人员随迁子女接受义务教育后在流入地参加升学考试问题，实质上就是要改革现行的以户籍为依据的相关管理制度。当前需要重点关注三个问题：一是统筹规划进城务工人员随迁子女在流入地的中考与高考问题；二是同步开放满足进城务工人员随迁子女就读需要的普通高中学校与中等职业学校；三是分步推进进城务工人员随迁子女高考报考方式与招录方式改革。从根本上解决上述问题，必须以制度创新作为前提和保障。

第一，解决进城务工人员随迁子女在流入地参加中考与高考问题应当统筹规划。进城务工人员随迁子女在流入地参加中考与高考首先面临的是制度衔接问题，也就是如何保证中考制度与高考制度不脱节。由于自主命题的各省市之间的考试内容不同，如果不能保证在流入地参加高考，对于很多跨省区的进城务工人员随迁子女而言，即使为他们提供了在流入地就读高中的机会，为了将来能够顺利参加高考，他们也会主动放弃，返回户籍所在地继续完成高中学业。因此，在解决进城务工人员随迁子女在流入地中考的问题时，需要同步推进高考制度改革，只有两种考试制度相互配套，保持组织方式的一致性，才能使改革取得预期效果。

第二，满足进城务工人员随迁子女就读需要的普通高中学校与中等职业学校应当同步开放。从我国现有的教育结构体系看，高中阶段教育包含了普通高中教育、中等职业教育。应当承认，各种类型的高中阶段教育对于进城务工人员随迁子女都是不可或缺的，只强调为他们提供某一种类型的教育是不完整的，也是不全面的。在现有的制度背景下，通过设定基本准入标准，开放普通高中学校，通过实施同等资助政策，开放中等职业学校，有利于保障进城务工人员随迁子女在流入地接受高中阶段教育。

当前很多地区以开放中等职业学校为突破口，寻求进城务工人员随迁子女接受高中阶段教育的出路，顺应国家大力发展中等职业教育的政策导向，在跨区域招生中也具有较大的便捷性和可操作性，但仅仅局限于中等职业学校的开放是不够的。进城务工人员随迁子女在流入地接受普通高中教育的需求同样不容忽视。从各地情况看，普通高中学校向进城务工人员随迁子女开放的程度还很低，大部分地方仍然处于政策空白的状况，普通高中学校与中等职业学校向进城务工人员随迁子女的同步开放尚需付出巨大的努力。

第三，探索进城务工人员随迁子女高考报考方式与招录方式改革应当分步推进。解决进城务工人员随迁子女在流入地高考问题，与户籍制度、现行教育资源配置方式和招生指标分配方式发生冲突，解决起来不可能一蹴而就，高考报考方式与招录方式改革应当分步推进。

一方面，高考报考方式改革应当先行。省内流动的进城务工人员随迁子女，由于没有高考自主命题和招生录取的障碍，在流入地参加高考相对容易实现，高考报考方式改革不妨从这一群体开始做起。2010年，全国义务教育学校就读的1167.17万进城务工人员随迁子女中，外省流入的占46%，省内其他县流入的占54%。基于省内流动的进城务工人员随迁子女占相当大的比例，尽管这一群体的高考问题目前并不是百姓关注的焦点，也不是政策关注的重点，但针对这一群体的高考报考方式改革仍然不容小视，且应将其视作未来高考报考方式改革的一种先行探索予以推进。也就是说，凡属省内流动的进城务工人员随迁子女，只要在流入地完成一定年限的高中阶段教育，就允许在流入地报名并参加高考。这一改革举措虽然看似简单，操作起来也较为便利，但就全国而言，只有个别省份进行了相关的探索与尝试。总之，在报考方式改革问题上，一步到位的想法可能难以付诸实施。

另一方面，高考招录方式改革应当逐步跟进。从根本上解决进城务工人员随迁子女在流入地高考问题，应当将跨省区的进城务工人员随迁子女纳入流入地招生录取序列，推进招录方式的改革，但这一层面改革同样需要分步推进。从近期看，可以逐步完善进城务工人员随迁子女及其父母条件认定办法，实施有条件准入，先期解决一部分进城务工人员随迁子女在流入地参加高考的问题。对父母条件的认定需要进一步完善现行流动人口管理制度（包括居住证制度、社会保险制度、房屋管理和房屋租赁制度、工商管理和税收制度）；对子女条件的认定，需要制定高考所需的在流入地接受教育的年限标准。从长远看，全面实现进城务工人员随迁子女在流入地高考，需要不断深化改革，实现制度创新。通过推进高职高专类院校的申请入学、注册入学，本科院校的全国统一考试，高水平大学真正意义上的自主招生，高等院校学位分配以考生人数为依据等一系列改革举措，将从根本上为解决进城务工人员随迁子女在流入地参加高考问题提供制度保障。

本文发表于《中国教育报》2012 年 2 月 15 日第 3 版

先行试点 配套改革 稳步推进

《国家中长期教育改革和发展规划纲要（2010—2020 年）》提出，"研究制定进城务工人员随迁子女接受义务教育后在当地参加升学考试的办法"。解决进城务工人员随迁子女在流入地升学考试问题，旨在改革传统的以户籍为准的升学考试办法，此举既顺应了进城务工人员随迁子女的现实需求，也体现了国家推进教育公平的决心。

进城务工人员随迁子女接受义务教育后在当地参加升学考试问题，与现行的户籍制度、教育资源配置方式和招生录取制度紧密相关，其中的问题错综复杂。也正因为如此，对于这一问题的解决目标需要加以细分，在具体解决过程中应当遵循先行试点、配套改革、稳步推进的原则。

解决进城务工人员随迁子女接受义务教育后在当地参加升学考试问题，具体包含两层目标：一是与户籍学生一样在流入地参加中考，并进入流入地高中学校学习，这一问题可以由各地根据当地实际制定具体办法；二是与户籍学生一样在流入地参加高考，并纳入流入地招生录取序列，这一问题则须由国家层面统一制定政策，仅靠地方政府和教育行政部门将很难从根本上予以解决。尽管上述两层目标紧密相关，但如果对这两层目标不加以区分，一步到位地将其与高考挂钩，进城务工人员随迁子女接受义务教育后在流入地升学考试问题将会变得非常难解。

首先，要解决如何推进进城务工人员随迁子女与户籍学生一样在流入地参加中考，并进入流入地高中学校学习的问题。由于受到现行升学考试制度的制约，目前一大批进城务工人员随迁子女接受义务教育后将会回到户籍所在地继续完成高中学业，但事实上有一批学生由于各种原因难以回到原籍，在流入地接受高中阶段教育的愿望非常迫切，数量也在不断增加。

目前一些地方以开放中等职业教育为突破口，寻求进城务工人员随迁子女教育的出路，这既是基于中等职业教育快速发展的有利条件，也是基于中等职业教育跨区域招生的便捷性和可操作性，具有积极的探索意义，但仅仅局限于此显然是不够的。进城务工人员随迁子女在城市接受普通高中教育的需求不容忽视。

从具体的推进策略看，可以通过规范准入标准（如：必须在流入地居住达到一定年限，并在流入地接受完3年初中教育），逐步开放普通高中学校，通过实施同等资助政策，全面开放中等职业学校，这些改革举措意义非同寻常。一些省市规定：在非户籍所在地学校完成初中学业的学生，需要在流入地继续接受高中阶段教育的，可参加当地高中阶段学校的招生考试。同时，通过助学金、奖学金、贷学金等多种形式，为农民工子女在城市接受中等职业教育提供保障。此外，还有一些省市明确规定：进城务工就业农民及其他流动人员子女，可在流入地就读学校报名并在流入地参加考试录取，也可按照本人意愿回户籍所在地报名参加考试录取。这一做法旨在破除户籍制度对中考的限制，进一步推进城乡统筹发展，促进教育公平。

从目前的现实看，由于受到高考自主命题的限制，对于很多跨省区的进城务工人员随迁子女而言，即使为他们提供了在流入地就读普通高中的机会，为了将来能够顺利参加高考，他们也会主动放弃，返回户籍所在地继续高中学业。因此，进城务工人员随迁子女就读高中的问题上，加强流入地与流出地之间的有效衔接至关重要。就流出地的政府和学校而言，其责任和义务应当更多地体现在规范学籍管理上，从而为进城务工人员随迁子女回归原籍就读提供必要的保障。

其次，要解决如何推进进城务工人员随迁子女与户籍学生一样在流入地参加高考，并纳入流入地招生录取序列。从进城务工人员随迁子女的结构看，既有外省流入的，也有省内其他县流入的。2008年，全国义务教育学校就读的884.6万农民工随迁子女中，外省流入的占49%，省内其他县流入的占51%。其中，东部地区以外省流入为主，中、西部地区以省内其他县流入为主。因此，推进进城务工人员随迁子女与户籍学生一样在流入地参加高考的问题，可先从中、西部省份选择试点，从"本省流入"这一群体开始实施。

相对于"外省流入"而言，"本省流入"这一群体在流入地参加高考，不会受到高考自主命题的困扰，也不会受到高等教育资源配置、招生指标分配的局限，具有一定的可操作性。这一举措对于那些在流入地出生、学习，与原籍基本失去联络的进城务工人员随迁子女而言，将会提供考试上的极大便利。在具体操作过程中，需要对传统的依附于户籍之上的学籍制度进行改革，为进城务工人员随迁子女在流入地建立正式学籍。

跨省份的进城务工人员随迁子女在流入地参加高考，并纳入流入地的招生录取序列，直接受到多重因素的制约，其中户籍制度是影响进城务工人员随迁子女在流入地升学考试的核心因素，其他的影响因素都与之有着因果联系。如果现行的户籍制度、高等教育资源配置方式、招生指标分配方式不改变，跨省份的进城务工人员随迁子女在流入地参加高考，并纳入流入地招生录取序列将难以付诸实施，简单化的做法只能助长"高考移民"现象的蔓延。因而，进城务工人员随迁子女与户籍学生一样在流入地参加高考，与户籍学生享受同等的招生录取政策，是一个相对长远的目标，需要推进一系列配套改革。结合未来户籍制度改革的总体思路，通过学籍年限和监护人的参保年限来控制和逐步放开，全国高等院校学位分配逐步以考生人数为依据，这都不失为解决进城务工人员随迁子女在流入地参加高考问题的新视角。

特别需要指出的是，进城务工人员随迁子女接受义务教育后在当地升学考试的问题，是一项涉及制度层面的变革，因而改革的目标指向应当是具有人户分离性质的所有流动人口子女，而不仅仅针对农民工子女。但是，由于农民工子女是流动人口子女中相对弱势的群体，在具体政策的执行过程中，应当给予他们更多的关注。

本文发表于《中国教育报》2011年2月14日第3版

"二代移民" 都回原籍不现实

随着免费义务教育的全面推进，农民工子女在城市接受义务教育的问题已经初步得到解决。可与此同时，他们在城市接受初中后教育又成为一种客观而现实的需求。从长远来看，要从根本上解决这个问题，还是要逐步消除城乡二元结构，加快城乡一体化步伐。当前，比较可行的办法是适度开放普通高中，全面开放中等职业学校。

近年来，随着免费义务教育的全面推进，在很多地方，农民工子女上小学和初中都开始享有市民同等待遇。这无疑是社会的巨大进步。与此同时，"上得了学却升不了学"的矛盾逐步显现，他们还能够在城市接受初中后教育吗？农民工子女初中后教育的出路在哪里？一连串的问题已经实实在在地摆在我们面前。

农民工子女在城市接受初中后教育是一种客观而现实的需求。一方面，城乡基础教育的巨大反差，使得农民工产生让子女在城市接受初中后教育的强烈渴望。调查发现，在众多理由当中，"为了让孩子在城里接受更好的教育"是农民工带孩子进城的首要原因；另一方面，相当一批农民工子女是"土生土长"的城市人，他们从小在城市生活并接受义务教育，已经成为事实上的"二代移民"，回归户籍所在地接受初中后教育并不现实。

农民工子女希望在城市接受什么样的初中后教育呢？从我国现有的教育结构体系看，初中后教育包含了普通高中教育、中等职业教育和职业培训。可事实上，很多农民工对孩子的期望与城市的父母一样高，他们同样把"上大学""有出息"视作孩子的人生目标。因此，农民工子女在城市接受普通高中教育的需求不容忽视。

农民工子女初中后教育的根本出路在哪里？与义务教育免试入学的政策不

同，农民工子女初中后教育问题直接触及基于户籍制度的升学考试制度（中考制度、高考制度），制度性瓶颈更加明显。在现有的制度背景下，通过规范准入标准，适度开放普通高中学校，通过实施同等资助政策，全面开放中等职业学校，这些改革举措意义非同寻常。事实上，一些省市也开始试点。比如，规定进城务工就业农民及其他流动人员子女，可在流入地就读学校报名并在流入地参加考试录取，也可按照本人意愿回户籍所在地报名参加考试录取。

当然，从长远来看，要从根本上解决农民工子女初中后教育问题，还是要逐步消除城乡二元结构，加快城乡一体化步伐，将流动人口纳入当地经济、社会发展规划和管理之中，建立涵盖流动人口的，以常住人口（不仅仅是户籍人口）为服务对象的管理模式和适应市场经济体制的新型教育资源配置方式，进一步推进跨区域的升学考试制度改革。

本文发表于《人民日报》2009年2月9日第11版

如何让农民工子女就学路更畅通？

目前，中国正经历着人类历史上前所未有的、规模最大的人口流动。现阶段的基本国情和人口发展趋势决定了在今后相当长一段时期内，人口流动现象将长期存在，农民工子女教育也将成为中国教育改革与发展进程中需要持续予以关注的问题。

教育是国家发展的基石，教育公平是重要的社会公平。解决好农民工子女教育问题，既是落实科学发展观和构建社会主义和谐社会的客观要求，也是教育事业发展面临的一项长期任务。

劳动力流入重点区域、家庭经济困难的农民工子女教育问题，始终是农民工子女教育中的重点和难点。

从地域看，大城市、特大城市中的农民工子女就学矛盾比较突出。根据新修订的《义务教育法》的精神，每一个适龄儿童、少年都享有接受义务教育的权利，农民工子女当然也不例外。大城市、特大城市接纳农民工子女就学，不应有任何歧视性规定和不合理限制，而应当以"简化手续、方便就读"为原则。但由于目前流动人口的管理政策尚不完备，全国义务教育发展水平很不平衡，城乡的教育条件、教育质量水平存在明显差距，一些大城市、特大城市也担心，对于农民工子女数量相对较大的地区而言，如果就学条件过于宽松，有可能进一步刺激农民工子女数量的超常规增长，给当地政府和教育行政部门增加压力。因此，部分地方所制定的就学政策，无形之中增加了一部分农民工子女的就学难度。

从人群看，在农民工中的家庭经济困难人群中，他们的子女就学难问题比较突出。教育经费不足是我国基础教育的突出问题。在目前情况下，完全由流入地政府投入经费解决农民工子女教育问题，确实面临着很大压力。尽管一些地方实施了减收、免收借读费政策，但仍有部分学校收费不规范，使得农民工群体难以承受，他们纷纷将子女送入收费相对低廉的"打工子弟学校"就读。

统筹解决农民工子女教育问题，既要依靠政策的不断完善，也要力求在制度和机制上有所创新。

解决农民工子女教育问题，应当以流入地政府管理为主，同时加强流入地政府与流出地政府的沟通协调，不断强化管理职责，增强服务意识。由于农民工子女存在着"流动性大"的特点，流入流出又常常处于无序状态，他们的就学难以纳入流入地城区中小学的整体规划之中，给城区基础教育资源的安排带来不可预期性。因此，将农民工子女教育纳入教育工作全局中，纳入高标准、高质量发展基础教育的整体规划中，当务之急是建立16岁以下流动儿童信息管理系统，这是加强农民工子女管理与服务的基础环节，有利于准确把握农民工子女的实际数量，科学实施教育的统筹规划。此外，通过完善社区建设，强化对农民工的综合管理职能，也是一个积极有效的办法。

解决农民工子女教育问题，应当以流入地政府管理为主，并不意味着流出地政府无须承担任何责任，流出地政府、县级教育行政部门、学校和公安派出所不仅要建立农民工子女登记制度，同时应给每个流出的孩子在户籍所在地注册学籍。近年来，浙江省推行的"义务教育学历证明书"制度，对农民工子女就学管理工作具有一定的指导意义。学籍管理办法中的"义务教育登记卡"（以下简称"登记卡"）由户籍所在地学校负责填写，凡是到异地借读者须在户籍所在地学校填写"登记卡"，校长签名并加盖学校印章，由借读者随身带往借读学校，借读期满须随身带回"登记卡"和毕业考试成绩报告单。这一做法，有助于对农民工子女就读、转学情况实施监控。

解决农民工子女教育问题，应当以流入地全日制公办中小学为主，同时发挥民办学校，包括专门招收农民工子女的"打工子弟学校"的补缺作用，通过多层次、多渠道、多样化方式综合加以解决。一方面，应当充分发挥全日制公办中小学的主渠道作用。无论从落实义务教育的责任，还是从保证农民工子女受教育的质量看，全日制公办中小学都应当成为农民工子女接受义务教育的主要渠道。流入地的全日制公办中小学应当充分挖掘潜力，扩大招生容量，完善借读手续，加强学籍管理，降低收费标准，减少收费项，不断为农民工子女接受义务教育创造良好的条件。需要指出的是，实施减收、免收借读费政策，并不意味着农民工子女的就学困难得以完全解决，除了借读费之外，城镇学校每学年收取的校服费、伙食费、交通费等其他费用，对于农民工群体而言，仍是一笔不小的开支，由此造成的就学困难依然比较突出。因此，从根本上解决农民工子女教育问题，除了实施减收、免收借读费政策外，还应适当减少收费项目，并给予一定的费用减免和经济补助，帮助家庭经济困难学生就学。

另一方面，应当充分发挥社会力量在解决农民工子女教育中的补缺作用。近年来各地出现的民办学校，包括专门招收农民工子女的"打工子弟学校"，都在一定程度上满足了农民工群体的需求，为他们的子女教育提供了机会。当然，如何规范"打工子弟学校"是一个实践中需要认真审视的问题。当务之急是要抓紧制订地方性的、符合客观实际的"打工子弟学校"设立标准，这是有效规范"打工子弟学校"的重要前提。

与此同时，顺应我国城镇化进程和农村产业结构调整的步伐，各级政府要切实把农民工子女义务教育纳入城市社会事业发展计划，将较多承担农民工子女就学学校的建设列入城市基础设施建设规划；各地财政部门要安排必要经费，对接收农民工子女就学较多的学校给予补助；城市教育费附加中要安排一部分经费，用于农民工子女接受义务教育工作；通过设立助学金、减免费用、免费提供教科书等方式，帮助家庭经济困难的农民工子女就学。通过建立完善的保障农民工子女接受义务教育的制度和机制，促进农民工子女受教育的环境将明显改善、受教育的质量与水平将明显提高。

统筹解决农民工子女教育问题，既要及时把握教育发展带来的新情况，也要密切关注政策调整带来的新问题。

随着新修订的《义务教育法》的颁布实施，特别是全国农村全部免除义务教育阶段学杂费政策的推进，农民工子女享受免除学杂费政策的问题值得关注。尽管部分地方提出，凡符合有关规定在当地接受义务教育的外来务工人员子女，无论就读公办学校还是民办学校，都同步享受免收学杂费政策。但从现实看，大部分地方还难以做到这一点。最终可能形成的局面是，尽管部分流入地的城市、所有流出地的农村都在实施免除学杂费政策，但农民工子女这一群体有可能被划到了免除学杂费的政策范围之外。

同时，随着全国农村全部免除学杂费政策的实施，可能给农民工子女"流动"与"留守"的重新抉择带来一定影响。据北京市的统计，截至 2005 年底，全市流动人口中适龄儿童、少年为38.3万人，而2006年6月统计为36.6万人，人数的减少，可能与2006年春季起我国西部农村实施免除学杂费政策，导致部分农民工子女回流有直接关系。

农民工子女享受免除学杂费政策，在实际操作过程中可能会面临一系列困难：由流出地承担，经费的转移如何实现？由流入地承担，经费来自何处？但从更大范围地促进教育公平、扶持保护弱势群体的角度看，这确确实实又是贯彻实施新修订的《义务教育法》和全面推进免除学杂费政策中必须认真思考并切实加以解决的一个重要问题。

解决农民工子女教育问题，重点在义务教育阶段，同时应加强统筹规划，高度重视农民工子女接受高中阶段教育问题，确保普及高中阶段教育目标的实现。当前，应着力保障农民工子女接受义务教育的权利。值得注意的是，在义务教育阶段，农民工子女的就学矛盾已经逐渐由小学向初中延伸。可以预见，随着时间的推移，他们中的一批人可能返回原籍继续完成高中学业，还有一批人由于已经成为事实上的"二代移民"，他们在流入地接受高中阶段教育的需求和愿望将会逐渐显现，及时制定相关政策，统筹规划他们在流入地接受高中阶段教育问题，将是一个具有前瞻性的教育命题，对于实现普及高中阶段教育目标具有十分重要的意义。

本文发表于《中国教育报》2007年4月7日第3版

以全局视野看留守儿童教育

我国城镇化、现代化的进程加快了农村剩余劳动力大规模向城市转移，与之相伴的是农村留守儿童赖以生存和成长的家庭环境发生剧烈变化。切实保障农村留守儿童的健康成长，已成为当前建设社会主义新农村进程中面临的一个重要课题，同时也是我国教育事业发展面临的一项长期任务。

农村留守儿童将是一个长期存在的社会现象，立足现实，采取积极保护措施，是解决留守儿童问题的重中之重。

从理论上讲，可供选择的解决留守儿童问题的方式是：其一，积极发展地方经济，促使已经转移出去的农村劳动力逐步回流，使大批的留守儿童逐渐成为非留守儿童；其二，进一步改善农民工子女的就学状况，使更多的农民工子女能够进入城市学校就读，使原来的留守儿童逐步过渡成为流动儿童；其三，正视留守儿童将长期存在这一基本事实，立足现实，有针对性地改进学校教育，不断加强学校、社会与家庭的配合，切实为留守儿童营造一个健康成长的社会环境。

从我国经济社会的长远发展来看，针对留守儿童问题所设定的三种选择都有一定的合理性。然而，在我国社会主义市场经济体制初步建立，工业化、城镇化进程不断加速的今天，劳动力流动成为一种必然趋势，从农村转移出去的劳动力规模今后可能还会进一步扩大，留守儿童现象也将会在相当长的一段时期内存在。一味期盼通过发展地方经济，促使已经转移出去的农村劳动力逐步回流的想法并不现实。此外，尽管农民工子女就学状况近年来逐步得到改善，但根据新修订的《义务教育法》，特别是在现行义务教育管理体制下，适龄儿童、少年在户籍所在地接受义务教育的基本方向没有改变，积极鼓励农民工子女进入城市学校就读也不会成为一种主流发展态势。立足现实，采取积极保护措施，促进留守儿童健康成长，无疑将成为现阶段解决留守儿童问题的重要政策选择。

不论是"流动儿童"，还是"留守儿童"，都是与人口流动相伴而生、受人口流动影响的儿童。正是因为"流动"的特点，导致了这两个群体存在很多的不确定性。随着新修订的《义务教育法》的颁布，特别是免费义务教育政策的逐步实施，有可能使原来随父母一起流动的适龄儿童、少年逐步向农村回流，由"流动儿童"变为"留守儿童"，这一现象在北京、上海等特大城市已经有所显现。与此相反，由于城镇就业压力持续增加，也可能使一部分转移出去的农村劳动力因找不到合适工作而逐步回流，他们的孩子可能由"留守儿童"变为"非留守儿童"。即便同样都是留守儿童，情况也是千差万别，仅仅从抚养方式看就有隔代抚养、上代抚养、同辈抚养和自我抚养几种。不同的抚养方式给留守儿童带来的问题和造成的影响并不完全相同，需要采取不同的对策。同时，父母的流动，给留守儿童带来的影响是综合的、多方面的，有教育层面的、社会层面的、心理层面的和法律层面的。因此，留守儿童是一个需要从不同角度加以关注的群体。

从人群看，具备以下四个特征的留守儿童需要给予重点关注：一是留守儿童父母双方而不是单方在外打工；二是留守儿童父母双方在本县以外的地方打工；三是留守儿童父母双方在外打工的时间超过半年；四是在义务教育阶段就读的留守儿童。具备这四个特征的留守儿童，实际已经成为留守儿童群体的核心。从区域看，劳动力输出大省应当成为关注的重点。目前，四川、安徽、河南、河北等地的留守儿童数量明显多于其他地区。

农村留守儿童不是特殊群体，更不是"问题儿童"，针对留守儿童的教育改革举措，应当成为教育整体改革与发展的有机组成部分。

在今天的留守儿童身上，或多或少地会呈现出一些特殊性。哪些特殊性是处于这一年龄阶段和发展水平的儿童所共有的，只是在留守儿童身上表现得更为突出？哪些特殊性是留守儿童所独有的？真正剥离出留守儿童身上所独有的特征，是一个非常复杂的问题。但正视留守儿童的特殊性，并不意味着把这一群体视作特殊群体，更不能把留守儿童与"问题儿童"等同起来。用同样的视角看待所有的儿童（包括留守儿童），是解决留守儿童问题的重要前提，也是每一个教育工作者的重要职责。

　　以留守儿童问题为切入点，按照建设社会主义新农村和构建和谐社会的基本要求，对农村教育的改革与发展统筹规划，是解决留守儿童问题的基本立足点。目前，各地针对留守儿童所提出的诸多教育举措，如"加强农村初中缺乏有效监护学生的教育""加强农村寄宿制学校建设""加强农村校外活动场所建设""加强农村中小学生心理健康教育"等，这些做法确实满足了留守儿童的特殊需求，也满足了整个受教育群体的需要。把留守儿童的教育问题全面纳入教育整体改革与发展的进程之中，是一种具有全局视野的发展思路和政策导向。

　　　　　　　本文发表于《中国教育报》2006 年 9 月 18 日第 2 版

出 版 人　郑豪杰
责任编辑　翁绮睿
版式设计　孙欢欢
责任校对　马明辉
责任印制　米　扬

图书在版编目（CIP）数据

现象背后：汪明教育评论集／汪明著 . -- 北京：
教育科学出版社，2024.8. --ISBN 978-7-5191-4078-6

Ⅰ. G52-53

中国国家版本馆 CIP 数据核字第 2024VE6199 号

现象背后——汪明教育评论集
XIANXIANG BEIHOU ——WANG MING JIAOYU PINGLUN JI

出 版 发 行	教育科学出版社		
社　　　址	北京·朝阳区安慧北里安园甲 9 号	邮　　编	100101
总编室电话	010-64981290	编辑部电话	010-64981167
出版部电话	010-64989487	市场部电话	010-64989572
传　　真	010-64891796	网　　址	http：//www.esph.com.cn
经　　销	各地新华书店		
制　　作	北京金奥都图文制作中心		
印　　刷	唐山玺诚印务有限公司		
开　　本	720 毫米×1020 毫米　1/16	版　　次	2024 年 8 月第 1 版
印　　张	33.75	印　　次	2024 年 8 月第 1 次印刷
字　　数	520 千	定　　价	139.00 元

图书出现印装质量问题，本社负责调换。